LA JUSTICIA DE DIOS
REVELADA

Hacia una teología de la Justificación

Mauricio A. Jiménez

Publicaciones KERIGMA

Ἐν ἀρχῇ ἦν ὁ Λόγος

Publicaciones Kerigma © 2017 Salem Oregón
© 2017 Mauricio A. Jiménez

Todos los derechos son reservados. Por consiguiente: Se prohíbe la reproducción total o parcial de esta obra por cualquier medio de comunicación sea este digital, audio, video escrito, salvo para citas en trabajos de carácter académico según los márgenes de la ley o bajo el permiso escrito de Publicaciones Kerigma.

www.publicacioneskerigma.org

Diseño de Portada: Jean Paul Zamora Romero

2017 Publicaciones Kerigma
Salem Oregón
All rights reserved

ISBN-10: 0-9989204-6-0
ISBN-13: 978-0-9989204-6-7

© 2017 Publicaciones Kerigma
Primera Edición 1500 ejemplares

LA JUSTICIA DE DIOS REVELADA

Hacia una Teología de la Justificación

Mauricio A. Jiménez

No lo que han hecho mis manos, pueden mi alma culpable salvar
No lo que mi carne trabajada ha soportado puede hacer completo mi espíritu
Ni lo que sienta o haga pueden darme con Dios la paz
Ni todas las oraciones, suspiros o lágrimas pueden mi terrible carga soportar

Solo tu voz, oh Señor, puede hablarme de la gracia
Solo tu poder, oh Hijo de Dios, puede todo mi pecado borrar
Ninguna obra sino la tuya, ni otra sangre lo hará
Ninguna fuerza sino la que es divina me puede de forma segura guardar

Solo tu obra, oh Cristo, puede aliviar este peso de pecado
Solo tu sangre, oh Cordero de Dios, puede darme paz interior
Tu amor por mí, Oh Dios, no el mío, oh Señor por ti
Puede deshacer este oscuro malestar y mi espíritu liberar

Bendigo al Cristo de Dios; descanso en el amor divino
Y con labio y corazón inquebrantable, llamo a este Salvador mío
Su cruz disipa cada duda; Sepulto en su tumba
Cada pensamiento de incredulidad y miedo
Cada sombra persistente de tristeza

Alabo al Dios de la gracia; Confío en su verdad y poder
Él me llama suyo, yo le llamo mío, mi Dios, mi gozo y luz
Aquel que quien me salvó y libremente perdón da
Le amo porque Él me amó y vivo porque ÉL vive.

"No lo que han hecho mis manos" - Horatius Bonar (1808-1889)

Dedicado, con afecto y gratitud:
A mi esposa e hijos, por ser un pilar fundamental en mi ministerio; y a mis amigos y hermanos en la fe: Jesús A. Araya Claro y Jean Paul Zamora Romero, por su constante apoyo y consejo.
Dedico también este libro a mis amigos y, en algún sentido discípulos:
Mauricio Nicolás Escobar,
Gonzalo Alexis Barra
Y Miguel Ángel Quintana.
Que Dios les haga crecer en su Palabra y en conocimiento.

Quiero también agradecer al pastor Jesús Escudero, de Publicaciones Kerigma, por la oportunidad de publicar con ellos; y al pastor Mario López, de la Iglesia Cristiana Misionera Visión Celestial (Olathe, KS-USA), por sus recomendaciones y contacto con la editorial. Que el Señor les añada sabiduría.

CONTENIDO

PREFACIO 7
Abreviaturas 11

PRIMERA PARTE
LA JUSTICIA DE DIOS 13
   CAPÍTULO PRIMERO. UNA BREVE RESEÑA ACERCA DE LA
   «JUSTICIA» 19
      EL TRASFONDO JUDÍO DE «LA JUSTICIA» Y DE «LA JUSTICIA DE DIOS»
      21
      EL CONCEPTO GRECORROMANO DE «LA JUSTICIA» 33
   CAPÍTULO SEGUNDO. ΔΙΚΑΙΟΣΥΝΗ ΘΕΟΥ EN PABLO............. 37
      HACIA UNA EXÉGESIS INTEGRAL 56
      CONCLUSIÓN 73

SEGUNDA PARTE
LA DOCTRINA DE LA JUSTIFICACIÓN 79
   CAPÍTULO PRIMERO. DEFINIENDO LA DOCTRINA........................ 85
      LA JUSTIFICACIÓN Y EL EVANGELIO 89
      LA JUSTIFICACIÓN COMO DOCTRINA CENTRAL EN PABLO 94
      EL GRAN PROBLEMA 98
   CAPÍTULO SEGUNDO. EL FUNDAMENTO DE LA JUSTIFICACIÓN .. 103
      N.T. WRIGHT Y LA JUSTIFICACIÓN COMO ACTO FORENSE........... 107
      DOS ASPECTOS ESENCIALES... 117

Justicia activa y pasiva 124

¿*Declarados* justos o *hechos* justos? 136

Nuestra unión con Cristo 146

CAPÍTULO TERCERO. El Medio de la justificación 155

No por obras, sino por la sola fe 164

Sobre la fe justificadora y las obras de justicia 175

Fe y Obras, según Santiago 183

CAPÍTULO CUARTO. «La fe de Jesús» - El problema del genitivo 209

Gálatas 212

Romanos 238

Filipenses 253

CAPÍTULO QUINTO. La Fuente de la justificación 259

Sola Gratia 262

Un recorrido en torno a la gracia 265

El don de la justicia y la gracia de la justificación 270

La Gracia Eficaz 272

El precio de la gracia 286

Para concluir 288

CAPÍTULO SEXTO. Los tiempos de la justificación 291

La doble escatología de Pablo y del NT 295

La justificación y la seguridad de salvación 304

BIBLIOGRAFÍA DE CITAS 316

PREFACIO

Una introducción necesaria

Han transcurrido ya quinientos años desde ese supuesto primer golpe de martillo asestado por aquel monje agustino sobre las puertas de la iglesia del castillo de Wittenberg. Fue un día 31 de octubre del año 1517 cuando Martín Lutero, ese joven fraile de 34 años de edad, clavaba allí su *Disputatio pro declaratione virtutis indulgentiarum* ("Cuestionamiento al poder y eficacia de las indulgencias"), documento que ha pasado a la historia bajo el nombre más conocido de "Las 95 tesis".[1] Este documento se convertiría en un verdadero punto de inflexión en la historia de occidente. El impacto y el revuelo que generó este fue de tal magnitud "que a la larga toda Europa se vio envuelta en sus consecuencias."[2] En lo que siguió de ahí en adelante, la Iglesia experimentaría una transformación sin precedentes que no se limitaría a sólo la Alemania de aquel entonces, sino que, bajo el nombre de variados estudiosos, conocidos hoy como "padres de la reforma", sumergiría a toda Europa a una "reforma protestante" con consecuencias hasta ese momento insospechadas. En las palabras de Hans Küng, "ninguna cesura en la cristiandad occidental fue más profunda y de consecuencias más graves que la Reforma luterana."[3]

Uno de los distintivos característicos de la reforma protestante fue esa renovada comprensión de la doctrina de la justificación (justificación por

---

[1] Sea verdad o no este acontecimiento, *i.e.* Lutero clavando sus tesis (y si acaso se les puede también llamar "tesis") en las puertas de la iglesia, al menos así es como la tradición lo recuerda desde Melanchthon (1546); así es como ha llegado hasta nosotros, aunque su exactitud histórica es, para muchos estudiosos contemporáneos, una cosa discutible (incluyendo el número mismo de las *tesis*). Es del todo posible que esta tradición histórica no sea precisa, como bien lo han dejado en claro autores como R. G. Villoslada —*Martín Lutero*, 2ª ed. (BAC, Madrid: 1976), Cap. 11, pp. 319-351; *q.v.* Erwin Iserloh, *The Theses Were Not Posted: Luther Between Reform and Reformation* (Boston: Beacon Press, 1968). De lo que poca duda cabe es respecto de la existencia de las *tesis*, como parte de la correspondencia enviada por Lutero al arzobispo Alberto de Magdeburgo (y Maguncia), con fecha del 31 de octubre de 1517.
[2] Justo L. González, *Historia del Cristianismo* – Tomo 2 (Miami: Unilit, 2009), p. 38. *Historia de la Reforma* (Miami: Unilit, 2003), p. 36.
[3] Hans Küng, *El Cristianismo. Esencia e historia* (Madrid: Trota, 2006), p. 531.

la sola fe). Llegó a ser tan trascendental y significativo para estos cristianos protestantes (en adelante "evangélicos") este entendimiento acerca de la doctrina, que no tuvo que pasar mucho tiempo para que Roma reaccionara y convocara a concilio en Italia a algunos de sus principales líderes religiosos. Esto se llevó a cabo en diciembre de 1545 y continuó hasta diciembre de 1563 en varias sesiones, en lo que hoy conocemos como "El Concilio de Trento"[4]. De este concilio surgirá la "contrarreforma" en respuesta a la reforma iniciada con Martín Lutero y continuada por los que la siguieron y maduraron, surgirán también los famosos "anatemas" contra el pensamiento protestante dirigidos a esa noción reformada de la doctrina de la justificación[5].

Pero, ¿qué es esta doctrina de la justificación por la fe sola? Esta es una pregunta cuya respuesta aún hipnotiza a las mentes cristianas, desde los más eruditos pensadores hasta los que carecen de alguna preparación teológica. Pero es una respuesta cuyo contenido total hoy dista de ser un reflejo fiel e íntegro de lo que los primeros reformadores creyeron y predicaron; o al menos es un hecho cierto que no existe en estos días acuerdo entre todos los teólogos con respecto a qué debemos, finalmente, entender por "justificación por la fe". Ya desde mediados del siglo XVIII la doctrina ha venido siendo reformulada por diversos eruditos y teólogos, desde los más piadosos conservadores hasta los más liberales, y hoy, en pleno siglo XXI, esa situación no ha cambiado. Sin embargo, y para dicha de muchos, todavía se mantiene incólume su definición tradicional protestante ante el embate del tiempo y de los constantes cambios en el clima teológico —que hoy continúa presentando nuevos desafíos—, no obstante aquello, es necesario que sigamos abordando y revisando esta significación tradicional a la luz de

---

[4] Aunque hay que señalar que la agenda de este Concilio no sólo contempló las cuestión doctrinales respecto a los protestantes, sino también asuntos internos de orden moral, jerárquico y disciplinario a nivel de iglesia. Tampoco fue la doctrina de la justificación el único tema con respecto al protestantismo, también lo fueron otros como: la autoridad de las Escrituras frente a la autoridad del Magisterio romano, el pecado original, los sacramentos en general, la veneración de la Virgen y los santos, entre otros. Sin embargo, "la obra doctrinal del concilio de Trento se concibió esencialmente como una respuesta a las tesis protestantes. Por tanto, no hay que buscar en él una exposición completa ni equilibrada de la fe católica, puesto que lo que no se discutía en las grandes confesiones luteranas y reformada tampoco se formuló en Trento"- Giuseppe Alberigo (ed.), *Historia de los Concilios Ecuménicos* (Salamanca: Sígueme, 1993), p. 292. Para un estudio más amplio en desarrollo de este Concilio y sus resultados, léase la obra citada (pp. 285-310).

[5] Concilio de Trento, Decreto sobre la Justificación (Sesión VI), CÁNONES IX; XI; XII, Enero de 1547.

las nuevas perspectivas propuestas en el mundo académico protestante, para así no caer presa de la muy frecuente *falacia ad antiquitatem* y del *argumento ad populum*[6], los cuales pueden llegar a ser enormemente perjudiciales para el conocimiento y comprensión de la revelación bíblica.

Aunque la Escritura no ha cambiado, ni tampoco su verdadero significado en materia doctrinal; la teología, como forma de reflexión y ordenamiento sistemático de lo que Dios ha comunicado por medio de su Palabra escrita, no es estática sino más bien dinámica, lo que hace que esté sujeta a constante escrutinio. Sin embargo, si queremos ser cristianos bíblicos, este "dinamismo" debe necesariamente estar supeditado a la *sola scriptura*, de ahí que se hace imperativo revisar nuevamente nuestros paradigmas doctrinales y ver si acaso lo que se creyó cierto en algún momento de la historia de la Iglesia es cierto todavía hoy. Pero para ello debemos despojarnos de todo presupuesto y dejar que sea la Escritura, y únicamente la Escritura, la que nos hable y nos revele su contenido. No quiere esto decir, por supuesto, que no debamos tomar en cuenta o prestar atención a lo que tantos hombres de Dios han venido exponiendo a lo largo de los años de teología histórica —a lo largo de este libro podrá el lector notar mis constantes citas a otros autores en respaldo de mis afirmaciones—, eso sería arrogante y poco serio. Más bien lo que intento decir es que no debemos dejarnos llevar sólo por lo que hemos aceptado como verdadero, basados en que así es como se nos enseñó y así es como se ha creído desde siempre. Debemos regresar a la *sola scriptura*, eso es lo que intento decir.

El propósito y el alcance de este libro

A las puertas de cumplir 500 años de protestantismo, creo que una pregunta debe cada creyente evangélico hoy hacerse: ¿Por qué soy evangélico? Y es precisamente en virtud de esa pregunta que he decidido

---

[6] Respectivamente, la *falacia ad antiquitatem*, también conocida como *Argumento ad antiquitatem*, es el tipo de argumento que apela a la tradición. La falacia consiste básicamente en la afirmación de que si algo se ha venido creyendo o haciendo desde hace mucho tiempo, entonces es que eso está bien, es bueno o es verdadero. Por su parte, la falacia del *argumento ad populum* consiste del razonamiento de que una proposición debe ser correcta o verdadera porque muchas personas así lo creen o lo han creído.

escribir la presente obra, en un intento honesto por traer de vuelta al mundo hispano protestante esta doctrina tan amada por los reformadores y que vino a ser un sello distintivo de la Iglesia evangélica de todo el mundo. Si, como ha creído la Iglesia evangélica desde sus inicios, la doctrina de la justificación por la fe es una doctrina esencial al evangelio, debemos entonces introducirnos en ella, sumergirnos hasta lo más profundo, navegarla "de orilla a orilla" y entender el porqué de su importancia no sólo en la historia protestante, sino también —y principalmente— en la historia de la redención del hombre.

La doctrina de la justificación por la fe es una temática explorada durante siglos por eruditos de diverso calibre, comentada en casi todas las sistemáticas y libros de soteriología y; sin embargo, sigue siendo una doctrina oscura para muchos cristianos. Es por esa razón que intentaré abarcarla de una manera que sea no sólo comprensible para los estudiantes y académicos familiarizados con la jerga y la terminología teológica, sino también inteligible para aquellos que están dando sus "primeros pasos" sobre este terreno bíblico, un suelo que muy a menudo es evitado por no pocos creyentes dado el compromiso, seriedad y dedicación que ello demanda. Dios mediante podamos todos ser edificados con esta doctrina, y sea su gracia la que nos impacte en la medida que su revelación se haga palpable a nuestro entendimiento.

Con respecto al contenido de la presente obra, debo explicar el porqué he creído necesario introducir una sección previa (Primera Parte) acerca de «la justicia de Dios» según Romanos 1:17 y 3:21-22. No cabe duda de la importancia y del protagonismo que estos pasajes tienen para la comprensión de la doctrina de la justificación por la fe. De hecho, la propia historia de la reforma protestante está fundada con la comprensión que de esta expresión tuvo Martín Lutero y los que le siguieron. Es por esa razón que, antes de introducirnos plenamente en la doctrina de la justificación por la fe (Segunda Parte), nos acercaremos a este sintagma bíblico tan comentado y estudiado por diversos eruditos bíblicos. Tengo la plena certeza de que una correcta comprensión de esa frase en Pablo nos ayudará a asentar las bases para la doctrina de la justificación por la fe.

En la víspera de los 500 años de la reforma protestante.

Mauricio A. Jiménez

Abreviaturas

a.C.	antes de Cristo
AT	Antiguo Testamento
BTX3	Biblia Textual 3ª edición, 2010
Cap/s.	Capítulo/s
cf.	*conferre* (comparar)
DHH	Biblia Dios Habla Hoy
ed(s).	editor(es)
et al.	*Et alii* (y otros [autores])
esp.	especialmente
fig.	figurado, figurativamente
Gr.	griego
Heb.	hebreo
Ibíd.	*Ibídem* (en el mismo lugar, esto es: la misma obra citada)
i.e.	*id est* (es decir)
JER3	Biblia de Jerusalén 3ª edición, 2001
KJV	King James Version
LBLA	La Biblia de las Américas
lit.	literalmente
LXX	Septuaginta
mss.	Manuscritos
NVI 1999	Nueva Versión Internacional 1999
NT	Nuevo Testamento
p. ej.	por ejemplo
p(p).	página(s)
q.v.	*quod vide* (véase, ver también)
RV60	Reina Valera 1960
ss.	siguientes
t.p.	traducción propia
TR	*Textus Receptus* (Texto Recibido)
VM	Biblia Versión Moderna
v(v.)	versículo(s)

* Salvo que indique algo distinto, la traducción de la Biblia que se empleará en la presente obra será la Versión Reina Valera, revisión 1960. Pero para asuntos exegéticos o en donde se haga cita de pasajes del NT a partir del texto griego, se empleará la 27ª edición del Novum Testamentum Grace Nestle-Aland (NA27).

Primera Parte

LA JUSTICIA DE DIOS

> *"Porque en el evangelio **la justicia de Dios se revela** por fe y para fe, como está escrito: Mas el justo por la fe vivirá."* (Romanos 1:17)
>
> *"Pero ahora, aparte de la ley, **se ha manifestado la justicia de Dios**, testificada por la ley y por los profetas; **la justicia de Dios** por medio de la fe en Jesucristo, para todos los que creen en él."* (Romanos 3:21-22)

Como ya se dijo antes, no cabe duda de la importancia y del protagonismo que estos pasajes tienen para la comprensión de la doctrina de la justificación por la fe. No es tampoco exagerado afirmar que las expresiones destacadas son también de una complejidad cuya *solución* ha resultado en una larga historia de tradición exegética y teológica, en especial en lo que respecta a los últimos cinco siglos de cristianismo, que son en los que más atención se ha dado a esas palabras de Pablo.

Y aunque el contenido total de estos pasajes citados es de una riqueza sin igual y merecen; por tanto, ser tratados mediante una obra mucho más extensa que la presente, solo quiero llamar aquí vuestra atención al que quizás sea el sintagma más relevante de toda la epístola a los Romanos y, por qué no decirlo también, de toda la historia de la revelación. Cierto es también que nuestro correcto entendimiento acerca de una doctrina tan esencial al evangelio como lo es la de la justificación por la fe, encuentra su forma más sublime precisamente en esa expresión que resulta vital para nuestra salvación.

Como correctamente ha escrito Jüngel, el concepto de la *justicia de Dios*, es "el concepto decisivo para la interpretación teológica del acontecimiento de la justificación. Ahora bien, este concepto es de importancia decisiva para la comprensión del acontecimiento de la justificación, pero no en cuanto concepto y en abstracto, sino en el significado que adquiere en su *uso bíblico* y especialmente en su *uso paulino*."[7]

---

[7] Eberhard Jüngel, *El Evangelio de la Justificación del impío* (Salamanca: Sígueme, 2004), p. 75.

Comparto plenamente la opinión del erudito bíblico Arthur W. Pink, quien con justificada razón escribió: "El eje sobre el que gira todo el contenido de la Epístola a los Romanos es aquella notable expresión: "la justicia de Dios" —comparada a la cual no hay nada de mayor importancia que pueda ser encontrado en todas las páginas de las Sagradas Escrituras, y es necesario que cada cristiano haga su máximo esfuerzo para entenderla claramente."[8]

Y eso es precisamente lo que muchos estudiosos han venido haciendo, aunque no en todos los casos ha habido unanimidad en las conclusiones, lo que ha significado que exista cierta división, en la mayoría de los casos sólo a un nivel académico, pero a veces con consecuencias doctrinales de diverso grado. Sin embargo, las opiniones parecen haberse visto mayormente diversificadas durante la segunda mitad del siglo XX en adelante, con trabajos de reconocidos eruditos, como Rudolf Bultmann y su discípulo Ernst Käsemann, por mencionar a algunos[9], siendo el último uno de los más influyentes[10].

Con únicamente ocho apariciones en Romanos[11], dice Douglas J. Moo: "la frase tiene una importancia desproporcionada en relación a su frecuencia, y esto por tres razones. En primer lugar, a excepción de 2 Co. 5:21, Pablo usa la frase «justicia de Dios» solo en Romanos, de modo que la frase podría darnos una pista sobre el mensaje distintivo de la carta. En segundo lugar, la frase es importante precisamente en los textos que a menudo se considera que establecen el tema central de la carta: 1:16-17 y 3:21-26. Y en tercer lugar, el significado de «la justicia de Dios» ha desempeñado un papel importante en la interpretación de Pablo y del evangelio en general —desde Agustín hasta E. Käsemann, pasando por Lutero."[12] Y es por esa razón que debemos, como ya lo dijo Pink, hacer

---

[8] Arthur W. Pink, *La Doctrina De La Justificación*, p. 7.
[9] Para una lectura en español de Rudolf Bultmann, léase su *Teología del Nuevo Testamento* (Salamanca: Sígueme, 1981), pp. 326-342. Sobre Käsemann, recomiendo el capítulo 12 ("La Justicia de Dios en Pablo") de su *Ensayos Exegéticos* (Salamanca: Sígueme, 1978), pp. 263-277 (Para Käsemann en inglés, ver también su *Comentary on Romans* (Grand Rapids, Michigan: Wm. B. Eerdmans Publishing Co., 5ta ed. 1980), pp. 24-30).
[10] Corresponde mencionar también, en la misma línea con Käsemann, a S. Lyonnet, *De justitia Dei in epistola ad Romanos*, VD, 1947.
[11] Romanos 1:17; 3:5, 21, 22, 10:3 (en dos ocasiones). En 3:25 y 26, como veremos más adelante, la frase está construida de otro modo (en cuanto al texto griego y a las traducciones); sin embargo, se incluirán por ahora en este conteo.
[12] Douglas J. Moo, *Comentario a la Epístola de Romanos* (Barcelona: CLIE, 2014), p. 98.

nuestro máximo esfuerzo por entender la frase de manera clara, tarea en la que nos ocuparemos durante esta primera parte de la presente obra. Esto nos servirá, además, como preludio a nuestro estudio de la doctrina de la justificación, con la que trataremos en la Segunda Parte.

Con respecto a las citas de Romanos 1:17 y 3:21-22, hay muy buenas razones para asegurar que la aparición de la frase tiene igual sentido y significado (y veremos también que con 10:3 sucede lo mismo); de manera que he de considerar ambos textos en su conjunto para los efectos de este estudio. Hacerlo de este modo pienso que puede además ser ventajoso para nuestro análisis, pues ambas citas —y sus contextos inmediatos— aportan información valiosa y útil entre las cosas que afirman, las cuales tienen relevancia para el significado que hemos de darle a la expresión misma.

Pero antes de pasar a considerar ese significado tenemos primero que acercarnos al concepto de «la justicia», empaparnos, por decirlo de algún modo, de su propio significado y uso dentro del material bíblico principalmente, un paso necesario de dar si es que queremos comprender las palabras inspiradas del apóstol Pablo.

Es por esa razón que he creído pertinente desarrollar el punto anterior dentro de un mismo capítulo y separado del sintagma como tal. De esa manera también podremos hacernos de una base que nos permita dilucidar mejor qué cosa es lo que quiso significar Pablo y qué cosas podríamos descartar.

Debe saber el lector que toda esta primera parte —a diferencia de la segunda— estará cargada de un lenguaje más técnico, por así decirlo, motivo por el cual la lectura podría resultar más lenta y a ratos pesada al lector menos acostumbrado a los textos con énfasis en la exégesis, dentro del diálogo más académico y/o formal.

Capítulo Primero

Una breve reseña acerca de la «Justicia»

Sin duda alguna, la semántica del concepto de «justicia» no es tan simple como para definirla según una única idea, sino que, por el contrario, es polivalente y encierra una variedad de significados (teológico, filosófico, jurídico, social político, ético, religioso y laico). Y dado la diversidad de contextos en que aparece en las Escrituras, no es verdaderamente posible darle un único sentido y/o significado, sino sólo el propio que cada contexto le aporte. Y este es especialmente, aunque no exclusivamente, el caso del uso de este término en los materiales veterotestamentarios, y es por tanto allí en donde quiero centrar más la atención en esta sección de nuestro estudio antes de pasar a considerar el significado de «la justicia de Dios» en la epístola de Pablo a los Romanos (en adelante δικαιοσύνη θεοῦ, o *dikaiosúne Theoú*). Añádasele a esto el hecho de que también, como bien hizo en señalar N. T. Wright, "Pablo escribe en griego, pero tiene en mente las escrituras hebreas, que son, de hecho, las que dan forma a su pensamiento."[13] Y aunque advierto que mis conclusiones —seguida y siguiendo a la de varios otros eruditos— no son precisamente las mismas que las del doctor Wright en lo que respecta al pensamiento del apóstol acerca de la δικαιοσύνη θεοῦ y a la doctrina de la justificación, es pertinente citarle en este punto, pues si hemos de estudiar esta frase en Pablo no debemos perder de vista esto que se ha dicho. Cierto es también que los conceptos esenciales de Pablo proceden precisamente del Antiguo Testamento, siendo su aprendizaje de las Escrituras veterotestamentarias en el contexto del judaísmo del primer siglo; trasfondo que jugó un papel relevante en el desarrollo de su teología[14].

---

[13] N. T. Wright, *El Verdadero Pensamiento de Pablo. Ensayo sobre la teología paulina* (Barcelona: CLIE, Colección Teológica Contemporánea, 2002), p. 104.
[14] Léase apoyo a esta idea en D. A. Carson y Douglas J. Moo, *Una Introducción al Nuevo Testamento* (Barcelona: CLIE, Colección Teológica Contemporánea, 2008), pp. 308-309. Entre otras cosas, los

Para Herman Ridderbos "toda la expresión «revelación de la justicia de Dios» proviene terminológicamente del judaísmo", y agrega: "dado que en él también los conceptos «justo» y «justicia» se entendían en estrecha relación con el pronunciamiento legal en el juicio divino."[15]

Es importante recordar también que esta δικαιοσύνη θεοῦ que se revela en el evangelio no se trata de una cosa nueva —de algo sobre lo que no había conocimiento—, sino de algo sobre lo cual se da testimonio por "la ley y por los profetas" (Ro 3:21), lo que sugiere fuertemente que para Pablo su significado estaba plenamente contenido en la Tanaj (nuestro Antiguo Testamento) y es; por tanto, desde aquí que él razonó acerca de la δικαιοσύνη θεοῦ. Este claro antecedente nos indica, entre otras cosas, que el estudio de esta expresión necesariamente debe comenzar con un estudio de su uso y significado entre los textos del Antiguo Testamento, fuente del pensamiento del apóstol Pablo.

---

autores con justificación señalan que: "Como revelan las más de noventa citas veterotestamentarias que encontramos en las cartas de Pablo, el apóstol depende profundamente del Antiguo Testamento para la formulación de su enseñanza". De igual valor es el trabajo de George E. Ladd en su tratamiento acerca de las fuentes del pensamiento de Pablo (léase su *Teología del Nuevo Testamento* (Barcelona: CLIE, Colección Teológica Contemporánea, 2002), pp. 532-534). Con George E. Ladd podemos afirmar que: "La doctrina paulina de la justificación puede entenderse sólo sobre la base del Antiguo Testamento", p. 587 y "El antecedente de la doctrina paulina es el Antiguo Testamento", p. 588. En Herman Ridderbos (*El pensamiento del apóstol Pablo*) también tenemos una valiosa descripción de las diversas teorías acerca de las fuentes que dieron forma al pensamiento de Pablo y a su teología, pero léanse especialmente las páginas 45 y 46 en donde Ridderbos reivindica el mismo concepto sobre la base veterotestamentaria para la formulación del pensamiento de Pablo. Según Ridderbos "Lo natural sería juzgar a un escritor ante todo según el medio ambiente del cual proviene y al que él recurre. Además, los conceptos paulinos deberán considerarse primeramente a la luz del Antiguo Testamento y del judaísmo rabínico que conocemos [...] es indudable que se ha abandonado la búsqueda de las estructuras fundamentales de la predicación y la doctrina de Pablo, así como de lo que es característico de su mundo ideológico y sus modos de expresión, en otro lugar que no sea su origen judío" (pp. 45 y 46). Por cierto también que, como escribió Jüngen Becker, "es evidente que Pablo no pudo formular su mensaje sobre la justificación sin tener a mano la sagrada Escritura" —*Pablo, el apóstol de los paganos*. 2ª edición (Salamanca: Sígueme, 2007), p. 341.

[15] Herman Ridderbos, *El pensamiento del apóstol Pablo* (Grand Rapids, Michigan: Libros Desafío, 2000), p. 212.

PRIMERA PARTE. LA JUSTICIA DE DIOS
CAPÍTULO PRIMERO: UNA BREVE RESEÑA ACERCA DE LA JUSTICIA

EL TRASFONDO JUDÍO DE «LA JUSTICIA» Y DE «LA JUSTICIA DE DIOS»

"Ṣeḏeq" (o *Tsédec*, צֶדֶק) y "Ṣᵉḏāqâ" (o *Tsedacá*, צְדָקָה), ambos de la raíz *tzdq*, son los términos hebreos normalmente traducidos por la voz griega *dikaióo* (LXX, justificar. Unas 44 veces) y *dikaiosúne* (LXX, justicia, más de 300 veces). *Dikaiosúne* (δικαιοσύνη) es el término griego que nos interesa para este estudio, y es a su aparición en la LXX con respecto a «la justicia de Dios» a donde debiéramos principalmente dirigirnos antes de evaluar su uso en Pablo en el NT. Y dado el alto grado de correspondencia que hay entre estos términos, ya sea en el original hebreo como en su traducción al griego en la Versión de los Setenta (LXX), un estudio del uso de la *dikaiosúne* en el Antiguo Testamento tendrá el mismo resultado que el estudio de la "justicia" en la voz hebrea.[16]

Corresponde también mencionar otro concepto hebreo y que no podemos hacer a un lado en nuestro análisis. Me refiero al término "mišpāṭ" (o *mishpa*t, מִשְׁפָּט, de la raíz *shafát*; "juzgar", *i.e.* "pronunciar sentencia", "hacer justicia a otro"), un vocablo traducido a menudo como "justicia", "juicio" y "sentencia", pero por lo general en un contexto judicial (de juicio, p. ej. Ec 12:14; Ez 23:24). Este término, como veremos, aparece en algunos casos junto a la raíz *tzdq* que, aunque no les hace

---

[16] Para una introducción en español acerca de la δικαιοσύνη θεοῦ y su significado, tanto en el AT como en las epístolas de Pablo, recomiendo también el excurso de la excelente obra de Douglas J. Moo, *Comentario a la Epístola de Romanos*. Para la edición en español de 2014 por la editorial CLIE, consúltense las páginas 109 a la 116. También resultará de provecho al lector el excurso titulado: «Justicia de Dios» del comentario a Romanos de Ulrich Wilkens, *La Carta a los Romanos*, Vol. I (Salamanca: Sígueme, 1989), pp. 251-274. Una muy breve, pero útil explicación de la «justicia de Dios» en el Antiguo y Nuevo Testamento puede también encontrarse en la obra de James Leo Garrett, *Teología Sistemática*, Tomo I (El Paso, Texas: CBP, 1996), capítulo 17 (pp. 243-248).

Ahora bien, como señala el profesor Moo, "la frase concreta *dikaiosynē theoú* nunca aparece en la LXX; *dikaiosynē kyriou* («la justicia del Señor») aparece dos veces (1S. 12:7; Mi. 6:5). Pero en 48 ocasiones, principalmente en los Salmos e Isaías, nos encontramos con *dikaiosynē* modificado por un pronombre personal, cuyo antecedente es «Dios» o «el Señor» [De estas, dos son textualmente dudosas. En 1 S. 12:7, algunos MSS tienen el plural δικαιοσύνας, y la frase se omite por entero en algunos MSS en Sal. 71:21]", p. 109.

necesariamente intercambiables, sí se los sitúa en un mismo contexto[17]. En la LXX es traducido, en la gran mayoría de los casos, por el término *krísis*, con el significado habitual de "juicio", y en unas pocas ocasiones es traducido también por la forma griega *kríma* y en otras menos usuales por la raíz *díke* ("justicia"; "derecho", como en Salmo 9:4a). Pero también vamos a encontrar la forma verbal de *Shafát*, traducida por la voz *kríno* ("juzgar", de la misma raíz y familia que *krísis* y *kríma*), ocupando un lugar junto a Ṣedeq, normalmente en expresiones construidas con la forma: "juzgar con justicia".

Es importante tener todo esto en cuenta, aunque no debemos perder de vista nuestra especial atención a la forma griega del texto hebreo, con énfasis en la *dikaiosúne* de Dios. Pero creo que un estudio de «la justicia» en el AT necesariamente tiene que considerar todos estos elementos señalados, y eso es lo que haremos.

Podemos comenzar diciendo que por "hacer justicia" se ha de significar, entre otras cosas: ir en socorro del desprovisto, corregir el abuso de los opresores y suplir las necesidades de quienes sufren injusticia (*cf.* Is 1:17).

En muchos casos la justicia también trata sobre los beneficios y su distribución como derechos básicos de la comunidad (vestido, comida y morada); es justicia social en sus niveles más básicos, siendo los principales receptores los más necesitados (*cf.* Sal 146:7-9).

Se destaca el hecho de que la justicia está muy cerca del amor y de la gracia, y esto en especial respecto del desvalido —esto es, el huérfano, la viuda y el forastero (p. ej. Dt 10:18). Esto último normalmente se expresa mediante la acción de ayudar al —y ser benevolente con— el pobre y el necesitado, dar limosnas y hacer obras de caridad, lo cual entre los rabinos se consideraba útil y, en una buena medida, también meritorio de recompensa (*cf.* Eclesiástico [Sira] 3:30; Tobías 4:8-10). En tales casos señalados la justicia se entiende entonces como ayuda al pobre y al menesteroso; al débil y al necesitado.

---

[17] Sin embargo, en Isaías 59:9, 14 el paralelismo sinónimo es vidente: "Por esto se alejó de nosotros la *justicia* [Heb. *mišpāṭ*, LXX. *krísis*], y no nos alcanzó la *rectitud* [Heb. *Ṣᵉḏāqâ*, LXX. *dikaiosúne*]..."; "Por tanto, se ha hecho que el *juicio recto* [Heb. *mišpāṭ*, LXX. *krísis*] se retire, Y la *justicia* [Heb. *Ṣᵉḏāqâ*, LXX. *dikaiosúne*] se mantenga a lo lejos, Porque la verdad tropezó en la calle, Y la rectitud no pudo entrar." (BTX3). Tal parece ser también el caso de otros textos, como Isaías 1:21 o Isaías 5:7, entre otros.

PRIMERA PARTE. LA JUSTICIA DE DIOS
CAPÍTULO PRIMERO: UNA BREVE RESEÑA ACERCA DE LA JUSTICIA

Con respecto a la aplicación de la justicia en el tribunal, Dios dio instrucciones claras a la congregación de Israel: "no harás injusticia en el juicio, ni favoreciendo al pobre ni complaciendo al grande; con *justicia* [Heb. ṣeḏeq, LXX. dikaiosúne] *juzgarás* [Heb. shafát, LXX. kríno] a tu prójimo" (Lv 19:15). Misma idea se sigue en Deuteronomio 16:18-20 acerca de los jueces (sustantivo plural masculino derivado de la raíz verbal *shafát*) y oficiales que habrían de juzgar al pueblo en las ciudades (lit. en sus puertas, como en Zac 8:16) que Dios les daría en posesión. De estos se dice: "los cuales juzgarán al pueblo con *justo juicio* [Heb. mišpāṭ ṣeḏeq, LXX. krísis díkaios]" y añade Dios: "La *justicia*, la *justicia* seguirás [ṣeḏeq en ambos casos, y díkaios en LXX], para que vivas y heredes la tierra que Jehová tu Dios te da" (vv. 18 y 20). Según lo que se instruye en el verso 19, parece ser que aquí «la justicia» tiene el sentido de exhortación a la imparcialidad, es justicia distributiva e igual para todos (*cf.* Éx 23:2-3; Dt 1:16-17).

Se dice también del rey David que "administraba *justicia* [Heb. mišpāṭ, LXX. kríma] y *equidad* [Heb. Ṣᵉḏāqâ, LXX. dikaiosúne] a todo su pueblo" (2Sa 8:15). Y al rey Lemuel se le aconseja: "Abre tu boca por el mudo en el juicio de todos los desvalidos. Abre tu boca, *juzga con justicia* [*da sentencia justa*, BTX3][18], y defiende la causa del pobre y del menesteroso" (Pro 31:8-9). En Salmo 82:3 tenemos una idea similar, pero con el sentido de "justificar". Aquí el salmista reconviene a los jueces de Israel que juzgan injustamente, diciendo: "Defended al débil y al huérfano; Haced *justicia* [Heb. ṣāḏaq, LXX. dikaióo] al afligido y al menesteroso. Librad al afligido y al necesitado; Libradlo de mano de los impíos" (*cf.* 4 Esdras 2:20[19]). En Isaías 59 el profeta confiesa los pecados de Israel, entre los cuales está la ausencia de justicia en los tribunales: "Por tanto, se ha hecho que el *juicio recto* [Heb. mišpāṭ, LXX. krísis] se retire, Y la *justicia* [Heb. Ṣᵉḏāqâ, LXX. dikaiosúne] se mantenga a lo lejos, Porque la verdad tropezó en la calle, Y la rectitud no pudo entrar" (v. 14, BTX3).

---

[18] "juzga" [forma verbal de *Shafát*, Gr. kríno en la LXX] "con justicia" [Heb. ṣeḏeq, mientras que la LXX emplea díkaios diakríno, lit. "juicio justo"].

[19] "Haz justicia a la viuda, juzga la causa del huérfano, da al pobre, defiende al desamparado, viste al desnudo". Traducción a partir del texto latino, pero tomado de la *Biblia del Oso*, edición original de 1569, sección apócrifos, p. 940.

También Isaías habló respecto del Mesías que habría de venir, del Siervo escogido por Dios, quien "traerá *justicia* [Heb. *mišpāṭ*, LXX. *krísis*] a las naciones" (Is 42:1, *cf.* vv. 3-4). Y antes de eso se dice también de Él: "No *juzgará* [Heb. *shafát*, LXX. *kríno*] según la vista de sus ojos, ni argüirá por lo que oigan sus oídos; sino que *juzgará* [Heb. *shafát*, LXX. *kríno*] con *justicia* [Heb. *ṣeḏeq*, LXX. *krísis*] a los pobres, y argüirá con equidad por los mansos de la tierra; y herirá la tierra con la vara de su boca, y con el espíritu de sus labios matará al impío. Y será la justicia [Heb. *ṣeḏeq*, LXX. *dikaiosúne*] cinto de sus lomos, y la fidelidad ceñidor de su cintura" (Is 11:3-5). Jeremías, por su parte, dice del Mesías: "reinará como Rey, el cual será dichoso, y hará *juicio* [Heb. *mišpāṭ*, LXX. *krísis*] y *justicia* [Heb. *Ṣ^eḏāqâ*, LXX. *dikaiosúne*] en la tierra" (Jer 23:5).

Se hace especial énfasis a la idea de que Dios obra siempre en favor de su pueblo, como un Rey-Juez Justo que defiende la causa de los suyos ante el malvado (Sal 9:4; 103:6[20]; Jer 11:20), que va en ayuda y en liberación de los que en Él confían (Sal 31:1[21]; 71:1-2[22], *cf.* 1Sam 12:7[23]).[24] Es así como las nociones de justicia y salvación se fusionan en un paralelismo que muy a menudo vamos a encontrar en los textos del AT, en especial en los Salmos y en Isaías, en donde sobreabunda toda esta rica idea (p. ej. Sal 40:10; 51:14; 65:5; 71:2, 15-16; 98:2; 119:123; Is 45:8; 46:13; 51:5-8; 56:1; 59:17; 62:1, entre otros).[25]

---

[20] "Jehová es el que hace *justicia* [Heb. *Ṣ^eḏāqâ*, LXX. *dikaiosúne*] y *derecho* [Heb. *mišpāṭ*, LXX. *krísis*] a todos los que padecen violencia"

[21] "Líbrame en *tu justicia* [Heb. *ṣeḏeq*, LXX. *dikaiosúne*]".

[22] "En ti, oh Jehová, me he refugiado; No sea yo avergonzado jamás. Socórreme y líbrame en tu justicia [Heb. *Ṣ^eḏāqâ*, LXX. *dikaiosúne*]; Inclina tu oído y sálvame."

[23] "Ahora, pues, aguardad, y contenderé con vosotros delante de Jehová acerca de todos los *hechos de salvación* (lit. "actos de justicia", Heb. *Ṣ^eḏāqâ*, LXX. *dikaiosúne*) que Jehová ha hecho con vosotros y con vuestros padres."

[24] Algo similar, pero con el sentido de "vengar" a los que padecen de mano del adversario, encontramos en la lectura de la parábola de la viuda que ruega ante el juez injusto para que le haga justicia (Lucas 18:1-6). Las traducciones castellanas han preferido traducir el verbo *ekdikéo* y el sustantivo *ekdíkesis* como "ajusticiar" ("hazme justicia" v. 3; "le haré justicia" v. 5) y "justicia" (vv. 7 y 8), respectivamente. Sin embargo, no es este el vocablo que utiliza Pablo al hablar de «la justicia de Dios», aunque haremos bien en entender los utilizados por Lucas en esta narración, como vocablos que describen la acción vindicativa de parte de Dios, como una "venganza justiciera" en beneficio de los que sufren injusticia y para castigo de los pecadores (*cf.* Hch 7:24; Ro 12:19; 2Ts 1:6).

[25] Aunque, cabe señalar, tal noción de la justicia de Dios no se inicia en la época monárquica (con los salmos de David principalmente), y menos aún a la del profeta Isaías, sino que ya la encontramos en la era de los jueces —como vemos en la cita de 1Samuel 12:7— y aún antes que Samuel. En lo medular, la observación que hace Gerhard von Rad es correcta: "El canto de Débora habla ya de las

En muchos casos estos paralelismos también engloban algo más que «justicia» y «salvación» e incluyen la «fidelidad» y la «misericordia» de Dios, como por ejemplo en Salmo 40:10 —"No encubrí **tu justicia** dentro de mi corazón; He publicado **tu fidelidad** y **tu salvación**; No oculté **tu misericordia** y tu verdad en grande asamblea" (*cf.* Is 11:5, citado más atrás).

Se afirma también que Dios es "justo y salvador" (Is 45:21, *cf.* 61:10). La idea no es que Dios es justo y también salvador, sino más bien: "Dios es justo y por ende salvador". De otro modo: Dios es salvador por cuanto es justo, significando con ello que es misericordioso y fiel a su pacto. Su justicia; por tanto, se interpreta por su actividad redentora, no sólo en el sentido de que va en liberación de su pueblo o sus siervos cada vez que sufren a causa de sus enemigos, sino también, en varios otros casos, en un sentido escatológico, como apuntando hacia su vindicación futura por medio del Mesías (p. ej. Is 46:13: 59:17ss; Jer 23:6). Es el Dios de la alianza que, fiel a sus promesas y al pacto, rescata a su pueblo y trae salvación. Es, en otras palabras, el Justo Dios de la gracia y la misericordia. Y lo es no únicamente porque rescata a su pueblo, sino también porque lo preserva aun a pesar de sus pecados y del juicio que Él ha hecho caer sobre ellos (ver, p. ej., Lm 3:22-23).[26]

Hay en todo esto incluidos dos significados acerca de «la justicia de Dios» y que, por estar tan estrechamente relacionados, no siempre resulta sencillo distinguirlos entre sí, y en algunos casos hasta es posible suponer que ambos están presentes[27]. Estos significados se derivan de textos en donde, por un lado, la justicia de Dios es una actividad salvadora (como ya hemos observado) y, por otro, el fundamento o la motivación que dirige a dicha actividad salvadora, esto es, su fidelidad y

---

«justicias de Yahvéh» (צדקה יהוה) y designa con esas palabras sus actos salvíficos en la historia. [...] El uso del término en el canto de Débora tiene su importancia porque utiliza ya el concepto צדקה en sentido figurado, es decir, en relación con los efectos de la fidelidad de Yahvéh a sus relaciones comunitarias. Dejando a un lado la movilidad de las afirmaciones sobre la justicia divina, el canto de Débora expresaba así una idea constitutiva para Israel: la justicia de Yahvéh no era norma, sino actos, actos salvíficos." —*Teología del Antiguo Testamento. Volumen I: Las tradiciones históricas de Israel*. 9ª edición (Salamanca: Sígueme, 2009), p. 456.

[26] Aunque no hay paralelismo dentro del propio pasaje, en Miqueas 6:5 parece ser que el profeta se refiere a la bondad redentora y/o las misericordias de Dios bajo el concepto de "las justicias" —"... para que conozcas las *justicias* [Heb. $s^e \underline{d}\bar{a}q\hat{a}$, LXX. *dikaiosúne*] de Jehová" (*cf.* NVI 1999; BTX3).

[27] P. ej. Sal 31:1, "Líbrame en tu justicia". También en Sal 35:24; 36:10, y otros textos más que se han citado ya en esta exposición.

compromiso de cumplir las promesas *pactuales* hechas a su pueblo. En el último caso la justicia de Dios significa "su fidelidad al pacto". Así también ocurre con el adjetivo «Justo» (Heb. *tsaddíq*, LXX. *díkaios*) cuando se aplicada a Dios en algunos casos, significando con ello que Él es fiel a lo que prometió (como bien lo deja ver Nehemías cuando dice: "cumpliste tu palabra, porque eres Justo" —Nehemías 9:8).

«Justicia», como ya lo advertimos en un principio, se ha convertido en símbolo de bondad y en amorosa consideración por el más débil. De este modo también se le demanda a las gentes a obrar con justicia y temor a Dios, no únicamente en un sentido ético, sino también siguiendo el sentido de la caridad y la preocupación por los despojados[28]. Es justicia misericordiosa para aquellos que claman a Dios y, en respuesta a ese clamor, Dios acude y trae *justicia*; trae *salvación* (Sal 143:1; 145:18-19). Así también se dice de Dios que es "justo en todos sus caminos y misericordioso en todas sus obras" (Sal 145:17, *cf.* Sal 36:5-6; 103:17), un paralelismo en donde «justicia» y «misericordia» se encuentran y se corresponden con el actuar benevolente de Dios para con los que le invocan (*q.v.* vv. 7-9 del mismo Salmo. *Cf.* "Salmos de Salomón" cap. 4:24-25)[29].

Una idea similar respecto de la justicia y la misericordia hay también en el ya citado pasaje de Isaías 42:1, en donde el verso 3 destaca que quien "traerá justicia" (Jesús, el Mesías), "No quebrará la caña cascada, ni apagará el pábilo que humeare", lo que significa que tendrá misericordia de los débiles y se compadecerá de los quebrantados y de los que se reconozcan oprimidos, no sólo por las calamidades vividas, sino también

---

[28] Es posiblemente en este sentido que Cornelio es descrito como "piadoso y temeroso de Dios con toda su casa" (Hch 10:2).

Dicen W. S. Lasor; D. A. Hubbard y F. W. Bush: "Como resultado de este énfasis en la misericordia de Dios, el término «rectitud» también se aplica a la benevolencia humana, ya que, si el pueblo actúa a la manera de Dios, será misericordioso. Este es el sentido con el cual la palabra neotestamentaria *dikaiosýnē* a veces significa «obras de justicia», «deberes religiosos»." —*Panorama del Antiguo Testamento: Mensaje, forma y trasfondo del Antiguo Testamento* (Grand Rapids, Michigan: Libros Desafío, 2004), p. 382.

[29] Igual paralelismo, aunque en un contexto claramente diferente y con otro término, encontramos en Daniel 4:27 acerca de Nabucodonosor: "Por tanto, oh rey [...] tus pecados redime *con justicia* [no el Gr. *dikaiosúne*, sino *eleemosúne*, misericordia o piedad hacia otros, benevolencia], y tus iniquidades *haciendo misericordia* [Gr. *oiktirmós*, compasión o piedad, en paralelismo sinónimo con *eleemosúne*] para con los oprimidos".

PRIMERA PARTE. LA JUSTICIA DE DIOS
CAPÍTULO PRIMERO: UNA BREVE RESEÑA ACERCA DE LA JUSTICIA

por el pecado personal. Se trata de los que aguardan en esperanza la intervención milagrosa de Jehová.

Es cierto que la justicia y la salvación emergen bajo una misma idea en la mayoría de los casos en que aparece en el Antiguo Testamento, dándose así la impresión de que la justicia de Dios está siempre revestida de este elemento redentor, de que es principalmente una actividad divina mediante la cual Él hace su aparición en la escena humana para socorrer a su pueblo y traer salvación. Pero, aunque un sentido de «justicia» atañe a todo esto —en especial cuando el antecedente es Dios— no debemos olvidar que la justicia también halla significado en un contexto judicial y/o forense[30]. Cabe aquí señalar que el justo (Heb. *tsaddíq*, Gr. *díkaios*) lo es por cuanto sus acciones son conformes a las demandas y normas de Dios[31] —como bien podría ser el caso en 1Reyes 8:32 o en Salmos 7:8; 17:15 y 37:6, en donde la *dikaiosúne*, o su par hebreo, parece que adquiere una categoría forense o legal, *i.e.* de conformidad con la ley de Dios—, lo cual tiene especial significado dentro de la colectividad judía, la comunidad del pacto, en donde nunca se pierde de vista el pacto y sus condiciones en el contexto de la relación habida entre el pueblo del pacto y el Dios del pacto, lo que hace que «justicia», en este sentido, sea un concepto relacional y se entienda no tanto como un carácter ético personal, sino como un compromiso pactual; como la fidelidad a una relación[32]. De ahí también el enorme

---

[30] A este respecto, creo que Ulrich Wilckens estuvo en lo cierto cuando dijo que "La justicia de Dios no es, pues, una propiedad de Dios" (esto es, en lo que a la expresión se refiere), pero no sé hasta qué punto, y a pesar de su extensa exposición sobre el tema, sea correcto lo que continúa diciendo: "sino una actuación de Yahvé; en concreto se trata **siempre** de una actuación salvadora." —*La Carta a los Romanos*, Vol. I (Salamanca: Sígueme, 1989), p. 264. [Negrilla añadida]

[31] Las que, para algunos autores, son también un aspecto de la «justicia» de Dios. Para una significación de la «justicia» como "norma de Dios", léase en Robert L. Cate, *Teología del Antiguo Testamento. Raíces para la fe neotestamentaria* (El Paso, Texas: CBP, 2003), p. 68 y ss.

[32] *Cf.* con G. E. Ladd, *Teología del Nuevo Testamento* (Barcelona: CLIE, 2002): "En el judaísmo la justicia llegó a definirse principalmente en función de la conformidad con la Torá —con la Ley de Moisés según se ejemplificaba en la tradición oral escrita" (p. 589). "Básicamente", dice Ladd, "'justicia` es un concepto *relacional*. Es justo el que ha cumplido con las exigencias que le impone la relación en la cual se encuentra. No es una palabra que designe un carácter ético personal, sino la fidelidad a una relación. [...] La persona justa es aquella que, en el juicio de Dios, satisface la justicia divina y con ello tiene una relación adecuada con Dios" (p. 588). Véase también en Ernst Käsemann, *Ensayos Exegéticos*, p. 267.

Pero hay también contextos en donde se habla de la justicia y de actos de justicia con el sentido ético de "hacer lo bueno" o de "actuar con rectitud" (Dt 9:4-6; 2Sam 22:21; Sal 15:2; 23:3; Is 5:7;

sabor forense en los conceptos de «justicia» y «justificar», y esto en especial con el lenguaje de la *dikaióo* —aunque menos evidente con *dikaiosúne* en la LXX, en donde el término asume ciertas connotaciones éticas indudables. Sin embargo, aún es posible ver con claridad este sentido más forense de la *dikaiosúne* en textos como Isaías 58:2; en donde leemos a Dios por medio del profeta en su reproche a los judíos, diciendo: "Que me buscan cada día, y quieren saber mis caminos, como gente que hubiese hecho *justicia* [Heb. $ṣ^e ḏāqâ$, LXX. *dikaiosúne*], y que no hubiese dejado la ley de Dios; que me piden justos juicios, y quieren acercarse a Dios".

33:15; Ez 18:5-9), aunque incluso en estos casos no siempre es fácil eliminar el elemento relacional (pactual) manteniendo sólo el sentido ético.

La parábola del fariseo y el publicano de Lucas 18:9-14 nos da cuenta también de este sentido más ético de la palabra, en donde ser «justo» (Gr. *díkaios*), para el fariseo, significaba realizar actividades externas como: ayunar dos veces a la semana y diezmar de todo lo que ganaba, en contraste con los hombres con quienes se compara. Para el fariseo, no robar y no adulterar eran prueba de su rectitud (Lc 18:11-12). Véase también el contraste entre "los malos" y "el justo" en Salmo 11, en donde indudablemente el «justo» (Heb. *tsaddíq*, LXX. *díkaios*), quien también es considerado entre "los rectos" (Heb. *Yashár*, derecho [lit. o fig.], esto es: persona íntegra, recta), adquiere las dos categorías: la ética y también la de conformidad con los estándares divinos de justicia (forense) (*cf.* Sal 97:11-12). Similar es lo que sucede con el uso de la terminología en Proverbios 2:20-21, donde "el camino de *los buenos*" y "las veredas de *los justos* (Heb. *tsaddíq*, LXX. *díkaios*)" son dos maneras de decir lo mismo respecto de una misma clase de personas, y en donde, además, "los justos" son también "los rectos (Heb. *Yashár*) que habitarán la tierra"; los "íntegros" que permanecerán en ella (v. 21), en contraste con "los malvados" (Heb. *rashá*) y "los prevaricadores" (Heb. *bagad*) que serán cortados (v. 22), resaltándose así tanto el elemento ético como el de obediencia a la ley de Dios. Véase también esta significación en Malaquías 3:18, y cómo ser «justo» se dice del que "sirve a Dios" (*i.e.* del que le es fiel, esto es, en el contexto de la relación pactual entre Dios y su pueblo), a diferencia del «malo» que no le sirve (que ha abandonado su fidelidad a Dios). Los Salmos están repletos de referencia a "los justos" y a "los rectos de corazón", aludiendo a aquellos que hacen lo bueno y actúan en obediencia a los preceptos de Dios, en contraste con "los impíos" o "los malvados" que obran injustamente y, por lo general, en contra de los primeros.

Hay casos en que el adjetivo «justo» no tiene que ver tanto con la persona que actúa rectamente o en conformidad con las demandas de Dios en el contexto de la relación pactual, sino que se usa de la persona (la víctima) respecto de la cual abusan los hombres malvados (los victimarios). En estos casos, "los justos" es una manera de referirse a aquellos que padecen persecución y sufren a causa de las obras maliciosas de los "injustos". Un ejemplo de ello podría ser el Salmo 140, en donde "los justos" (v. 13); el "afligido" (v. 12); el "necesitado" (v. 12) y "los rectos" (v. 13) son una misma clase de persona, en contraste con el "hombre malo" y los "violentos" (v. 1); el "impío" e "injurioso" (vv. 4, 8); el "deslenguado" e "injusto" (v. 11), todos adjetivos que califican a un mismo tipo de gente respecto de la cual ruega el salmista a Dios para que le proteja.

Resulta interesante también el uso de "justicia" en la versión etiópica del Libro de Jubileos (Jub), en donde el término adquiere mayormente esta connotación de hacer lo recto o actuar en conformidad a la ley o a los mandamientos prescritos, en relación a la cantidad de veces en que se traduce al castellano. Véase esp. 5:17; 7:20, 34, 37; 10:17; 20:2; 22:10; 23:10, 21, 26; 25:1; 35:13; 36:16.

De igual modo, Dios aplica su justicia en vindicación de su santa ley. A esto último la justicia se vuelve descriptiva del castigo por las infracciones morales, es "justicia punitiva". Dios hace justicia al juzgar las acciones de los pecadores y es justo al condenar las infracciones a la ley —ya sea ésta escrita en tablas de piedra, ya sea plasmada en la consciencia colectiva de cada ser humano. Dios procede de manera justa al castigar los pecados, de modo que su justicia igualmente es manifestada mediante acciones justas (el castigo justo), o lo que sería más exacto; la justicia de Dios asume naturalmente un aspecto negativo; de censura, cuando de lo que se trata es de los enemigos de Israel o cuando Israel viola las condiciones del pacto (*cf.* Is 5:16; 10:22-23)[33]. Sería una contradicción afirmar que la pena por el pecado responde a una acción justa de parte de Dios y no obstante no a una afirmación de su justicia. Pablo pregunta: "¿Será injusto Dios que da castigo?" y en seguida responde: "En ninguna manera; de otro modo, ¿cómo juzgará Dios al mundo?" (Ro 3:5-6, *cf.* Sal 9:7-8).

Esta noción de una justicia punitiva o retributiva ha representado para algunos un verdadero oxímoron, una suerte de contradicción semántica —como decir: "círculo cuadrado". Para G. von Rad, por ejemplo, la justicia de Dios "era siempre un don salvífico: imposible imaginarla al mismo tiempo como algo que amenazaba a Israel."[34] Según él, "la idea de una צדקה (justicia) punitiva no se encuentra en ningún texto; sería una *contradictio in adicto*."[35]

Pero tal concepto no era ni ajeno ni extraño a la conciencia judía, y podemos verlo reflejado no sólo entre los escritos llamados veterotestamentarios, sino también en la apócrifa judía del período intertestamentario. Por ejemplo, en los Salmos de Salomón (posiblemente la década del 60 a.C.) esa noción de la justicia divina es evidente y clara para el lector (*q.v.* 2:15-18; 8:24-26; 9:1-5). En Libro de los Jubileos también tenemos esta idea cuando se dice de Dios que es "un Dios vivo y santo, más fiel y justo que todos, en quien no cabe acepción de persona ni cohecho, pues es un Dios justo que *hace justicia*

---

[33] Douglas J. Moo, *Comentario a la Epístola de Romanos*, p. 112.
[34] Gerhard von Rad, *Teología del Antiguo Testamento. Volumen I*, p. 461. *Cf.* Ulrich Wilckens, *La Carta a los Romanos*, Vol. I, p. 264.
[35] Ibíd.

en todos los que violan sus mandamientos y rechazan su alianza" (Jub 21:4)[36].

Si Dios es un Juez Justo (Sal 7:11), es debido pensar que siempre actuará en consecuencia con su propia naturaleza justa, lo cual implica no sólo que acudirá en rescate de los que clamen a Él, sino también que traerá el pecado a condenación (Sal 7:12-13). "Jehová es *justo* [Heb. *tsaddíq*, LXX. *díkaios*], y ama la *justicia* [Heb. *Ṣᵉḏāqâ*, LXX. *dikaiosúne*]", dice el salmista (Sal 11:7), razón por la cual no solamente los íntegros mirarán su rostro, sino que también "sobre los malos hará llover calamidades; fuego, azufre y viento abrasador será la porción del cáliz de ellos" (v. 6)[37].

Teniendo esto en consideración, es importante que sepamos distinguir entre aquellos pasajes del Antiguo Testamento en donde la salvación y la justicia aparecen juntas con una idea positiva para el hombre, de

---

[36] Traducción de la versión etiópica por Antonio Piñero. Tomado de la obra de Alejandro Diez Macho, *Apócrifos del Antiguo Testamento*. Tomo II (Madrid: Ediciones Cristiandad, 1983).

Tal concepción de una justicia divina de carácter retributivo al final de los tiempos es también clara para el judaísmo tardío, como lo deja ver el Apocalipsis siríaco de Baruc (2 Baruc. p. ej., en 5:2 "Mi juicio hará justicia a su debido tiempo"), en donde la destrucción del templo y de Jerusalén en el 70 d.C. se debe al justo castigo de Dios (cap. 6-8). Así también en el Apocalipsis griego de Baruc (3 Baruc).

[37] Cf. Salmo 7:11 —"Dios es juez justo, y Dios está airado contra el impío todos los días".

Debe decirse; no obstante, que en el Salmo 11 la afirmación de David tocante a Dios ("Jehová es justo, y ama la justicia"), podría no estar significando el justo juicio de Dios sobre el malvado, sino otra cosa distinta. El verso 5 dice de Dios que "examina a justos y a malvados" (NVI 1999), y añade: "y aborrece a los que aman la violencia". El verso 6 es la retribución divina respecto de estos malvados que aman la violencia, de eso no hay lugar a dudas. Hasta allí se podría decir, con total razón, que esta retribución es un acto de justicia de parte de Dios —una justicia punitiva y también vindicativa—; sin embargo, eso no se sigue necesariamente de lo que dice el verso 7, en donde la frase proposicional "Justo es el Señor, y ama la justicia" no sería una alusión a la justicia divina en un sentido retributivo o punitivo, sino que a la justicia en relación con la rectitud de los justos, en contraste con la maldad o falta de rectitud de los que aman la violencia. A diferencia de los que *aman la violencia* (o la "injusticia", como traduce la LXX), Jehová *ama la justicia*, lo cual es la razón de porqué "aborrece" a los tales. Jehová es justo, esto es, actúa con rectitud (y fidelidad a su pacto), lo cual se condice con la propia actitud del hombre justo e íntegro ("el hombre recto", RV60) que mirará gozoso el rostro de Dios. "Jehová ama la justicia" podría significar entonces, por una parte, su aversión a la injusticia humana y a la violencia del malvado; por otra, es su aprobación a los actos de justicia del hombre justo, de los "rectos de corazón" sobre quienes los malvados tensan sus arcos para atacarles con sus flechas desde las sombras (v. 2). Esto me lleva a la conclusión de que aquí la "justicia" a la que hace referencia David no es ni una cualidad de Dios (un atributo, por ejemplo), ni tampoco un término con sentido retributivo. Tampoco es una justicia en sentido vindicativo o salvífico. No tiene que ver con Dios y su lealtad con el pueblo de la alianza, sino más bien con la justicia en una forma relacional; es la justicia en la forma de una actitud humana con respecto al pacto de Dios (a sus mandamientos); es, en otras palabras, la justicia activa —o actos de rectitud— de los justos que contrasta con la violencia (o injusticia, LXX) de los malvados.

PRIMERA PARTE. LA JUSTICIA DE DIOS
CAPÍTULO PRIMERO: UNA BREVE RESEÑA ACERCA DE LA JUSTICIA

aquellos pasajes en donde la justicia tiene un sentido puramente penal o retributivo.

Dado que Dios es el Juez de toda la tierra, es razonable suponer que de Él es el hacer juicio a todas las gentes y hacer justicia respecto de todas las cosas, incluso si se trata de su propio pueblo.[38] Podemos afirmar con total seguridad que Él siempre hará justicia y procederá en conformidad con ella[39]. "El Juez de toda la tierra, ¿no ha de hacer lo que es justo?", preguntó Abraham a Dios apelando para que no hiciera Él morir a su sobrino Lot juntamente con los pecadores de Sodoma y Gomorra (Gn 18:25). El salmista alaba a Dios, "porque has mantenido mi *derecho* [Heb. *mišpāṭ*, LXX. *krísis*] y mi causa; te has sentado en el trono *juzgando* [Heb. *shafát*, LXX. *kríno*] con *justicia* [Heb. *ṣedeq*, LXX. *dikaiosúne*]", el Señor "a dispuesto su trono para *juicio* [Heb. *mišpāṭ*, LXX. *krísis*]. El *juzgará* [Heb. *shafát*, LXX. *kríno*] al mundo con *justicia* [Heb. *ṣedeq*, LXX. *dikaiosúne*], y a los pueblos con *equidad*" (Sal 9:4, 7-8)[40].

El profeta Daniel reconoció en su oración que la condición de su pueblo fue la retribución justa de Dios, por cuanto traspasaron su ley (Dn 9:11-14), lo que denota que Dios juzgó de manera justa —*i.e.* con justicia— sus acciones, trayendo sobre ellos la destrucción de mano del extranjero —"porque *justo* [Heb. *tsaddíq*, LXX. *díkaios*] es Jehová nuestro Dios en todas sus obras que ha hecho, porque no obedecimos a su voz" (v. 14). Aunque en esta misma oración el propio Daniel ha de referirse

---

[38] "Convocará a los cielos de arriba, Y a la tierra, para juzgar a su pueblo. [...] Y los cielos declararán su justicia [Heb. *ṣedeq*, LXX. *dikaiosúne*], Porque Dios es el juez [Heb. *shafát*]." (Sal 50:4, 6)
[39] Véase en el Salmo 7 y cómo se entrelazan la vindicación de la justicia; la salvación y el castigo de los impíos.
[40] Aquí, en el verso 8, hay un paralelismo sinónimo interesante. Del mismo modo que "mundo" y "pueblo" (o "naciones") aparecen como dos conceptos equivalentes, la frase "juzgará al mundo **con justicia**, y a los pueblos **con equidad**" (o "rectitud", RV60) denotan una misma idea; la de imparcialidad (*cf.* Salmo de Salomón 2:16, 18 y Romanos 2:6, 11), deduciéndose con ello que, en el acto de juzgar, Dios juzgará dando a cada cual lo que le corresponda (*cf.* Salmo de Salomón 9:5). Esto, por supuesto, es un problema para el hombre si consideráramos sus méritos o virtudes inherentes (su justicia inherente) como la base sobre la cual Dios le juzgará en el fin de los tiempos, pero esto es un asunto al que volveré más adelante. Se destaca también el hecho de que aquí la justicia aparece en relación al trono desde el cual Dios ha juzgado las acciones de los pecadores (*q.v.* vv. 3-6), lo cual también demuestra que en el uso de la palabra justicia (*ṣedeq* y *dikaiosúne*) está también albergada la idea de juicio condenatorio y no sólo la de misericordia recibida, como sí sucede en otros casos y en otros contextos. No obstante a todo lo dicho, aún es posible ver en este salmo la vindicación del justo respecto del malvado, lo que significa que la justicia de parte de Dios aquí implica también la actividad de Dios "liberando" al justo, en el sentido de ir en auxilio del que ha sufrido a causa de sus enemigos (vv. 2-4, *cf.* 9-11).

también a la justicia de Dios —"Oh Señor, conforme a todos tus actos de justicia"— en contraposición a su ira y su furor (v. 16), significando con ello su acción salvífica de en medio de toda la miseria vivida, posiblemente en alusión a su propia fidelidad al pacto[41]. Pero aquí no se emplea el griego *dikaiosúne*, sino que *eleemosúne*, lo que denota primeramente una acción benevolente y compasiva que, sólo por implicación, podría también expresarse mediante su actuar salvífico.

También Roboam y los príncipes de Judá declararon que "*Justo* [Heb. *tsaddíq*, LXX. *díkaios*] es Jehová" cuando entendieron que la invasión egipcia era la paga Divina por haberle ellos dejado a Él (2Cr 12:5-6; *cf.* Neh 9:33 y ss.). No debemos tampoco olvidar que el gran diluvio fue, con todo, una confirmación y una afirmación de su justicia (de su justo juicio) con respecto al pecado del hombre —y por misericordia guardó al justo Noé y a sus hijos.[42]

Por cierto que en Romanos 2 Pablo describe a Dios como un juez que juzgará justamente (Gr. *dikaiokrisía*, lit. "condenación justa" o "juicio justo" [*díkaios* + *krísis*, como en 2Ts 1:5[43]], de la misma raíz *dik* de donde proviene *dikaiosúne*) las acciones de los hombres, dando el pago correspondiente a cada uno conforme a sus obras (vv. 5-6, *cf.* Os 12:2; Mt 16:27; 1Co 4:5; 2Co 5:10; 11:15; 2Ti 4:14)[44], un concepto en donde el juicio de Dios (y su justicia) se presenta como equitativo e imparcial (vv. 6-11) y también, o al menos eso parece, como una justicia retributiva y distributiva, conectando las ideas de recompensa y castigo dentro de un mismo contexto de juicio.[45] Esto es también evidente en otros lugares en Pablo, como cuando dice respecto de las acciones de Dios en medio de su pueblo perseguido y atribulado: "ya que es justo (Gr. *díkaios*) delante de Dios retribuir con tribulación a los que os atribulan; y a vosotros, que sois atribulados, daros reposo con nosotros, cuando se manifieste el

---

[41] Douglas J. Moo opina que esta irrupción de la justicia de Dios, en este capítulo, no depende del pacto en sí mismo (*Comentario a la Epístola de Romanos*, p. 112), a diferencia de otros pasajes en donde la relación entre la actividad de Dios y su fidelidad al pacto es incuestionable.
[42] Léase también Apocalipsis 16:3-7, en donde se declara que Justo es el Señor porque ha juzgado las acciones pecaminosas de los impíos trayendo sobre ellos el castigo justo por sus perversidades.
[43] "Esto es demostración del justo juicio de Dios..."
[44] Véase también este concepto en Jub 5:15-16.
[45] Contra este concepto más judicial de la justicia en Romanos 2:3-11, aparentemente más cercano al ideal grecorromano de la *iustitia distributiva*, léase el Excurso: El Juicio según las obras I (presupuestos históricos tradicionales) en Ulrich Wilckens, *La Carta a los Romanos*, Vol. I, pp. 162-165.

Señor Jesús desde el cielo con sus poderosos ángeles, en llama de fuego, para dar retribución a los que no conocen a Dios, ni obedecen el evangelio de nuestro Señor Jesús; los cuales pagarán la pena de eterna perdición, excluidos de la presencia del Señor, y de su glorioso poder;..." (2Tesalonicenses 1:6-9).

Por último, cabe recordar que la justicia es también un atributo y una cualidad moral divina que describe el carácter y las acciones de Dios y "quiere decir que Dios siempre actúa de acuerdo con lo que es recto y él mismo es la norma final de lo que es recto"[46]. Dios es justo en sí mismo y todo lo que hace es justo (Dt 32:4); Él es justo en todos sus tratos. Y dado que Dios es inmutable en todas y cada una de sus perfecciones, su justicia es también inamovible e inalterable. Cada mandamiento suyo, cada norma suya, es una expresión de su naturaleza justa. Él es la vara alta que da significado a lo que es justo y recto, la base sobre la cual se establecieron sus normas para Israel y para el mundo entero[47].

EL CONCEPTO GRECORROMANO DE «LA JUSTICIA»

Hay también una idea filosófico-jurídica en el concepto de «la justicia» (la *"iustitĭa"*, término del que deriva nuestra palabra "justicia" en el español y en el inglés ["justice"]) y que, en mi opinión, no era extraña al pensamiento del apóstol Pablo, ni tampoco ajeno a la comunidad judío-gentil que conformaba la iglesia de Roma. Sin embargo, no parece ser este el concepto que permea el pensamiento de Pablo con respecto a la δικαιοσύνη θεοῦ y a su uso del concepto en sus epístolas, ya que es un hecho que su noción de la δικαιοσύνη θεοῦ proviene mayoritaria y primordialmente de su concepción judía en el marco de su formación en la literatura veterotestamentaria, aunque indudablemente con un entendimiento más elevado y sobre una base concreta, a saber, la obra de Cristo en la cruz. Sin embargo, es pertinente referirnos a este ideal para los efectos que puedan resultar de nuestro estudio.

---

[46] Wayne Grudem, *Teología Sistemática* (Miami, Florida: Vida, 2007), p. 210.
[47] *Cf.* Robert L. Cate, *Teología del Antiguo Testamento*, p. 68.

Desde un punto de vista ético grecorromano, es posible definir a la justicia como: "la virtud cívica de la observancia de la ley y el cumplimiento del deber."[48]

La justicia es "un hábito del alma" [Cicerón] y también una de las cuatro virtudes cardinales, sobre la cual se fundamentan y preservan las otras tres [Platón]; es la virtud que inclina a dar a cada uno lo que le pertenece o lo que le corresponde[49]. En Aristóteles tenemos una idea similar. Para él la justicia es la más suprema de todas las virtudes, y se define como "una virtud por la cual cada uno obtiene lo suyo y tal como lo manda la ley"[50], mediante el principio de la igualdad. Para el jurista romano Domiciano Ulpiano (s. II d.C.) la justicia es un hábito y la define como: *"iustitia est constans et perpetua voluntas **ius suum cuique tribuendi**"* ("la voluntad firme y continuada de dar **a cada uno lo suyo** [o **su derecho**]")[51]. Tiene estrecha relación con el derecho, la razón y la equidad, y es "lo que debe hacerse según el derecho o la razón". Juvencio Celso definió el derecho como: *"ars boni et aequi"* ("el arte de lo que es bueno y de lo que es equitativo")[52].

Se ve a la justicia como la concepción acerca del sentido de las normas jurídicas, y dado que se relaciona estrechamente con el derecho, la razón y la equidad, se entienden estas normas como un conjunto de pautas y criterios por medio de los cuales se regula, autoriza, prohíbe y permite una acción. La justicia, siendo administrada de manera correcta, es conmutativa y distributiva. La acción, lo que se expresa como "hacer justicia", es "obrar en razón con él o tratarle según su mérito, sin atender a otro motivo ajeno a este". Por otro lado, "hacer lo justo" es actuar en conformidad con la justicia, pero es también obrar en integridad, de acuerdo a lo que las leyes de justicia establecen, según lo autorizado, lo prohibido y lo permitido.

---

[48] Gerhard Kittel y Gerhard Friedrich (eds.), *Compendio del Diccionario Teológico del Nuevo Testamento* (Grand Rapids, Michigan: Libros Desafío, 2003), p. 172.

[49] Platón, *República* I, 6,331.

[50] Aristóteles, *Retórica*, A, 1366b, 9-11. Tomada esta última cita del trabajo de Eberhard Jüngel, *El Evangelio de la Justificación del impío*, p. 83. Para una exposición más amplia sobre el significado de la «justicia» en Platón y en Aristóteles, véase en las pp. 81-86 de la citada obra.

[51] Ulpiano, Digesto I, 1,10.

[52] PETIT, Eugene; Ob. cit.; p. 19. Digesto I, 1, 1.

*Es importante señalar que estas definiciones no tienen que ver precisamente con la justicia en términos teológicos, sino más bien con la justicia llevada a la práctica por los hombres en la esfera social y jurídica.

PRIMERA PARTE. LA JUSTICIA DE DIOS
CAPÍTULO PRIMERO: UNA BREVE RESEÑA ACERCA DE LA JUSTICIA

La justicia, en un sentido judicial, ha sido representada alegóricamente con la figura de una mujer con los ojos vendados sosteniendo una balanza con la mano izquierda y una espada en la derecha. El significado de los ojos vendados es que la justicia (ideal) no mira a las personas; no discrimina según el tipo de gente, sino que basa su juicio en los hechos. Esto quiere decir que la justicia es igual para todos; es equitativa. La balanza y la espada en la mano derecha significan, respectivamente, que la justicia debe ser realizada sobre la base del peso de la evidencia y los argumentos presentados por cada parte y, una vez determinada la verdad del caso, se procede a castigar al culpable y a vindicar al justo.

Capítulo Segundo
ΔΙΚΑΙΟΣΥΝΗ ΘΕΟΥ EN PABLO

Anteriormente dije que había muy buenas razones para asegurar que la aparición de la frase «la justicia de Dios» (δικαιοσύνη θεοῦ) en los textos de Romanos 1:17 y 3:21-22 tiene idéntico sentido, razón por la cual he de considerar ambos textos en su conjunto para efecto de entender cuál es su significado.

Cabe señalar que la única diferencia significativa entre los pasajes ya mencionados es el tiempo en que aparecen los verbos "revelar" y "manifestar" de los versos 17 y 21, respectivamente. La expresión «se revela» corresponde aquí al verbo ἀποκαλύπτω (apokalúpto, lit. "decubrir"; "quitar la cubierta") en la voz pasiva del tiempo presente indicativo (Gr. apokaluptetai, i.e. "está siendo revelada"). Por otra parte, la expresión «se ha manifestado» traduce el verbo en la voz pasiva del tiempo perfecto indicativo de φανερόω (faneróo, lit. "hacer manifiesto"; "descubrir" —Aquí pefanerootai, i.e. "ha sido hecha manifiesta")[53]. Ambos tiempos sugieren que el apóstol había empleado la expresión destacando dos aspectos diferentes, siendo el primer caso una indicación del proceso continuado de la proclamación del evangelio —de "estar revelando" mediante este acto la δικαιοσύνη θεοῦ—, mientras que en el segundo caso la δικαιοσύνη θεοῦ se describe como ya manifestada, presumiblemente en el acto de la crucifixión por el cual somos redimidos (v. 24). Más allá de esta diferencia, todo lo demás parece indicarnos que ambas expresiones idénticas son empleadas por Pablo bajo una misma idea y según un mismo significado.

He dedicado algunas páginas para introducirnos en el contexto judío y veterotestamentario en el cual se inserta el concepto de «la justicia de Dios». Es, pues, evidente que no debemos perder de vista ese trasfondo

---

[53] No debe este último verbo confundirse con el sustantivo ἔνδειξις (éndeixis) de 3:25-26, traducido como "para manifestar" y "manifestar" en la RV60. Para estos versículos prefiérase la traducción textual (BTX3) —"como evidencia" (v. 25); "demostrar" (v. 26), lo cual es más correcto.

si lo que queremos es hacernos de una idea correcta de lo que el apóstol quiso decir mediante esa expresión tan llena de significado.

Tenemos ya un punto de referencia importante a partir del cual podemos iniciar nuestra discusión en torno al sintagma en Pablo. Pero si hemos de considerar este elemento estudiado, tenemos antes que atender a otro aspecto igualmente importante.

Lo primero que debemos hacer es reconocer la gramática de la expresión. La construcción griega δικαιοσύνη θεοῦ no tiene aquí la preposición "de" como cuando leemos el texto en el español o en el inglés ("of", según KJV); sin embargo, θεοῦ la contiene, ya que el nombre propio declinado de Dios corresponde aquí a un genitivo y en ese caso lo propio sería, pues, traducir "de Dios", aunque, como advertiremos más adelante, la traducción "de Dios" no es determinante en sí misma en cuanto a lo que esto significa e incluso puede generar cierta "distracción" para el intérprete bíblico, lo cual es importante dadas las implicaciones para la exégesis y lo que cada significado del caso genitivo aporta. Como bien apunta Daniel Wallace: «La desventaja de usar "de" en la traducción de un sustantivo en genitivo es que "de" tiene muchos significados. [...] Para traducir el caso genitivo griego es aún más importante que se aclare el significado más allá del simple uso de la preposición "de"»[54] [énfasis añadido].

La difícil tarea que nos corresponde ahora es determinar a qué genitivo corresponde este sintagma, y es en este punto en donde no ha habido una unanimidad entre los eruditos y exégetas, aun cuando existe cierta inclinación o preferencia entre los teólogos protestantes a una postura predominante —o combinación de dos o más— por sobre otras menos tradicionales.

---

[54] Daniel B. Wallace, *Gramática Griega: Sintaxis del Nuevo Testamento* (Miami, Florida: Vida, 2011), p. 40.

Un ejemplo para muestra de lo que se ha dicho, y con el que tuve que tratar años atrás, es 1Juan 2:5, en donde la expresión "el amor de Dios" contiene tanto el artículo como el sustantivo propio en genitivo (τοῦ θεοῦ, lit. "de el Dios"), y aunque el contexto respalda aquí el genitivo objetivo por sobre el subjetivo, el sólo genitivo podría significar, respectivamente: tanto el amor de nosotros a Dios, como el amor de Dios hacia nosotros, ya que la idea verbal (amor → amar) por ser transitiva permite las dos posibilidades. Similar, pero con distinto significado, ocurre en Romanos 8:35, "el amor de Cristo", en donde la idea aquí es la de un genitivo subjetivo, es decir, el amor "que tiene" Cristo hacia nosotros, ("Cristo nos ama"), un significado entregado por el contexto y no por la construcción sintáctica, la que es idéntica en la última parte de la oración (τοῦ χριστοῦ, lit. "de el Cristo") a la que leemos en la cita anterior.

Hay al menos tres o cuatro interpretaciones generales y que han dado significado a la expresión. A continuación expondré estas interpretaciones y al final haré una valoración de las mismas, argumentando mi opinión de lo que creo que es la significación correcta.

1º Una primera aproximación es la que interpreta δικαιοσύνη θεοῦ como un atributo de Dios, como una cualidad divina. Se podría decir del carácter de Dios, de lo que en teología llamamos un "atributo comunicable". Él es fiel e íntegro con respecto a su propia naturaleza justa y todas sus acciones concuerdan con su carácter. Él es consecuente consigo mismo y, por supuesto, con su justicia. Como ya he dicho antes, la justicia es un atributo y una cualidad divina, que describe el carácter y las acciones de Dios y "quiere decir que Dios siempre actúa de acuerdo con lo que es recto y él mismo es la norma final de lo que es recto" [Grudem].

Quienes interpretan este sintagma como un atributo o como una cualidad moral de Dios, ven en la frase lo que se denominaría un genitivo de posesión o de dominio. Según este punto de vista la δικαιοσύνη θεοῦ se describe en términos de "la justicia personal de Dios" o, lo que es más exacto según el significado de ese genitivo: "la propia justicia de Dios" o "la justicia que le pertenece a Dios", con el sentido de "cualidad moral". Pero hay dos ideas con relación al significado de esta "cualidad de Dios":

A. Por una parte, se significa con ello la "justicia retributiva" y "distributiva" de Dios, es decir, la actividad moral de Dios por medio de la cual juzga las acciones como un Juez Justo[55]. Esta es, en otras palabras, la justicia o virtud por la cual Dios es justo en sí mismo.

Un punto de vista análogo a esta idea es aquel en donde se destaca no el atributo de Dios como tal, sino más bien lo que resulta de que Dios sea un Dios justo en este sentido de la palabra. Si Dios es justo, es pues necesario y saludable que Él demuestre y satisfaga su justicia condenando al pecador por sus pecados, lo cual lleva a cabo castigando el pecado en un Sustituto; Jesucristo. Este es el punto de vista que sigue el profesor William MacDonald. Él, aunque reconoce la posibilidad de que el significado aquí sea el del atributo de Dios ya mencionado, y

---

[55] Algo parecido a lo que hace un juez terrenal desde su estrado en el tribunal.

aunque considera además que hasta podría la expresión ser una referencia al estatus o posición perfecta que Dios otorga a los que creen en Cristo —la justicia imputada y/o la justicia como don de Dios, y de lo cual hablaré luego— adopta aquí la opinión de que "la justicia de Dios parece referirse de manera especial a Su manera de justificar a los pecadores por medio de la fe"[56], pero esto lo dice subrayando el hecho de la cruz como la forma en que Dios revela su justicia y justifica a los pecadores, esto es, haciendo justicia (satisfaciendo las demandas de la justicia divina) al condenar el pecado en su Hijo. "Primero", dice MacDonald, "el evangelio nos dice que la justicia de Dios demanda que el pecado sea castigado, y la pena es la muerte eterna. Pero luego oímos que el amor de Dios proveyó lo que Su justicia exigía. Envió a Su Hijo a morir como Sustituto de los pecadores, pagando completamente la pena. Ahora, por cuanto Sus justas demandas han quedado plenamente satisfechas, Dios puede con justicia salvar a todos los que se acogen a la obra de Cristo."[57] Parece que Jeff Mooney sostiene la misma idea cuando escribe que: "Dios demuestra Su justicia de manera perfecta en la muerte propiciatoria de Su hijo (Rom. 3:21; 25-26), cuya muerte en la cruz fue ordenada por Dios, está en conformidad con Su carácter y logra los propósitos justos de Él para con los pecadores (Rom. 5:16, 18). En el evangelio, la justicia se revela claramente (Rom. 1:16-17). Por ello, tanto la indignación de Dios hacia el pecado como Su pacto de amor al justificar a los pecadores se hacen realidad en la muerte de Jesús."[58]

B. Dentro de este mismo marco de interpretación en donde la construcción en genitivo es comprendida como un posesivo y; por tanto, «la justicia» entendida como una cualidad y/o atributo divino, surge también la otra idea de que la δικαιοσύνη θεοῦ es una expresión propia del lenguaje veterotestamentario y que básicamente se refiere a la fidelidad de Dios al pacto, la justicia del pacto. Con esto se significa esencialmente la fidelidad de Dios según una comprensión

---

[56] William MacDonald, *Comentario Bíblico* (Barcelona: CLIE, Obra Completa 2 Tomos en 1, 2004), p. 755.
[57] Ibíd. En su comentario a 3:21, MacDonald mantiene el mismo concepto: "La justicia de Dios exige la muerte del pecado, pero Su amor desea la dicha eterna del pecador. El evangelio revela cómo Dios puede salvar a los pecadores sin comprometer Su justicia", p. 760.
[58] S. Leticia Calçada; et al., *Diccionario Bíblico Ilustrado Holman* (Nashville, Tennessee: B&H Español, 2008), p. 955.

veterotestamentaria que explica el accionar de Dios en función de su alianza con el pueblo de Israel y las promesas de salvación anunciadas por medio de los profetas. Según esta idea, la δικαιοσύνη θεοῦ es un atributo de Dios en el sentido de que Él es fiel a sus promesas que manan del pacto.

En nuestro anterior análisis del trasfondo judío del concepto de "justicia", mencioné cómo es que entre sus usos destacaba la actividad redentora de Dios, como Dios de la alianza que, fiel a sus promesas y al pacto, rescata a su pueblo y trae salvación. Pero expliqué también que de este significado veterotestamentario se desprenden otros dos —o dos aspectos del mismo— y que, por estar tan estrechamente relacionados entre sí, no siempre resulta sencillo distinguirlos el uno del otro y hasta podrían estar presentes dentro de un mismo pasaje. Por un lado, se puede decir de la actividad salvadora de Dios o, más precisamente, de las acciones que expresan la fidelidad de Dios con su pacto, pero también, y esta es la acepción que estamos aquí considerando, del fundamento o la motivación que dirige dicha actividad salvadora, es decir, su fidelidad y su compromiso de cumplir las promesas pactuales hechas a Israel —y al mundo entero por medio de ellos.

Entre los eruditos que sostienen este segundo aspecto está el reconocido teólogo anglicano N. T. Wright. Para él, "'La justicia de Dios` se refiere a la justicia propia de Dios" y adopta aquí la posición de que esta justicia es un atributo de Dios, una cualidad que ha de ser comprendida "como la fidelidad de Dios a sus promesas, a su pacto."[59] "Según la Septuaginta", dice N. T. Wright, "la ´justicia de Dios` tiene su significado claro: la fidelidad de Dios a sus promesas, al pacto. La ´justicia` de Dios, especialmente en Isaías 40-55, es el aspecto del carácter de Dios que le lleva a salvar a Israel, a pesar de la perversidad y la maldad de Israel. Dios ha hecho unas promesas; Israel puede confiar en esas promesas. Así que la justicia de Dios es afín a su fidelidad por un lado, y a la salvación de Israel por otro. [...] El punto central de la ´justicia de Dios` es su pacto con Israel, el pacto a través del cual acabará con el problema del mal en el mundo."[60] Por su parte, el erudito

---

[59] N. T. Wright, *El Verdadero Pensamiento de Pablo*, p. 110.
[60] Ibíd., p.105.

norteamericano Gordon D. Fee coincide sustancialmente con este significado propuesto, cuando dice acerca de la palabra «justicia»:

> "El trasfondo del término está en el Antiguo Testamento, donde principalmente tiene que ver con Dios y su pueblo y la relación que tienen el uno con el otro en términos pactuales; por lo tanto, la «justicia de Dios» se refiere a su fidelidad hacia el pacto que ha hecho con su pueblo, y la justicia del pueblo se refiere a su reciprocidad al guardar las regulaciones del pacto (la ley). Por lo tanto, cuando Pablo utiliza el sustantivo, está pensando en la lealtad que Dios tiene con el pacto que ha hecho con su pueblo y; por tanto, tiene en mente también la relación que tiene con ellos basada en ese pacto. Así, se trata principalmente de un término que tiene que ver con nuestra relación con Dios; pero el sustantivo en sí no significa justificación, como si fuera primeramente un término jurídico. Simplemente se refiere a nuestra nueva relación con Dios basada en la obra salvadora de Cristo."[61]

2º   Otra interpretación, y que ha recibido especial apoyo durante las últimas décadas, es aquella de la que ya hice un alcance abreviado hace unos momentos. La δικαιοσύνη θεοῦ, dicen algunos, es una expresión en alusión a la actividad salvadora de Dios. "La palabra española «justicia»", explica Douglas Moo, "designa una cualidad abstracta, pero el uso de la palabra griega equivalente (dikaiosynē) en la LXX tiene una gama mucho más amplia de significado —incluyendo el sentido dinámico de «establecer la justicia». Especialmente significativos son los muchos pasajes de los Salmos y de Isaías donde la «justicia» de Dios se refiere a su intervención salvífica a favor de su pueblo. Si Pablo está usando este significado «bíblico» de la palabra, entonces su argumento aquí sería que el evangelio manifiesta «la acción salvífica de Dios»."[62]

Como bien dice la cita anterior, que la δικαιοσύνη θεοῦ sea una actividad mediante la cual Dios interviene en rescate de su pueblo para salvarle, se puede ver en una variedad de pasajes del Antiguo Testamento, especialmente en los Salmos y en Isaías (recuérdense los pasajes citados en nuestra "breve reseña acerca de la «Justicia»"). Y si, como indiqué antes, no sólo los conceptos esenciales de Pablo, sino que

---

[61] Gordon D. Fee, *Comentario de la Epístola a los Filipenses* (Barcelona: CLIE, Colección Teológica Contemporánea, 2006), pp. 409-410 (nota al pie).
[62] Douglas J. Moo, *Comentario a la Epístola de Romanos*, p.100.

también su propia reflexión teológica, proceden precisamente del Antiguo Testamento, es entonces razonable pensar que esta alusión a la actividad divina de salvación esté contenida en esa frase. La δικαιοσύνη θεοῦ revelada en el evangelio es; por tanto, esa actividad "justiciera" que entraña salvación, es la operación o acto de gracia en el cual Dios, en correspondencia con su pacto de establecer la justicia, se introduce en la esfera humana y salva a su pueblo, a sus escogidos de todas las partes del mundo.

Según esta interpretación, el genitivo "*de* Dios" no es precisamente un genitivo posesivo, como en la interpretación anterior, sino que un genitivo de sujeto (o subjetivo). Si leemos el sintagma a través de este genitivo resultaría algo así como: "la justicia *que tiene* Dios", es decir una justicia que es *suya* (que Él tiene) y que se proyecta como una actividad o como un poder activo de salvación. Este sería el genitivo en el caso de que la expresión significara la actividad salvadora de Dios.[63]

Pero esta actividad salvadora puede significar sólo eso —la actividad de Dios que entraña salvación independientemente del pacto (así, p. ej. Ernst Käsemann)— o las acciones que expresan la fidelidad de Dios con su pacto —el cumplimiento de las promesas pactuales. Ahora bien, dado la similitud que existe entre esto último y la segunda idea mencionada en torno al genitivo posesivo, autores como N.T. Wright han optado por dejar de lado las distinciones gramaticales con respecto al genitivo y unir las nociones de "atributo divino" con el de "actividad divina" en una sola idea. Wright cree que estas distinciones gramaticales no hacen justicia a lo que el apóstol Pablo estaba intentando explicar, de manera que debiéramos borrar la línea divisoria que se produce al elegir un significado en lugar del otro. "Como para Pablo Dios es creador, siempre

---

[63] Debe señalarse que este significado del genitivo subjetivo, aparece en algunos textos de teología (p. ej. en Bornkamm, Jüngel, y otros), siendo empleado junto con el genitivo posesivo, intercambiablemente, significando así la justicia que Dios tiene o posee como Juez Justo. Este es el significado que también Lutero daba al genitivo en su terminología habitual, a la hora de explicar el significado de la «justicia de Dios», asiendo así alusión a lo que él denominaba "justicia activa", esto es, la justicia o virtud con la que Dios es justo y justamente juzga a los hombres. En nuestro uso; sin embargo, aunque el genitivo subjetivo es correctamente una manera de referirse a lo que Dios *tiene*, esto se dice no de su justicia como Juez —como Juez que debe dar a cada uno lo que le corresponde (el uso greco-latino del término «justicia»)—, sino la que Dios tiene en el sentido de una actividad salvífica que bien puede denominarse «justicia de Dios» (porque es su justicia, su actividad).

activo en el mundo, deberíamos anticipar que descubriremos que sus atributos y sus acciones van de la mano de una forma indivisible."[64]

Este punto de vista, aunque ligeramente modificado, podemos encontrarlo también en el comentario de Alan F. Johnson, quien asegura que: "La justicia de Dios es su propio pacto de fidelidad y veracidad mediante la cual Él cumple su promesa a Abraham de traer salvación a todas las naciones (Gn. 12:3; Gá. 3:7, 8). Se refiere a la actividad de Dios en Cristo mediante la cual Él cumple su pacto de promesas."[65] Aunque en este comentario Alan F. Johnson no hace referencia al pueblo de Israel, como *objetos* del pacto y receptores principales de las promesas de Dios, sino que de Abraham y de todas las naciones en él representadas, la lógica de su razonamiento se sigue del mismo concepto en donde la δικαιοσύνη θεοῦ es una alusión a la fidelidad de Dios y al cumplimiento de sus promesas pactuales.

Por su parte, el profesor Frank Thielman parece estar de acuerdo con esta interpretación en genitivo, al menos en Romanos 1:17 (y 3:21-22), en cuya opinión Pablo "usa la frase para referirse a la intervención poderosa de Dios a favor de su pueblo para salvarlo"[66]. Esto es evidente, dice Thielman,

> "por la manera en que la frase explica la declaración de Pablo de que el evangelio «es poder de Dios para la salvación de todos los que creen». Puede salvar a los que creen, dice, porque «en él se revela la rectitud de Dios». [...] Al describir el evangelio de esta manera Pablo lo vincula con la noción bíblica de que Dios expresa su justicia cuando salva a su pueblo del pecado y la opresión (y frecuentemente la opresión de ellos el resultado de su pecado) en fidelidad a su pacto con ellos. La expresión de esta idea en Salmo 97:1-3 (LXX; MT 98:1–3) se acerca especialmente a la descripción de Pablo del evangelio en 1:16-17. [...] Aquí [en el salmo] los actos poderosos y salvadores del Señor se celebran como «su salvación», que a su vez es igual a «su justicia». La salvación de Dios y su justicia se definen como una recordación de «su misericordia a Jacob y su verdad a la casa de Israel». En otras palabras, revelan su fidelidad al pacto que hizo con su pueblo. Al usar el lenguaje de la justicia salvadora de Dios, Pablo

---

[64] N. T. Wright, *El Verdadero Pensamiento de Pablo*, p. 111.
[65] Alan F. Johnson, *Comentario Bíblico Portavoz - ROMANOS* (Grand Rapids, Michigan: Portavoz, 1999), p. 29.
[66] Frank Thielman, *Teología del Nuevo Testamento* (Miami, Florida: Vida, 2006), p. 383.

PRIMERA PARTE. LA JUSTICIA DE DIOS
CAPÍTULO SEGUNDO: ΔΙΚΑΙΟΣΥΝΗ ΘΕΟΥ EN PABLO

establece un eslabón entre el evangelio y los actos poderosos de Dios de fidelidad del pacto en el pasado según se registra en las Escrituras."[67]

Este concepto de la justicia de Dios podemos encontrarlo también en el comentario del reconocido erudito jesuita Joseph A. Fitzmyer, quien al parecer opta también por esta interpretación en genitivo, cuando escribe que: "El evangelio muestra ahora como nunca cuál es la actitud básica de Dios ante los hombres o, mejor, la actividad de Dios al reconciliar consigo a los hombres en Cristo."[68] Para Fitzmyer, la venida de Jesucristo "fue una manifestación de la justicia y la fidelidad de Dios. El evangelio, que proclama esta venida y sus efectos es, por consiguiente, «el poder de Dios para salvación de todo el que tiene fe»."[69] La entiende como un atributo divino, pero "No se trata de la justicia vindicativa o conmutativa, sino de la bondad y de la justicia salvífica con que Dios libera a su pueblo en una acción que se parece al gesto de condonar una deuda."[70] Le llama "la justicia salvífica del Padre"[71] y "bondad salvífica de Dios"[72], lo cual en cierta manera repite en su *Teología de San Pablo*, cuando dice que: "Si Pablo habla de la dikaiosyne theou, no debemos pensar sin más en la justicia vindicativa de Dios (en oposición a su misericordia). Este término se refiere más bien a su justicia salvífica, cualidad por la que manifiesta

---

[67] Ibíd., pp. 383-384. Y así, Thielman usará la frase «justicia de Dios» en la forma «la justicia salvadora de Dios» a lo largo de su exposición de Romanos. Véase también su comentario de la página 513 de la citada obra, en donde Thielman se pone en línea con uno de los aspectos principales del pensamiento de Käsemann respecto de la «justicia de Dios». Dice Thielman:
"Como en el capítulo sobre Romanos, el uso de Pablo de la frase «la justicia de Dios» en Romanos 1:17 con alusiones tan claras a las nociones bíblicas de la poderosa actividad salvadora de Dios a favor de su pueblo muestra que Pablo no concibe la justicia en términos estáticos. No es meramente el veredicto de inocencia que Dios pronuncia sobre el que tiene fe en Cristo, sino que es también poder salvador por el que Dios rescata a los que tienen fe en Cristo. Por eso el uso de Pablo de la terminología de justicia en 1:17 se superpone con su uso de esa terminología en 6:12-23. En ambos lugares la justicia no es un estado inerte sino una actividad que Dios realiza (1:16-17) o una autoridad que exige servicio (6:12-23). En ambos lugares, en otras palabras, la justicia de Dios es un poder que cambia radicalmente a los creyentes; a la vez los salva y exige su obediencia."
—Véase también en Ernst Käsemann, *Ensayos Exegéticos*, pp. 266, 270.
[68] Raymond E. Brown; Joseph A. Fitzmyer; Roland E. Murphy, *Comentario Bíblico «San Jerónimo»* tomo IV (Madrid: Ediciones Cristiandad, 1972), p. 111.
[69] Ibíd., p. 125.
[70] Ibíd., p. 126.
[71] Ibíd., p. 128.
[72] Ibíd., p. 177.

su liberalidad y fidelidad perdonando y juzgando a su pueblo"[73], y luego: "es aquella cualidad por la que Yahvé, en cuanto juez de Israel, manifiesta en una decisión justa su liberalidad salvífica hacia su pueblo. Es una cualidad que guarda relación con su misericordia (IJesed) fundada en la alianza."[74]

Aunque John Stott no rechaza la interpretación propuesta por el genitivo subjetivo, sino que, como veremos más adelante, la acepta junto con las demás interpretaciones, cree que "Posiblemente sea una exageración sostener, a la luz de estos textos", es decir de los Salmos y de Isaías, "que la justicia de Dios y la salvación de Dios son expresiones sinónimas. Más bien se trata de que su justicia denota lealtad a las promesas de su pacto, a la luz de la cual se le puede implorar y esperar que acuda a salvar a su pueblo."[75]

3º   Finalmente, están los que interpretan la frase como un don o como un *estatus dado por Dios*. Según este punto de vista, la «justicia de Dios» significa un "logro divino" que consiste en la posición justa necesaria para presentarnos delante de Dios y ser aceptados en su presencia, posición que nos es atribuida u otorgada por Él a través del sacrificio expiatorio de Cristo a todo aquel que cree[76]. Esta ha sido, por cierto, la interpretación más común entre los teólogos protestantes, es la interpretación tradicional sostenida desde tiempos de Lutero (incluso podría remontarse a Agustín de Hipona). Lutero creía que "por medio del *Evangelio*, la justicia de Dios se revela *como justicia pasiva*, con la cual el Dios misericordioso nos *hace justos* por medio de la fe, tal como está escrito: El justo por la fe vivirá."[77] En su propio comentario a Romanos 1:17, Martín Lutero escribió: «con la "justicia" de Dios debe entenderse no aquella por virtud de la cual él es justo en sí mismo, sino la justicia por la cual nosotros somos hechos justos por Dios. Y ese "ser hecho justo"

---

[73] Joseph A. Fitzmyer, *Teología de San Pablo. Síntesis y Perspectivas* (Madrid: Ediciones Cristiandad, 2008), p.77.
[74] Ibíd. p. 128.
[75] John Stott, *El mensaje de Romanos* (Buenos Aires: Certeza Unida, 2007), p. 58.
[76] Véase también en John Stott, Ibíd., p. 59.
[77] Martín Lutero, prólogo al tomo 1 de las *Opera Latina*. Citado así por Eberhard Jüngel, *El Evangelio de la Justificación del impío*, p. 95.

ocurre por medio de la fe en el evangelio»[78] [énfasis añadido], y en seguida cita al obispo de Hipona y añade: «Por eso, San Agustín escribe en el capítulo 11 de su obra Acerca del Espíritu y la letra: "Se la llama justicia de Dios, porque al impartirla, Dios hace justos a los hombres, así como la "salvación que es del Señor" (de la que habla el Salmo 3:8) es el acto salvador mediante el cual Dios hace salvos a los hombres".»[79] "Iustitia Dei", escribió también Agustín, "non qua ipse iustus est, sed qua nos ab eo [iusti] facti."[80] Pero, para Lutero, a diferencia de Agustín y de los pensadores medievales posteriores, esta justicia no se refería a una renovación interna o a una transformación en el carácter moral, sino sólo a una cuestión de "posición" en términos legales —un "estatus judicial". Es "justicia" en términos forenses, un don de Dios y "se llama justicia de Dios o que vale ante Dios."[81]

Esta interpretación toma generalmente la forma de uno de dos genitivos, o una mezcla de ambos. Si la δικαιοσύνη θεοῦ es un don que procede de Él —que se nos atribuye para colocarnos en una nueva posición judicial; en un nuevo estatus legal—, entonces la construcción en griego podría corresponder a un ablativo de origen, lo cual tendría la forma de «la justicia *que proviene* de Dios», una lectura similar a la de Filipenses 3:9, "la justicia que es de Dios" o "la justicia *que procede* de Dios" (NVI 1999)[82]. En ese caso podría decirse de una "justicia imputada" —no necesariamente "impartida"— a nuestra cuenta. Así lo explica, por ejemplo, Ernesto Trenchard cuando escribe que: "esta justicia, según se expone en esta epístola, ha de entenderse como la justicia imputada al hombre de fe, que haya su origen en la gracia de Dios quien obra en justicia sobre la base de la propiciación que Cristo efectuó por su

---

[78] Martín Lutero, *Comentarios de Martín Lutero. Carta del apóstol Pablo a los Romanos*. Volumen I (Barcelona: CLIE, 1998), p. 43.
[79] Ibíd. Cita de Agustín, *De Spiritu et littera* c.18, PL 44, 211.
[80] *De Spiritu et littera* c.18, PL 44, 220. También en *De Spiritu et littera* (Oxford: Clarendon Press, 1914), p. 55.
[81] Lutero, *Romanos*, p. 15.
[82] En el caso de Filipenses 3:9 la traducción del genitivo de origen se justifica totalmente por la presencia de la preposición "ἐκ" que acompaña a la frase "la justicia de Dios" (τὴν ἐκ θεοῦ δικαιοσύνην), la cual indica fuente u origen.

Léase también esta lectura en la exposición que hace William Hendriksen acerca de Romanos 1:17 en su *Comentario al Nuevo Testamento: Romanos* (Grand Rapids, Michigan: Libros Desafío, 2009), pp. 74-75.

sacrificio vicario."[83] O, como en otra parte dice: "Esta justicia no corresponde en este contexto a la justicia intrínseca de Dios, sino se refiere al «manto de justicia» que puede envolver al pecador que se arrepiente y cree."[84] Samuel Pérez Millos parece estar de acuerdo con esta interpretación: "El apóstol se está refiriendo aquí a la justicia imputada. Esta se manifiesta en la obra de Cristo y se otorga en base a ella"[85], y un poco más adelante: "La justicia de Dios es un contraste marcado con la justicia propia y la justicia legal. No se trata de la justicia inherente a Dios y propia de Él, sino la justicia que Él otorga en base a la obra de Cristo y que ofrece para justificación a todo el que crea."[86] "Por lo tanto", dice también MacArthur, "no es solamente una justicia que se revela sino que *se acredita* a aquellos que creen en Cristo."[87] Es "la justicia que Dios concede, produce, imputa [...] Pablo quiere decir la justicia que Dios da [...] Es justicia que Dios ha revelado y enviado", según la opinión de A. B. Mickelsen[88], y en la misma línea interpretativa el profesor Carballosa explica que esta justicia "es imputada al pecador sobre la base de la fe personal en Jesucristo. No es una justicia que condena, sino una que proporciona vida y salvación."[89]

Esta justicia de la que habló el apóstol Pablo, dice Anders Nygren: "es una justicia que Dios nos ha preparado por su acción en Cristo. En resumen: no es una justicia nuestra sino una ´justicia que proviene de Dios`. [...] La justicia de Dios es una justicia que él nos revela, haciéndonos partícipes de ella, de ahí que sea también innegablemente también del hombre. [...] Es una justicia del hombre, mas no en el sentido de que sea suya propia, conquistada por él, sino en el sentido de que le

---

[83] Ernesto Trenchard y colaboradores, *Comentario Expositivo del Nuevo Testamento* (Barcelona: CLIE, 2013), p. 516.
[84] Ernesto Trenchard, *Estudio de Doctrina Bíblica* (Grand Rapids, Michigan: Portavoz, 1976), pp. 114-115.
[85] Samuel Pérez millos, *Comentario Exegético al Texto Griego del Nuevo Testamento. Romanos* (Barcelona: CLIE, 2011), p. 107. Aquí mismo también señala: "es la justicia que Dios otorga a quienes creen y que permite a Dios declararlos justificados. Por esta causa los salvos son hechos justicia de Dios en Cristo (1Co. 1:30; 2Co. 5:21)".
[86] Ibíd, p. 110.
[87] John MacArthur, *Comentario MacArthur del Nuevo Testamento - Romanos* (Grand Rapids, Michigan: Portavoz, 2010), p. 87.
[88] Everett F. Harrison (ed.), *Comentario Bíblico Moody - Nuevo Testamento* (Grand Rapids, Michigan: Portavoz, 1965), pp. 247 y 252.
[89] Evis L. Carballosa, *Romanos. Una orientación expositiva y práctica* (Grand Rapids, Michigan: Portavoz, 1994), p. 84.

es ofrecida y que él recibe por la fe. [...] Resumiendo podemos decir: la 'justicia de Dios` es una justicia que proviene de Dios; que ha sido preparada por él, revelada en el evangelio y que allí se nos ofrece. Es la justicia de la nueva era."[90]

Luego de considerar las tres interpretaciones básicas, Stanley Clark concluye: "Es claro que Dios es justo en lo que hace y Pablo se ocupará de este tema. Es también cierto que en el acto de otorgar su justicia Dios interviene para salvar al hombre en el sentido pleno del término. Pero esencialmente la frase parece tener que ver con la justicia que Dios concede al hombre libremente en base a su fe, una relación correcta con el soberano juez del universo."[91]

La opinión de Lutero era que sólo por medio de una justicia ajena podía Dios salvarnos. Para él, el contenido y la sumatoria de la epístola a los Romanos era derrumbar, deshacer y destruir toda sabiduría y justicia propia, toda confianza en la carne, a la vez que la realidad de nuestros pecados fuera expuesta a la luz de la ley de Dios, de manera que no hubiera pensamiento alguno capaz de mirar hacia su propia justicia como base para la salvación. "Porque Dios", escribió Lutero, "no quiere salvarnos por nuestra propia justicia sino por una ajena, una que no se origina en nosotros sino que nos viene desde más allá de nosotros, una que no surge de la tierra sino que desciende del cielo."[92]

Ahora bien, si con «la justicia de Dios» se está acentuando la posición que nosotros adquirimos una vez que Dios nos atribuye este "don de la justicia" —y por el cual nos declara justos— o, dicho de otro modo, si lo que se significa con esta frase es la justicia con la que nosotros podemos

---

[90] Anders Nygren, *La Epístola a los Romanos* (Saint Louis, Missouri: Concordia, 2010), pp. 701, 71, 72.
[91] Juan Carlos Cevallos; Rubén O. Zorzoli (eds.) *Comentario Bíblico Mundo Hispano Tomo 19 – Romanos*. 3ra edición (El Paso, Texas: Mundo Hispano, 2015), p. 55. Aunque el autor reconoce que "pasajes como 3:21, 22 y 10:3 aparentemente requieren esta interpretación", en su comentario a la expresión en 3:21-22 señala: "Al hablar de la manifestación de la justicia de Dios, Pablo tiene en mente una actividad redentora de parte de Dios; mediante esta actividad redentora se ofrece a los hombres la posibilidad de una nueva condición o situación en su relación con él...", p. 88.
[92] Martín Lutero, *Römerbriefvorlesung* (Vol. 56 de la edición Weimar), Filadelfia, 1961, p. 4. *Cf. Comentarios de Martín Lutero. Carta del apóstol Pablo a los Romanos*. Volumen I, p. 26: "Dios quiere salvarnos no mediante una justicia y sabiduría dentro de nosotros, sino fuera de nosotros; no mediante una que es producida y que crece en nuestro interior, sino mediante una que viene a nosotros desde fuera; no mediante una que tiene su origen en nuestra tierra, sino mediante una que viene del cielo."

presentarnos delante del tribunal de Dios, entonces la construcción en griego corresponde a un genitivo objetivo (o de objeto), en cuyo caso adquiere la forma de «la justicia *que vale* ante Dios», *i.e.* la justicia con la que nosotros vamos a Él, la cual no es nuestra propia justicia sino *la suya* (es un don de Dios). Significa; por tanto, el don de la "posición correcta" que Dios les otorga a los que creen.[93]

Pero ambas formas del genitivo no son excluyentes entre sí y pueden simplemente representar dos aspectos de una misma cosa. Esto es evidente también cuando leemos a algunos autores partidarios de esta tercera interpretación. Herman Ridderbos, por ejemplo, escribe:

> "Otros creen que la «justicia de Dios» habla de lo que el ser humano necesita para sostenerse ante el juicio divino. La revelación de la justicia de Dios significaría entonces que el período de redención iniciado con Cristo y con el evangelio trae consigo «la justicia [que se necesita] delante de Dios» o «la justicia que viene de Dios». Para nosotros no cabe duda que este último sentido es el significado correcto de las palabras de Romanos 1:17 y 3:21. Esto quiere decir que la «justicia» no es aquí una cualidad divina, sino humana y que la justicia «de Dios» define dicha cualidad como una justicia que puede mantenerse delante de Dios (*cf.* Ro. 2:13; y 3:20), que es válida ante su tribunal, que es la justicia que Dios atribuye al hombre, en contraposición a su propia justicia, (Ro. 10:3), como también se dice en Filipenses 3:9: «no teniendo mi propia justicia, que procede de la ley, sino la justicia por la fe de Cristo, la justicia que procede de Dios en base a la fe» (την εκ θεου δικαιοσυνην). [...] De esta explicación surge claramente que el concepto de «justicia de Dios» representa una categoría forense en el sentido escatológico de la palabra. Se trata de lo que el hombre necesita para ser absuelto en el juicio de Dios. [...] Esta justicia ha sido comunicada en el evangelio como una realidad presente, como un regalo redentor de parte de Dios. Es una justicia otorgada y atribuida a todo aquel que cree (*cf.* Fil. 3:9; Ro. 5:1; 9:30; 1 Co. 6:11)."[94]

De igual manera Bultmann, en su más o menos extensa exposición de la δικαιοσύνη y la δικαιοσύνη θεοῦ, sostiene la opinión de que la justicia

---

[93] Así también David S. Dockery (ed.), *Comentario Bíblico Conciso Holman* (Nashville, Tennessee: B&H Español, 2005), p. 545.
[94] Herman Ridderbos, *El pensamiento del apóstol Pablo*, pp. 210-211.

PRIMERA PARTE. LA JUSTICIA DE DIOS
CAPÍTULO SEGUNDO: ΔΙΚΑΙΟΣΥΝΗ ΘΕΟΥ EN PABLO

aquella de la que se habla dentro del ámbito soteriológico, es una justicia forense, una que la persona tiene delante del foro ante el que tiene que responder, en el juicio que otro pronuncia hacia él.[95] Para Bultmann esta justicia forense-escatológica "*le es imputada al hombre ya en el presente* (a condición de que él crea)"[96], de manera que el creyente puede ya disfrutar de ese estatus, no como sólo una esperanza futura que ha de esperar pacientemente (esta premisa domina una parte importante de toda su exposición). La justicia de Dios tiene su origen en su acción graciosa realizada en Cristo[97], "se llama justamente δικαιοσύνη θεοῦ porque tiene su fundamento único en la χάρις [gracia] de Dios; es la justificación regalada, dada por Dios (Rom 1, 17; 3, 21 s.26; 10, 3)."[98] Así como para Ridderbos, en Bultmann la δικαιοσύνη θεοῦ es ese regalo o don que Dios da a los que creen, que les coloca en una posición judicial favorable y que les permite ser declarados justos (justificados)[99].

Así también, leemos a John Stott quien dice: "Poca duda cabe de que Pablo usa la expresión 'la justicia que procede de Dios` en esta tercera forma. La contrasta con nuestra propia justicia, que nos tentamos a establecer en lugar de someternos a la justicia de Dios (10:3). La justicia de Dios es un don (5:17) que se ofrece a la fe (3:22), y que podemos poseer o disfrutar. Charles Cranfield, quien opta por esta interpretación, parafrasea 1.17 de la siguiente manera: 'Porque en él (es decir, en el evangelio tal como se lo predica) se revela una posición justa, que es don de Dios (y de esta manera se ofrece a los hombres), y que es enteramente por fe'."[100]

Luego de haber examinado los argumentos usualmente empleados para estas dos últimas interpretaciones, el profesor Cranfield reconoce que toda esta discusión en torno al sintagma sin duda alguna continuará,

---

[95] Rudolf Bultmann, *Teología del Nuevo Testamento* (Salamanca: Sígueme, 1981), p. 328.
[96] Ibíd., p. 330.
[97] Ibíd., p. 340.
[98] Ibíd., p. 341.
[99] Contra este concepto estrictamente antropológico de Bultmann —y también de otros teólogos—, véase en Ernst Käsemann, *Ensayos Exegéticos*, Cap. 12. Para Käsemann, "Comprender la justicia de Dios exclusivamente como un don tiene consecuencias desagradables, ya que entonces la antropología paulina se ve arrastrada necesariamente por la corriente de una concepción individualizante", p. 271 y ss. Para Ulrich Wilckens, "quien entienda la δικαιοσύνη θεοῦ sólo como el *don* de la justicia regalado por Dios [...] reduce la cristología a la antropología cristiana, Dios a su don, la fe en Dios a la fe en su don" (*La Carta a los Romanos*, Tomo I, p. 250. Léase también p. 261).
[100] John Stott, *El mensaje de Romanos*, p. 59.

es un problema que no ha sido resuelto de manera definitiva (sus palabras). No obstante para él, esta última interpretación según la cual "de Dios" es un genitivo de origen y "la justicia" el estatus de justo que Dios otorga a los hombres, es mucho más probable que aquella que considera "de Dios" como genitivo subjetivo y "la justicia" como una actividad de Dios mediante la cual actúa para salvar y justificar[101]. Para Cranfield no cabe duda de que en 3:21-22 "la justicia de Dios debe ser entendida aquí en el mismo sentido que tiene en 1:17, esto es, significando un estatus de justicia delante de Dios, que es don de Dios."[102] Argumenta con respecto a la otra interpretación diciendo que: "si bien es cierto que la expresión de Pablo "la justicia de Dios" debe ser entendida a la luz del lenguaje de la justicia en el AT y del judaísmo tardío, no hay ninguna razón para suponer que él debe haber empleado el lenguaje con exactamente el mismo sentido que se le había dado. Debemos admitir la posibilidad de que él lo hubiese utilizado con libertad y originalidad."[103]

En resumen, conviene señalar que estas tres interpretaciones no son mutuamente excluyentes y a menudo son presentadas por algunos comentaristas en una forma que combina a dos de ellas —como ya vimos que hace N.T. Wright— o incluso a las tres.

Roberto Hanna, por ejemplo, advierte la presencia de un genitivo de sujeto y explica la frase como: "la justicia que tiene Dios y desea concedérnosla"[104], lo que parece ser una mezcla entre la segunda y la tercera interpretación. También A. T. Robertson, y a lo igual que Roberto Hanna, destaca en la frase el genitivo subjetivo y agrega que esta justicia es "«una justicia según Dios», una que cada uno debe poseer y que no puede obtener de otra manera excepto que «por fe y para fe» [...]. Aquí Pablo afirma que en el Evangelio, enseñado por Jesús y por él mismo, se revela una justicia según Dios con dos ideas en ella (la justicia que Dios

---

[101] C. E. B. Cranfield, *Comentário de Romanos – Versículo por Versículo* (Sao Paulo: Vida Nova, 2005), p. 39.
[102] Ibíd., p. 78 (t.p.). *Cf.* con su comentario a 10:3, p. 232.
[103] Ibíd., p. 38 (t.p.). Pero esta opinión presupone, erróneamente creo yo, que dicho concepto más antropológico y forense de la justicia estaba ausente en el AT, lo cual no es así como ya hemos visto al principio en nuestro recorrido del concepto en el AT y como veremos también más adelante.
[104] Roberto Hanna, *Ayuda Gramatical para el Estudio del Nuevo Testamento Griego* (El Paso, Texas: Mundo Hispano, 1993), comentario a Romanos 1:17.

PRIMERA PARTE. LA JUSTICIA DE DIOS
CAPÍTULO SEGUNDO: ΔΙΚΑΙΟΣΥΝΗ ΘΕΟΥ EN PABLO

posee y la que otorga)."[105] Incluso para el ya citado John Stott, el significado de la frase contiene las tres ideas generales, las de atributo, de actividad divina y de estatus dado por Dios. "La justicia de (o que proviene de) Dios", dice él, "es una combinación de su carácter justo, su iniciativa salvadora y el regalo de una posición justa delante de él. Es su justa justificación de los injustos, su modo justo de 'hacer justos' a los injustos."[106]

Philip Ryken, en una obra más reciente publicada por The Gospel Coalition, menciona sólo dos ideas: las que proceden del genitivo posesivo —según el enfoque "A" explicado más atrás— y el genitivo de origen. No dice algo acerca del genitivo subjetivo. A la pregunta: "¿Cuál es la interpretación correcta? ¿Le pertenece la justicia a Dios, o procede de Dios como un regalo?", Ryken responde: "Ciertamente, ambas declaraciones son ciertas", pero luego fija su atención en el genitivo objetivo, aunque no lo menciona como tal, y concluye: «Al mismo tiempo, la justicia de Dios es también "esa justicia que su justicia le pide que requiera" y que Él bondadosamente ofrece como dádiva a todo aquel que cree. Por lo tanto, hay justicia para nosotros procedente de Dios, justicia que Dios no sólo posee y manifiesta, sino que también concede. [...] De modo que justicia no es meramente un atributo que Dios manifiesta, sino también un regalo que Él da.»[107] [Énfasis añadido]

Es también interesante aquí la opinión del respetado teólogo católico Otto Kuss quien, aunque no reflexiona con respecto a los usos del genitivo, entendió la δικαιοσύνη θεοῦ en las diversas formas ya expuestas. Según él:

"En contraposición a su «ira», que es una justicia vindicativa (cf., por ejemplo, Rom 1,18), la justicia de Dios abarca tanto la satisfacción que

---

[105] Archibald T. Robertson, *Comentario al Texto Griego del Nuevo Testamento* (Barcelona: CLIE, Obra Completa 6 Tomos en 1, 2003), p. 390.
No deja de llamar la atención el comentario que hace a Romanos 1:17 el ya citado Evis L. Carballosa: "La expresión 'de Dios' (*theoû*) es un genitivo de sujeto. De modo que Pablo se refiere a una clase de justicia que Dios provee para quienes ponen su fe en Cristo" (p. 37). Si se compara con la cita anterior, que corresponde a su comentario a 3:21, parece ser que para Carballosa el genitivo subjetivo no se distancia tanto de la idea del genitivo de origen, como vemos que sí sucede en otros autores.
[106] John Stott, *El mensaje de Romanos*, p. 117.
[107] D. A. Carson; Timothy Keller (eds.), *La Centralidad del Evangelio* (Miami, Florida: Patmos, 2014), pp. 184 y 185.

exige la santidad como su voluntad de misericordia. Al morir Cristo en la cruz se ha convertido en propiciación para los hombres; ha ofrecido a la majestad de Dios una satisfacción que el hombre jamás podía presentar con sus fuerzas solas. [...] El concepto de «justicia de Dios» tiene en cierto sentido dos aspectos: puede significar prevalentemente la acción salvífica en Jesucristo, que procede de la justicia y misericordia de Dios [Rom 3, 25.26, y también 3,5] o puede indicar el resultado de esa acción de Dios en el hombre: la verdadera y perfecta justicia de la que el hombre se hace partícipe [véase, por ejemplo, Rom 1,17; 3.21.22; 10.3; 2Cor 5,21; Flp 3,9]. La posterior separación conceptual no debe perder de vista que en la mente del apóstol se trata de una unidad. Esta «justicia de Dios» se regala al hombre que cree."[108]

Otras interpretaciones son más bien ambiguas y no es fácil saber qué opinión tiene cada autor respecto de las tres interpretaciones mencionadas.[109]

En otros casos, como puede suceder por ejemplo con Günther Bornkamm, podría no ser tan fácil para el lector saber hasta qué punto —o al menos en qué sentido— se está discrepando con una de las tres interpretaciones aquí presentadas. En su *"Pablo de Tarso"*, Bornkamm señala que: "La unión del genitivo ´justicia de Dios` no significa —gramaticalmente hablando— un genitivo subjetivo (en cuyo caso Dios estaría reducido y desterrado a la lejanía de su majestad, inalcanzable, cerrada al hombre), sino un genitivo de autor. Es decir: Dios crea para el hombre su justicia, pone al hombre en la justicia, al hombre, que sin esta declaración y esta acción de Dios está perdido, pero que ahora puede ya vivir ante él."[110] Como es posible apreciar, su rechazo al genitivo subjetivo no se sigue de una comprensión del genitivo según lo he presentado aquí —en atención a la manera como varios de los proponentes de esta interpretación lo han entendido más recientemente—, sino según la terminología tradicional de Lutero.

---

[108] Otto Kuss, *Carta a los Romanos, a los Corintios, a los Gálatas* (Barcelona: Herder, 1976), pp. 60-61. Las palabras entre corchetes [] corresponden a notas al pie en el texto original.
[109] P. ej. véase en Jamieson-Fausset-Brown, *Comentario Exegético y Explicativo* Volumen II - Romanos (El Paso, Texas: CBP, 2002), p. 303. También las notas aportadas por la "Biblia Textual" en su 3ra edición, y el comentario que ofrece Wayne Grudem en la "Biblia de Estudio Plenitud" editada por Grupo Nelson.
[110] Günther Bornkamm, *Pablo de Tarso* (Salamanca: Sígueme, 1978), p. 190.

En Jüngel sucede algo parecido cuando habla del genitivo subjetivo, para explicar las maneras en que se ha entendido el sintagma paulino. Lo hace, en un principio, no significando el acto salvífico de Dios, sino que lo usa para significar la justicia como cualidad o como atributo de Dios; la justicia de Dios por la cual Él es justo; la cualidad del Dios que juzga.[111]

Por otra parte, ambos autores utilizan el concepto de "genitivo de autor" para explicar el significado del sintagma, pero es importante entender que lo hacen significando básicamente lo mismo que otros autores —lo que aquí hemos denominado "genitivo de origen" y "genitivo objetivo". Para ambos autores, esta «justicia» de la que habla Pablo, sería pues, en palabras simples, la justicia que posee el hombre a causa de Dios —que Él obra o produce— (genitivo de origen) y ante Dios (genitivo objetivo). Para Jüngel, "la justicia de Dios se caracteriza precisamente por ser una justicia que se comunica, una justicia que pasa de Dios al hombre"[112], pero no es una justicia que deja a un lado a su dador, *i.e.* no se trata únicamente de un don por el cual Dios nos reviste de justicia, sino que es también aquella por la cual Dios se revela como justo, en el sentido de ser fiel y practicar la gracia.[113] En este último sentido, el genitivo subjetivo cobra una significación nueva, pero igual a la que expliqué antes respecto de la segunda interpretación.

---

[111] Eberhard Jüngel, *El Evangelio de la Justificación del impío*, pp. 80-81.
[112] Ibíd., p. 88.
[113] Ibíd., pp. 100-101.
Dice Jüngel, más exactamente:
"... la justicia de Dios debe entenderse como genitivo de autor pero de modo que conserve, al mismo tiempo, el genitivo subjetivo (siempre presupuesto) como dimensión profunda del genitivo de autor, y se lo interprete de nuevo. La comprensión *evangélica* de la justicia de Dios en el sentido de genitivo de autor da a la comprensión de la justicia de Dios como la condición de Dios de ser justo —genitivo subjetivo [...]— una *nueva* dimensión —pero una dimensión que entonces resulta irrenunciable para la dimensión teológica profunda del genitivo mismo de autor—: Dios *es* justo, pero no precisamente en el sentido de la justicia distributiva que da a cada uno lo suyo, sino que Dios es justo en cuanto practica la *gracia*. La gracia y la justicia no son precisamente para Dios dos cosas distintas en el sentido de que la *gracia precediera a la justicia*. Al contrario, Dios, precisamente al practicar la gracia, impone su justicia. Como Dios *gracioso* (o «clemente»), que sigue siendo el *fiel socio del pacto* aun con respecto al hombre impío, Dios *se halla en consonancia consigo mismo*, es fiel a sí mismo, es justo en sí mismo y se comporta justamente con respecto a su criatura. Por tanto, precisamente la fe en la gracia de Dios «está orientada firmemente, como el acero, hacia la justicia de Dios». Pues Dios «en su gracia es *justo*»: tal es el sentido de la unidad existente en el concepto de la justicia de Dios entre la condición de Dios de ser justo y su acción de hacer justo al pecador."

Hacia una exégesis integral

Llegados a este punto, y habiendo ya bosquejado las distintas propuestas presentadas por diversos representantes de cada postura, pienso que nuestra interpretación debe comenzar primero con un análisis de al menos tres factores que creo que son determinantes a la hora de establecer una significación correcta para esta expresión: (1) el trasfondo judío y veterotestamentario que, como ya hemos dicho, en una buena medida nutrió los conceptos esenciales de Pablo en el desarrollo de su propia teología; (2) el uso general que Pablo hace de las palabras relacionadas con el sustantivo «justicia» —y también su forma adjetiva y verbal— en la epístola a los Romanos y (3) el contexto local de la expresión en los pasajes de Romanos 1:17 y 3:21-22.[114]

El trasfondo judío

Tenemos que empezar recordando lo que ya se ha dicho, esto es, que los conceptos esenciales de Pablo proceden precisamente del Antiguo Testamento. Ya hice notar también desde un principio que esta «justicia de Dios» que se revela en el evangelio no se trata de una cosa nueva —de algo sobre lo que no había conocimiento—, sino de algo sobre lo cual se da testimonio por "la ley y por los profetas" (Ro 3:21), lo que sugiere fuertemente que para Pablo su significado estaba plenamente contenido en el AT, aun cuando esta «justicia» esperaba ser magníficamente revelada en la gloriosa obra de la cruz. Si fue desde aquí que Pablo razonó acerca de «la justicia de Dios», es entonces necesario comenzar nuestro estudio examinando el uso del concepto entre los escritos veterotestamentarios. Este fue mi primer ejercicio antes de pasar a considerar las interpretaciones al sintagma, de manera que sólo volveremos a ello haciendo un breve repaso.

---

[114] Nótese que he decidido emplear el mismo criterio o metodología que utiliza Douglas Moo en su propio comentario de la frase en 1:17 (ver *Comentario a la Epístola de Romanos*, p. 101 y ss), pues es evidente que no sólo el contexto es importante, sino también el trasfondo ideológico sobre el cual escribe Pablo. Estos tres factores, estoy plenamente convencido, pueden llevarnos a una exégesis amplia y rica en significado.

PRIMERA PARTE. LA JUSTICIA DE DIOS
CAPÍTULO SEGUNDO: ΔΙΚΑΙΟΣΥΝΗ ΘΕΟΥ EN PABLO

Según lo que ya he podido exponer antes acerca de este primer factor, no cabe duda de que cualquier intento por explicar el significado de «justicia» (de la δικαιοσύνη θεοῦ o sus expresiones derivadas en su uso veterotestamentario) que no tome en cuenta su enorme correspondencia con la actividad salvadora de Dios, no es una idea completa y, me atrevo a decirlo, termina mutilando el sentido de muchos pasajes que dependen de ese paralelismo, ya sea en contextos muy específicos en donde se clama por su intervención, ya sea en el contexto de su propia fidelidad y compromiso con el pacto. Y no es que en el trasfondo veterotestamentario deban entenderse estas palabras como sinónimas, sino que, dentro de la amplia gama de significados que tiene el término, esta relación en paralelo es una de las más comunes y más abundantes, en especial en los textos que están revestidos de ese lenguaje escatológico que tiene carácter redentor. Y es que, en momentos de gran aflicción, la esperanza judía reposaba sobre esta actividad divina a la que ellos se referían a menudo como «la justicia *de Dios*» o «su justicia». En lo escatológico, ellos confiaban que llegaría ese día en que el Dios Omnipotente sacaría a relucir su justicia, lo que era, por antonomasia, el día en que su salvación sería manifestada en la liberación y vindicación de su pueblo y en la victoria definitiva sobre los enemigos de Israel (*cf.* Sal 97:1-3; Is 59:17-20). Sería el día en que la gloria de Dios se posaría nuevamente sobre Sión y su salvación vendría a ellos para siempre (p. ej. Is 46:13[115]; 51:5-8). Es indudable que Pablo conocía esto y estaba, como judío, empapado también de esa esperanza, de la cual ya habían visto los judíos un cumplimiento parcial en tiempos de Nehemías —que es como debieran entenderse las últimas dos citas de más atrás—, pero es una esperanza que sin duda sería plenamente cumplida con la llegada del Mesías y el establecimiento del Reino escatológico de Dios (*cf.* Dn 7:13-14), lo cual era la gran expectación judía habida durante el período del segundo templo (*cf.* Lc 2:25, 38; 7:20; 24:21, entre otros)[116].

---

[115] Aunque en el pasaje citado se contrapone la justicia de Dios a la justicia de la cual los hombres se encuentran distantes, por lo que la "justicia" de Dios que se acerca, se refiere también al juicio divino en contra de los tales, los que según el contexto son los idólatras de quienes habla el profeta en los versos anteriores. Por tanto hay un doble sentido en esta acción de Dios, por un lado el juicio ya mencionado, y por otro lado la salvación de quienes esperaban en Él.

[116] La venida del Mesías y la irrupción del Reino en el *nuevo eón* es tema frecuente también en la literatura apocalíptica judía de este período (p. ej. 1 Henoc), incluso durante los años que siguieron a

Basados sólo en este concepto judío de la justicia de Dios, podríamos ya concluir con respecto al significado de la frase en Pablo y decir, junto con otros teólogos, que se trata de la actividad salvífica de Dios por amor de sus escogidos y, en consideración de ciertos pasajes del AT (y también por una parte de la literatura judía del primer siglo), de las acciones que manan de su fidelidad al pacto. No obstante, esta sería una conclusión bastante miope, puesto que, como también expuse en su momento, la justicia de Dios contiene elementos que pasan de la acción salvífica y son un reflejo de su cólera por los pecados y las injusticias de los hombres. Es su justicia en términos de juicio y retribución, como en el mismo ejemplo de Isaías 46:13 (véase la nota al pie anterior) y como en los varios otros ejemplos que di anteriormente. Juntamente con esto, cabe también señalar que aún hay espacio dentro de esta fuente veterotestamentaria para la tercera interpretación que concibe esta justicia como un estatus dado por Dios. Douglas J. Moo dice a este respecto: "Lo que a veces se pasa por alto llegado este punto, es que esta actividad salvífica puede también considerarse desde el punto de vista del ser humano que recibe «la justicia de Dios». En estos contextos, la justicia de Dios incluye claramente el aspecto de don o estatus disfrutado por el receptor"[117].

De modo que, aunque el trasfondo veterotestamentario parece apoyar mayormente el *genitivus subiectivus*, no se puede concluir de manera drástica que deba sólo así entenderse el sintagma en Pablo, más bien, y haciendo propio el sumario del Dr. Moo en su análisis de esta frase en el Antiguo Testamento, "en resumidas cuentas, nos encontramos con que la *dikaiosynē* de Dios en el AT puede denotar el carácter de Dios como el de un Dios que siempre hará lo que es correcto, como la actividad por la que Dios establece lo que es justo, e incluso como un producto de dicha actividad: el estado de aquellos que han sido

---

la destrucción del templo y de Jerusalén en el 70 d.C. (p. ej. 4 Esdras, 2 Baruc, Apocalipsis de Abrahám).

Es también cierto que el concepto de «justicia», aplicado a Dios, tiene inequívocamente un fuerte sentido salvífico dentro de este período; es la justicia definida en términos de una actividad salvífica, cosa evidente en el seno de algunas comunidades religiosas, como lo fue la de Qumrán, cuya literatura ha sido clave para entender lo variado y diverso que era el judaísmo del segundo templo. Para este uso evidente del término «justicia», véase p. ej. en 1QH 4:29-37; y 1QS, 11: 2-15. No me queda claro que en 1QM 4:6 tenga este mismo significado, y podría ser que la expresión «la justicia de Dios» sólo signifique "su fidelidad" o "su veracidad".

[117] Douglas J. Moo, *Comentario a la Epístola de Romanos*, p.110.

PRIMERA PARTE. LA JUSTICIA DE DIOS
CAPÍTULO SEGUNDO: ΔΙΚΑΙΟΣΥΝΗ ΘΕΟΥ EN PABLO

o esperan ser hechos justos[118]. Mientras que la expectativa de que Dios actuará para poner a su pueblo en una situación de justicia será por lo general basada en el compromiso del pacto, algunos textos como Sal. 143, Dn. 9 y probablemente Is. 46 y 50, prevén una irrupción de la justicia de Dios que no depende del pacto en sí mismo."[119]

¿Pero hay todavía otra manera de entender a Pablo en su alusión a "la ley y los profetas"? Algunos autores, como Nygren, han sugerido que esta referencia de Pablo al testimonio veterotestamentario está en estrecha relación con la idea de una justicia legal concedida al hombre que cree en Jesucristo. Siguiendo la interpretación sugerida por el genitivo de origen y el genitivo objetivo (la tercera interpretación de la que ya hablé más atrás), Nygren sostiene que esta justicia "que proviene de Dios", y de la cual somos hechos partícipes sólo por la fe, encuentra su expresión en el AT en la persona de Abraham, como tipo de aquellos que serán justificados por la fe. Para Nygren, esta vinculación quedará aún más clara en el capítulo 4 de Romanos cuando Pablo haga referencia a la fe de Abraham, como principio y ejemplo de la justificación por la fe[120]. Según esta interpretación acerca de "la justicia de Dios, testificada por la ley y por los profetas", lo que Pablo estaba diciendo era que ya por las Escrituras (veterotestamentarias) Dios había anunciado cómo es que el hombre habría de ser justificado, lo cual también explicaría su alusión al profeta Habacuc en 1:17, "el justo por la fe vivirá". Esta es una interpretación muy interesante; no obstante, es una interpretación que parte de la presuposición —se da por sentado— de que la δικαιοσύνη θεοῦ en Pablo se refiere a una justicia ofrecida por Dios y que recibimos por la fe, una justicia entendida en términos de estatus y don, tal como sucedió con Abraham. Entonces, y sobre esa premisa, se procede luego a interpretar a Pablo en su alusión al AT. Ahora bien, aunque esta es una interpretación posible, temo que se podría estar cometiendo el mismo error que con la idea exclusiva del *genitivus*

---

[118] "Comp. con el resumen parecido de Ropes: «La vindicación que del hombre hace Dios puede describirse como justicia del hombre o como justicia de Dios. Pertenece al hombre en tanto es un estado en el que está, o espera ser puesto; pertenece a Dios como su atributo, y también como el acto mediante el que se pone en práctica dicho atributo.» («Righteousness», págs. 218-19)."
La cita anterior corresponde a la nota al pie que el propio Douglas J. Moo hace en el mismo lugar, véase la p. 113.

[119] Ibíd., p. 113.

[120] Véase en Anders Nygren, *La Epístola a los Romanos*, pp. 32, 147 y ss.

subiectivus, i.e. podría ser una conclusión miope de lo que observamos en todo el testimonio veterotestamentario. Hace falta, pues, seguir ahondando todavía más.

El uso general del término

Con respecto al uso que Pablo hace del sustantivo «justicia» en la epístola a los Romanos, creo pertinente citar nuevamente al profesor Moo:

> "Pablo usa los términos relacionados con «justicia» en Romanos de varias maneras diferentes. Sin embargo, un dato sobresale como característico: la conexión entre la justicia y la fe. No es exagerado llamar a esto un tema central de la carta. [...] Pablo vincula estrechamente «justicia de Dios» con la respuesta de fe en 1:17, en 3:21-22 y (comp. 10:6) en 10:3. Esto conecta la idea de «justicia» en la frase «justicia de Dios» al uso que Pablo hace generalmente de esa palabra en Romanos, donde suele estar vinculada a la fe. «Justicia» se utiliza con mayor frecuencia en Romanos para indicar el «don de la justicia» (5:17) —un estatus de justicia que Dios concede al que cree (cap. 4, *pássim*; ver también el paralelo entre la «justicia de Dios» y la «justicia basada en la fe» en 10:3-6, y la referencia a la «justicia *de* [G. ἐκ] Dios», en Fil. 3:9). El uso que hace Pablo del lenguaje de «justicia» en Romanos sugiere, por lo tanto, fuertemente que la «justicia de Dios» en 1:17, 3:21, 22 y 10:3 incluye una referencia al estatus de justicia «concedido» por Dios al creyente."[121]

Ciertamente, el uso del término en la epístola a los Romanos parece favorecer la tercera interpretación más que las otras dos. Cuando leemos, por ejemplo, en Romanos 10:3 acerca de los judíos que "ignorando la justicia de Dios, y procurando establecer la suya propia, no se han sujetado a la justicia de Dios", dicha afirmación tiene mucho sentido cuando se entiende esa «justicia» propia como un estatus con el que ellos pretendían presentarse delante de Dios, un estatus que procuraban resultara de las obras de la ley mosaica (*q.v.* Ro 9:32), *i.e.* de la observancia de dichos preceptos. Esto es a lo que Pablo llama "la

---

[121] Douglas J. Moo, *Comentario a la Epístola de Romanos*, pp. 101 y 102.

justicia que es por la ley" (10:5), la cual él contrasta con "la justicia que es por la fe" (10:6 y 10:10, ver también 9:30-32, y 4:13). Ahora bien, si le seguimos el *hilo* a Pablo en su razonamiento, es poco probable que esta «justicia de Dios» que es por la fe pudiera estar apuntando a una actividad salvífica de parte de Dios según la segunda interpretación (aunque es justicia para salvación, Ro 10:10), más todavía cuando esta justicia aparece en claro contraste con la otra justicia que los judíos intentaron establecer para su propio beneficio, una justicia con características más bien forenses (un estatus legal), de conformidad con la ley divina. Ellos ignoraron que el único que puede conceder ese estatus es Dios mismo, y esto aparte de la ley, "porque el fin de la ley es Cristo *para justicia a todo aquel que cree*" (10:4, 10, *cf.* 3:21-22). Poca duda cabe que estas palabras puedan leerse en paralelo con Filipenses 3:9, en donde ahora Pablo se refiere a su propia justicia externa que es por la ley en oposición con "la que es por la fe de Cristo, la justicia que es de Dios por la fe", y por la cual llegó a estimar todo su anterior estado de irreprochabilidad —que resultaba de su fiel observancia a las demandas externas de la ley— como "pérdida" e incluso como "basura" (Gr. *skúbalon*, desecho, posiblemente "excremento"), aun cuando en otro tiempo eran para él "ganancia"; no obstante, pudo comprender que el conocimiento de Cristo es más excelente y que el ser hallado en Él es lo que verdaderamente le haría *acreedor* de la justicia, no una que es según la ley —la observancia de la ley—, sino una que viene de Dios por la fe.

Que la δικαιοσύνη θεοῦ incluye una referencia al estatus de justicia otorgado al creyente, se puede notar también siguiendo una lectura cuidadosa de los pasajes que introducen el concepto de "justificar" —un término tomado del ámbito judicial y cuyo significado es: "declarar justo a alguien", con el sentido de "estatus legal"—[122] y de "obras de la ley". En Romanos 3:20, por ejemplo, Pablo afirma que "por las *obras de la ley* ningún ser humano será *justificado* delante de" Dios (*cf.* 3:28) y en 9:32 habla de los israelitas que iban tras una justicia "no por fe, sino como por *obras de la ley*" (9:32 —"la justicia que es por la ley" 10:5). En 4:2 se dice de Abraham que "si fue *justificado por las obras*, tiene de qué gloriarse, pero no para con Dios", no obstante Pablo continúa y les recuerda a sus lectores la afirmación de Génesis 15:6, diciendo: "Creyó Abraham a Dios,

---

[122] Véase más de esto y en detalle en la Segunda Parte.

y le fue contado *por justicia*" (4:3). Todo esto parece indicar que, para Pablo, existe una relación y una fuerte correspondencia entre justificación (en su forma verbal *dikaióo*) y «la justicia» (ver también en 4:5 —"mas al que no obra, sino cree en aquel que *justifica* al impío, su fe le es contada por *justicia*"—, *cf.* Gál 2:16, 21; 5:4-5). De hecho, la misma idea de una "justicia que es por la fe" (9:30, δικαιοσύνην δέ τὴν ἐκ πίστεως) también aparece en la forma "justificados por la fe" (Ro 5:1, δικαιωθέντες οὖν ἐκ πίστεως), dando con ello a entender que el significado de esta justicia no está alejado de la idea de estatus, sino que, muy por el contrario, parece ser su sentido primario (*cf.* las reiteradas alusiones a la "justicia" en 4:3, 5, 6, 9, 11 [dos veces], 13 y 22, y nótese que el sentido de esta es evidentemente el de estatus, es justicia forense). El punto es que esta «justicia» que es por la fe y que se equipara a la justificación, es también «la justicia de Dios», como ya vimos en Romanos 10:3-4, y se llama "la justicia de Dios por medio de la fe en Jesucristo" en Romanos 3:22.

Otros textos igualmente significativos son los versos 17 al 19 del capítulo 5, en donde nuevamente "justicia" y "justificación" —ahora en su forma sustantiva, δικαίωμα (*dikaíooma*)— aparecen como conceptos equiparables junto a la forma adjetiva de la misma raíz (Gr. *díkaios*, "justo"). Así, pues, mientras los versos 18 y 19 expresan la misma idea en términos de: "la δικαίωμα de vida" y "ser constituidos δίκαιος", por su parte el versículo 17 llama a este estatus: "el don de la δικαιοσύνη", el cual es "don de Dios" (v. 15), lo cual con total seguridad es otra forma de querer decir «la justicia de Dios», pues Él es quien la da.

El contexto local

En lo que concierne al contexto inmediato de la frase en Romanos 1:17 y 3:21-22, el sentido de "estatus dado por Dios" y el de "actividad de Dios" es asombrosamente notorio, de tal manera que ambos aparecen entretejidos y fundidos bajo el concepto común de la δικαιοσύνη θεοῦ. Douglas Moo dice:

> "Por un lado, el uso que hace Pablo de «revelar» —sobre todo si tiene el significado dinámico que hemos sugerido— tiene más sentido si «justicia

de Dios» denota una actividad divina que si se refiere a un don divino. Además, la «revelación de la ira de Dios» en el v. 18 parece ir en paralelo al v. 17, e «ira» en el v. 18 es claramente una actividad divina. Por otro lado, el que la «justicia» sea un «don» recibe apoyo del añadido preposicional «por fe» y de la cita de Hab. 2:4 al final del versículo, donde la palabra cognada «justo» designa la condición humana. Y este énfasis en la fe como el medio por el cual se recibe la justicia de Dios une estrechamente este versículo a los muchos otros en Romanos en los que la justicia es claramente un estatus concedido a aquel que cree. Los contextos en los que se encuentran las apariciones relacionadas de «justicia de Dios», evidencian la misma ambigüedad: la justicia de Dios se «manifiesta» (3:21), y la gente debe "«someterse»" a ella (10:3) —lo que sugiere actividad; y sin embargo es también «por fe»— lo que sugiere don o estatus."[123]

Tenemos que recordar que Romanos 1:17 inicia con 1:16, en donde el "evangelio" ya es mencionado por Pablo por cuarta vez en este primer capítulo, aunque en esta ocasión lo hace de un modo que hace que el evangelio sea todavía más especial, añadiendo la fabulosa expresión: "porque es poder de Dios para salvación a todo aquel que cree". El verso 17 comienza con una partícula conjuntiva (Gr. *gár*) idéntica a las dos anteriores ("**porque** no me... **porque** es"), empleada con el objeto de argumentar o dar razón de lo que se viene diciendo. Es decir, Pablo no se avergüenza del evangelio porque (razón) es poder de Dios para salvación a todo aquel que cree, y la "razón de esa razón" (permítanme esa tautología), *i.e.* la razón de que el evangelio es poder de Dios para salvación a todos los creyentes, es que en él la justicia de Dios se revela por fe, lo cual parece indicarnos que la idea aquí es la de una actividad de la cual Dios es el autor, salvando y revelando su justicia [justificadora] a todos los que creen. Pero lo que acompaña inmediatamente a la expresión "δικαιοσύνη θεοῦ", la oración: "ἀποκαλύπτεται ἐκ πίστεως εἰς πίστιν" ("se revela por fe y para fe")[124], nos sugiere también que esa

---

[123] Ibíd., p. 102.
[124] BTX3 traduce aquí ἐκ πίστεως εἰς πίστιν: "de fe a fe"; JER y VM: "de fe en fe"; NVI 1999: "por fe de principio a fin". Se ha discutido bastante acerca del significado de esa expresión. Remito al lector a los distintos comentarios citados en la presente obra para una evaluación más detallada. Véase esp. en Douglas J. Moo y C. E. B. Cranfield. También de utilidad es el comentario de L. Bonet y A. Schroeder, *Comentario del Nuevo Testamento*. Volumen III, Epístolas de Pablo (El Paso, Texas: CBP, 1970), p. 43; y el comentario de John Murray, *Romanos* (Sao Paulo: Fiel, 2003), pp. 60-62.

"razón" —ese "porque"— podría tener más bien relación con lo que sigue a la expresión «para salvación» del verso 16, *i.e.* "a todo aquel que cree". En ambos casos se alude a la fe, por lo que quizás deba leerse ese "porque" en razón de ello, esto es, como reafirmando la idea inicial que termina con ese "a todo aquel que cree". Sea como sea, lo cierto es que ambos conceptos están presentes, el de Dios salvando y/o revelando su justicia y el del creyente que recibe esa justicia salvadora y; por tanto, es llamado "justo".

El versículo 18 continúa lo expuesto en el 17 mediante el uso de la misma partícula conjuntiva ("porque"), y de nuevo nos encontramos con el verbo "revelar", en la misma forma gramatical —tiempo, voz, modo y persona— en que aparece en el versículo 17, sólo que ahora se dice ya no de la δικαιοσύνη θεοῦ, sino de la ὀργή θεοῦ (la "ira de Dios") que es "contra toda impiedad e injusticia de los hombres que detienen con injusticia la verdad", una descripción que contrasta a estos hombres con los "justos" del verso anterior. Esta escalada de "*porqués*", el cual nuevamente vamos a leer en el verso 20 —aunque antecedido en el verso 19 por otra partícula similar, Gr. *dióti* ("porque", "por lo cual", "pues")— tiene como finalidad hilar el pensamiento que Pablo ha iniciado en el verso 16, mediante una forma de argumentación que va en progreso a lo largo de las afirmaciones y cuyo razonamiento no acaba precisamente en el verso 20 o 21, sino que va a continuar con una descripción de la pecaminosidad humana hasta probar la culpabilidad de los gentiles y de los judíos, para luego retornar al evangelio y al concepto de la δικαιοσύνη θεοῦ y de la fe (Ro 3:21-22) ya iniciado en 1:16-17. Pero en lo que respecta al versículo 18, la aparición de esta otra idea en donde lo que Dios revela es su ira contra los pecadores, sugiere que la δικαιοσύνη θεοῦ en 17 es algo más bien dinámico, una actividad o acción de Dios, tal como lo es su ira contra los injustos en el verso 18.

Ahora bien, como decía Douglas Moo, hay también apoyo a la idea de que la «justicia» aquella sea un don, esto por la presencia de la construcción griega "ἐκ πίστεως" y su conexión inmediata con la cita de Habacuc 2:4 al final del versículo 17. La preposición *ék* puede indicar "por medio" —como en el sentido que le da la RV60 y la NVI 1999, "*por* fe"—, pero también "origen" o "procedencia", *i.e.* el punto desde donde proviene lo que se está llevando a cabo —como el sentido que adopta la BTX3 o la VM, "*de* fe"—, aunque en síntesis ambas traducciones son correctas. Que esta referencia a la fe ("por fe") esté en estrecha relación con la cita de Habacuc —"mas el justo por la fe vivirá"— es indudable, pues el propio Pablo así lo indica. Pero lo que debemos observar ahora es que aquí el adjetivo δίκαιος (justo) se refiere a una condición humana, un estatus cuyo medio es la πίστις (fe), lo cual pareciera ser una forma de repetición a modo de prueba para lo que se dijo antes, esto es, "la justicia [de Dios] que se revela *por* fe"[125]. La idea entonces es como sigue: "La justicia de Dios (*i.e.* el estatus de "justo" que Él nos concede) se revela *por fe*, pues como dijo el profeta, *el justo por* fe vivirá". Este énfasis en la fe como el medio por el cual se recibe la justicia de Dios, decía Moo, "une estrechamente este versículo a los muchos otros en Romanos en los que la justicia es claramente un estatus concedido a aquel que cree", lo cual ya fue expuesto un poco más atrás, en nuestro análisis del uso común que Pablo hace de esta palabra. Para Cranfield, la propia cita de Habacuc a la que ya he hecho mención, "habla a favor de esta opinión, ya que se centra la atención en el hombre justificado, más que en el acto de Dios de justificarlo."[126]

En el caso del contexto local de la frase en Romanos 3:21-22, hay también mucho que decir.

El versículo 21 comienza con un adverbio de tiempo seguido de una conjunción adversativa, νυνί δέ ("pero ahora"), lo cual se usa no tanto para introducir una nueva idea, aunque lo hará, sino principalmente para contraponer lo que se va a decir respecto de lo que ya se ha dicho, "como antítesis de lo que precede"[127]. "Pero ahora" es el conector que necesariamente Pablo ha de usar para salir al paso de sus propios dichos, todo lo cual fue una acusación plenamente demostrada de la culpabilidad de todos los hombres del mundo sin excepción (vv. 9-18, léase también todo el capítulo 2) y que cerró con otro "pero" en donde hizo tres afirmaciones importantes acerca de la ley: (1) "todo lo que la ley dice, lo dice a los que están bajo la ley"; (2) "por las obras de la ley ningún ser humano será justificado delante de él [Dios]" y (3) "por medio de la ley es el conocimiento del pecado" (vv. 19-20).

---

[125] Nótese también que "por la fe" traduce la misma construcción griega que en la afirmación antecedente, *ék pistéos* (*por fe o a base de fe*).
[126] C. E. B. Cranfield, *Comentário de Romanos*, p. 39 (t.p.).
[127] Ulrich Wilckens, *La Carta a los Romanos*, Vol. I, p. 229.

Hasta aquí, Pablo pudo probar que todos los hombres están en una situación deplorable y potencialmente condenados, nadie puede presentarse justo delante del trono de Dios ni exhibir obras de justicia que le permitan obtener el favor divino. La ley de Dios, incapaz de justificar, es el instrumento divinamente señalado para sacar a la luz el pecado y traerlo a condenación (también Ro 3:20; 5:20; 7:7, 13, *cf.* 1Co 15:56 y 1Ti 1:9-10). La ley de Dios, usando una analogía tomada de la propia experiencia diaria, es como un termómetro que sólo puede decirnos cuánta fiebre tenemos, más no puede hacer que esa fiebre disminuya. Es como una báscula que sólo nos indica cuánta masa (*peso*, según la jerga común) tiene un cuerpo, pero es impotente para hacer que *pese* menos o más. Así, pues, nadie puede ser justificado por las obras de la ley (Ro 3:20, 28, *cf.* Gál 2:16; 3:11), ya sea que con ello se quiera significar cualquier conducta o actividad moral que se conforme a los estándares y preceptos de Dios (como en Ro 2:14-15), o que se trate de íconos externos, tales como la circuncisión, los alimentos o la observancia de días especiales y festivos (p. ej. Gál 5:2-4)[128]. Sencillamente la ley no fue entregada con ese objetivo, sino para servir primeramente como una medida de justicia y como un sello distintivo de la nación del viejo pacto. La ley de Dios tenía como fin crear una distinción entre lo recto y lo torcido, entre lo justo y lo injusto, era proveer una regla justa de vida y traer con ello el pecado a condenación.

En Gálatas, el apóstol Pablo enfrentó la problemática habida entre judaizantes y gentiles, explicando que el propósito de la ley era preparar el camino para el cumplimiento de la promesa y conducir a los judíos a Cristo, ser un "ayo" (Gál 3:24-25), *i.e.* un tutor y un guía que los

---

[128] Esta última corresponde a la tesis propuesta por James G. Dunn en varios de sus trabajos (ver, p. ej., en su comentario a Romanos para la colección "*Word Biblical Commentary: Romanos 1-8*, Vol. 38A (Dallas: Thomas Nelson, 1988), p. 158). Aunque esta opinión ha tenido amplia aceptación durante los últimos años en el mundo académico, en mi opinión —y siguiendo a otros comentaristas de Pablo— estoy convencido de que "obras de la ley" tiene para Pablo —especialmente por su uso en Romanos 3:20— un sentido mucho más amplio que sólo aquellos elementos o "marcas de identidad" que distinguían al pueblo judío del resto de los gentiles. Hay razones contextuales para pensar que por "obras de la ley" Pablo no estaba significando sólo ciertas partes de la ley propias de la identidad judía —tales como: circuncisión, restricciones alimenticias y días festivos, lo cual sí podría, hasta cierto punto, decirse de la frase "la justicia que es en la ley" de Filipenses 3:6 y 9—, ni tampoco meros actos de obediencia restringidos a los judíos. Parece ser que "obras de la ley" se trata más bien de un concepto contenido en el de "buenas obras" u obras de justicia en general, como un subconjunto de la categoría mayor de las obras, lo que hace del término algo más bien inclusivo (todo el mundo) que exclusivo (sólo judíos).

PRIMERA PARTE. LA JUSTICIA DE DIOS
CAPÍTULO SEGUNDO: ΔΙΚΑΙΟΣΥΝΗ ΘΕΟΥ EN PABLO

custodiara y corrigiera hasta que se cumpliera el advenimiento de la simiente: Jesucristo (v. 19), a fin de que por la fe en Él fuesen justificados, no únicamente ellos a quienes se les dio inicialmente la Toráh, sino también a hombres y mujeres de toda raza y nación, los cuales por esa fe son hijos de Dios y considerados linaje de Abraham, herederos según la promesa y miembros de la familia del nuevo pacto (Gál 3:26-29). De manera que llegada la fe, ese "instructor" dio por cumplida su labor, abriéndose así camino a una nueva experiencia y relación con el Dios del pacto echa extensiva a todos los hombres por la cruz de Cristo.

Pero, situados nuevamente en Romanos, Pablo presenta a la ley como si se tratase de un verdadero fiscal (o acusador) que expone los pecados a la vista del banquillo de los acusados, los cuales no pueden sino sólo reconocer que no tendrán excusa delante del trono de Dios.

Este es el escenario sobre el cual Pablo va a introducir nuevamente el lenguaje de la justificación, un término que será estupendamente desarrollado principalmente en los versículos 21 al 30, aunque va a continuar siendo tratado en otros momentos de la epístola mediante una serie de otras afirmaciones y reflexiones con claras consecuencias teológicas.

"Pero ahora" es tanto una manera de querer decir "en el tiempo presente", como también una forma de expresión con sentido de cumplimiento escatológico (*q.v.* 2Co 6:2)[129]. Es así, pues, como volvemos al concepto de la δικαιοσύνη θεοῦ, un concepto que, como ya lo señalé antes, se inicia en 1:16-17, pero que es precisamente aquí en donde se despliega con mayor fuerza y consistencia.

Cuando pareciera entonces que todo está perdido, cuando el alma humana ha sido estremecida por el pecado expuesto a la luz de la ley, cuando la conciencia ha aprobado sin reparo alguno la acusación divina y toda boca se ha cerrado ante la Santidad inmutable de Dios, el Espíritu Santo vuelve a soplar en la pluma de Pablo, y este escribe lo que quizás, y con justificada razón, sea el corazón de toda la epístola:

"Pero ahora, aparte de la ley, se ha manifestado la justicia de Dios, testificada por la ley y por los profetas; la justicia de Dios por

---

[129] En otras palabras, "se ha dado a νυνί no sólo un sentido lógico, sino también un sentido trascendente histórico-salvífico", Ulrich Wilckens, Ibíd.

medio de la fe en Jesucristo, para todos los que creen en él" (Romanos 3:21-22)

La construcción griega que antecede nuestro sintagma corresponde a sólo dos palabras: χωρίς νόμου, un adverbio que bien podría ser traducido como: "separadamente" (de ahí la traducción "sin mediación" que hace la NVI 1999) y el sustantivo en genitivo singular, "ley" o "decreto", respectivamente. Lo que tenemos entonces es una afirmación sumamente esperanzadora para el lector. "Pero ahora, a parte de la ley", es decir aquella por medio de la cual quedaban expuestos al juicio y a la condenación divina todos los hombres, "se ha manifestado la justicia de Dios", no para condenación del penitente, sino para justificación del que cree. De esta justicia, dice el apóstol, dan "testimonio" o "atestiguan" — aquí: "atestiguada", "testimoniada"— "la ley y los profetas", una expresión típica judía que quiere decir: toda la Tanaj y no algún aspecto particular de la ley.[130] Esto es distinto de lo dicho al principio del versículo 21 ("aparte de la ley") en donde sólo se quiere significar "el sistema legal de obras", lo cual es a propósito de las menciones a "la ley" en los versos inmediatamente precedentes (vv. 19-20). Esta justicia de Dios es "por medio de la fe en Jesucristo", no sólo para los judíos, sino "para todos los que creen (porque no hay distinción alguna, por cuanto todos pecaron, y están privados de la gloria de Dios)" (vv. 22-23, BTX3).

Como dije antes, el sentido de "estatus dado por Dios" y el de "actividad de Dios" es asombrosamente notorio en este contexto, a lo igual que sucede con la frase en Romanos 1:17 en su contexto local.

---

[130] Samuel Pérez Millos ha comentado esta frase de un modo diferente —léase su *Comentario Exegético al Texto Griego del Nuevo Testamento*. Romanos, p. 290. Según él, la idea aquí es la de dos testigos según la costumbre judía —"El testimonio que legalmente debía ser tenido en cuenta como válido para acusar o justificar a alguien debía ser, por lo menos, de dos testigos"—. Por lo tanto "la ley", por una lado, y "los profetas", por otro —y ambas cosas juntas— son una forma de referirse al testimonio de ambas partes de las Escrituras hebreas y que han de ser utilizadas en el testimonio acerca de la obra salvífica de Dios (p. 291). Véase también esta interpretación en Ulrich Wilckens, *La Carta a los Romanos*, Vol. I, p. 231.

Pero esta forma de entender el testimonio de "la ley y los profetas", aunque interesante —en especial por la explicación de Wilckens con respecto a la significación forense—, creo que introduce una idea que no estaba en la mente del apóstol. Es también de conocimiento general el hecho de que muy a menudo los judíos se referían a la Tanaj con esa expresión (p. ej. Mt 5:17; 7:12; 22:40; Lc 16:16; Hch 13:15), no queriendo con ello significar aquello que sugiere Pérez Millos u otros autores, sino sólo como una forma de resumir la totalidad del contenido de nuestro Antiguo Testamento.

Pero, aunque esta ya es una conclusión en sí misma, tenemos que seguir avanzando.

Pablo está haciendo alusión a un concepto cuya procedencia es el Antiguo Testamento, no precisamente en su estructura gramatical, sino en cuanto al significado que esto tiene según el testimonio profético. Pero esto es algo de lo que ya hablé en nuestro análisis del trasfondo judío y veterotestamentario.

Que la justicia de Dios y la justificación se corresponden es evidente por la lectura de los versos 20 y 24. Se dice que <u>por las obras de la ley nadie será justificado</u> (v. 20), no obstante <u>«la justicia de Dios» se ha manifestado por medio de la fe</u> (v. 22), de modo que por su gracia <u>son justificados todos los que creen</u>, y esto a través de la intervención redentora y salvífica de Cristo (v. 24). Por medio de este sacrificio somos movidos a una nueva posición de justicia (justificados), una posición en la que jamás la ley nos hubiese podido colocar, y no obstante es una posición legal, un estatus forense. No es entonces casualidad que en medio de esta idea aparezca la δικαιοσύνη θεοῦ, y siempre vinculada a la πίστις (fe), lo cual tiene perfecto sentido si de lo que se trata es de un nuevo estatus conferido por Dios (un don) a todos los que creen. Pero esta noción no excluye la posibilidad de que la δικαιοσύνη θεοῦ sea también una expresión en alusión a la acción de Dios de constituir justos a los pecadores, lo que indica también una actividad suya, una operación salvífica que llevó a cabo mediante la propia acción salvífica de la cruz.

Los versículos 25 al 31 continúan desarrollando este discurso acerca de la justificación, pero son especialmente significativos los versos 25 y 26, como veremos a continuación.

Quienes han interpretado el caso genitivo «de Dios» afirmando que se trataría de un genitivo posesivo con el significado de "cualidad divina" o de atributo de Dios en cuanto a su carácter (1º A.), tienen en parte razón de ese planteamiento, y digo sólo en parte, pues es evidente que no logra esta interpretación abarcar la plenitud del sintagma como tal, según lo que ya he podido explicar hasta aquí. Pero esta idea no parece estar del todo equivocada, al menos no cuando comenzamos a entender qué es lo que está diciendo Pablo en cuanto al modo que tuvo Dios para proceder en justicia respecto de nuestros propios pecados.

Dios es justo y recto, y nosotros todos pecadores; ¿cómo, pues, podría un Dios Santo y Justo como el nuestro actuar con indiferencia ante lo condenable de nuestros pecados? Es en este punto en donde algunos estudiosos han apelado a la imagen de un tribunal y preguntado si acaso sería justo el juez que deja en libertad al criminal sin haber habido satisfacción de la justicia. Si atendemos al carácter de Dios, que aborrece el pecado y responde airado ante los que se rebelan contra Él, es pues lógico preguntarse cómo es que Dios podría simplemente no juzgar el pecado y perdonar al pecador. El razonamiento aquí sería algo así como esto: Del mismo modo que el juez de cualquier tribunal del mundo no sería justo (no actuaría conforme a la justicia y a la ley) si dejara libre de toda sanción a un criminal confeso de sus delitos, no sentenciando la pena que corresponde a sus infracciones, Dios no podría ser considerado un Juez Justo si absolviera al pecador en su condición de culpable comprometiendo su propia justicia en ello (*cf.* Pro 17:15). Para Dios el pecado del hombre fue la causa por la que Cristo fue crucificado, de manera que lo que el Padre hizo por medio de la cruz fue también condenar, como Juez, el pecado nuestro en su Hijo (Is 53:6, 10; Ro 8:3-4; 2Co 5:21). La muerte de Cristo nos muestra que Dios no es indiferente ante el pecado ni lo considera de manera ligera.[131]

---

[131] No son pocos los eruditos que han rechazado este concepto judicial y retributivo por considerarlo ajeno al pensamiento judío y más cercano al ideal grecorromano de la justicia punitiva. Se ha dicho que tal concepto ha prevalecido en occidente principalmente por la herencia que nos ha dejado Grecia y Roma, en donde la imagen del tribunal y del juez que satisface la ley al condenar las infracciones a esta ha condicionado a la teología en este punto. Puede ser que esto sea verdad en alguna medida, pero no veo la razón de porqué no debiéramos considerar esta escena como un reflejo de lo que la propia Biblia también nos informa acerca del proceder de Dios con respecto a los pecados. Además, tal noción de la justicia en el tribunal tampoco se distancia demasiado de lo que observamos en la Escritura acerca de cuál debía ser el proceder de los jueces encargados de la administración de la justicia en Israel (Dt 16:18-20; 2Cr 19:6-7). Por cierto que el propio texto de Isaías 53 es muy claro en mostrarnos a Dios realmente juzgando sobre su Hijo los pecados de los hombres. Mientras que el versículo 6 nos habla de Dios cargando sobre Él el pecado de todos nosotros —una escena que nos recuerda a Levítico 16:21-22 (*cf.* He 9:28; 1Pe 2:24; 3:18) —, el verso 5 y 10 nos muestra al Cristo sufriendo en su propia carne nuestros pecados, recibiendo Él el castigo y precio de nuestra paz para con Dios (*cf.* Ro 8:3). Si bien es cierto, estas descripciones de Isaías no están situadas en un contexto estrictamente judicial, ni mucho menos en la escena de un tribunal en donde Dios está haciendo las veces de Juez, no me parece que esa sea razón suficiente para excluir este elemento retributivo de la justicia divina en el acto de la expiación. De hecho el propio concepto de expiación reclama esta noción de la justicia en donde Dios perdona al pecador en virtud de que el pecado ha sido cubierto por la sangre de un sustituto, lo cual sólo tendría sentido si Dios realmente exige el castigo en retribución de los pecados de los hombres. Es por esa razón que, aunque tal vez la escena del tribunal —según la concepción occidental de la justicia— no sea la más apropiada en los detalles, sigue siendo válida en su esencia.

PRIMERA PARTE. LA JUSTICIA DE DIOS
CAPÍTULO SEGUNDO: ΔΙΚΑΙΟΣΥΝΗ ΘΕΟΥ EN PABLO

Hemos de entender entonces que la justicia de Dios ("su justicia") se muestra en forma suprema en la cruz de Cristo, y este pareciera ser el caso particular de los términos asociados en los versos 25 y 26 de este capítulo a los Romanos. En dos oportunidades Pablo usa la expresión "su justicia", lo que en el texto griego corresponde a la construcción "τῆς δικαιοσύνης αὐτοῦ" (lit. "de la justicia de Él"), siendo Dios el antecedente. Lo que Pablo nos dice aquí es que cuando Dios presentó a Cristo en sacrificio, lo hizo para "prueba" de su justicia (Gr. *éndeixis*, lit. "mostrar"; "demostrar"; dar "evidencia"), por lo tanto Dios es justo y a la vez el que justifica a los que tienen fe en Jesús. "Dios es justicia y a la vez la demuestra", dice G. Schrenk, y agrega: "Dios es justo o recto (Ro 3:25), pero su rectitud es una expresión de la gracia que también manifiesta su justicia en la forma concreta de un acto de expiación (Gá 3:13; 2Co 5:21; Ro 8:3). De modo que la justicia y la gracia se unen activamente para todos los tiempos y en el nivel más profundo. Esto significa que queda excluida la laxitud antinómica, porque el perdón es un acto de juicio que expresa el rotundo «no» de Dios al pecado. La rectitud de Dios es judicial y bondadosa a la vez, en el único acto de salvación en Cristo."[132]

Herman Ridderbos —quien, como ya hemos visto antes, aboga principalmente por la tercera interpretación— dice que:

> "En el presente contexto, lo más importante para nosotros es que aquí la justicia se fundamenta en la muerte de Cristo. Además, se habla de la justicia de Dios en más de un sentido[133]. Dios ha hecho de Cristo un medio de propiciación en su muerte y así dio prueba de su justicia en su muerte. Lo único que se quiere decir con esto es que Dios demostró en Cristo el poder judicial de su justicia al entregarlo en favor de otros como propiciación en la muerte. [...] Dios ha abandonado su actitud de espera y ha demostrado su justicia punitiva en la muerte de Cristo."[134]

Dice también, y con total razón, James Denney:

---

[132] Gerhard Kittel y Gerhard Friedrich (ed.), *Compendio del Diccionario Teológico del Nuevo Testamento*, p. 174.

[133] Dice más adelante Ridderbos: "En Romanos 3:21ss. La frase «justicia de Dios» se usa, pues, en dos sentidos distintos. En los versículos 21 y 22 apunta a la cualidad forense que Dios confiere al hombre y que le permite salir absuelto. En los versículos 25 y 26 se refiere a la justicia punitiva de Dios.", p. 216

[134] Herman Ridderbos, *El pensamiento del apóstol Pablo*, p. 215.

"No puede haber evangelio sin que haya justicia de Dios para los impíos; pero tampoco puede haber ningún evangelio a no ser que se mantenga la integridad del carácter de Dios. El problema de un mundo pecador, el problema de toda religión, el problema de la relación de Dios con una raza pecadora, consiste en cómo unir ambas cosas. La respuesta cristiana a dicho problema nos la proporciona Pablo en las siguientes palabras: «Jesucristo, a quien Dios puso como propiciación (o como poder propiciatorio) por medio de su sangre»."[135]

Con todo, no estoy favoreciendo la idea de que «la justicia de Dios» en Pablo se refiera necesariamente a la vindicación de su atributo y/o a la justicia esencial del carácter divino —aunque, no obstante, es muy posiblemente que aquí, en los vv. 25, 26 y también en 3:5, Pablo esté haciendo alusión a esto, pero con especial énfasis en la fidelidad salvífica de Dios que mantiene la alianza, más que en su justicia como expresión retributiva—[136], no obstante es necesario mencionar este aspecto de la justicia divina como algo cardinal dentro de la obra salvífica de Cristo en la cruz. Aunque no lo niego del todo, es poco probable que el significado esencial de la δικαιοσύνη θεοῦ haga alusión a estas cosas, ya que los contextos en que aparece sólo permiten un sentido positivo de la frase. Es pertinente señalar también que esta consideración respecto de la δικαιοσύνη θεοῦ no es algo de lo cual se pueda decir que en el evangelio se está revelando, dado que ese atributo de Dios —junto con su actuar punitivo— ya estaba revelado plenamente en la propia ley de Dios, en especial en el contenido mismo de los mandamientos y en el sentido vindicativo de los sacrificios propiciatorios. Además, este atributo no podría decirse que los judíos lo ignoraban (cf. Ro 10:3).[137]

---

[135] J. Denney, *The Deadth of Christ* (ed. R. V. G. Tasker; Londres: Tyndake, 1951), p. 98. Citado por Douglas J. Moo, *Comentario a la Epístola de Romanos*, p. 258.
[136] Así, al menos, la mayor parte de la erudición moderna.
[137] Un motivo adicional al rechazo de la idea de "justicia de Dios" como atributo propio de Dios es el que propone Ernst Käsemann. Argumenta que "Esta concepción amplia de la justicia de Dios que hace de ella una propiedad divina puede ahora ser rechazada como errónea. Tiene su origen en la teología griega que especula sobre las propiedades de Dios, pero se opone a la significación fundamental veterotestamentaria y judía de la justicia como fidelidad a la comunidad y no consigue hacer comprensible de manera convincente la transferencia al hombre de un atributo divino. Para Pablo, lo mismo que para el antiguo testamento y para el judaísmo, δικαιοσύνη θεοῦ es *nomen actionis*; por tanto, no se trata de Dios en sí, sino de Dios que se revela", *Ensayos Exegéticos*, p. 269. Sin embargo, como hemos visto con anterioridad, la idea de atributo y cualidad divina no se limita a

PRIMERA PARTE. LA JUSTICIA DE DIOS
CAPÍTULO SEGUNDO: ΔΙΚΑΙΟΣΥΝΗ ΘΕΟΥ EN PABLO

Sin embargo, ha habido eruditos que han optado por interpretar la δικαιοσύνη θεοῦ de Romanos 1:17 y 3:21-22 a la luz de los versos 25 y 26 del cap. 3. Un ejemplo de ello es el comentario a estos pasajes por el ya difunto teólogo anglicano Handley Moule, para quien la clave para entender esta expresión en Pablo es la aparición de la justicia de Dios en 3:26.[138] «Ahí "la Justicia de Dios"», dice Moule comentando Romanos 1:17 en virtud de 3:26, «vista como acción, descubierta por sus efectos, es la que asegura *"que Él sea justo, y el justificador del hombre que pertenece a la fe en Jesús"*. Es esa justicia que hace admirablemente posible la poderosa paradoja que el Santo, eternamente verdadero, eternamente recto, infinitamente "observador de la ley" en Su celo para esa Ley que es en verdad Su Naturaleza de Él expresándose en precepto, no obstante, puede decir, y realmente dice al hombre, en su culpa y pérdida: "Yo, tu Juez, lícitamente te absuelvo, lícitamente te acepto, lícitamente te abrazo". En un contexto como ese no necesitamos temer la explicación de esta gran frase, en este el primer lugar en que ocurre, como significando la aceptación concedida por el Santo Juez al hombre pecaminoso. Así es prácticamente equivalente al —modo de Dios de justificar al impío, Su método de poner en libertad Su amor, mientras que magnifica Su ley. En efecto, no como traducción sino como explicación, - la Justicia de Dios es la Justificación de Dios.»[139] [Énfasis añadido]

Conclusión

Habiéndose analizado los tres factores que han de influir en nuestra interpretación, sólo restaría determinar cuál es el significado correcto de la δικαιοσύνη θεοῦ, pero a estas alturas cabe preguntarse si acaso debemos escoger entre una significación y la otra. Como ya expuse un poco más atrás, y también por todo lo que ya he explicado en función de los tres factores determinantes, difícilmente podría esta expresión estar

---

sólo una propiedad de Dios —a su carácter ético—, sino que incluye otros aspectos tales como su fidelidad al pacto y su relación con las promesas pactuales. El rechazo de Käsemann no toma en cuenta el aspecto indicado en 1º B y no obstante parece estar de acuerdo con ese elemento.

[138] H. C. G. Moule, *Exposición de la epístola de san Pablo a los Romanos* (Barcelona: CLIE, 1987), p. 42.

[139] Ibíd., pp. 42-43.

haciendo alusión al atributo de Dios de ser Justo y actuar con justicia en vindicación de su propia naturaleza y carácter (la justicia punitiva), aunque tampoco sería correcto negar del todo este aspecto de la justicia divina, y menos aquel aspecto que dice relación con su fidelidad pactual, que aparece en un mismo contexto en el que se destacan los otros significados, lo cual es claramente el caso de Romanos 3:25-26, como ya hemos visto. Pero, ¿y qué hay de los conceptos "actividad divina" y "estatus dado por Dios"? Me sumo a la pregunta que el profesor Douglas Moo formula en su propia exposición: "¿Tenemos que elegir, como algunos han señalado, entre teología (la obra de Dios) y la antropología (el ser humano que recibe)? ¿No podríamos interpretar aquí «justicia de Dios» para que incluyese tanto la actividad de Dios de «hacer justos» —salvando, vindicando— como el estatus de los que son hechos justos, en un sentido relacional que una lo divino y lo humano?"[140]. Los motivos del profesor Moo que siguen en respuesta a estas preguntas yo creo que son totalmente acertados:

> "El uso que de la frase hace la LXX, del que surge el propio uso paulino, hace que sea posible que «la justicia de Dios» sea ante todo la intervención salvífica de Dios en la historia, anunciada por los profetas, manifestada en la cruz, y hecha efectiva constantemente en la predicación del evangelio. Pero la justicia de Dios nunca obra en el vacío, y los usos de la expresión en el Antiguo Testamento a menudo aluden también a la situación o estatus de aquellos que experimentan la intervención salvífica de Dios. En parte porque necesita distanciar su interpretación de la justicia de Dios de aquella que prevalecía en el judaísmo, en la que las obras y la ley jugaban un papel muy importante (comp. 3:21; 10:3), Pablo insiste en que la justicia de Dios puede experimentarse solo por la fe: «Para Pablo, la justicia de Dios es esencialmente una justicia que viene por la fe» [Stuhlmacher, «Paul`s View of Righteousness», pág. 80]. Su teología también lo lleva a desarrollar la idea de justicia como un estatus judicial permanente, más allá de cualquier idea encontrada en el AT. Este énfasis desplaza un poco el foco de atención de la frase con respecto a su uso en el AT, aunque, como hemos dicho, el doble aspecto de la justicia de Dios como actividad divina y como estatus humano tiene sus antecedentes en el AT.

---

[140] Douglas J. Moo, *Comentario a la Epístola de Romanos*, p. 102.

PRIMERA PARTE. LA JUSTICIA DE DIOS
CAPÍTULO SEGUNDO: ΔΙΚΑΙΟΣΥΝΗ ΘΕΟΥ EN PABLO

Para Pablo, como en el AT, «justicia de Dios» es un concepto relacional. Al unir los aspectos de la actividad y el estatus, podemos definirla como *el acto mediante el cual Dios lleva a las personas a una relación correcta con él*. Con Lutero, hacemos hincapié en que de lo que se trata es de un estatus *ante* Dios y no de una transformación moral interna –la actividad de Dios de «hacer justo» es una actividad puramente forense, una absolución, y no una «infusión» de justicia o un «hacer justo» en un sentido moral. [...]. Usando el contexto de un tribunal de justicia, del que se deriva la fraseología de la justificación, podemos representar a la justicia de Dios como el acto o decisión por el que el juez declara inocente a un acusado: una actividad del juez, pero una actividad que es una declaración de estatus —un acto que es resultado de un don, y que de hecho lo incluye dentro del mismo. En este sentido, en esta frase el sustantivo «justicia» puede ser entendido como el equivalente sustantivado del verbo «justificar»."[141]

Aunque me veo a ratos tentado, dadas las consideraciones que surgieron de nuestro análisis de los factores 2 y 3, a inclinarme mayormente por el significado de "estatus" y "don", creo que equilibrar las nociones de "estatus" —y "don"— con la de "actividad", incluyéndolas como dos aspectos de una misma verdad revelada, es la conclusión más sensata y sabia a la que podemos llegar, pues es la que mejor explica cada uno de los elementos señalados en toda esta exposición; es exegéticamente consistente y no causa violencia alguna al texto bíblico, ni en su conjunto ni en su contexto inmediato. "El concepto de «justicia de Dios»", decía Otto Kuss (ya lo cité antes), "tiene en cierto sentido dos aspectos: puede significar prevalentemente la acción salvífica en Jesucristo, que procede de la justicia y misericordia de Dios o puede indicar el resultado de esa acción de Dios en el hombre: la verdadera y perfecta justicia de la que el hombre se hace partícipe. La posterior separación conceptual no debe perder de vista que en la mente del apóstol se trata de una unidad."[142]

---

[141] Ibíd., pp. 102-103.
[142] Debe decirse; sin embargo, que las implicaciones que de esto deduce el propio Kuss, seguirán a la postura tradicional de la iglesia romana en lo tocante a la doctrina de la justificación. No obstante, creo que no se equivoca al entender la δικαιοσύνη θεοῦ de la manera como al menos aquí lo plantea. Aunque, para efectos de esclarecer todavía más mi postura, yo añadiría a lo último —"el resultado de la acción de Dios en el hombre..."— que esta «justicia» de la que el hombre se hace partícipe se refiere más bien al estatus que por la fe en Jesucristo adquiere y por el cual es

Creo que entender la «justicia de Dios» en Pablo, en la forma en que muchos predicadores aún lo hace, como una *iustitia retributiva*, o como una expresión del carácter de Dios —aquella justicia por la cual Él es justo en sí mismo, esto es, como un Dios justo que castiga la iniquidad y hace justicia (juzga) a los hombres según su ley—, es una idea difícil de sostener a la luz del uso de la terminología en Pablo y en el AT (el testimonio según "la ley y los profetas" al que alude el apóstol en el v. 21). Contrariamente a la idea de que la «justicia de Dios» haya sido algo negativo para el hombre (una justicia que condena), la «justicia de Dios» era para los antiguos israelitas la intervención redentora de Dios; que resultaba siempre de su fidelidad y compromiso a su pacto de gracia. Para Pablo, que la «justicia de Dios» se haya ahora manifestado era una cosa a todas luces buena, era el gran evento escatológico esperado durante siglos, y que ahora, en el cumplimiento del tiempo y por medio de Jesús el Mesías, se abría paso hacia una nueva era; una nueva relación pactual en el que la justicia suya —y únicamente la justicia suya— se revela como sola fuente de justificación y salvación. Es precisamente en virtud de esta intervención o acto salvífico realizado en Cristo, que la «justicia» aquella trae también como resultado ese estatus del cual somos revestidos y en el cual somos posicionados. Es, pues, en definitiva, justicia en términos de una actividad salvífica de Dios, pero es también justicia que proviene de Dios y que se nos concede para efectos de nuestra justificación (justicia forense).

Si estas opiniones expresan lo que realmente quiso comunicarles Pablo a sus lectores de la congregación de Roma —y creo que esto es lo que efectivamente quiso él comunicarles— razón tenemos entonces para decir que estamos plantados firmemente sobre la doctrina de la justificación. Pablo condujo a sus lectores a esta verdad evangélica por medio de una expresión tan rica en significado: la δικαιοσύνη θεοῦ, «la justicia de Dios», la justicia "que proviene" de Dios, la justicia que Dios tiene y otorga a los creyentes, esa que se ha expresado históricamente mediante su intervención y actuar salvífico —a la vez vindicativo y

---

justificado, y no a un estatus que recibe sólo una vez que ha sido vindicado mediante la actividad divina de salvación. Por otra parte, "la verdadera y perfecta justicia de la que el hombre se hace partícipe" no quiere decir para nosotros, protestantes y evangélicos, la justicia impartida o infundida por Dios, sino únicamente la justicia atribuida o imputada (justicia forense). De todo esto hablaré más ampliamente en el próximo capítulo de la Segunda Parte.

redentor—, por amor de sí mismo y en cumplimiento de sus promesas pactuales, para beneficio de sus escogidos de todas las naciones de la Tierra. La justicia que es don de Dios y que nos permite, a su vez, presentarnos justos delante de la gloria de su gran trono.

«La justicia de Dios», no hay expresión más poderosa en las páginas de la Escritura, no existe otra frase mayor que esta. Estas palabras lo inundan todo, lo agotan todo. No queda esperanza para el hombre sino tan sólo en la «justicia de Dios». Ella es la respuesta divina a la miseria humana, el triunfo divino sobre todo mal en lo creado.

"Dichosos los que saben aclamarte, SEÑOR, y caminan a la luz de tu presencia; los que todo el día se alegran en tu nombre y se regocijan en tu justicia." (Salmo 89:15-16. NVI 1999)

Segunda Parte

LA DOCTRINA DE LA JUSTIFICACIÓN

SEGUNDA PARTE. LA DOCTRINA DE LA JUSTIFICACIÓN

¿Y cómo se justificará el hombre con Dios? —Job 9:2

Hemos hablado bastante ya acerca de qué quiso decir el apóstol Pablo con la expresión «la justicia de Dios». El lector atento podrá sacar sus propias conclusiones de ello y hacer de la anterior exposición un punto de partida para próximas investigaciones o trabajos en español. Es una tarea a la que invito con mucho entusiasmo; es mi sincero deseo.

Ahora bien, dadas las implicaciones doctrinales que de nuestro estudio surgen, según lo que ya he señalado en las páginas anteriores, es pertinente que ahora tratemos a fondo con la doctrina de la justificación y entendamos, por sobre todo, cuál es el fundamento teológico y exegético sobre el cual se eleva esta monumental doctrina.

Aunque me he propuesto desarrollar una teología más o menos exhaustiva de la justificación, no pretendo agotar completamente el tema (p. ej. no abordaremos el desarrollo histórico de esta doctrina en el marco de la historia de la Iglesia; ni tampoco los muchos enfoques teológicos con que diversos teólogos se han acercado a reflexionar acerca de esta cuestión en diferentes períodos de la historia)[143]; sin embargo, me tomaré todo el tiempo necesario para exponer y analizar aspectos esenciales y que responden a preguntas tales como: ¿Cuál es la base sobre la cual Dios efectúa la justificación de los hombres? ¿Cuál el medio por el que recibimos la justificación? ¿Cuál la fuente desde la que mana la justicia de Dios en la justificación? ¿Qué relación existe entre la fe y las buenas obras? ¿Qué hay de nuestra unión con Cristo? ¿Qué del juicio escatológico de Dios y de nuestra posición en Cristo? Pero aún más importante, abordaremos en profundidad la pregunta que engloba a todas las anteriores: ¿Y cómo se justificará el hombre con Dios?

---

[143] Remito, a quienes buscan ese tipo de información, a dos importantes obras en inglés que tratan con ese tipo de contenido: *The Doctrine of Justification: An Outline of its History in the Church and of its Exposition from Scripture* (Edinburgh: T&T Clark, 1867), Parte I, de James Buchanan; y la obra más actualizada y académica: *Iustitia Dei. A History of the Christian Doctrine of Justification*. Third Edition (NY: Cambrige University Press, 2001), de Alister E. McGrath.

Es cierto también, y no podemos hacer la vista gorda de ello, que durante las últimas cuatro décadas ha surgido una distinta manera de entender a Pablo y a la doctrina de la justificación, y esto de dentro del propio mundo académico evangélico. Se trata de una perspectiva —o perspectivas— que, aunque ya lleva varias décadas desde que surgió, y al presente varios estudiosos se han ido sumando a las diversas tesis que allí se proponen, ha cobrado reciente interés en Sudamérica —al menos los últimos diez años—, especialmente por los trabajos de uno de sus proponentes más conocidos, N.T. Wright y su más popular libro introductorio de 1997, "What St. Paul Really Said", traducido en 2002 al español bajo el título: "El Verdadero Pensamiento de Pablo. Ensayo sobre la teología paulina".

Para muchos de los que se identifican hoy con la fe protestante, este nuevo enfoque sobre el estudio de Pablo les puede resultar un tanto problemático en el fondo de lo que propone, pues básicamente pone en entredicho lo que desde tiempos de la reforma protestante hemos creído y enseñado que era el correcto pensamiento de Pablo acerca de la justificación por la fe y las obras de la ley, y esto más especialmente por la tesis propuesta por el propio Wright.[144]

Aunque con diferentes matices entre sus exponentes principales[145], esta "Nueva Perspectiva de Pablo" (NPP) —que es como se le ha dado en llamar— ha ofrecido un acercamiento diferente de la doctrina de la justificación de la que otros estudiosos han venido exponiendo desde los tiempos de la Reforma. Para algunos, esta nueva corriente teológica es una perversión a la pureza del evangelio, para otros es motivo de apasionado interés y estudio. Sin embargo, más allá de lo que podamos apresuradamente decir acerca de esta "Nueva Perspectiva de Pablo", lo cierto es que todo cuanto se ha propuesto mediante este enfoque merece nuestra humilde atención[146]. En realidad tenemos mucho que extraer de esta nueva perspectiva en el estudio de la teología paulina y del judaísmo del período del segundo templo —que es el punto central

---

[144] Más de esto en el capítulo Segundo.
[145] Se destacan los nombres de E. P. Sanders; James G. Dunn (quien le dio el nombre a esta corriente) y N. T. Wright, como ya hemos dicho.
[146] Incluso pudiéramos hablar de "las Nuevas Perspectivas de Pablo" (en plural), si consideramos el hecho de que los mismos proponentes de este nuevo paradigma no están realmente de acuerdo en todos y cada uno de los elementos que cada cual considera decisivo para comprender a Pablo y su teología.

de todo este nuevo paradigma—, por lo cual no creo que sea correcta una actitud de automático rechazo, sino más bien de detenido y cuidadoso análisis.

Sin embargo, dado el alcance de este libro, no pretendo —**al menos en este presente volumen**— embarcarme en una completa y acabada disertación acerca de este asunto —del cual ya se han escrito obras voluminosas en respuesta (ninguna en español, hasta ahora)—, pero tampoco creo que sea correcto no referirme a él y no dar al menos una opinión al respecto; cosa que me he propuesto hacer, no mediante un desarrollo aparte (un capítulo o apéndice), sino en la forma de alusiones en el desarrollo de los capítulos de esta Segunda Parte del libro. Lo que me interesa, por ahora, es una exposición de la doctrina tal como ha sido definida y enseñada, según lo que creo que es el camino correcto, *i.e.* la perspectiva protestante tradicional.

Capítulo Primero

DEFINIENDO LA DOCTRINA

Creo que una de las significaciones tradicionales más bien elaboradas es la que nos provee Arthur W. Pink, quien resume la doctrina de la justificación por la fe de manera muy precisa:

> «La justificación trata solamente del aspecto *legal* de la salvación. Es un término judicial, una palabra de los tribunales de justicia. Es la sentencia de un juez sobre una persona que ha sido traída delante de él para ser juzgada. Es aquel acto de la gracia de Dios como Juez, en la elevada corte del cielo, por el cual Él dictamina que un pecador escogido y creyente es libertado de la penalidad de la ley, y totalmente restaurado al favor divino. Es la declaración de Dios de que la parte acusada está totalmente de acuerdo a la ley; la justicia lo exculpa porque la justicia ha sido satisfecha. Así, la justificación es aquel cambio de estado por el cual uno, que siendo culpable delante de Dios, y por lo tanto bajo la sentencia condenatoria de Su Ley, y merecedor de nada excepto de un eterno apartamiento de Su presencia, es recibido en su favor y se le da un derecho a todas las bendiciones que Cristo ha adquirido para Su pueblo, por Su perfecta satisfacción».[147] [Énfasis añadido]

Por su parte, el gran reformador francés, Juan Calvino de Ginebra, definió la doctrina de la siguiente manera:

> "Se dice que es justificado delante de Dios el que es reputado[148] por justo delante del juicio divino y aceptado en su justicia. [...] Así pues, se llama justificado aquel que no es tenido por pecador, sino por justo, y con este título aparece delante del tribunal de Dios, ante el cual todos los pecadores son confundidos y no se atreven a comparecer. Como cuando un hombre inocente es acusado ante un juez justo, después de ser juzgado conforme a su inocencia, se dice que el juez lo justificó; del mismo modo diremos que es justificado delante de Dios el hombre que separado

---

[147] Arthur W. Pink, *La Doctrina de la Justificación*, p. 15.
[148] "Reputado", i.e. "reconocido".

del número de los pecadores, tiene a Dios como testigo de su justicia y encuentra en Él aprobación. [...] Afirmamos nosotros en resumen, que nuestra justificación es la aceptación con que Dios nos recibe en su gracia y nos tiene por justos. Y decimos que consiste en la remisión de los pecados y en la imputación de la justicia de Cristo."[149]

La doctrina de la justificación por la fe es aquel aspecto de la gracia que pone de manifiesto, en todo su esplendor y majestad, la δικαιοσύνη θεοῦ (la justicia de Dios), tanto en su actuar salvífico (Ro 1:17; 3:21-22) como en el acto de retribución por los pecados para satisfacción de su propia justicia, como evidencia de su fidelidad (Ro 3:25-26), y que nos coloca además en una nueva posición legal (un nuevo estatus) respecto del estado natural en que nos encontrábamos a causa del pecado. Se trata de una obra de la gracia soberana de la cual somos hechos partícipes sólo mediante la fe en Jesucristo (Ro 5:1 *cf.* Ef 2:8).

La justificación por la fe no consiste de una actividad divina en la cual los pecadores somos hechos justos ante Dios, sino sólo de aquel pronunciamiento judicial que declara que somos justos delante de Él en relación a la ley divina. La justificación nunca significa «hacer justo», sino sólo «declarar que alguien es justo». Por ejemplo, cuando Lucas narra las afirmaciones de Jesús tocante a Juan el bautista, dice que "Y todo el pueblo y los publicanos, cuando lo oyeron, *justificaron a Dios*, bautizándose con el bautismo de Juan" (Lc 7:29). El pueblo no le "hizo justo" a Dios, sino más bien ellos reconocieron que Dios es justo, reconocieron su justicia por medio de las palabras del Señor.

Que la justificación es un asunto principalmente de carácter forense se puede notar aún más cuando se le contrasta con su antítesis: la condenación. Pablo realiza la conocida pregunta retórica: "¿Quién acusará a los escogidos de Dios?" y enseguida contesta: "Dios es el que justifica". Luego regresa a la misma idea y vuelve a preguntar: "¿Quién es el que condenará?", y la respuesta que surge de manera casi espontánea es: "Cristo es el que murió; más aun, el que también resucitó, el que además está a la diestra de Dios, el que también intercede por nosotros" (Ro 8:33-34).

---

[149] Juan Calvino, *Institución*, III. XI. 2 (Rijswijk: FEliRe, Sexta Edición inalterada, 2006), pp. 557-558.

Dice sobre estos pasajes Calvino: "Todo esto es como si dijese: ¿Quién acusará a aquellos a quienes Dios absuelve? ¿Quién condenará a aquellos a quienes Cristo defiende y protege? Justificar, pues no quiere decir otra cosa sino absolver al que estaba acusado, como si se hubiera probado su inocencia."[150]

Otro ejemplo en donde la justificación es claramente un asunto judicial por su contraste con la condenación, lo vemos en Mateo 12:36-37 —"Mas yo os digo que de toda palabra ociosa que hablen los hombres, de ella darán cuenta en *el día del juicio*. Porque por tus palabras *serás justificado*, y por tus palabras *serás condenado*."

Algunos pasajes del Antiguo Testamento son también muy claros en señalarnos este sentido. Por ejemplo:

> "*Cuando haya contienda entre hombres, se presentarán a juicio para que se les juzgue. Justificarán al justo y condenarán al malvado.*" (Deuteronomio 25:1, BTX3)

> "*tú oirás desde el cielo y actuarás, y juzgarás a tus siervos, condenando al impío y haciendo recaer su proceder sobre su cabeza, y justificando al justo para darle conforme a su justicia.*" (1Reyes 8:32)

> "*El que justifica al impío, y el que condena al justo, Ambos son igualmente abominación a Jehová.*" (Proverbios 17:15)[151]

En Romanos 5:16 también leemos: "Y con el don no sucede como en el caso de aquel uno que pecó; porque ciertamente el juicio vino a causa de un solo pecado *para condenación*, pero el don vino a causa de muchas transgresiones *para justificación*". "Para condenación" y "para justificación" son dos claros contrastes que demuestran lo que he venido diciendo (ver también el v. 18), esto es, que la justificación —la justificación por la fe— es un término judicial, una absolución de la pena por el pecado, en donde el acusado es ahora declarado un justo ante los

---

[150] Ibíd. III. XI.3, p. 559.
[151] En los tres ejemplos anteriores, la versión de los Setenta (LXX) introduce el verbo *dikaióo* con sus respectivas flexiones verbales (persona, número, tiempo, voz, modo). Este término, traducido a menudo por el verbo español "justificar", es, como ya vimos anteriormente, la forma verbal del sustantivo *dikaíoma*, esto es, «justificación».

ojos del Juez Divino, delante de quien tiene que comparecer toda la humanidad. Y dada la naturaleza de esa declaración de justicia, la justificación por la fe es en cierto modo más que simple absolución, lo cual es un término que sólo puede significar perdonar o poner en libertad, con el sentido de "declarar no culpable". Por ende, más correcto es decir que es también —y principalmente— una declaración de justicia, un cambio de posición en el que el pecador es reconocido no sólo como no culpable, sino como un justo y; por tanto, ya no solamente no quedan cargos contra él por los cuales realizar una sentencia o una acusación (Ro 8:33-34), sino que cuenta con un estatus de justo que le permite estar en una relación de pacto con Dios.

Un texto importante también es Romanos 5:9 —"Pues mucho más, estando ya justificados en su sangre, por él seremos salvos de la ira"—, donde «la ira» es una referencia al juicio escatológico de Dios dirigido a los pecadores de este mundo, una posible referencia al "día de la ira" de Romanos 2:5. En este pasaje (en 5:9) el estado presente de "justificado" es lo que hace posible que, por medio de Cristo, seamos salvos de la ira, la ira de Dios. Esto, desde luego, pone a la justificación y a la ira de Dios —que no es otra cosa que el propio juicio escatológico condenatorio de Dios— en un nuevo contraste, donde la justificación es la antítesis a la ira divina que resulta en juicio. La justificación aquí es, así como en los otros ejemplos, un elemento judicial favorable a los hombres y, por tanto, un asunto de carácter forense.

En la parábola del fariseo y el publicano de Lucas 18:9-14 tenemos un concepto un tanto similar respecto de la justificación. Ambos, cuenta la parábola, subieron al templo a orar. Mientras que el primero se jactaba ante Dios de su aparente rectitud y falta de pecados, el segundo se reconoció pecador y rogó a Dios su compasión. Este último, dice Jesús, "descendió a su casa justificado antes que el otro". Ahora bien, debe recordarse que esta parábola fue dicha —como señala Lucas— "a unos que confiaban en sí mismos como justos", probablemente en un sentido moral y religioso. Por tanto, parece correcto inferir que aquí el verbo *dikaióo* (justificar) adquiere también una categoría similar a la que supone el adjetivo *díkaios* (justo), esto es, una declaración de justicia, aunque esta vez no tanto en un sentido moral o religioso, sino más bien relacional. El publicano no sólo encontró cabida a su oración (fue escuchado por Dios, aún siendo un pecador), fue reconocido justo, a diferencia del fariseo que pretendía presentarse justo ante Dios por sus "buenas acciones".[152]

La Justificación y el Evangelio

La doctrina de la justificación por la fe no sólo es una doctrina central en el evangelio, sino esencial al evangelio. Pero esto debemos entenderlo correcta y equilibradamente. Si bien la doctrina en cuestión es algo de carácter fundamental y tenemos que defender esa relevancia frente a quienes pretenden rebajarla a algo de menor importancia en la proclamación del evangelio o del pensamiento de Pablo, creo que se le presta un mal servicio al evangelio (al evangelio en su amplia definición) al hacer de la doctrina de la justificación el evangelio mismo. Muy a menudo encontramos a creyentes —desde los menos entendidos hasta los más prominentes teólogos— abrazando una idea en mi opinión incorrecta, a partir de la cual hacen del evangelio y la justificación por la fe una misma y única cosa, como si el evangelio se redujera a sólo la justificación por la fe; como si eso fuera en verdad todo el evangelio al que alude Pablo. Muy a menudo escucho a creyentes predicando únicamente la justificación por la fe pensando que están, de hecho, predicando el todo del evangelio. Y no es que el mensaje del evangelio no contenga una proclamación de la justificación que es mediante la sola fe y por la sola gracia —lo cual es claro en Romanos 1:17, según hemos podido ver en el capítulo anterior de la Primera Parte—, sino que simplemente el evangelio abarca más que eso. Creo que N.T. Wright no se equivoca cuando dice que: «Con "el evangelio" Pablo no quiere decir la "justificación por la fe" en sí misma. Quiere decir el anuncio de que el

---

[152] Por cierto que esta significación dentro de la parábola tiene relevancia para la comprensión de la doctrina de la justificación por la fe, y viene a proporcionar una evidencia, fuera de los escritos paulinos, acerca de la justificación de los hombres sólo por la gracia mediante la fe y no por las obras externas de la ley.
No creo que el sentido del perfecto en la voz pasiva, "justificado", sea sólo el de que Dios oyó la oración del publicano (contra Joachim Jeremias, *ABBA y El mensaje central del Nuevo Testamento* [Salamanca: Sígueme, 2005], p. 292), sino que guarda más bien el sentido de "ser hallado justo" o "aceptado justo", no meramente el de haber encontrado el beneplácito de Dios. La actitud de humillación del publicano por supuesto que encontró en Dios la aprobación a su súplica (*cf.* Sal 51:17), pero, juntamente con esto, encontró también el favor de Dios en el acto de ser reconocido un justo ante Él.

Jesús crucificado y levantado es el Señor[153]. Creer este mensaje, dar fidelidad creyente a Jesús como Mesías y Señor, es ser justificado en el presente por la fe (incluso si uno no ha oído hablar de la justificación por la fe). [...] uno no es justificado por la fe por creer en la justificación por la fe [...], sino por creer en Jesús»[154] [Énfasis añadido]. Así también, "para Pablo no es la doctrina de la justificación que es el "poder de Dios para salvación" (Ro. 1:16), sino el evangelio de Jesucristo. Como Hooker señaló, es perfectamente posible salvarse por creer en Jesucristo sin jamás haber oído de la justificación por la fe."[155]

Sin temor a equivocarnos, podemos decir que el evangelio es primeramente un mensaje que declara al mundo que: hay un único Dios vivo, que es el creador y sustentador del universo (Hch 14:15, *cf.* Hch 19:23-27ss); el autor de eterna redención. Pero eso es sólo el comienzo. El evangelio es también, y principalmente, el mensaje que anuncia la venida del reino mesiánico de Dios (Mr 1:14-15, *cf.* Mt 4:23; 24:14; Lc 4:43; 8:1; 16:16; Hch 8:12; 19:8, etc.) y proclama que en Jesús Dios ha irrumpido en la escena humana y en el mundo para establecer su trono de justicia y misericordia. El evangelio es ese mensaje que declara que este Jesús es el Cristo, el (único) Señor y Salvador (Lc 2:10-11; Ro 10:8b-9; 14:9; Hch 2:36; 4:12), el hijo de David, el Rey prometido (Lc 1:31-33; Ro 1:1-3; *cf.* 2 Sam 7:12-14a, 16; Is 9:6-7)[156]. El evangelio es esa buena nueva cuya centralidad y fundamento de verdadero gozo es el hecho histórico de la victoria de Dios sobre los poderes del mundo por la muerte redentora y expiatoria de Cristo en la cruz —para perdón de nuestros pecados y salvación en el día del juicio final— y su resurrección triunfante de entre los muertos (Mr 10:45; Hch 2:23-36; 10:37-43; 13:27-

---

[153] Así también en su libro *La resurrección del Hijo de Dios* (Navarra: Verbo Divino, 2008): «Cuando Pablo dice "el evangelio" no quiere decir, pues, "justificación por la fe", aunque por supuesto la justificación es el resultado inmediato del evangelio. La "buena noticia" que Pablo tiene en mente es la proclamación de Jesús, el Mesías davídico de Israel, en su calidad de señor resucitado del mundo.» [Énfasis añadido], p. 308.

[154] La cita fue tomada de un artículo de Wright titulado: *"El estado de la Justificación"*, escrito durante la Fiesta de la Presentación de Cristo en el Templo en 2001, según informa el inicio de esa presentación. Texto traducido por Eva Navarro Estrada (Mayo de 2005). Véase también en N. T. Wright, *"El Verdadero Pensamiento de Pablo. Ensayo sobre la teología paulina"*, p. 141.

[155] Sinclair B. Ferguson, David F. Wright, J. I. Packer (eds.), *Nuevo Diccionario de Teología* (El Paso, Texas: CBP, Primera edición 1992), —*Justificación*, p. 540. Una definición por N. T. Wright.

[156] No podemos desvincular el significado del Evangelio de su más profundo sentido mesiánico, vindicativo y escatológico, y que, en contexto con la esperanza judía del período del segundo templo, dice mucho acerca del Reino de Dios y de su irrupción en el mundo.

37; 26:22-23; Ro 1:4; 1Co 15:3-4; 2Ti 2:8), quien tras su ascenso glorioso al Padre, en cuya presencia intercede por todos sus escogidos, no dejó a sus discípulos ni a su Iglesia sin su bendita presencia, comunión y ayuda, sino que prometió el Espíritu Santo (Jn 14:16-18; Lc 24:49; Hch 1:5, 8), quien da poder a la Iglesia y es las arras que le brinda a ella la seguridad en la espera de la herencia final (Ef 1:13-14), "una garantía de la plenitud de gozo que conoceremos en la perfecta comunión con el Padre y el Hijo en la era venidera (2 Co 1:22; 5:5)" [J. Piper][157]. El evangelio nos exhorta a la fe y al arrepentimiento, nos dice que por la gracia de Dios mediante la fe en su Hijo Jesucristo, podemos ser perdonados de todas nuestras transgresiones y, por su sangre, redimidos de la esclavitud al pecado y a la muerte; y de toda condenación que resulte del juicio de Dios sobre los pecadores (Jn 5:24; Ro 8:1), razón por la cual, estando nosotros en Cristo, podemos ahora tener paz para con Dios y ser incorporados a la comunidad del nuevo pacto; en una nueva relación pactual en donde las barreras étnicas, que otrora separaron a judíos y a gentiles, no son ya un obstáculo ni motivo de división en la participación de esta gran comunidad de redimidos (*cf.* Ef 2:11-14, 19; 1Pe 2:9-10). Podemos encontrar salvación eterna, pues que el evangelio "es poder de Dios para salvación a todo aquel que cree" (Ro 1:16).

Comparto, en cierto sentido, la opinión de que "la justificación por la fe en sí misma es una doctrina de segundo orden" [Wright], pero sólo si con ello quiere decirse no que sea de importancia menor, o periférica al evangelio, sino más bien que no debiera colocársela en una posición de supremacía con respecto a los otros aspectos contenidos en el evangelio, el cual —como ya hemos visto— dice mucho más que sólo la doctrina de la justificación por la fe.

No obstante aquello, creo, como cualquier otro evangélico protestante o reformado, que es una doctrina esencial al evangelio, y eso quiere decir que la considero en verdad una doctrina de primer orden antes que de segundo orden (y, por ende, una doctrina fundamental para la Iglesia)[158]. Sin embargo, me pregunto hasta qué punto esta doctrina pudiera decirse que era para el apóstol Pablo el "corazón" y centro

---

[157] *Dios es el Evangelio* (Grand Rapids, Michigan: Portavoz, 2007), p. 30.
[158] Y quizás no sea exagerada la conocida frase con que se ha designado a esta doctrina, como *"articulus stantis et cadentis ecclesiae"* ("el artículo con el que la Iglesia se mantiene en pie y se derrumba")

mismo del evangelio, como sí he leído a otros afirmar siguiendo la tradición reformada. El reconocido erudito anglicano James I. Packer, por ejemplo, afirma que la doctrina de la justificación fue "una de las grandes preocupaciones del apóstol Pablo. La consideraba **el corazón del Evangelio.**"[159] [Negrilla añadida].

No se puede negar; sin embargo, que cuando leemos a Pablo como apóstol del evangelio en el libro de los Hechos de los Apóstoles, esta doctrina, al menos explícitamente (esto es, en su formulación más conocida), está totalmente ausente de su predicación, con la única excepción de 13:38-39. Lo mismo podría decirse de la mayoría de sus epístolas, en donde no se constata ni por un momento alguna sombra de esta doctrina. Todo esto, desde luego, no es una cosa que podamos pasar por alto; por el contrario, es una cuestión que debe hacernos reflexionar profundamente en cuanto al real contenido de su *kerygma* apostólico. Empero, no es ese un asunto que corresponde tratar en este libro.

No obstante a lo dicho, baste decir, por ahora, que tampoco esta ausencia de contenido es una cuestión que nos deba necesariamente obligar a desechar de plano este concepto, como pieza fundamental de su predicación y exposición del evangelio de Cristo. En este sentido, razón tienen los profesores Carson y Moo al afirmar —contra la NPP— que «la justificación por la fe era un importante componente del Evangelio de Pablo desde el comienzo».[160] Bajo esta misma impresión, me atrevo a decir que tampoco fue exagerado Bornkamm cuando dijo de Pablo: "toda su predicación, incluso allí donde la doctrina de la justificación no aparece expresamente, sólo se puede entender correctamente si se pone en estrecha relación con tal doctrina y se entiende juntamente con ella."[161] Claro que sí.

Dicho sea de paso, debemos entonces insistir en que la doctrina paulina de la justificación por la fe es una cosa esencial al evangelio, aunque no sea el evangelio mismo ni "el punto esencial y el pilar del cristianismo" (como afirmó una vez aquel teólogo puritano del siglo XVII,

---

[159] *Teología Concisa, Una guía a las creencias del cristianismo histórico* (Miami, Florida: Unilit, 1998), p. 172.
[160] D. A. Carson y Douglas J. Moo, *Una Introducción al Nuevo Testamento*, p. 320.
[161] Günther Bornkamm, *Pablo de Tarso*, p. 167

Thomas Watson[162]). Pero de que es una doctrina esencial al evangelio es evidente cuando el propio Pablo escribe en alusión a la problemática con los judaizantes en la epístola a los Gálatas.

Para Pablo, la doctrina de la justificación por la fe era tan importante y vital para la correcta comprensión del evangelio, que juzgó de "anatema" a todo aquel que pervirtiese este mensaje (Gál 1:6-9). Es interesante que toda esta suerte de arremetida de Pablo es hacia los que predican un "evangelio diferente"[163] del que había sido anunciado por Él y los demás (véase la expresión en plural "hemos anunciado", v. 8), cuando en el contexto de la carta parece claro que lo que se estaba pervirtiendo era principalmente la doctrina de la justificación (*cf.* Gál 2:14-21; 3:5-12, 19-24; 5:4-6), una perversión que tenía también implicaciones para la libertad cristiana con respecto a la ley y la gracia, y en la participación e inclusión de los gentiles en la comunidad de los creyentes, como herederos también de la promesa hecha a Abraham de bendecir en él a todas las familias de la tierra. Por tanto, la urgencia de preservar la correcta expresión del evangelio implicaba también —necesariamente— una correcta comprensión de la justificación por la fe, lo que hace que ambas cosas estén en realidad compenetradas y enlazadas en la mente de Pablo, y no sólo en la de él, como si se tratase de un pensamiento propio, sino en el de todos aquellos que, en sus palabras, "hemos anunciado" el evangelio (v. 8). Este detalle, al menos para mí, representa un argumento sólido para la afirmación: la doctrina de la justificación por la fe es esencial al evangelio. En tal caso, resulta del todo correcta la manera en como Eberhard Jüngel se refiere a esta doctrina en su libro, al llamarla tan reiteradamente: "el Evangelio de la justificación del impío" (haciendo especial alusión a Romanos 4:5).

No es, por supuesto, "un evangelio dentro del Evangelio", sino más bien uno de los contenidos esenciales del único Evangelio, que hace del Evangelio un mensaje de buena nueva para el pecador, de ahí que sea

---

[162] Thomas Watson, *Tratado de Teología* (Edimburgo, Reino Unido; Carliste, EE.UU.: El estandarte de la verdad, 2013), p. 402.
[163] El término "diferente" en 1:6 corresponde al adjetivo ἕτερος (Gr. *jéteros*, lit. "distinto"; "diferente", con el sentido de "otro"), mientras que en los versos 8 y 9 la traducción que hace la RV60 ("diferente" en ambos versículos) corresponde más bien a la preposición παρά (Gr. *pará*, esto es, como aquí, lit. "al lado"; "junto a", pero con el sentido de contrario, no solamente distinto, sino además antitético).

correcto también denominar a este, "el Evangelio de la justificación del impío".

La Justificación como doctrina central en Pablo

Existe actualmente —y desde hace ya bastante tiempo— el debate de si acaso esta doctrina constituye o no el centro de la epístola a los Romanos y/o de la teología paulina en general.[164] Según la perspectiva tradicional protestante iniciada con los reformadores, la justificación por la fe constituye la clave y centro del pensamiento paulino, la entrada para entender su predicación. A este respecto, la posición que yo sostengo es que, aunque la doctrina en sí misma no parece haber sido la preocupación constante de Pablo ni el centro mismo alrededor del cual giró toda su teología, y aunque tampoco es el único tema de la epístola a los Romanos —ni su tema general—[165], sí resulta ser *central* en el desarrollo de su pensamiento y teología, así como también en la carta a los Romanos, tal como se muestra con total claridad en los primeros cinco capítulos de la epístola, que son los que desarrollan más espléndidamente el tema de la salvación —y de la justificación— en un contexto en donde claramente el problema es la pecaminosidad universal de cada hombre ante un Dios Justo que mira con cólera el pecado y la injusticia humana[166].

No se trata; por tanto, de una doctrina periférica al pensamiento paulino —o "un cráter subsidiario junto al cráter central" [A. Schweitzer]—, y que sólo polemiza con el judaísmo (como una simple "doctrina de lucha") —o más particularmente con los grupos judaizantes— en lo tocante a temas como la participación de los gentiles

---

[164] Léase el delicado tratamiento que hace Frank Thielman acerca de la cuestión de la centralidad de la teología paulina y la coherencia de la misma, en su *Teología del Nuevo Testamento* (Miami, Florida: Vida, 2006), pp. 243-258. Léanse también las pp. 514-516, una exposición acerca de la centralidad de la doctrina de la justificación en la teología de Pablo.

[165] Lo contrario ha dominado una parte importante de la erudición protestante. Nygren, por ejemplo, afirma categóricamente que «Toda la epístola está dedicada al desarrollo de este tema: "El justo por la fe vivirá"», *La Epístola a los Romanos*, p. 31. [Énfasis añadido]

[166] Y debe decirse que su desarrollo no acaba en el capítulo cinco, sino que va a continuar a lo largo de la carta en otros momentos claves de la misma.

SEGUNDA PARTE. LA DOCTRINA DE LA JUSTIFICACIÓN
CAPÍTULO PRIMERO: DEFINIENDO LA DOCTRINA

en la comunidad del nuevo pacto, como miembros del pueblo de Dios[167], sino que va más allá, hacia el fondo de la cuestión, del verdadero problema, y trata con la salvación de los individuos en el contexto de una situación forense, en donde el pecado y la consecuente posición del hombre ante Dios —como Juez del tribunal supremo de todo el universo— es la verdadera y central preocupación de la doctrina de la justificación por la fe, en un claro contraste con el mérito y esfuerzo humano con el que se pretende alcanzar dicha justificación.

Este concepto, esta lectura de Romanos y de la doctrina, por supuesto, choca con las proposiciones básicas de la NPP (en especial con la tesis que defiende Wright); sin embargo, creemos que es correcto dado el impacto que la doctrina tiene sobre el problema humano de la pecaminosidad universal y el juicio escatológico[168], además de que, como hemos podido ver, los términos "justificación" y "justificar" tienen, al menos en los casos observados, una estrecha relación en paralelo antitético con el concepto de "condenación", y siempre en un contexto judicial o forense.

Pero si preguntamos por el centro mismo de la teología paulina en torno al cual giraron toda su predicación y todas sus reflexiones teológica tocantes al Evangelio y a Cristo, no creo que la doctrina de la justificación por la fe haya ocupado ese lugar, ni que haya sido la mayor preocupación del apóstol en el desarrollo de su ministerio como apóstol de Cristo. Estoy de acuerdo con las apreciaciones de Gordon D. Fee en que "la debilidad de este enfoque [tradicional] es que no arroja la red lo suficientemente lejos como para captar todas las inquietudes teológicas de Pablo."[169] Como correctamente aseveraron también Carson y Moo, «si bien es cierto que la justificación por la fe es una doctrina muy

---

[167] Como sostuvieron en el siglo pasado William Wrede, *"Paul"* (1907); Albert Schweitzer, *"The Mysticim of Paul the Apostle"* (1931); o W. D. Davies, *"Paul and Rabbinic Judaism"* (1955), entre otros.
Véase la excelente presentación en respuesta a la interrogante "¿Es la justificación por fe sólo una doctrina polémica?" en el ya citado texto de Frank Thielman (pp. 516-519).
[168] Que, como escribe con absoluta razón G. E. Ladd, "ya ha tenido lugar en la historia en el evento de Cristo" —*Teología del Nuevo Testamento*, p. 587. Así también Rudolf Bultmann, *Teología del Nuevo Testamento*, p. 330 y ss.
[169] Gordon D. Fee, *Pablo, el Espíritu y el Pueblo de Dios* (Miami, Florida: Vida, 2007), p. 5. En general, comparto en una buena medida el punto de vista de Fee en este asunto (véanse las pp. 5-8 de la citada obra), y así también con la tesis que expone Herman Ridderbos en *El pensamiento del apóstol Pablo*, p. 57 y ss.

importante para Pablo [...] probablemente no puede elevarse a la categoría de "doctrina central del Nuevo Testamento" o "de Pablo".»[170] [Énfasis añadido]

Todo esto, por supuesto, no quiere decir que estemos restándole valor a la doctrina o minimizando su importancia, sino simplemente que la doctrina, aun con su enorme relevancia para nosotros —y por supuesto también para Pablo—, no parece haber ocupado el lugar que tradicionalmente se ha creído por generaciones de protestantes. Debemos saber aceptar eso.

En lo que respecta a la pregunta de si la justificación por la fe es el tema central de la epístola a los Romanos, dice Douglas J. Moo:

> "... aunque no es el tema de Romanos, la justificación por la fe tiene sin embargo una importancia fundamental en la carta, porque, como argumentaremos más adelante, el tema de la misma es el evangelio, y el mensaje del evangelio es que Dios atrae a pecadores culpables para que puedan tener una relación con Él, destinándolos a la vida eterna mediante la fe en su hijo, Jesús el Mesías. Este mensaje no es otra cosa que lo que llamamos justificación por la fe; y la justificación por la fe es también un motivo central en Romanos y en la teología de Pablo porque expresa, en la esfera de la antropología, un elemento crucial de la forma en que tiene Pablo de entender la obra de Dios en Cristo: su carácter totalmente gratuito. La justificación por la fe es la implicación necesaria de la gracia de Dios (p. e., 4:5, 16). Así pues, la justificación por la fe no solo sirve como salvaguarda ante el intento judío de tiempos de Pablo de transformar las obras de la ley en algo básico para la salvación, sino que además expresa la oposición absoluta de Pablo y los demás autores del NT, a la tendencia humana constante a transformar nuestras obras en algo decisivo para la salvación. Es, pues, en este sentido en el que sostenemos que la justificación es una doctrina de importancia decisiva en Romanos."[171]

En su libro con D. A. Carson, los autores señalan:

---

[170] D. A. Carson y Douglas J. Moo, *Una Introducción al Nuevo Testamento*, p. 320.
[171] Douglas J. Moo, *Comentario a la Epístola de Romanos*, p. 57. Ver también la página 119 de la misma obra citada.

SEGUNDA PARTE. LA DOCTRINA DE LA JUSTIFICACIÓN
CAPÍTULO PRIMERO: DEFINIENDO LA DOCTRINA

> "Aunque la justificación por la fe no es el tema de la carta, no podemos olvidar, sin embargo, que es un elemento muy importante de la exposición que Pablo hace del Evangelio. Ser "justificado" significa ser declarado justo ante Dios. Este veredicto, insiste Pablo en Romanos, es una manifestación puramente unilateral y gratuita por parte de Dios y; por tanto, solo a través de la fe pueden los pecaminosos seres humanos hacerlo suyo. El clima teológico contemporáneo plantea ciertos desafíos a algunos puntos de esta concepción reformada de "la justificación por la fe", no obstante, una lectura cuidadosa de Romanos reafirma su verdad y nos recuerda su gran importancia para el poder del Evangelio."[172]

Sé que para la mayoría de los protestantes la afirmación misma: "la justificación es el corazón del evangelio" casi no se cuestiona y se tiene como una máxima de la fe evangélica, y yo también lo creo hasta cierto punto; sin embargo, no sé si para Pablo fuera así (por todo lo que ya he dicho), lo cual no quiere decir que no fuera para él un tema importante, como ya hemos visto. Por otro lado, la expresión es en sí misma ambigua, pertenece al lenguaje figurado y debe; por tanto, ser explicada más allá de la afirmación.

¿Qué quieren decir los teólogos cuando afirman que la justificación es el corazón del evangelio, o el centro del evangelio? Me sumo a la opinión de John Piper, para quien el significado de ello es que la justificación aborda el problema principal entre Dios y el hombre de la manera más directa.[173] Ese problema consiste de la afirmación de que todos los hombres estamos bajo pecado (Ro 3:9) y por ello destituidos de la gloria de Dios (Ro 3:23), y no sólo eso, únicamente la obra de Jesucristo y la fe en Él pueden librarnos de su justa ira. Esto hace que la justificación se convierta en la fuente que sustenta todos los demás beneficios del evangelio.

Creo entonces que Philip Ryken está en lo cierto cuando dice: "Hay más en la salvación que tan sólo la justificación por fe. Sin embargo, sin exagerar su importancia, debemos decir que esta doctrina tiene un lugar muy cercano al centro del evangelio."[174]

---

[172] D. A. Carson y Douglas J. Moo, *Una Introducción al Nuevo Testamento*, p. 343.
[173] Véase una explicación más amplia acerca de esto en *Dios es el Evangelio*, pp. 40-42.
[174] D. A. Carson; Timothy Keller (eds.), *La Centralidad del Evangelio*, p. 179.

El gran problema

Como ya lo adelanté más arriba, el problema, el *gran problema* que nos plantea la Escritura en lo tocante a la salvación del hombre y a nuestra relación con Dios, tiene que ver con nuestra condición pecaminosa, ante la cual no podemos sino sólo esperar, o el justo juicio de Dios o su misericordia. Como dice Charles Leiter refiriéndose a esto: *"El pecado es el supremo y único problema de la humanidad.* Es *mi* supremo problema y único problema y es *tu* supremo y único problema."[175] Dice también Charles Leiter con mucha razón: "Todo pecador es un fugitivo de la justicia. A pesar de la condición presente de su corazón, él tiene una *culpa objetiva*, fuera de sí mismo, a los ojos de la ley de Dios. Tal vez no fuera *"sentimientos* de culpa", pero; sin embargo, se considera "culpable" o "condenado". Todos sus *crímenes pasados* piden a gritos que su castigo sea pagado y la justicia sea satisfecha. Estos gritos están anclados en el propio carácter y ser de Dios, en su atributo de *justicia o equidad.*"[176]

Hemos de insistir en que el gran problema de la humanidad no son las enfermedades o dolencias físicas; no es la escasez de trabajo ni la mala economía que afecta a la familia; tampoco es la falta de oportunidades o la injusticia social. Aunque todas esas cosas son causa de preocupación para muchos —y real motivo de aflicción—, no son el verdadero y único gran problema humano. Y a pesar de que la praxis evangélica tiene fuertes implicaciones sociales con respecto a los más desfavorecidos (en un sentido social), el Evangelio como tal no consiste en presentar a Cristo como respuesta a una necesidad social (la necesidad del pobre y del marginado), sino como la respuesta a una verdadera y gran necesidad antropológica: el problema del pecado y la necesidad de redención y salvación de todos los hombres sin excepción; que es el verdadero tema de fondo, la razón misma de la obra de la Cruz.

Algunos movimientos autodenominados «evangélicos» han vendido un "evangelio de prosperidad", cuya tesis o propuesta central consiste en la promesa de riquezas materiales de parte de Dios a cambio de

---

[175] Charles Leiter, *Justificación y Regeneración* (Hannibal, Missouri: Grand Ministries Press, 2009), p. 19.
[176] Ibíd., p. 24.

abultadas ofrendas en dinero. Aunque esta enseñanza ya es herética en sí misma —y por su naturaleza está destinada a la condenación—, quienes promueven esta perversión han convencido a los ingenuos de una mentira aun más destructiva, y que consiste en el supuesto de que nuestro problema no es el pecado, sino la falta de fe en las bendiciones materiales que Dios tiene para cada uno de nosotros. ¡No es el pecado el gran problema humano, sino el no gozar de riquezas materiales! ¡Horrenda mentira!

Pero nosotros no podemos evadir la realidad de la funesta situación humana. Ni siquiera debiéramos pensar que nuestros pecados son una cosa que sólo nos mantiene privados y alejados de la comunión con Dios, pues aunque aquello es cierto, no es menos verdadero que el hecho de que esos pecados han acarreado la ira de Dios sobre cada hombre no arrepentido.

Dice el salmista: "Dios es juez justo, y Dios está airado contra el impío todos los días" (Sal 7:11)[177].

Como escribió Calvino, "dondequiera que hay pecado, allí se muestra la ira y el castigo de Dios"[178]. Leemos también, por ejemplo, en Romanos 1:18: "Porque la ira de Dios se revela desde el cielo contra toda impiedad e injusticia de los hombres que detienen con injusticia la verdad", y un poco más adelante: "Pero por tu dureza y por tu corazón no arrepentido, atesoras para ti mismo ira para el día de la ira y de la revelación del justo juicio de Dios, el cual pagará a cada uno conforme a sus obras" (Ro 2:5-6). También a los Colosenses Pablo escribió: "Haced morir, pues, lo terrenal en vosotros: fornicación, impurezas, pasiones desordenadas, malos deseos y avaricia, que es idolatría; cosas por las cuales la ira de Dios viene sobre los hijos de desobediencia" (Col 3:5-6). La incredulidad y el rechazo a Jesús es también motivo de la ira de Dios, según leemos en Juan 3:36, "El que cree en el Hijo tiene vida eterna; pero el que rehúsa creer en el Hijo no verá la vida, sino que la ira de Dios está sobre él" (*cf.* Jn 3:18).

Pero, ¿de qué se trata esta ira divina? ¿Hemos de tomarla en serio o se trata de un mero concepto arcaico que no debiera hoy significar para

---

[177] Aunque más textualmente prefiérase la lectura que hace la BTX3: "'Elohim es Juez justo, Es un Dios que sentencia cada día."
[178] Juan Calvino, *Institución*, III. XI. 2, p. 557.

nosotros lo que pudo haber significado para esos antiguos hombres —con sus antiguas supersticiones— a quienes eran dirigidas esas palabras?

Algunos ven hoy un problema en estas afirmaciones, esto es, que la ira de Dios cuelga sobre las cabezas de los incrédulos y pecadores no arrepentidos, y creen que tal idea no es realmente compatible con la afirmación de que Dios es amor, un Dios de misericordia y bondad absoluta. Sin embargo, tal concepto del amor de Dios no milita en lo absoluto en contra de estas otras afirmaciones en donde la ira de Dios aparece en relación con el pecado y la obstinación humana, en un contexto de juicio y retribución. A este respecto debemos, como bien ha hecho en precisar Robert L. Cate, enfocar la ira de Dios teológicamente y no procurar entenderla psicológicamente[179].

Aunque la ira de Dios se ve con mayor abundancia en el AT —en la mayoría de los casos en el contexto del trato correctivo de Dios con Israel, o para castigo de sus enemigos—, nunca deja de estar presente también en el NT —principalmente para referirse al juicio escatológico en el tiempo de la *parousía*—, eso debemos tenerlo claro. Ahora bien, "el enojo divino", explica Robert L. Cate en su *Teología del Antiguo Testamento*, "nunca era una explosión irracional ni espontánea sino una reacción a la conducta de la gente. Como tal, era pronosticable. Sus causas estaban tan bien definidas que podían hacerse advertencias en contra de aquellas cosas que la provocaban. El enojo de Dios nunca era una fuerza explosiva ciega sino voluntaria y deliberada. Siempre era motivado por su interés en el bien y el mal."

"Para nosotros", añade Cate, "el enojo generalmente denota la imprudencia, algo de despecho y algo de iniquidad. Pero, tal y como se aplica a Dios, se asemeja más a lo que denominamos la indignación justa. Es provocada por acciones malas, vergonzosas y rebeldes de parte del pueblo de Dios. Ya que Dios es un juez justo, la indignación justa le atañe."[180]

Bien se podría decir que la ira de Dios en el AT, en lo que al trato con Israel se refiere, no implicaba condenación en un sentido escatológico, sin más bien una respuesta con fines correctivos —y siempre dentro de la

---

[179] Robert L. Cate, *Teología del Antiguo Testamento*, p. 72 y ss.
[180] Ibíd., p. 73.

historia—, una especie de «justicia amorosa» o «enojo con amor»[181]. Esto ha hecho a algunos pensar en la ira de Dios, tal y como se describe en otros pasajes ya en el NT, como si de una mera disposición correctiva se tratase y no como de una ira o cólera que resultará en un juicio final para condenación eterna del pecador incrédulo. Sin embargo —y baste por ahora sólo decir esto—, tal concepto que ignora el juicio de Dios en este último término, es contrario al testimonio claro de la Escritura, en especial en lo que respecta al NT, que es donde más abunda todo lo relativo a la doctrina del final de los tiempos.

Dice E. Earle Ellis en un comentario a Colosenses 3:6: "El concepto de la ira de Dios no es una reliquia de la antigua ideología del AT. La ira de Dios es la base del temor de Dios (He 10:31; Stg 4:12; Mt 10:28); y ha de entenderse no como una emoción momentánea sino como una disposición permanente, un principio de retribución (Ro 1:18; 3:5; 9:22; *cf* Jn 3:36; He 3:11), no como la de un gobernante terrenal (Ro 13:4-5; He 11:27) [...] Lejos de negar el amor de Dios, su ira lo confirma. Porque sin justicia la misericordia pierde su significado."[182] "El amor de Dios", dice R. V. G. Tasker en un Prefacio de su obra titulada *"La Ira de Dios"*, "va inseparablemente unido a su santidad y su justicia. Debe, por consiguiente, manifestar indignación ante el hecho del pecado y la maldad."

Como también escribió Charles Leiter, tenemos que entender que: "La ira de Dios no es una pérdida temporaria de auto control o un ataque emocional egoísta. Es Su santo y candente odio al pecado, la reacción y repulsión de Su santa naturaleza contra todo lo que es vil. La ira de Dios está atada directamente a Su justicia. Tiene que ver con su determinación de castigar cada pecado, balancear las escalas de justicia, y hacer bien del mal. Por eso es que la ira de Dios "permanece" sobre cada inconverso."[183]

---

[181] *Cf.* con lo que dice Robert L. Cate: "El secreto tras su enojo era su amor. El enojo siempre era el producto de su amor. Su ira nunca se consideraba como lo opuesto del amor sino el producto del mismo ante la desobediencia. El enojo de Dios ciertamente producía la destrucción y la angustia. Pero, entre su pueblo, nunca producía la desesperación. La calamidad y el juicio se aceptaban, porque provenían de Dios. Aun estos eran evidencias de su amor", p. 75.
[182] Everett F. Harrison (ed.), *Comentario Bíblico Moody - Nuevo Testamento*, p. 393. Es posible que deba corregirse la cita que el autor hace de Santiago 4:12, por 5:12.
[183] Charles Leiter, *Justificación y Regeneración*, p. 26. Véase también en Herman Ridderbos, *El pensamiento del apóstol Pablo*, pp. 141 y ss.

Este es entonces el escenario sobre el cual la doctrina de la justificación por la fe toma protagonismo. Este es el problema remediable con el que trata principalmente la doctrina. El hombre es un pecador y debe responder ante un Dios que es Santo y Justo. Pero al hombre que cree en Jesucristo Dios retira su ira y le declara justo. La justificación nos muestra cómo Dios puede perdonar nuestros pecados, apartar de nosotros su ira, recibirnos ante su presencia y seguir siendo Justo.

"Una reflexión seria sobre la ira de Dios es un elemento necesario en cualquier entendimiento fiel de lo que es el problema fundamental del hombre" (D. A. Carson).

"Pues mucho más, estando ya justificados en su sangre, por él seremos salvos de la ira." (Romanos 5:9)

Capítulo Segundo

El Fundamento de la Justificación

Un axioma sobre el cual todos los cristianos podemos descansar y confiar plenamente, es la afirmación de que Dios es un Dios Justo y no hay injusticia en Él. Todos estaremos absolutamente de acuerdo con que Él es justo en todas sus acciones, en todo lo que hace. Pero con esto no quiero significar precisamente que Él es justo en el sentido de que es fiel (aunque lo es, y en alguna medida esto también se implica), sino más bien que es justo en tanto Juez que juzga con justo juicio al mundo. Tal es la certeza del salmista que reclama el juicio divino; que apela a Dios para que le vindique y le libere de sus perseguidores; que irrumpa en juicio contra los adversarios, pues sabe él que Dios es un Juez Justo, cuya ira amenazante cuelga en todo tiempo sobre los enemigos de su pacto; que juzga la iniquidad de todo hombre como el Juez Justo que es (Sal 7:11-13). "¡Levántate, oh Juez de la tierra, y da el pago a los soberbios!" (Sal 94:2, BTX3), clama en otro lugar el salmista a Dios, para que vengue a su pueblo de la opresión de los impíos.

Hay, por supuesto que sí, un sentido en estos salmos en que podemos hablar del juicio de Dios sobre los malvados, bajo la imagen del Dios que es fiel a su pacto y, en consecuencia, juzga (castiga) a los impíos en virtud de esta alianza. Sin embargo, hay también ese sentido en el que podemos hablar de Dios como un Juez que juzga las acciones de los impíos, por la sencilla razón de que Él es un Dios Justo, y se espera que, como tal —como Juez que es—, juzgue la maldad y condene al malvado. Esto se hace evidentemente claro en Pablo cuando alude al justo juicio de Dios, al escatológico evento del juicio final, en el que pagará a cada hombre de este mundo conforme hayan sido sus obras (Ro 2: 5 y ss.).

Hasta aquí todo bien. La conciencia humana estará de acuerdo con la idea de que un Juez Justo es el que condena al malvado, y que condenar al malvado es una cosa justa. Porque, ¿qué otra cosa sino castigar al malvado es lo que corresponde hacer? ¡Es lo justo, es lo que

corresponde! (Nótese que hemos entrado en terreno forense; adviértase que estamos plantados sobre un escenario judicial).
    Y ahora viene lo desconcertante. ¡Ahora viene el asunto que a todos nos debiera hacer reflexionar profundamente!, si acaso la perplejidad no nos deja detenidos y sin reaccionar por el asombro de las palabras que se leen en el que quizás es uno de los pasajes más maravillosos del Nuevo Testamento.
    En Romanos 4:5 tenemos la inesperada y desconcertante afirmación del apóstol Pablo, que toca al actuar benevolente de Dios; una aseveración que si no la hubiera hecho es probable que no estuviéramos ahora desarrollando el presente capítulo (y acaso el presente libro). Pablo escribió a los hermanos de Roma, en un contexto enteramente soteriológico:

> "Pero al que obra, no se le cuenta el salario como gracia, sino como deuda; mas al que no obra, sino cree en **aquel que justifica al impío**, su fe le es contada por justicia" (Romanos 4:5).

    ¡De una manera muy directa el apóstol testificó que Dios justifica al impío! Para el lector menos perspicaz puede que esta lectura pase inadvertida y no se asombre de la riqueza que hay contenida en esa afirmación. Pero si nos detenemos a contemplarla y hacemos el ejercicio de echar un vistazo a algunos textos del AT, de pronto todo este desconcierto toma sentido.
    En Proverbios 24:24-25 tenemos dos afirmaciones en paralelismo antitético, pero póngase especial atención al verso 24: "El que dijere al malo: Justo eres, Los pueblos lo maldecirán, y le detestarán las naciones". Pero el que tal vez sea el pasaje más importante es uno que también está en el libro de los Proverbios:

> "El que justifica al impío, y el que condena al justo, Ambos son igualmente abominación a Jehová" (17:15, cf. Éx 23:7; Dt 25.1).

    Pero si Dios es un Juez Justo que abomina estas prácticas, Si es el Dios que "de ningún modo tendrá por inocente al culpable" (Nm 14:18) ¿cómo puede entonces Él declarar justos a pecadores y seguir siendo

SEGUNDA PARTE. LA DOCTRINA DE LA JUSTIFICACIÓN
CAPÍTULO SEGUNDO: EL FUNDAMENTO DE LA JUSTIFICACIÓN

Justo?[184] O, más importante aún para usted que está leyendo: ¿En qué fundamentos posibles Dios puede decirte que eres justo, cuando de hecho no eres justo y, muy por el contrario, eres un pecador empedernido, un transgresor de la ley de Dios? (*q.v.* Ro 3:10). Nótese que, como lo planteó John Murray, "La cuestión no es realmente tanto ¿cómo puede el ser humano ser justo delante de Dios? como ¿de qué manera puede el pecador llegar a ser justo delante de Dios?".[185] Esa es la pregunta más importante, cuya respuesta es el fundamento de toda nuestra identidad evangélica. Esta es, de alguna manera, la pregunta que respondieron los reformadores en el siglo XVI frente a la posición Católica Romana acerca de la *sola fide*; la *sola gratia* y el *sólo Christus*, tres de las "Cinco *Solas*" que fundamentan y a la vez coronan toda la reforma protestante. Pero hoy la pregunta persiste para nosotros y hay quienes aún no entienden en su plenitud la respuesta (espero que los tales sean principalmente los que se animen a leer todo lo que sigue).

Charles Leiter, en su más bien resumido trato con la doctrina, plantea esta cuestión de una manera que a todos se nos podría hacer bastante familiar y fácil de comprender. A lo igual que hemos hecho acá, Leiter comienza preguntando: «¿Cómo puede un Juez que es absolutamente justo y recto justificar (declarar justo) a un criminal que es absolutamente culpable y condenado? ¿Cómo puede un ser humano escapar de la condenación del infierno? [...] Supongamos que un padre vuelve a su hogar y encuentra a su familia asesinada. Después de una agonizante persecución, él consigue aprehender al asesino. Cuando el criminal finalmente comparece ante el juez, se lo encuentra incuestionablemente culpable del crimen. Pero, cuando llega el momento de darle la sentencia, el juez hace la siguiente declaración: "Este hombre ha cometido un crimen terrible, pero yo soy un juez muy caritativo y elijo declararlo inocente. ¡Yo declaro que él es justo a los ojos de la ley!" ¡Tal juez sería justamente considerado un criminal tan grande

---

[184] Quizás la pregunta más precisa sería, en este caso: ¿Es Justo Dios cuando declara justos a los injustos? Aunque la respuesta a esta pregunta es parte del desarrollo de este capítulo, por lo pronto baste adelantar que Dios en verdad es Justo en el acto de justificar a los injustos (o al impío), y que es precisamente en esta acción de su gracia que su justicia (tanto en el sentido judicial, como en lo relativo a su fidelidad) se vuelve expresión de su *ser* Justo (Dios es Justo).

[185] John Murray, *La Redención - Consumada y Aplicada* (Grand Rapids, Michigan: Libros Desafío, 2007), p. 116.

como el ofensor! El ha "justificado al impío" y es "una abominación al Señor".»[186] [Énfasis añadido]

Esta ilustración que hace Leiter es interesante y nos pone ante una situación que nos obliga a entender cómo entonces es que Dios puede declarar justos a pecadores sin pasar por encima de su propia justicia — *i.e.* de su rectitud retributiva. Dice el salmista: "Jah, si mirares a los pecados, ¿Quién, oh Señor, podrá mantenerse?" (Sal 130:3), pero en seguida continúa diciendo: "Pero en ti hay perdón, para que seas reverenciado... Espere Israel a Jehová, porque en Jehová hay misericordia, y abundante redención con él; y él redimirá a Israel de todos sus pecados" (vv. 4, 7, 8).

Ahora imaginémonos, por unos momentos, a todos los pecadores compareciendo delante del tribunal de Dios. Sabemos que Dios no es indiferente al pecado, de manera que Él solamente puede proceder mediante una de tres opciones: (1) aplicar la justicia sobre ellos y condenarlos (la justicia en términos punitivos), (2) comprometer su propia justicia, perdonarlos y recibirlos tal y como están, o (3) *transformarlos* en personas justas (no éticamente justas, sino legalmente justas) y sobre esa justicia declararlos justos (justificarlos).[187]

No hay más opciones, y me adelanto a decir que no se ha creado aquí una suerte de "falso dilema", sino que verdaderamente son estas las únicas opciones lógicas al problema que nos plantea la justificación, aunque no desconozco que existen otras ideas, como señalaré más adelante.

Respecto de la primera opción, la Biblia nos advierte que eso es precisamente lo que sucederá con los incrédulos (Jn 3:18, 36), pero ¿y qué hay de los que creemos? Ciertamente Dios no podría proceder comprometiendo su propia justicia, por todas las consideraciones dadas hasta ahora, de modo que solamente nos queda la tercera opción. Ahora bien, si Él puede ejercer esta tercera opción, entonces los puede declarar justos. Pero, según observa Charles Ryrie, "cualquier justicia que un pecador posea tiene que ser auténtica, no ficticia; real, no imaginaria; aceptable por las normas de Dios, y ni aun un poquito menos que eso. Si

---

[186] Charles Leiter, *Justificación y Regeneración*, p. 29.
[187] *Cf.* Charles Ryrie, *Teología Básica* (Miami, Florida: Unilit, 1993), p. 340.

esto se pudiera llevar a cabo, entonces, y solamente entonces, puede Él justificar."[188]

Ya lo dijo Jesús en su sermón del monte: "si vuestra justicia no fuera mayor que la de los escribas y fariseos, no entraréis en el reino de los cielos" (Mt 5:20), de lo cual se deduce que sólo una justicia perfecta a los ojos de Dios, el Juez Justo, nos puede hacer aceptos en su reino celestial. Como bien dijo Bultmann, "Hablando con precisión, *la justicia es la condición para recibir la salvación, la vida.*"[189] Pero, ¿cómo puede el hombre *generar* semejante justicia? No puede, no tiene la capacidad en sí mismo ni el poder para hacerlo, no obstante la necesita para que Dios le reciba en su reino. Y no importa lo mucho que se quiera esforzar por alcanzar la norma de justicia necesaria, todo esfuerzo humano será siempre infructuoso y vano.

N.T. WRIGHT Y LA JUSTIFICACIÓN COMO ACTO FORENSE

Es en este punto —lo anterior— en donde algunos eruditos, como el ya anteriormente mencionado N.T. Wright, se alejan del pensamiento protestante más conservador o reformado respecto de lo que él ha insistido en llamar la "metáfora jurídica". Según Wright, cuando Dios declara que una persona es justa, no se quiere con ello significar que Dios declara que el pecador es justo delante de Él en el sentido de que el tal ha sido examinado y hallado en conformidad con la norma de justicia convenida por Dios en su ley. En otras palabras, no tiene que ver tanto con una posición forense, sino que es "justo" significando con ello que Dios le ha recibido en su causa y vindicado (defendido), y sólo en ese sentido y por esa razón recibe un estatus con ese calificativo. Pero este estatus, que se sirve de una metáfora tomada del tribunal hebreo, se recibe únicamente una vez que Dios hubo fallado en su favor, no antes.[190]

¿Qué quiere decir todo esto?

Este razonamiento se sigue de la premisa de que, en el ámbito jurídico —háblese del tribunal hebreo bíblico—, «justicia» es un término legal,

---

[188] Ibíd.
[189] Rudolf Bultmann, *Teología del Nuevo Testamento*, p. 327.
[190] N.T. Wright, *El Verdadero Pensamiento de Pablo*, pp. 106 y 128.

pero su significado, en especial cuando se dice del adjetivo «justo», es más bien relativo y depende de si estamos fijando nuestra atención en el actuar del juez o en la persona que comparece ante su tribunal, ya sea este en calidad de demandante o como demandado. De acuerdo a lo que explica Wright, ser "justo" —en cuanto a "condición" del demandante o del demandado— no quiere decir que la persona en cuestión, antes de que empiece el juicio, sea moralmente recta y que merezca ganar el caso, sino que "para que el demandante o el demandado fueran ´justos` en el sentido bíblico y *en el contexto jurídico* debían contar con el fallo favorable del tribunal."[191] Entonces, en la práctica, si el tribunal (el juez) defendía la causa del demandado, librándole de los cargos con que se le acusaba, el denunciado era declarado justo, *i.e.* era absuelto, y esta vindicación a su favor —o más bien el resultado de la misma—, como ya se dijo, nada tenía que ver con alguna cualidad o conducta anterior con la que el acusado se presentaba ante el tribunal, sino sólo con ese estatus que poseía luego de que salía del tribunal con un fallo judicial a su favor[192]. Lo mismo corría para el caso del demandante a quien el tribunal aceptaba su acusación y le defendía (era declarado "justo").

Pero todo este lenguaje jurídico, según Wright, es utilizado por Pablo como un recurso retórico, una metáfora para explicar el contexto en torno al pacto, y que es a lo que realmente apuntaría el lenguaje de la justificación[193], como veremos un poco más adelante.

Ahora bien, el anterior planteamiento que propone Wright tácitamente afecta a nuestra comprensión de la doctrina —según ha sido definida y expuesta por la mayoría de los teólogos protestantes y reformados hasta nuestros días— pues, como el propio Wright concluye: "Si utilizamos el lenguaje jurídico, no tiene ningún sentido decir que el juez imputa, imparte, lega, comunica o transfiere su justicia al demandante o bien al demandado. [...] Imaginar que el demandante [o el demandado] de alguna manera recibe la justicia del juez es simplemente

---

[191] Ibíd., p. 106.
[192] Ibíd., pp. 106 y 128. Véase también en Sinclair B. Ferguson, David F. Wright, J. I. Packer (eds.), *Nuevo Diccionario de Teología* (El Paso, Texas: CBP, Primera edición 1992), —*Justificación*, p. 537. Una definición por N. T. Wright. También en *"Romanos e a Teologia de Paulo"*, p. 8 - material disponible en línea:
http://ntwrightpage.com/port/Wright_Romanos_Teologia_Paulo.pdf [Consulta: 19 de Agosto de 2015].
[193] Ibíd., p. 126.

SEGUNDA PARTE. LA DOCTRINA DE LA JUSTIFICACIÓN
CAPÍTULO SEGUNDO: EL FUNDAMENTO DE LA JUSTIFICACIÓN

un error de categoría. Porque el lenguaje jurídico no funciona así."[194] Lo que en definitiva plantea el doctor Wright, es que Dios no necesita imputarle su justicia (o la de Cristo) al pecador para declararlo justo, puesto que el "estatus" de justo sólo se refiere al estado que le concede al creyente a través de su actuación vindicativa en favor de él (tal como sucede en el escenario judicial que acabamos de ver), y que no tiene que ver precisamente con un procedimiento legal o forense, lo cual es sólo una forma metafórica para expresar una relación pactual.

Recordemos que para Wright la justicia de Dios "es su fidelidad a su pacto, gracias al cual, y tal como Israel espera, vindicará a su pueblo, y le dará el estatus de ´justo`, al igual que ocurre con el demandado que ha sido absuelto o vindicado."[195]

No hay entonces justicia imputada, pues no se necesita, no tiene sentido hablar de ello. Todo lo que Dios hace en la justificación es vindicar a su pueblo, acoger su causa y redimirle en cumplimiento de las promesas pactuales, lo cual es la intervención escatológica y la actividad divina de salvación de la que ya hablé anteriormente.

Es importante entender qué es "justificación" en Pablo, según Wright. En su definición del término, "justificación" es, principalmente, ser declarados miembros de la familia del pacto, lo cual es una forma de querer decir judíos y gentiles por igual, unidos por la fe al pueblo de Dios (la Iglesia). Se trata de un "lenguaje de *membrecía*", una a la cual accedemos mediante la fe en Jesucristo.[196] En otras palabras, justificación es esencialmente un asunto eclesiológico más que soteriológico. Dice Wright con respecto a la justificación en el contexto judío de Pablo: "Dicho en un lenguaje teológico cristiano estándar, no tenía tanto que ver con soteriología, sino con eclesiología; no tanto con salvación, sino con iglesia."[197] Y, como en otro lugar escribió:

"La justificación, por consiguiente, no se trata simplemente de cómo alguien se convierte en cristiano. Si hemos de quedarnos con el significado que Pablo dio a la palabra, y no los significados que se le han dado a esta

---

[194] Ibíd., p. 106.
[195] Ibíd., p. 107.
[196] "'Justificación` es la doctrina que insiste en que todos los que tienen esta fe pertenecen como miembros con todos los derechos a esta familia. Y sólo a través de la fe." —Ibíd., p. 141.
[197] Ibíd., p. 128.

palabra en la historia cristiana, la justificación no es el paso o el proceso por medio del cual una persona se hace cristiana. La justificación es la declaración de Dios en el sentido de que esa persona es un miembro de Su familia. No se trata tanto de un proceso de transferencia, sino de una declaración."[198]

La justificación, escribe también Wright, «es parte de la imagen de Pablo sobre la familia que Dios prometió (es decir estipuló) a Abraham. Cuando Dios, como juez, intercede a favor de algunas personas en el último día, esas personas son declaradas parte de esa familia (Rom. 4; cf. Gá. 3). Ésa es la razón por la cual las imágenes del tribunal de justicia son apropiadas: el pacto estaba ahí, desde el Génesis hacia adelante, de modo que a través de él Dios podría enfrentarse al pecado y a la muerte, podría (en otras palabras) poner su creación en orden [...] "Justificación" es pues la declaración de Dios, el juez justo, de que alguien (a) es justo, que sus pecados están perdonados, y (b) es un miembro verdadero de la familia del pacto, el pueblo que pertenece a Abraham.»[199] [Énfasis añadido].

No es del alcance ni el propósito del presente libro comentar todo el paradigma que propone el doctor Wright —con toda su vasta argumentación en sus variados trabajos sobre el tema—, acerca del significado de la justificación desde su lectura de Pablo y su teología; sin embargo, voy a referirme, por lo pronto, a su concepto de justificación según el trasfondo judicial que él plantea en su libro "El Verdadero Pensamiento de Pablo" —algunas de las citas de más atrás—, y a explicar el porqué de mi discrepancia con él en ese punto, entre otros más que irán siendo aludidos en lo que sigue de este capítulo.[200]

---

[198] Transcripción al español de una sesión del curso "Romanos en una Semana" que impartió N. T. Wright en 1992 en Regent College, Canadá. Todo esto según informa el traductor de quien he tomado la cita. Véase también bajo el título de *Curso sobre Romanos, Sesión Final: "Implicaciones"* [en línea]. Septiembre de 2010. [Consulta: 26 de Diciembre de 2015]. Disponible en: https://lecturanarrativadelabiblia.files.wordpress.com/2013/03/curso-sobre-romanos.pdf —(p. 4). Ver también en *El Verdadero Pensamiento de Pablo*, pp. 130, y 133.

[199] N. T. Wright, *El estado de la Justificación*.

[200] Una respuesta más extensa puede leerse en la obra de John Piper escrita en contestación al libro de N.T. Wright ("El Verdadero Pensamiento de Pablo"), titulada "THE FUTURE of JUSTIFICATION. A Response to N. T. Wright", publicada en Illinois por Crossway Book en 2007 (no existe traducida al español, por el momento). Aunque esta respuesta no es de las más acabadas —y el propio Wright respondió de vuelta con otro libro publicado en 2009, bajo el título "Justification: God's plan and Paul's visión"—, vale la pena tenerla en cuenta como una de las primeras respuestas formales a la

Segunda Parte. La Doctrina de la Justificación
Capítulo Segundo: El Fundamento de la Justificación

En lo que a mí respecta, sigo manteniendo una opinión tradicional acerca de la doctrina de la justificación, no por un compromiso con la tradición reformada a la cual me adscribo en este punto de la doctrina, sino porque considero que, a pesar de que toda esta nueva perspectiva —a la cual pertenece también el concepto anterior— tiene varias cosas interesantes que invitan a un examen de lo que se nos han enseñado durante siglos —en especial su enfoque acerca del judaísmo del primer siglo—[201], el entendimiento reformado y tradicional sigue siendo sólido a la hora de enfrentar el problema que nos plantea Romanos 4:5 y explicar cómo es que finalmente puede el hombre justificarse con Dios (o, más precisamente, cómo es que Dios justifica al impío que cree).[202]

---

tesis de Wright. Recomiendo también el artículo escrito por el Dr. Charles E. Hill, titulado "N.T. Wright on justification" (IIIM Magazine Online, Volume 3, Number 22, May 28 to June 3, 2001), que, aunque breve, no es menos acertado en su defensa de una significación tradicional a la doctrina de la justificación, desde la definición misma del término. Otras críticas interesantes a la posición de Wright pueden leerse en los artículos escritos por Phil Johnson, "What's Wrong with Wright: Examining the New Perspective on Paul"; y J.V. Fesko, "The New Perspective on Paul: Calvin and N.T. Wright" (ambos disponibles en www.ligonier.org). Existe también una transcripción de un seminario impartido por Phil Johnson en enero de 2004 en el London Reformed Baptist Seminary, bajo el título "A Defense of the Old Perspective on Paul what Did St. Paul *Really* Say?" Disponible en: https://www.monergism.com/thethreshold/articles/onsite/new_p.html.

Debo indicar que todos estos artículos que estoy recomendando son sólo breves aproximaciones a la perspectiva de N.T. Wright, particularmente a su libro más popular "El Verdadero Pensamiento de Pablo". Por otro lado, debe saber el lector que este libro de Wright, escrito ya hace casi 20 años, es sólo una introducción no acabada de la teología paulina. No es una obra exhaustiva, y el propio autor lo reconoce como "un escrito provisional e incompleto", de manera que cualquier otro acercamiento que se quiera hacer a los trabajos de Wright en esta materia, deberá considerar que el grueso de su trabajo no existe, por ahora, en español.

[201] Ver esp. la obra de E. P. Sanders, "Paul and Palestinian Judaism. *A Comparison of Patterns of Religion*" (Philadelphia: Fortress Press, 1977).

[202] Aunque, según lo que propone Wright, esta no era una preocupación para Pablo, quien no estaba interesado en la pregunta de cómo ser justificado ("justificado" según su definición del término: ser declarado miembro del pueblo del pacto), sino en el cómo saber que se estaba en la "familia del pacto". La justificación, dice Wright, "no describe cómo la gente consigue entrar en la familia perdonada de Dios ; declara que esas personas están dentro " – N. T. Wright, *El estado de la Justificación*.

Una idea similar respecto a las inquietudes de Pablo encontramos en E. P. Sanders. Según él, Pablo no estaba interesado en la pregunta "¿Cómo puede el individuo ser justo ante Dios?", sino en una pregunta muy diferente: "¿Sobre qué base pueden participar los gentiles en el pueblo de Dios en los últimos días?" —*Paul* (Oxford: OUP, 1994), p. 50. Para Sanders, es un error suponer que los rabinos se preocuparan por la pregunta de cómo ser salvos.

Sin embargo, no es esta la impresión que tenemos al leer los evangelios (que la cuestión acerca de la salvación no fuera una preocupación para los judíos de ese tiempo). Sólo por mencionar un ejemplo, la pregunta que el joven rico hace a Jesús: "¿Qué he de hacer para heredar la vida eterna?" (Mr 10:17 *cf.* Mt 19:16; Lc 18:18) no es un caso aislado, ni mucho menos una pregunta sin sentido y

Por otra parte, la escena del tribunal planteada por Wright no me parece que sea la correcta, pues es evidente —por el propio contenido de las Escrituras y según lo observado en nuestro análisis de «la justicia», de su uso y significado en los materiales veterotestamentarios —, que el estatus de "justo" no se nos presenta como un mero pronunciamiento legal antecedido por un fallo judicial, sino que, en lo que a Dios y a los hombres respecta, guarda más bien relación con la conformidad a la norma divina expresada mediante los preceptos del pacto y la alianza con el pueblo de Israel y, por extensión, con toda la humanidad. Cuando Pablo reproduce las palabras del salmista y declara con él que "no hay justo, ni aún uno" (Ro 3:10), no está pensando en una pronunciación legal a posteriori, sino precisamente en el hecho de que ningún hombre ha alcanzado la norma de Dios y, en consecuencia, "todos están bajo pecado" (Ro 3:9). "No hay justo" no es; por tanto, la no vindicación de parte del Juez del cielo o la no absolución del pecador, sino que la condición con la que se ve a cada hombre en su estado natural de depravación, presentándose delante del tribunal divino pronto a recibir el castigo y la condenación. De nuevo, cuando el apóstol dice que "no son los oidores de la ley los justos ante Dios, sino los hacedores de la ley serán justificados" (Ro 2:13), su intención parece ser la de enfatizar la conformidad con la norma de Dios, una condición sin la cual nadie será justificado en el día del juicio final.[203]

Finalmente, nuestra manera de abordar el problema que nos plantea Jesús en la cita de Mateo 5:20, tiene más sentido si entendemos que esta "justicia" necesaria para entrar en el reino de los cielos se refiere a un estatus por el cual somos examinados en el tribunal de Dios en lugar de un estatus que recibimos sólo una vez que Dios ha fallado a nuestro favor.

---

fundamento. En realidad refleja la gran expectación judía habida para ese entonces (*cf.* Lc 13:23; 10:25). De hecho la propia respuesta de Jesús (ver también los versos 23 al 24 de Mr 10) no da lugar a la idea de que la pregunta misma fuera un sin sentido, una respuesta que por supuesto desconcertó profundamente a sus propios discípulos, quienes asombrados dijeron entre sí: "¿quién, pues, podrá ser salvo?" (Mr. 10:26).

[203] Nótese que no ser justos (Ro 3:10) y ser justificados (Ro 2:13) no parecen tener aquí otro sentido que el forense, y no hay manera posible en que el contexto más estrecho aquí nos permita vincular esto a la idea de membrecía o pertenencia al pacto (al pueblo del pacto), que es la definición sostenida por Wright. Todo aquí gira en torno a una idea muy diferente que la de mera membrecía a un grupo, es la idea de condenación y justificación en un contexto claramente judicial.

Esto que estoy diciendo, esta manera de procederse en el tribunal, es pues evidente y claro también en la propia ley de Moisés. En Deuteronomio 25:1 —lo leímos antes— se dice del rol de los jueces respecto de dos (o más) personas que tuvieran pleito entre sí y se presentaran ante el tribunal para ser juzgadas. Los jueces, dice el texto, "justificarán al justo y condenarán al malvado" (BTX3). La justificación del justo y la condenación del malvado presuponen, o bien parten de la base, de que hay un justo y hay un malvado —o al menos eso se deduce correctamente dentro de la propia idea. Por tanto, el estatus de justo no se entiende aquí como un veredicto a posteriori, no es sólo el resultado de haber recibido un fallo favorable o haber sido vindicado. El justo no era una persona neutra —legalmente hablando— antes de que comenzara el juicio, tampoco lo era el malvado. Los jueces debían juzgar el caso basados en el mérito de la evidencia; por tanto, la justificación del justo era más bien un reconocimiento positivo de rectitud, así como la condenación era la sentencia al que se le reconocía culpable —o malvado.

Misma impresión nos deja la oración de Salomón en 1Reyes 8:23ss. En los versos 31 y 32 leemos: "Cuando un hombre peque contra otro, y se le exija juramento, y entre en esta Casa para jurar ante tu altar, entonces escucha Tú desde los cielos, y haz justicia a tus siervos, *condenando al malvado para traer su conducta sobre su propia cabeza, y justificando al justo para retribuirle conforme a su justicia*" (BTX3)[204]. Nuevamente, la posición —o estatus— de malvado y de justo actúan, respectivamente, como base para la condenación y la justificación, no como sólo dos estatus que resultan del fallo del juez —en este caso del Juez del cielo. La última expresión —"retribuirle conforme a su justicia" (o "por su rectitud", NVI 1999)—, es clave en este argumento, pues nos habla de una conducta a partir de la cual el que era justo es declarado como tal, esto es, demostrada y reconocida su inocencia respecto de la acusación que hubo en su contra.

Con todo, no estoy diciendo que esta declaración de "justicia" tenga el sentido de un reconocimiento de cualidad o de carácter moral. No estoy queriendo decir que somos declarados justos significando con ello que

---

[204] *Cf.* con la lectura en la NVI 1999, "Condena al culpable, y haz que reciba su merecido; absuelve al inocente, y vindícalo por su rectitud."

seamos rectos ante Dios en un sentido moral. Cuando los autores con inclinación hacia una soteriología reformada usamos aquí el término "justo", lo que queremos significar y enfatizar es más bien la relación que el hombre tiene con la justicia en un sentido legal. Es justo (declarado justo) respecto de los cargos que se le imputan, pues en Cristo sus pecados y su culpa han sido expiados; la justicia ha quedado satisfecha por los méritos del Señor, los que son objetivamente comunicados al penitente quien ruega por medio de la fe al Salvador.

La justificación, como ya lo mencioné antes, es un término judicial y forense, empleado casi exclusivamente en el ámbito de los tribunales o en un contexto legal, como algo que verdaderamente pertenece a los tribunales de justicia. Pero, como también señalé, por justificación no se significa que Dios nos haga justos, sino más bien que nos declara justos.[205] Sin embargo, del mismo modo que la sentencia condenatoria no hace malvado al culpable y no obstante pone de manifiesto el estado real de maldad en que se haya el condenado, así también la justificación, aunque no hace justo al pecador, presupone que la persona declarada justa realmente lo es.

No obstante aquello, alguien podría decirme que no es necesariamente lógico este último razonamiento, puesto que pudiera darse el caso de que un juez, por error o por omisión, condenara —o justificara— erróneamente a una persona en el tribunal. Esto, por supuesto, no podría entonces significar, por ejemplo, que el condenado realmente era un malhechor antes de la sentencia, pues de hecho no lo era, al menos no con respecto a los cargos que se le imputaban. De manera que su "estatus" de "culpable" sólo se hace realidad una vez que el juez falló en su contra, no antes de ello. Por lo tanto, se sigue que la sentencia condenatoria sí puede hacer malvado al culpable —en un sentido legal—, pues ha creado una realidad que antes no existía. Pero a esta objeción podemos responder que incluso si aquello sucediera —un error así—, tampoco sería necesariamente lógico concluir que el "estatus" de culpable sólo deba ser considerado como cierto una vez que el juez hubo fallado en su contra, ya que cualquier fallo del juez, sea incluso erróneo, se habría de basar en un supuesto correcto o en una causa demostrada. Es decir, que el juez le declarara culpable presupone

---

[205] Véase más adelante un desarrollo más amplio de esta idea.

que su culpabilidad hubo sido probada, independientemente de si las pruebas para ello fueran incorrectas. Podría hasta decirse que el juez era corrupto y bien sabía que se estaba cometiendo un error; sin embargo, esto sería irrelevante, pues su sentencia se deduce de un procedimiento judicial que supone que su decisión se realizó sobre la base de la evidencia, y esta evidencia es la culpabilidad demostrada. Dicho de otro modo, el condenado no se "hace" culpable sólo desde el momento del veredicto del juez. Por el contrario y por extraño que esto pueda parecer, el condenado es declarado culpable sobre la base de que su culpabilidad hubo sido demostrada, indistintamente de si esa "demostración" fuera cuestionable. El punto es, y esto es lo más importante, que para el caso de la declaración de justicia funciona exactamente igual.

Pero, más allá de todo este razonamiento[206], no cabe ninguna duda de que todos los hombres son culpables de pecado y que esa es la condición con la cual se deberían presentar delante del tribunal de Dios. Nadie puede decir, una vez que comprende que ha pecado contra Dios, que Dios deba tratar su caso considerándolo a él en un estado de completa neutralidad.

Entonces volvemos a lo dicho anteriormente. Si Dios declara justo al pecador, necesariamente debe ser sobre la base de una justicia real, demostrada; no ficticia, sino auténtica. Contrariamente a lo que parece entender Wright en este punto, afirmamos que Dios nos declara justos porque somos justos ante Él, una declaración hecha sobre un fundamento previo, a saber: la justicia con la que nos presentamos delante de su trono de juicio. No somos justos simplemente porque salimos con un fallo divino a nuestro favor, somos justos en el mismo instante en que nos paramos ante el santo tribunal de Dios para oír su veredicto. Ahora bien, el hombre no puede producir esa justicia necesaria para ser declarado justo, y no obstante la necesita (Mt 5:20). Pero Dios le declara justo, y esto únicamente puede significar una cosa: que la justicia por la cual es justificado es una justicia externa a él mismo, una *iustitia aliena*, no inherente a él sino foránea, y por ende una justicia imputada —o cargada a su cuenta, si se quiere. Dios es el único que puede constituir justo al que declara justo (Ro 5:19, *cf.* "Dios es el que

---

[206] Debe entender el lector que este argumento mío se sigue de un razonamiento puramente lógico y no de un razonamiento con fines éticos.

justifica" Ro 8:33); en otras palabras, Dios puede poner al pecador creyente en una nueva posición legal ante Él, concediéndole u otorgándole "el don de la justicia" (Ro 5:17), y de ese modo puede ahora declararle justo[207].

John Murray plantea básicamente lo mismo que hasta aquí he venido diciendo cuando explica que: "En la justificación de los pecadores por parte de Dios no hay desviación de la norma de que lo que se declara es lo que se presupone que es. El juicio de Dios es aquí, como en todo, conforme a la verdad. La peculiaridad de la acción de Dios consiste en esto: que él causa el estado o la relación de justicia que se declara que es. [...] Él constituye en justos a los impíos, y por consiguiente puede declararlos justos. [...] La justificación es un acto a la vez declarativo y constitutivo proveniente de la libre gracia de Dios. Es constitutivo a fin de que pueda ser realmente declarativo. Dios debe constituir la nueva relación y declararla una realidad."[208]

Una última cosa que podemos decir a esta manera de entender del doctor Wright, es que, incluso si el estatus de justo se expresara en términos judiciales únicamente como un recurso retórico de Pablo para explicar una relación pactual, cuya expresión escatológica es la acción vindicativa de Dios en favor de su pueblo —Dios vindica a su pueblo y, en

---

[207] Para una posición diferente y que niega la necesidad de una base justa (la imputación de la justicia o justicia atribuida) para ser justificado, léase, por ejemplo, a William R. Newell (*Romanos, versículo por versículo* (Grand Rapids: Portavoz, 1949), pp. 89 y 90). Para Newell, Dios no nos imputa la justicia suya —o la de Cristo—, ni nos coloca en una nueva posición legal delante de él para así declararnos justos, pues Dios opera de una manera diferente, esto es, condena a Cristo en nuestro lugar y nos imputa no su justicia, ni los méritos suyos —como creyeron los reformadores—, sino que por "imputar" quiere él decir que Dios pone a nuestra cuenta o considera como realizado en nosotros la obra de valor infinito que llevó a cabo en Cristo en la cruz y en su resurrección (pp. 83-85, 96). Newell puso un excesivo énfasis en la unión vital entre el creyente y Cristo, en la posición que el creyente ha adquirido y guarda en Él una vez que ha puesto su confianza en Jesús, esto en un aparente rechazo a lo que para él pareció ser un retorno a la ley de Moisés según la perspectiva de la imputación propuesta por los reformadores (pp. 86-89), una perspectiva a la que él llamó despectivamente «una ficción teológica» y «la herejía de la "observancia vicaria de la ley"». Y aunque, como veremos más adelante, esta unión con Cristo es tal que debemos considerarla como fundamental en nuestra comprensión de la doctrina de la justificación, creo que Newell pasó por alto el hecho indudable de que la justificación es primeramente un concepto judicial, un acto de carácter legal mediante el cual Dios declara justos a pecadores, no en tanto a su posición de pecadores, como él afirmó en base a Romanos 4:5 (pp. 89-90, 112), sino porque están en Cristo participando no sólo de su muerte —y de su resurrección—, sino también de su justicia, como he venido argumentando hasta ahora.

[208] John Murray, *La Redención - Consumada y Aplicada*, pp. 120-121.

SEGUNDA PARTE. LA DOCTRINA DE LA JUSTIFICACIÓN
CAPÍTULO SEGUNDO: EL FUNDAMENTO DE LA JUSTIFICACIÓN

consecuencia de esa actividad salvífica, le confiere un nuevo estatus de "justo"—, en lo que debemos hacer especial alcance es en que no puede en realidad haber vindicación de parte de Dios a quien no es un creyente. En otras palabras, Dios sólo vindicará al justo —*i.e.* al creyente—[209]. Recordemos que, según lo que explica Wright, la «justicia de Dios» es su fidelidad a sus promesas y su actuar vindicativo a favor de su pueblo. Ahora bien, el punto importante aquí es que este pueblo, desde la comprensión de Pablo, no es precisamente el Israel étnico, sino más bien la compañía de todos los que han creído en Cristo, judíos y gentiles a quienes Dios ha tenido a bien salvar —siendo estos "justos" desde el momento en que creen, como una concesión adelantada de la gracia que pertenece al día del juicio venidero—, de manera que incluso situados sobre este punto de vista, la declaración de justicia de parte de Dios requiere de un estatus previo como condición para ser vindicado, lo que creo que constituye una refutación fuerte a lo que entiende Wright por dicho estatus en relación con la «justicia de Dios» y la justificación del creyente, en tanto a la utilización del lenguaje jurídico se refiere.

DOS ASPECTOS ESENCIALES

De regreso a toda esta idea de la justificación del creyente en su relación con el lenguaje judicial, es necesario explicar que la justificación no se trata simplemente de que Dios perdone al pecador, en realidad es más que eso. No se necesita una base justa (la justicia de la justificación) para perdonar a una persona; sin embargo, esta base es imprescindible en la justificación, entendida esta última como un proceso judicial, un acto de justicia en el que se declara que una persona es justa y no un acto en donde es simplemente perdonada.

Es importante entender, llegados a este punto, que "justificar" al pecador no es lo mismo que indultarlo o condonarlo en el sentido como vemos que sucede en la sociedad secular. Los gobernantes humanos pueden indultar a un criminal, pero eso sólo significa que el tal es dejado

---

[209] Aunque es correcto decir, junto con Ridderbos, que "el objeto de la justificación de Dios... no es el justo, sino el impío", la justificación —esto es, el acto divino declarativo como tal— sólo es posible una vez que se ha creído al evangelio. Aunque en la justificación Dios justifica al impío, sólo es justificado el que cree. De otro modo: la fe recibe la justicia por la cual se alcanza la justificación.

en libertad, eximido de la pena, pero no por consideración de su justicia. Indultar nunca significa justificar. Justificar a una persona es: reconocer su inocencia respecto de los cargos con que se le acusa y tenerla por justa en el sentido forense, no es sólo perdonarla y librarla del castigo; es simplemente más que eso.

Algunos autores; sin embargo, han insistido en la idea de que la justificación consiste principalmente (y nada más que) en el perdón de nuestros pecados. Joachim Jeremias es un buen ejemplo de ello. En su definición del concepto, la justificación —el acto de ser justificados— es una concesión de la gracia o del beneplácito de Dios otorgada en el bautismo a todos los que tienen fe[210]; en otras palabras, el hombre que es justificado es aquel que halla gracia ante Dios[211]; y esta gracia es la gracia de su inmerecido perdón, por tanto, ser justificados es ser perdonados por causa de Cristo[212]. Esto le lleva a él a afirmar que: "La justificación es perdón, nada más que perdón por causa de Cristo"[213]. "Como una antedonación de la absolución final de Dios", dice también Jeremias más adelante, "la justificación es perdón en el sentido más completo [...] En resumen: sigue siendo verdad que la justificación es perdón, nada más que perdón."[214]

Pero nosotros hemos de insistir en el carácter principalmente judicial que posee el concepto de la justificación; no obstante sin hacer a un lado la idea de perdón, como componente inherente y presente en el acto de Dios al justificar. Como dice John Stott, "Por cierto que estos dos conceptos son complementarios; pero no son idénticos. El perdón anula nuestras deudas y evita la posibilidad del castigo; la justificación nos da el derecho a una posición delante de Dios como seres justos."[215]

La justificación, como declaración de justicia, abarca entonces dos aspectos esenciales, siendo el segundo la piedra angular de toda la doctrina:

---

[210] Joachim Jeremias, *ABBA y El mensaje central del Nuevo Testamento* (Salamanca: Sígueme, 2005), p. 293. La justificación por la fe es, para J. Jeremias, una de las muchas ilustraciones o descripciones de la gracia concedida en el bautismo (pp. 297-300).
[211] Ibíd., p. 293-294.
[212] Ibíd., p. 295
[213] Ibíd.
[214] Ibíd., pp. 299 y 300.
[215] Jonh Stott, *La Cruz de Cristo* (Buenos Aires: Ediciones Certeza, 1996), p. 203.

SEGUNDA PARTE. LA DOCTRINA DE LA JUSTIFICACIÓN
CAPÍTULO SEGUNDO: EL FUNDAMENTO DE LA JUSTIFICACIÓN

Primero: El *perdón de todas nuestras transgresiones*

Significa que, habiendo creído en Jesucristo para remisión de nuestros pecados, ya no tenemos que cargar con el castigo por esos pecados, pues Cristo pagó por ellos (Is 53:4ss; 1Pe 2:24), de modo que podemos decir confiados: "ahora, pues, ninguna condenación hay para los que están en Cristo Jesús" (Ro 8:1) y: "no vendremos a condenación, mas hemos pasado de muerte a vida" (*cf.* Jn 5:24). Con Pablo podemos también preguntar y responder: "¿Quién acusará a los escogidos de Dios? Dios es el que justifica. ¿Quién es el que condenará? Cristo es el que murió; más aun, el que también resucitó, el que además está a la diestra de Dios, el que también intercede por nosotros" (Ro 8:33-34)[216].

Sin duda alguna esta libertad del castigo por los pecados, el haber sido perdonados por Dios, sólo fue posible gracias a Cristo, en quien hemos sido reconciliados (2Co 5:19). No porque Dios simplemente perdonó nuestros pecados sin más, sino porque Cristo cargó con ellos y pagó el precio por nosotros —estamos justificados por su sangre (Ro 5:9, *cf.* Col 1:14). Él es el Cordero de Dios que quita el pecado del mundo. ¿Cómo quita el pecado del mundo? Recuérdese el simbolismo representado en Levítico 16:21-22 con respecto al cabrito sobre cuya cabeza el sumo sacerdote debía imponer sus manos, poniendo sobre él todos los pecados y rebeliones de la congregación, para luego ser llevado lejos, al desierto, donde finalmente se perdía y moría. Esta es, pues, la doctrina de la sustitución penal, punto de partida para la comprensión de la doctrina de la justificación enseñada y creída por los protestantes reformados.

Pero Cristo no sólo tomó mi lugar y murió por mis pecados, sino que realmente fueron estos cargados a su cuenta (1Pe 2:24). Realmente "el

---

[216] Esta escena en la que Cristo se nos muestra como "intercediendo por nosotros", guarda estrecha relación también con su oficio sumo-sacerdotal. Él es el sumo sacerdote que vive siempre para interceder por aquellos a los que por Él se acercan a Dios (He 7:25). Así como el sacerdote levita ungido para presentar delante de Dios el sacrificio por los pecados del pueblo, intercedía mediante este acto por ellos ante Dios, del mismo modo el Señor es representado como el Ungido que no sólo intercede por los pecadores, sino además como el sacrificio mismo que se presentó delante de Dios para expiar los pecados (He 7:26-27) —*cf.* con el Catecismo Mayor de Westminster P.44. Juan el apóstol también se refiere a Jesús en estas categorías, presentándolo como aquel que ante el Padre es nuestro ayudador (Gr. *parákletos*), nuestro abogado que intercede por nuestra causa y es la propiciación por nuestros pecados (1 Jn 2:1-2).

que no conoció pecado por nosotros fue hecho pecado" (2Co 5:21). El Hijo de Dios, el que era sin pecado alguno, no fue tratado simplemente *como si* fuera un pecador, realmente fue *hecho pecador* por nosotros, no en un sentido ético, sino forense. Al entregarlo a la muerte en la cruz, el Padre lo hace pecado en el sentido legal de la palabra[217]. De manera que estamos aquí frente a un acto de imputación, en donde todos nuestros pecados —pasados, presentes y futuros— le fueron imputados a Cristo (*q.v.* Is 53:6, 11), quien voluntariamente los clavó sobre el madero de su cruz e hizo de ellos su causa de muerte (Jn 10:18; Col 2:13-14). Toda nuestra culpa recayó sobre Él, de modo que ya no tengo pecados por los que pagar; todas mis deudas han sido canceladas en su cruz, he sido perdonado. Ahora soy *sin culpa* delante de Dios por los méritos de Cristo, en quien estoy por medio de la sola fe y en quien permanezco por la sola gracia.

Ahora bien, con muchísima razón observó el profesor R. C. Sproul en su propia exposición de la doctrina: "si esto pasó y esto es todo lo que pasó, una transferencia de un solo lado, una transacción unilateral; nunca habrías sido justificado. Si Jesús tomó todos mis pecados que he cometido en su espalda y sufrió el castigo por mí eso no me llevaría al Reino de Dios. Todo lo que haría sería mantenerme fuera del infierno, todavía no sería justo. Sería inocente, si tú quieres, pero todavía no justo, en un sentido auténtico. No tengo justicia de la cual hablar. Les recuerdo: no es simplemente la inocencia lo que lleva al Reino de Dios, es la justicia. [...] Podemos hablar de que no soy culpable, ¡pero no he hecho nada! No he merecido nada, por medio de lo cual la justicia pueda dar una recompensa"[218].

Wayne Grudem plantea esta cuestión de similar manera: "Pero si Dios solo declarara que estamos perdonados de nuestros pecados, no resolvería nuestros problemas del todo, porque eso sólo nos haría moralmente neutros delante de Dios. Estaríamos en el estado en que Adán se encontraba antes de que hubiera hecho algo bueno o malo ante

---

[217] Así también Herman Ridderbos, *El pensamiento del apóstol Pablo*, p. 216; G. E. Ladd, *Teología del Nuevo Testamento*, p. 596; Rudolf Bultmann, *Teología del Nuevo Testamento*, p. 333; entre otros. Aunque hay quienes prefieren interpretar la afirmación de Pablo en 2Co 5:21 como haciendo referencia al hecho de que Jesús nada más cargó con las consecuencias de nuestro pecado (Así, p. ej. Colin G. Kruse, *Nuevo comentario Bíblico Siglo XXI* [El Paso, Textas: Mundo Hispano, 1993]).

[218] Tomado de una de sus cátedras publicadas por FLET en cooperación con Ligonier Ministries.

los ojos de Dios: no era culpable ante Dios, pero tampoco tenía un historial de justicia ante Dios."[219]

Segundo: *La imputación de la justicia*.

Por todo lo anteriormente señalado, se sigue que no es suficiente estar en un estado de neutralidad o simple "inocencia" para entrar al reino de los cielos. Ya expliqué también que si Dios nos declaró justos fue sobre la base de que nos vio justos, no simplemente sin culpa, sino justos en un sentido real y suficiente, "por tanto el segundo aspecto de la justificación es que Dios debe declarar que no somos solo neutrales ante sus ojos, sino justos ante sus ojos. De hecho, Él debe declarar que tenemos los méritos de la perfecta justicia ante Él" [Grudem]. Y es precisamente aquí, en este punto, donde toma forma toda esta doctrina evangélica, tal cual fue expuesta por los padres de la reforma, objetos de algunos de los anatemas del Magisterio Romano[220].

Lo que acontece entonces es una doble transferencia. No sólo se imputa el pecado del hombre a Cristo, ¿qué sucede, pues, con la justicia de Cristo? Así como nuestros pecados le son transferidos a Jesús, la justicia de Jesús nos es comunicada a nosotros, a nuestra cuenta. "El vistió nuestras ropas del pecado, a fin de que nosotros lleváramos el manto de su justicia".[221]

Esta es una obra de la gracia de Dios de la cual nos hacemos partícipes sin mediación alguna de nuestras buenas obras ni cooperación de la carne, sino sólo por la fe (*sola fide*), una fe que recibe lo que sólo pertenece a Cristo, que es ajeno a nosotros, pero que viene a nosotros mediante un acto de imputación —"*Iam certum est, Christum seu iustitiam Christi, cum sit **extra nos et aliena nobis**, non posse nostris operibus comprehendi*"—[222].

El gran predicador inglés del siglo XIX, Charles Spurgeon, dibujó toda esta escena de manera fantástica:

---

[219] Wayne Grudem, *Teología Sistemática*, pp. 761-762.
[220] Léase el Concilio de Trento, Decreto sobre la Justificación (Sesión VI), CÁNONES IX; XI; XII, Enero de 1547.
[221] Myer Pearlman, *Teología Bíblica y Sistemática* (Miami, Florida: Vida, 1992), p. 169.
[222] Martín Lutero, "Third Disputation De iustijcatione, thesis 27", año 1536.

> «Heme aquí el pecador. Me menciono como el representante de todos. Fui condenado a morir pues Dios dijo: "Condeno a ese hombre, tengo que hacerlo, lo haré: lo castigaré". Aparece Cristo, me hace a un lado y se pone en mi lugar. Cuando se hace la pregunta que si soy culpable o inocente, Cristo dice: "Culpable"; toma mi culpabilidad y se la adjudica a sí mismo. Cuando llega el momento de ejecutar la sentencia, se adelanta Cristo. "Castígame a mí", dice. "Le he dado a ese hombre mi justicia, y tomado sus pecados sobre mí. Padre, castígame a mí, y considera a ese hombre como si fuera yo. Déjalo reinar en el cielo, déjame sufrir a mí su castigo. Déjame sufrir su condenación, y déjale a él recibir mi bendición". Esta maravillosa doctrina del trueque de lugares de Cristo y los pobres pecadores es una doctrina revelada, porque nunca hubiera podido ser concebida por el mundo natural.»[223]

Ahora Dios no sólo me ve sin culpa, ahora Dios me ve justo, puedo; por tanto, entrar a su reino celestial, pues en Cristo estoy completo y en Él y sólo por Él soy justificado (*solo Christus*). "Así pues", dice Calvino comentando a Pablo en Romanos 8:33-34, "como quiera que Dios nos justifica por la intercesión de Cristo, no nos absuelve como si nosotros fuéramos inocentes, sino por la imputación de la justicia; *de manera que somos reconocidos justos en Cristo, aunque no lo somos en nosotros mismos.*"[224] Hemos sido movidos desde un punto de neutralidad moral a otro punto en el que tenemos "una justicia positiva delante de Dios, la justicia de una vida de perfecta obediencia a Él" [Grudem]. No nos trata Dios *como si* fuésemos justos cuando no lo somos. Como dice Bornkamm, «Aquí [en la justificación del pecador] no tiene cabida la ficción, el "como si"»[225]. La realidad del caso es que ahora somos justos, no éticamente justos, sino legalmente justos (justicia forense); no de manera ficticia, sino real, pues que tenemos la justicia de Cristo a nuestra cuenta, en quien hemos sido posicionados[226].

---

[223] Charles Spurgeon, *"Justificación por la Gracia"*, un sermón predicado el domingo 5 de abril de 1857, en el Music Hall, Royal Surrey Gardens. Tomado de *"Portavoz de la Gracia 187s - La Justificación"*, Publicado por Chapel Library, 2013, p. 3.
[224] Juan Calvino, *Institución*, III. XI. 3, p. 559.
[225] Günther Bornkamm, *Pablo de Tarso*, p. 190.
[226] Véase más adelante, en este mismo capítulo, una explicación más detallada acerca de esto, bajo el enunciado "Nuestra unión con Cristo".

Ciertamente, este es el corazón de la doctrina de la justificación, nuestro estandarte y símbolo evangélico. Tiene sus raíces históricas en la reforma protestante, en el siglo XVI, pero cuenta con el apoyo y respaldo de las Escrituras. Se alimenta de ellas de tal modo que el resultado es una doctrina impecablemente consistente. Siempre estuvo allí, principalmente en la pluma de Pablo, aunque ni él mismo es el autor de ella, sino el propio Espíritu Santo quien, por medio de los pactos, vino revelando esta verdad hasta su consumación en la cruz de nuestro Cristo, en donde se hizo plenamente manifiesta.

Bien decía N.T. Wright en una cita anterior: "no tiene ningún sentido decir que el juez imputa, imparte, lega, comunica o transfiere su justicia al demandante o bien al demandado"; sin embargo, lo que aquí estamos considerando no es la imputación de la justicia del Juez. No es Dios imputando su justicia en calidad de Juez, sino como el *parákletos* que no sólo aboga por nosotros pecadores redimidos por la gracia, sino también ocupa nuestro lugar como sustituto nuestro. No es la justicia del Padre que como Juez del cielo y de la tierra juzgará a los hombres en el día postrero, sino la justicia del cordero que muere para expiación de los pecados en lugar de los que en él confían, haciéndonos suyos y uno con Él.

"De manera entonces que la justificación", señala Pearlman con total razón, "es en primer lugar una resta: la cancelación de la deuda del pecado, y en segundo lugar una suma: la imputación o atribución de la justicia."[227] Así, dice Piper, «la justificación tiene las dos siguientes aristas: La supresión del pecado porque Cristo asume nuestra maldición y la imputación de la justicia porque estamos en Cristo y su justicia se cuenta como nuestra. [...] De igual forma, Lutero (quien llamó a la doctrina de la justificación la creencia que determina si la iglesia ha de mantenerse o caer) afirmó los dos siguientes aspectos de la justificación: "Cristo asumió todos los pecados y por ellos murió en la cruz" y "son justos porque creen en Cristo, cuya justeza los cubre y se les ha imputado".»[228] [Énfasis añadido]

Acertado es el comentario de la difunta Henrietta C. Mears acerca de Romanos 1:17:

---

[227] Myer Pearlman, *Teología Bíblica y Sistemática*, p. 164.
[228] John Piper, *Dios es el Evangelio*, p. 41.

"En Romanos, Pablo nos muestra el método que tiene Dios para transformar al pecador en un hombre bueno. Nos revela las necesidades del pecador y luego presenta lo que puede ser suyo por la fe: "La justicia de Dios" —Cristo, nuestra justicia. La justicia de Dios es una Persona. La justicia que Dios exige está en una Persona, Cristo Jesús. Nadie jamás podrá entrar al cielo con menos justicia que la justicia de Cristo. Cuando miramos a Jesús, vemos la justicia que exige Dios."[229]

JUSTICIA ACTIVA Y PASIVA

Resulta pertinente, en relación con lo que se dijo en el punto anterior, que nos refiramos a los conceptos de «justicia activa» y «justicia pasiva», dos conceptos relacionados con la obra de Jesús y que cobran especial significado en lo tocante a nuestra justificación, pues no son muchos los autores modernos que se detienen a analizar qué «justicia» es la que se nos imputa en la justificación (sin mencionar, como ya vimos, que hay los que rechazan por completo toda idea de imputación, incluso dentro de los círculos evangélicos).

Respectivamente, al hablar de la «justicia activa» y «justicia pasiva» de Jesús, nos referimos: (1) a su fiel cumplimiento y perfecta obediencia a los preceptos de Dios y (2) a su muerte en la cruz como paga por nuestros pecados.[230] Es justicia en cuanto a conformidad con la ley, pero también justicia en cuanto a satisfacción de la justicia divina —lo que la justicia divina exige. No se trata, por supuesto, de que existan dos justicias y debamos escoger entre una u otra; "no son dos partes separadas de la obra de Cristo", dice Waldron[231], sino más bien, como aclara Ryken, de "dos aspectos distintos de la justicia completa y total de Jesucristo", pero que, no obstante, describen la justicia por la que somos justificados, y tenemos que comprender en qué consiste.[232]

---

[229] Henrietta C. Mears, *Lo que nos dice la Biblia* (Miami, Florida: Vida, 1979), p. 420.

[230] Así también la Confesión de fe de Westminster, Cap. XI, I. Véase también en el Catecismo Mayor de Westminster, P. 70; Catecismo de Heidelberg, P. 60; Confesión Bautista de Londres de 1689, y en la Fórmula de Concordia.

[231] Samuel E. Waldron, *Exposición de la Confesión Bautista de fe de 1689* (Publicaciones Aquila: North Bergen, NJ., 2016), p. 218.

[232] No consiste, por supuesto, de la justicia como atributo de Dios o como una cualidad de su carácter.

Segunda Parte. La Doctrina de la Justificación
Capítulo Segundo: El Fundamento de la Justificación

A lo igual que Ryken —y cualquier otro teólogo reformado— creo que ambos aspectos son necesarios para que seamos plenamente justificados. "Para ser declarados "no culpables"", explica él, "es necesario que recibamos la justicia pasiva de Cristo mediante su muerte expiatoria. Para que se nos considere positivamente justos; sin embargo, también necesitamos que la justicia activa de Cristo se nos acredite en nuestra cuenta. No es meramente su muerte expiatoria lo que nos salva, por lo tanto, sino también su vida obediente."[233]

"La base para la justificación es la justicia de Cristo, activa y pasiva, esto es, incluyendo Su perfecta obediencia a la ley como pacto, y a que soportó la pena de la ley en nuestro lugar y en nuestro favor." [Charles Hodge][234]

Samuel E. Waldron explica este asunto atribuyéndolo a la necesidad doble que nosotros teníamos para efectos de heredad la vida eterna. Dice Waldron, casi en los mismos términos que Philip Ryken: "Necesitábamos, en primer lugar, el perdón de la culpa de nuestros pecados. Esto es provisto por la obediencia pasiva de Cristo, el hecho de sufrir Él el castigo de la ley. En segundo lugar, necesitábamos el don de una justicia positiva. Esta es provista por la obediencia activa de Cristo, su obediencia a los preceptos de la Ley de Dios y todas las demás dimensiones de la voluntad preceptiva del Padre para Él."[235]

Como ya se dijo antes, cuando Dios nos examina desde la lente de su justicia (de su justicia en términos judiciales, como Juez Justo), nos haya justos (en el sentido forense), no porque lo seamos en realidad por nosotros mismos; no porque en verdad hayamos nosotros cumplido toda la justicia que se requiere para entrar al reino de los cielos, sino porque se nos ha acreditado a nuestra cuenta la justicia verdadera de quien actuó como mediador y sustituto nuestro.

De manera que cuando Dios nos examina, nos encuentra no abandonados en nuestra propia injusticia, sino posicionados en la justicia toda perfecta del Hijo, en quien hemos sido colocados, con quien estamos unidos por la fe, haciéndonos suyos y poseedores de lo que Él,

---

[233] D. A. Carson y Timothy Keller (eds.), *La Centralidad del Evangelio*, p. 189.
[234] *Teología Sistemática*, Parte III, Capítulo 17. 4. (Barcelona: CLIE, 2010), p. 732.
[235] Samuel E. Waldron, *Exposición de la Confesión Bautista de fe de 1689*, Ibíd.

en su vida obediente y por su sacrificio de expiación, alcanzó para nosotros: perdón y justificación.[236]

Objeciones a esta doctrina

Algunos creyentes, no pocos en realidad, miran con desconfianza esta enseñanza. La consideran inescritural y herética[237]. Piensan que cuando hablamos de la necesidad de que se nos impute la «justicia activa» de Cristo para ser justificados, estamos en realidad diciendo con ello que no bastó con la muerte de Cristo en la cruz, que no fue ella suficiente para lograr nuestra redención y nuestra salvación. Incluso el propio Sproul, quien sostiene la doctrina de la imputación como hasta ahora lo hemos hecho aquí, parece decir eso cuando afirma que "la cruz sola no nos justifica" y que "somos justificados no solo por la muerte de Cristo, sino también por la vida de Cristo. La misión redentora de Cristo no estaba limitada a la cruz."[238]

A esta objeción se suma también el supuesto de que esta doctrina pervierte en realidad el evangelio, al cambiar la salvación por gracia por una salvación basada en las obras, ya que se insiste en la necesidad de la obediencia perfecta a la Ley de Dios (la observancia vicaria de la ley) para que la justicia tenga en verdad valor judicial. Sin embargo, continúan ellos, la Biblia es clara en cuanto a decirnos que nadie se justifica por guardar la Ley (Ro 3:20, 28; Gál 2:16, 3:11), y que la razón de nuestra justificación está únicamente en la muerte de Cristo para remisión de nuestros pecados (Ro 5:9 *cf.* He 9:28, 1 Pe 3:18). Se enfatiza el hecho de

---

[236] No debe todo lo anterior confundirse con la opinión que tuvo Lutero acerca de la justicia de la justificación, o lo que él llamó "la justicia cristiana" y "justicia pasiva", en contraste con la "justicia activa". Le llama "pasiva" a la primera queriendo con ello significar no la muerte del Señor, sino el hecho de que por esta justicia imputada "no hacemos obra alguna, nada rendimos ante Dios, mas tan solo recibimos y toleramos que otro obre en nuestro favor, a saber, el propio Dios." —Martín Lutero, *El Argumento de la Epístola de San Pablo a los Gálatas. El Comentario de Martín Lutero sobre la epístola a los Gálatas* (EE.UU: Palibrio, 2011), p. 31.

[237] Una buena parte del desacuerdo de William R. Newell con los teólogos reformados (recuérdese la mención a Newell más atrás) radica precisamente en este punto de la doctrina de la imputación. Léase, p. ej. su comentario a Romanos 5:19, y cómo llama "una herejía gálata" a esta noción de la «justicia activa» (p. 155).

[238] R.C. Sproul, *Faith Alone: The Evangelical Doctrine of Justification* (Grand Rapids, Michigan: BBH, 1999), p. 104.

que el anuncio del evangelio no consiste en la proclama de que Jesús vivió una vida obediente para nuestra justificación, sino en que "murió por nuestros pecados,... que fue sepultado, y que resucitó al tercer día" (1 Corintios 15:3-4). Finalmente, si la obediencia perfecta de Jesús, lo que hemos llamado «justicia activa», es necesaria para nuestra justificación, ¿para qué entonces tuvo que morir Jesús?, preguntan ellos en respuesta a las afirmaciones de algunos autores reformados que colocan a la obediencia de Cristo en un papel tan vicario como lo fueron sus sufrimientos en la cruz.

Son objeciones serias, pero no insuperables, como veremos a continuación.

¿Es la muerte de Cristo suficiente para nuestra redención y salvación?

La respuesta a esta interrogante dependerá de qué entendamos por «redención» y por «salvación». Si la redención es esa obra divina por la cual, mediante el pago de un precio, el pecador es liberado o rescatado de las consecuencias del pecado, entonces la cruz de Cristo parece que es suficiente para ser el medio por el cual dicho rescate en realidad fue hecho posible (fuimos redimidos por su sangre, Ef 1:7; Col 1:14; 1 Pe 1:18-19; *cf.* Gál 3:13; 1 Ti 2:6; Ap 5:9). Como dijo el propio Jesús refiriéndose a su muerte, el Hijo del Hombre vino "para dar su vida en rescate por muchos" (Mateo 20:28).

Pero, ¿y qué hay del concepto más amplio de «salvación»? Si la salvación, esto es, el acto vindicativo y escatológico de Dios a favor de sus escogidos, comporta también la justificación de los que creen el evangelio, hay entonces un sentido en el que la muerte de Cristo debe, necesariamente, ir acompañada también de su vida obediente para este fin.

Esto es así de necesario porque —no podemos olvidarlo— la justificación ocurre en medio de un contexto forense. Como ya se dijo antes, aunque Cristo pagó ante el Padre por nuestros pecados, dando así satisfacción plena a las demandas de la justicia divina, eso por sí solo no nos hace legalmente justos ante Dios. Recordemos que la justificación no sólo es remisión de pecados, sino también —y principalmente— la positiva declaración de justicia, esto es, el acto declarativo de parte de Dios en virtud del cual somos en verdad contados como justos mediante la fe en Jesucristo. Ahora bien, la pregunta que aquí es fundamental hacernos es: ¿Justos con respecto a qué? O ¿En qué sentido «justos»?

Nuestra respuesta: no por supuesto justos con respecto a que ya no tenemos pecados por los cuales pagar, pues ya vimos también que el habérsenos perdonado nuestros pecados sólo nos hace, a lo sumo, «inocentes de pecado», pero no justos en un sentido auténtico.

La respuesta a la pregunta fundamental es que somos justos con respecto a la Ley de Dios; es justicia en un sentido forense, como ya he argumentado extensamente en las páginas anteriores. Es justicia en cuanto a conducta, significando la plena conformidad a las demandas morales de Dios establecidas en su Ley (como en el significado que el adjetivo cobra en pasajes como Romanos 2:13 y 3:10).

Pero, ¿es la muerte de Cristo para paga de nuestros pecados, suficiente por sí sola para conferirnos este estatus de «justos» delante de Dios? En primera instancia, la respuesta a esta pregunta podría depender de cómo es que entendamos las expresiones "por la justicia de uno" y "por la obediencia de uno" de Romanos 5:18 y 19, respectivamente, en donde este estatus aparece en estrecha relación con ello.

Detengámonos por un momento en estos versículos.

Es cierto que la expresión "por la justicia de uno" podría leerse: "un solo acto de justicia" (NVI 1999), o: "por medio de un acto de justicia" (BTX3)[239], lo que pareciera bien apuntar al acto de la crucifixión principalmente. Esto haría, por supuesto, que el paralelo siguiente (v. 19) tenga a "por la obediencia de uno" bajo el mismo significado singular propuesto en el verso anterior (por tanto un «acto de obediencia»). Esta es una opinión compartida también por diversos comentaristas reformados. "Visto en el contexto precedente", dice por ejemplo Hendriksen, "Pablo ha mencionado no menos de tres veces la muerte de Cristo por su pueblo (vv. 6, 8, 10; cf. vv. 7 y 9), es seguro que aquí en los vv. 18, 19 la referencia es a ese supremo sacrificio." "Sin embargo", continúa él, "no debemos interpretar este concepto demasiado estrechamente: la muerte voluntaria de Cristo representa la totalidad de su sacrificado ministerio en el mundo, del cual la muerte vino a ser el punto culminante."[240] Murray, por su parte, explica que "no hay duda de que se trataba de la cruz de Cristo y el derramamiento de su sangre que

---

[239] Aunque literalmente el texto sólo dice "por medio de una justicia" (δι ἑνὸς δικαιώματος).
[240] William Hendriksen, *Romanos*, p. 206.

la obediencia alcanzó su ápice, pero esta obediencia incluye toda la voluntad del Padre realizada por Cristo."[241]

Cranfield, por el contrario, asegura de que aquí el significado de "un acto de justicia" no significa la muerte expiatoria de Cristo, "sino la obediencia de su vida como un todo, su amor a Dios con todo su corazón, alma, mente y fuerza, y a su prójimo con sinceridad completa, que es la conducta justa que la ley de Dios exige."[242]

Moo difiere sustancialmente de Cranfield. Según él, "es posible que [el apóstol Pablo] tenga en mente la «obediencia activa» de Cristo, su compromiso durante toda su vida de «hacer la voluntad de su Padre» y así satisfacer las exigencias de la ley. Sin embargo, el enfoque de Pablo parece centrarse, más bien, en la muerte de Jesús como acto definitivo de obediencia."[243]

Parece ser entonces que la respuesta a nuestra pregunta anterior es afirmativa en cuanto a que la muerte de Jesús es suficiente para que los creyentes sean constituidos justos ("por la obediencia de uno, los muchos serán constituidos justos", es lo que dice Pablo en Romanos 5:19). Pero, ¿es esta muerte de cruz suficiente por sí sola para ese fin? Esa es la pregunta realmente importante.

Si somos declarados justos en un sentido legal, esto parece requerir más que solamente la remisión de nuestros pecados en la cruz, como ya hemos dicho. Esta es, por supuesto, una inferencia teológica más que sólo exegética, que nos hace pensar en la cita de Romanos 5:18-19 como significando, en su sentido más amplio, no sólo la muerte de Jesús, sino también, como decía Murray, "toda la voluntad del Padre realizada por Cristo", *i.e.* la plena obediencia activa (la «justicia activa») mostrada por el Señor durante el recorrido de su vida como Dios encarnado en la Persona humana de Jesús de Nazaret. Esto nos debe hacer meditar

---

[241] John Murray, *Romanos* (Sao Paulo: Fiel, 2003), p. 232 (t.p.).
[242] C. E. B. Cranfield, *Comentário de Romanos*, p. 122 (t.p.).
[243] Douglas J. Moo, *Comentario a la Epístola de Romanos*, p. 392. Palabras entre corchetes añadidas por mí.

No es posible saberlo con certeza, pero es posible que este sea también el significado de la expresión similar que encontramos en la *Carta a Diogneto* (s. II). En un tono que se parece a toda esta doctrina aquí expuesta, en este escrito patrístico leemos así: "Porque, ¿qué otra cosa aparte de su justicia podía cubrir nuestros pecados? ¿En quién era posible que nosotros, impíos y libertinos, fuéramos justificados, salvo en el Hijo de Dios? ¡Oh dulce intercambio, oh creación inescrutable, oh beneficios inesperados; que la iniquidad de muchos fuera escondida en un Justo, y la justicia de uno justificara a muchos que eran inicuos!".

respecto de las afirmaciones de Pablo en Filipenses 2:8, tocante al estado de humillación de Cristo alcanzado en la encarnación, en cuya condición se hizo obediente *hasta* la muerte, y muerte de cruz. Su obediencia, según se podría apreciar en esta cita bíblica, no se muestra únicamente en el desenlace de la cruz (aunque la obediencia tiene aquí, al parecer, como punto focal este acto de obediencia), sino que en el todo de su condición humana —"hasta la muerte" (o *"hasta el punto de* la muerte", indicando grado, pero no por ello de una forma que se excluya aquí la idea de una vida de obediencia iniciada en la encarnación y culminada en la humillante muerte de cruz).[244]

El valor judicial de la «justicia» de la justificación sólo encuentra su expresión real en la medida de que sea «justicia» con respecto a las demandas de la ley divina. La declaración de justicia no sucede sino precisamente porque el impío es hallado «justo» delante de Dios. Ya vimos lo que eso significa. No es hallado «justo» meramente porque otro tomó su lugar en la condenación y pagó por sus pecados, sino porque hay en verdad imputación de justicia como corolario de la unión del creyente con el Cristo resucitado, con quien en verdad comparte todas sus perfecciones legales (esto es, su obediencia activa a la voluntad de Dios expresada en preceptos y mandamientos). De manera que la imputación de una justicia activa refleja lo que en realidad se está declarando respecto del impío que encuentra en Dios la justificación.

En cuanto a que esta doctrina cambia la salvación por gracia por una salvación basada en las obras de la ley, baste resaltar lo débil de esa objeción a la luz de lo que significamos nosotros al insistir en la necesidad de que la justicia regalada tenga en verdad valor judicial. Como se dijo un poco más atrás, el valor judicial de la «justicia» de la justificación sólo encuentra su expresión real en la medida de que sea «justicia» con respecto a las demandas de la ley divina. Esto, desde luego, no hace de la salvación por gracia una salvación por nuestras obras, pues que no estamos aquí discrepando con Pablo en sus constantes afirmaciones tocantes al asunto de las obras de la ley (Ro 3:20, 28; Gál 2:16, 3:11), sino más bien coincidiendo con él en el asunto de la gratuidad de la justificación, que no depende de las obras de quienes reciben la

---

[244] Para un punto de vista diferente, p. ej. Gordon D. Fee, *Comentario de la Epístola a los Filipenses*, pp. 284-285.

salvación (pues que la gracia no admite cooperación del hombre, siendo la fe la única respuesta a la iniciativa divina de conceder el don de la justicia a quienes miran a Jesús con entrega y confianza). Pero esto no quiere decir que la justificación del impío no se deba a la obediencia activa y perfecta de nuestro sustituto, cuya justeza nos es imputada en la justificación. Esto en nada contradice a lo que Pablo enseña tocante a las obras de la ley y la justificación del creyente. Es simplemente una falacia aquella que ve en esta doctrina de la imputación de la justicia un retorno al legalismo gálata.

¿Resta méritos, esta doctrina, a la muerte de Jesús? O, como preguntan los detractores, ¿por qué tenía que morir el Señor, si la justicia de la justificación se debe, en buena medida, a su vida obediente?

Como ya se dejó claro desde un principio, la muerte de Cristo es importante porque ella provee el pago por nuestros pecados y, en consecuencia, el perdón de la culpa que resulta de ellos. Esta es la «justicia pasiva» de la cual ya hemos hablado, y que consiste en la remisión de nuestros pecados por la muerte sustitutoria del Hijo de Dios. Bajo ningún punto de vista se le puede restar relevancia a este evento, de ninguna manera. Como dije antes, es precisamente debido al hecho de que toda nuestra culpa recayó sobre Él, que ya no tenemos pecados por los que pagar, pues que toda deuda ha sido cancelada en la cruz, y únicamente en la cruz (Col 2:13-14). Nuestra condición de "no culpables" delante de Dios debe el mérito a esa muerte de cruz.

No hay en realidad méritos en el argumento que busca inconsistencias en esta doctrina de la «justicia activa» y «justicia pasiva», apelando a la supuesta falta de claridad en lo que respecta a la muerte de Cristo, un factor para nosotros determinante en lo que concierne a nuestra justificación, como ya hemos visto.

Quizás haga falta recordar que cuando hablamos de la «justicia activa» y «justicia pasiva» de Jesús, no estamos hablando de dos justicias o de dos partes separadas de la obra de Cristo, sino que de dos aspectos distintos de la justicia completa y total de Jesucristo.

Pero todavía hay algo más que considerar.

Resucitado para nuestra justificación

Ciertamente, aunque hablamos de la vida obediente y de la muerte de cruz de Jesús a fin de ser nosotros hallados justos y perdonados, no podemos pasar aquí por alto el gran hecho histórico de su resurrección, el cual tiene también sendas implicaciones para nuestra justificación. En Romanos 4:25 leemos a Pablo diciendo acerca de Jesús, que "fue entregado por nuestras transgresiones, y *resucitado para nuestra justificación*"[245]. Pero, ¿cómo es que la resurrección de Cristo es también significativa para nuestra justificación? Es del todo importante que entendamos las razones de esta afirmación de Pablo. Aquí me gustaría aportar las palabras de John V. Fesko en su muy breve, aunque no por ello menos preciso, escrito sobre la doctrina de la justificación:

> "La vida y muerte de Cristo son fundamentales para la doctrina de la justificación, pero lo que muchos no entienden es que la resurrección es tan importante y necesaria como ellas. La resurrección es necesaria por varias razones. Primero, si la muerte hubiera sido capaz de retener a Jesús en sus lazos, esto habría significado que Jesús sería culpable de pecado. Como Pablo explica, "La paga del pecado es muerte" (Rom. 6:23). Por tanto, si Jesús hubiera permanecido en la tumba, su crucifixión habría sido legítima. Segundo, si Cristo no se hubiera levantado de los muertos, esto habría significado que el poder del pecado y la muerte no habría sido conquistado. Tercero, si Jesús no se hubiera levantado de los muertos, esto habría significado que Dios no habría aceptado el sacrificio a favor del pueblo de Dios. Pablo explica a los corintios: "Si Cristo no resucitó, vuestra fe es vana; aún estáis en vuestros pecados" (1 Co. 15:17). Es por estas tres razones, entonces, que Pablo traza una relación íntima entre la doctrina de la justificación y la resurrección de Jesús"[246]

---

[245] Se adopta aquí la interpretación que da a la preposición διά en la segunda cláusula del versículo ("resucitado *para* nuestra justificación") un sentido prospectivo o futuro ("por el bien de"; "con miras a"), no retrospectivo como en la primera cláusula ("fue entregado *por* [por causa de] nuestras transgresiones"). Una lectura diferente puede leerse en BTX3, "el cual fue entregado **por causa de** nuestras transgresiones, y resucitado **a causa de** nuestra justificación", aunque preferimos aquí seguir la lectura sugerida por la RV60 y otras traducciones utilizadas en esta obra (NVI 1999; BJ; VM; KJV).

[246] J.V. Fesko, *¿Qué significa la Justificación por la Sola Fe?* (Faro de Gracia: Bogotá, 2015), pp. 26-27.

No podemos estar más de acuerdo con él en esta explicación. Aunque es necesario profundizar un poco más.

En la cruz el Señor pagó con su muerte por nuestros pecados; en su resurrección, en cambio, el poder del pecado y de la muerte fue conquistado. Y es precisamente por esta victoria sobre la muerte, que el creyente puede descansar en la esperanza futura de su propia transformación escatológica, en la que lo corruptible será vestido de incorrupción (1 Co 15:51 y ss.). Es, por supuesto que sí, sobre este fundamento que el apóstol Pablo puede decir confiado: "¿Dónde está, oh muerte, tu aguijón? ¿Dónde, oh sepulcro, tu victoria? ya que el aguijón de la muerte es el pecado, y el poder del pecado, la ley. Mas gracias sean dadas a Dios, que nos da la victoria por medio de nuestro Señor Jesucristo" (1 Co 15:55-57).

Cierto es que la resurrección de Jesús tiene fuertes implicaciones respecto de su identidad como Mesías y como Señor de todo lo que existe. En otras palabras, Jesús en verdad es el Cristo prometido —el descendiente del linaje de David según la carne, por medio de quien Dios restauraría todas las cosas—, y aunque su ministerio terrenal es evidencia de eso (*cf.* Lc 7:18-22) su resurrección de entre los muertos por el poder de Dios es la gran prueba definitiva.[247] Por otra parte, y esta es la significación que nos ocupa aquí, la resurrección de Cristo es también la gran prueba de la aprobación divina al sacrificio vicario ofrecido en la cruz. "El Padre, al resucitar a Jesús de entre los muertos", comenta Hendriksen, "nos asegura que el sacrificio expiatorio ha sido aceptado; en consecuencia, nuestros pecados son perdonados."[248] Es la aceptación del sacrificio de expiación lo que asegura también que nuestros pecados en verdad fueron perdonados, en consecuencia la muerte ya no es para nosotros una sombra amenazante. Dicho de otro modo: así como en su muerte el Señor pagó el precio por nuestros pecados, por su resurrección de la muerte nos garantizó que el perdón (aquí expresado como "justificación") fue en verdad logrado.

---

[247] Como también dice N.T. Wright en su monumental trabajo sobre la resurrección: "La resurrección de Jesús fue la *acreditación* divina de éste como Mesías, "hijo de Dios" en ese sentido, representante de Israel y por tanto del mundo." —*La resurrección del Hijo de Dios* (Navarra: Verbo Divino, 2008), p. 315. Véase un desarrollo en respaldo de esta idea, a modo de argumentación, en las pp. 310-311 de la citada obra.

[248] William Hendriksen, *Romanos*, p. 184.

Siendo el pecado la gran influencia sobre nosotros, la muerte resulta algo natural para el que está posicionado sobre la culpa de la iniquidad; sin embargo, en Cristo como ofrenda por el pecado y resucitado de entre los muertos, esa influencia ha sido en verdad anulada para el que se encuentra en unión con Él. La victoria de Cristo sobre el pecado y la muerte es también la garantía que asegura la liberación del creyente respecto de las consecuencias del pecado; es, por tanto, una resurrección con claras consecuencias salvíficas. Como bien dice Wright, "La resurrección demuestra que la cruz no fue simplemente otra desagradable eliminación de un insensato aspirante a Mesías; fue el acto salvador de Dios. La resurrección de Jesús de entre los muertos llevada a cabo por Dios fue, por tanto, el acto en el que la justificación —la acreditación de todo el pueblo de Dios "en Cristo"— estaba contenida sucintamente."[249]

Una cosa más que podríamos agregar a lo anterior, es que, como dice S. Pérez Millos, "sin la resurrección no hubiera sido posible la justificación del pecador porque no habría objeto de fe, ni manifestación del sacrificio expiatorio (3:25), ni intercesor, ni abogado."[250] Esto es cierto en una buena medida, ya que, como hemos dicho, toda la verdad tocante a Jesús como Mesías, como Salvador y como Hijo de Dios, depende de su victoria sobre la muerte, esto es, de su resurrección como acto divino y para prueba definitiva de su identidad como verdadero Redentor y Dios. Ciertamente la fe en un mesías muerto no habría tenido más valor que la fe de los propios judíos que todavía esperaban (y esperan) al Redentor de Israel. Por ende, sólo en la medida de que la fe sea despertada y gobernada por la convicción toda segura de que Jesús el Cristo en verdad resucitó de entre los muertos, es que la justificación de parte de Dios será en verdad posible. Si Jesús no resucitó, no hay en verdad razón para confiar en Él (1 Co 15:14).

Una reflexión última por hacer, tocante a la enorme importancia que reviste la resurrección del Hijo de Dios, es que no importa si Juan y

---

[249] N.T. Wright, *La resurrección del Hijo de Dios*, Ibíd.
    Por supuesto que su entendimiento de la «justificación», como ya hemos visto más atrás, no es precisamente el mismo que aquí hemos estado exponiendo; no obstante, sea cual sea la definición de Wright acerca de este concepto, va a lugar esta observación a las afirmaciones de Pablo en Romanos 4:25.
[250] Samuel Pérez Millos, *Romanos*, p. 375.

Marcos no comienzan su narrativa evangelística hablándonos del nacimiento del Cristo (aunque Juan remonta su existencia a la eternidad misma, Jn 1:1-2ss.); tampoco importa si Mateo y Lucas se enfocan en distintos momentos y aspectos de su nacimiento y niñez. Una cosa es cierta, y esto es lo que verdaderamente debe a nosotros importarnos: los cuatro evangelistas coinciden en terminar en un hecho al cual todos ellos hacen referencia, como hecho histórico real, con carácter teológico y de consecuencias cósmicas indubitables; todos ellos tienen un clímax en común, y que es crucial para el desarrollo de la Iglesia (y también para la escatología): este Jesús, el Cristo de Dios, venció la muerte y resucitó al tercer día. El que fue crucificado por nuestros pecados y murió ensangrentado en un madero con muerte de malhechor, se levantó en victoria de entre los muertos. ¡El que es Señor de todo, el que es nuestra esperanza de vida, vive!

En resumen

Quizás convenga finalizar todo lo que se ha dicho en estas últimas dos secciones, haciendo propias las acertadas palabras del ya citado John V. Fesko:

> "Vemos que cada parte de la obra de Cristo —su vida, muerte y resurrección— son necesarias para nuestra justificación. En su vida, Cristo vino para ofrecer la obediencia que nadie había dado todavía a Dios, sea antes de la Caída en el jardín o después de la Caída. Él ofreció su obediencia a lo largo de su vida, que culminó en su crucifixión. En su muerte, Cristo sufrió la pena de la violación de la ley y soportó la ira de Dios por su pueblo. Y en la resurrección, el Padre anunció que su Hijo era justo, que el pecado y la muerte habían sido conquistados, y que el perfecto sacrificio del Hijo había sido aceptado. En estas tres cosas vemos que la obra de Cristo es fundamental y que es la base de nuestra justificación."[251]

---

[251] J.V. Fesko, *¿Qué significa la Justificación por la Sola Fe?*, p. 29.

¿*DECLARADOS* JUSTOS O *HECHOS* JUSTOS?

Cuando los evangélicos decimos que en la justificación Dios "nos transforma" en personas justas [Ch. Rirye] o "en un hombre bueno" [H. C. Mears], lo que significamos con ello no es que Dios transforme nuestra naturaleza moral convirtiéndonos en personas *éticamente* justas e inherentemente buenas, todo lo cual guarda más relación con la regeneración y con la santificación, ambos aspectos de la gracia que, aunque simultáneos con la justificación, corren en paralelo con ella.

Más bien lo que se quiere decir con esas expresiones —y otras similares— es que Dios nos concede un estatus por el cual llegamos a ser *legalmente* justos (la imputación de la justicia de Cristo). Entonces, no tendremos dificultad en decir que en la justificación Dios nos *hace* justos, siempre que con ello queramos significar una posición legal en el contexto de una situación forense y no una nueva condición moral o una renovación interna. La justificación, diría J. A. Faulkner: «es un "estado" más que un carácter... lleva el sello de un concepto legal más que el de uno ético».[252]

Es, entre otros, este concepto de la justificación el que nos separa de la Iglesia de Roma y del entendimiento de los teólogos católicos romanos respecto de la misma materia. No quiero, por espacio y propósito, dedicarle mucho tiempo a este debate, del cual se han escrito obras mucho más amplias, no obstante es pertinente incluirlo para avanzar con nuestro análisis.

Conviene citar, a modo representativo del pensamiento católico romano tradicional, de una introducción a la epístola de Pablo a los Romanos, al catedrático del Seminario Diocesano de Salamanca, Dr. Lorenzo Turrado, quien, entre otras cosas, señaló lo siguiente:

> «Pablo, cuando habla de la "justificación" del hombre por Dios, no concibe esa "justificación" como mero reconocimiento de una realidad previa, haya o no intervenido Dios para su consecución, <u>sino como *creación de esa realidad en el hombre*. Es una verdadera transformación en el ser íntimo del ser humano un paso del estado previo de injusticia y de pecado a un estado de vida nueva en Cristo, hasta el punto de que puede hablarse</u>

---

[252] Citado por J. Oliver Buswell, Jr. *Teología Sistemática, Tomo III, Jesucristo y el plan de salvación.* (Miami, Florida: LOGOI, Inc., 5ta. edición, 2005), p. 626.

de "nueva creatura" (cf. 5:1-21; 6:2-11; 1 Cor 6:11; 2 Cor 5:17-18; Gal 4:19; 6:15; Ef 2:3-10; Tit 3:4-7).

» Esta transformación en el ser íntimo del hombre, que Pablo vincula al término "justificación," y que es "don" gratuito de Dios (3:24; Ef 2:5; Tit 3:5), <u>incluye dos aspectos fundamentales: remisión de "pecados"</u> (4:7-8; Ef 1:7; Col 1:14; 2:13) <u>y nueva "vida" en Cristo bajo la guía del Espíritu</u> (5:1-21; 6:2-11; 8:1-17). [...]

» Está claro que la noción de "justificación", que acabamos de exponer, no es compatible con la que sostenían los antiguos protestantes, para quienes la "justificación" era una simple *fictio iuris*, especie de acto forense o sentencia judicial por la que Dios, en atención a los méritos de Cristo, *declaraba justo* al pecador, pero sin que hubiera verdadera remisión de pecados ni transformación interior en el hombre. Como muy bien dice Cerfaux, "una justificación forense, derivada de una declaración, anticipativa o no, del juicio escatológico que Dios hiciera de nuestra justicia dejándonos tal como éramos, pecadores, sin contar que no hay texto alguno que realmente lo sostenga, no puede explicar las fórmulas realistas que se multiplican en la pluma del Apóstol".»[253] [Énfasis y subrayado añadidos]

Como se puede observar, este comentario expresa la fórmula dogmática con la que la Iglesia Católica Romana ha abordado por siglos la doctrina de la justificación, en donde la santificación, la regeneración y la justificación han sido confundidas y fundidas en un sólo aspecto de la gracia (en especial las últimas dos). Así leemos también, por ejemplo, en el bien conocido *"Manual de Teología Dogmática"* de Ludwig Ott, quien explica que la justificación, según su faceta negativa, "es verdadera remisión de los pecados; según su faceta positiva, es una renovación y santificación sobrenatural del hombre interior: «non est sola peccatorum remissio, sed et sanctificatio et renovatio interioris hominis»"[254], y un poco más adelante añade:

---

[253] Lorenzo Turrado, *Biblia Comentada - Profesores de Salamanca*. Tomo VI. Cita tomada del texto adaptado para el Software "E-Sword" en su versión 2010. Algunas porciones significativas de la cita anterior no aparecen en la edición de 1965 por la Editorial Católica, S. A., mientras que una parte de este contenido sólo aparece como comentario a Romanos 3:24 (ver página 280 de la edición mencionada), no así en la Introducción a la epístola.

[254] Ludwig Ott, *Manual de Teología Dogmática* (Barcelona: Herder, 1986), p. 384.

"Según la faceta positiva, la Sagrada Escritura presenta la justificación como regeneración por Dios, es decir, como generación de una nueva vida sobrenatural en aquel que hasta ahora ha sido pecador (Ioh 3, 5; Ti 3, 5 s), como nueva creación (2 Cor 5, 17; Gal 6, 15), como renovación interna (Eph 4, 23 s), como santificación (1 Co 6, 11), como traslado del estado de muerte al estado de vida (I Ioh 3, 14), del estado de tinieblas al estado de luz (Col 1, 13; Eph 5, 8), como asociación permanente del hombre con Dios (Ioh 14, 23; 15, 5), como participación de la divina naturaleza (2 Petr 1, 4: «divinae consortes naturae»)."[255]

Todo esto, por supuesto, es sólo un eco del "Decreto sobre la Justificación" que resultó del Concilio de Trento, celebrado en Enero de 1547, en donde, entre otras cosas, quedó escrito que:

"A esta disposición o preparación[256] síguese la justificación misma que no es sólo remisión de los pecados [Can. 11], sino también santificación y renovación del hombre interior, por la voluntaria recepción de la gracia y los dones, de donde el hombre se convierte de injusto en justo y de enemigo en amigo, para ser *heredero según la esperanza de la vida eterna* [Tit. 3, 7]."[257]

En seguida se enumeran las causas de esta justificación, terminando con lo que llamaron *causa formalis* (causa formal):

"Finalmente, la única causa formal es la justicia de Dios, no aquella con que Él es justo, sino aquella con que nos hace a nosotros justos [Can. 10 y 11], es decir, aquella por la que, dotados por Él, somos renovados en el espíritu de nuestra mente[258] y no sólo quedamos reputados justos, sino que verdaderamente nos llamamos y somos justos, al recibir en nosotros cada uno su propia justicia, según la medida en que *el Espíritu Santo la*

---

[255] Ibíd. Cabe señalar que Ludwig Ott representa un catolicismo más tradicional, diferente al camino que muchos otros teólogos católicos romanos contemporáneos han seguido desde el Concilio Vaticano II, en busca de un entendimiento de la justificación más cercano a la perspectiva protestante.
[256] *I.e.* el arrepentimiento y el sacramento del bautismo (ver Cap. VI de la misma Sesión). Estos entendidos como *causa instrumentalis* (causa instrumental) de la justificación. Son, juntamente con la fe, los "actos dispositivos" que nos hacen posible la justificación.
[257] Concilio de Trento, Decreto sobre la Justificación (Sesión VI), Cap. VII, 13 de Enero de 1547. Tomado de Enique Dezinger, *El Magisterio de la Iglesia* (Barcelona: Herder, 1958), p. 230.
[258] O "en lo interior de nuestras almas", según otras traducciones del latín.

reparte a cada uno como quiere [1 Cor. 12, 11] y según la propia disposición y cooperación de cada uno."[259]

Esto último hace referencia a lo que ellos llaman "gracia santificante" (y "gracia de justificación" o "justificadora"), un don sobrenatural que Dios otorgaría a los hombres por su Espíritu, para remisión de los pecados y santificación interna (purificación del alma), una gracia infundida —justicia infundida— y que se vuelve inherente al alma humana, en un estado y/o cualidad permanente para el que es justificado, perfeccionando así la sustancia del alma. Esta gracia comunica a nuestra alma la vida sobrenatural del Hijo, es una participación de la vida divina (o divina naturaleza), por la cual se nos hace semejante a Dios (*similitudo Dei*) en cuanto a asimilación con su santidad y espiritualidad. Podemos, por esta gracia santificante, conocer a Dios y amarle. Esta nos hace justos o santos en nuestro interior, embelleciendo el alma de toda mancha de pecado. Por ella somos convertidos en hijos de Dios, amigos de Cristo y habitáculos (templo) del Espíritu Santo.[260]

Lo anterior da cuenta de cómo es que se han confundido los conceptos de regeneración y santificación, mezclándolos con el concepto de justificación, el cual, como he venido explicando —y seguiré haciéndolo—, sólo es un asunto de carácter forense, una declaración de tipo judicial, no una transformación interna de los sentidos y del alma. Esta distinción entre "justicia infundida" (o impartida) y "justicia imputada" es la clave para entender el meollo del debate que tiene siglos.

---

[259] Ibíd. Ver también en http://www.thecatholictreasurechest.com/strent.htm. [en línea] [Consulta: 30 de Diciembre de 2015].
*Nótese la expresión: "según la propia disposición y cooperación de cada uno". Esta es la "disposición o preparación" de la que habla el Concilio según la cita anterior. La "cooperación" aquí se refiere a aquello que el hombre debe hacer para que la gracia de la justificación —o la justicia de Cristo— sea infundida (no imputada) en su alma. Esta distinción entre "justicia infundida" y "justicia imputada" es la clave para entender el meollo del debate que tiene siglos.
[260] Así también Ludwig Ott, ver pp. 386, 390-399. Así también en el *"Catecismo de la Iglesia Católica"*, Tercera Parte, Primera Sección, Cap. Tercero y Artículo 2, II. 1996-2005. Véase también una exposición sobre "La Gracia Santificante" en:
http://www.clerus.org/clerus/dati/2000-05/06-7/LaGracia.html. [en línea] [Consulta: 30 de Diciembre de 2015].

Incluso en su "Declaración Conjunta sobre la Doctrina de la Justificación" de 1999[261], que pretendía aunar criterios y unificar puntos de acuerdo (o "convergencia", como prefieren decir otros) con la Iglesia Luterana (la Federación Luterana Mundial), no logran desprenderse de este concepto arraigado por generaciones en la colectividad católico romana.[262] Entre otras cosas, esta Declaración Conjunta dice que:

> "Cuando los católicos hacen hincapié en la renovación de la persona desde dentro al aceptar la gracia impartida al creyente como un don, quieren insistir en que la gracia del perdón siempre conlleva un don de vida nueva que en el Espíritu Santo se convierte en verdadero amor activo." (Artículo 4.2, párrafo 24)

En un artículo siguiente ellos afirman:

> "La justificación del pecador es perdón de los pecados y volverse justo por la gracia justificadora que nos hace hijos de Dios [...] La enseñanza católica pone el énfasis en la renovación de la vida por la gracia justificadora." (Artículo 4.3, párrafo 27)—

En este mismo artículo, en el párrafo anterior, se expone la interpretación luterana y la distinción que estos hacen "entre la justificación propiamente dicha y la renovación de la vida que forzosamente proviene de la justificación" (Artículo 4.3, párrafo 26). Y aunque se reconoce que ambas cosas son inseparables y son una en Cristo, cabe señalar que, juntamente con esta interpretación luterana, los cristianos evangélicos no queremos significar con ello que esta "unión

---

[261] Publicada originalmente bajo el título: "The Lutheran World Federation and the Roman Catholic Church, *Joint Declaration on the Doctrine of Justification*" (Grand Rapids, Michigan/Cambridge, U.K., William B. Eerdmans, 2000). Disponible también en:
http://www.vatican.va/roman_curia/pontifical_councils/chrstuni/documents/rc_pc_chrstuni_doc_3 1101999_cath-luth-joint-declaration_sp.html.

[262] Incluso el propio Hans Küng, quien se acercó bastante a nuestros conceptos sobre la justificación (*"La justificación: doctrina de Karl Barth y una interpretación católica"*. Barcelona: Editorial Estela, 1976) y es en buena medida responsable de que se haya hecho posible el diálogo entre las iglesias, es también ambiguo en este punto, pues no es lo suficientemente claro en sus afirmaciones cuando dice que somos justificados total y plenamente; o cuando dice que somos perdonados y hechos justos en nuestro corazón; y que somos simultáneamente declarados justos y hechos justos (pp. 204, 210).

inseparable" entre la justificación y la renovación interior (regeneración) sean un mismo y único aspecto de la gracia, sino más bien dos —o mejor dicho tres, si incluimos la santificación— aspectos distintos del *favor* de Dios en la obra de salvación, los cuales, aunque inseparables por tratarse de aspectos o estados simultáneos y operados en la misma gracia salvífica, deben distinguirse y "separarse" (conceptualmente) a fin de poder reconocer el significado que cada uno aporta, esto en el contexto de la obra de Dios operada en Jesucristo (a favor de nosotros) y por el Espíritu (en nosotros).

Me parece apropiado citar a Murray en este acalorado punto, debido a lo muy aclaratoria que resulta su analogía a manera de explicación:

> «La regeneración es un acto de Dios en nosotros; la justificación es un juicio de Dios acerca de nosotros. La distinción es como la que existe entre el acto de un cirujano y el acto de un juez. El cirujano, cuando extirpa algún cáncer interior, hace algo en nosotros. Esto no es lo que hace el juez: el juez emite un veredicto respecto a nuestra situación judicial. Si somos inocentes, él se pronuncia en este sentido.
> »La pureza del evangelio se vincula con el reconocimiento de esta distinción. Si se confunde la justificación con la regeneración o la santificación, entonces se abre el camino para la perversión del evangelio en su misma esencia. **La justificación sigue siendo el artículo donde la Iglesia se mantiene o cae.**»[263] [Énfasis y negrilla añadidos]

Creo oportuno aquí transcribir también las palabras que habló Calvino contra Osiander, con respecto a su error de confundir la gracia de la justificación con la de la santificación y la regeneración, en su intento por entender la justificación en términos de una participación en la naturaleza divina mediante la infusión de su propia sustancia y/o esencia. Y aunque el contexto de dicha refutación de parte de Calvino no es el mismo que aquí estamos contemplando (Osiander no era un católico romano), no obstante lo que se plantea tiene igual validez para los efectos de nuestra temática de fondo, a saber; que justificación, regeneración y santificación no son una misma cosa:

---

[263] John Murray, *La Redención - Consumada y Aplicada*, p. 119.

"Así como Cristo no puede ser dividido en dos partes, de la misma manera la justicia y la santificación son inseparables, y las recibimos juntamente en Él. Por tanto, todos aquellos a quienes Dios recibe en su gracia, son revestidos a la vez del Espíritu de adopción, y con la misma reformados a Su imagen. Mas si la claridad del sol no puede ser separada de su calor, ¿vamos a decir por ello que la tierra es calentada con la luz e iluminada con su calor? No se podría aplicar a la materia que traemos entre manos una comparación más apta y propia que ésta. El sol hace fértil con su calor a la tierra y la ilumina con sus rayos. Entre ambas cosas hay una unión recíproca e inseparable; y sin embargo, la razón no permite que lo que es propio de cada una de estas cosas se atribuya a la otra. Semejante es el absurdo que se comete al confundir las dos gracias distintas, y que Osiander quiere meternos a la fuerza. Porque en virtud de que Dios renueva a todos aquellos que gratuitamente acepta por justos, y los pone en el camino en que puedan vivir con toda santidad y justicia, Osiander confunde el don de la regeneración con esta gratuita aceptación, y porfía que ambos dones no son sino uno mismo. Sin embargo, la Escritura, aunque los junta, diferencia el uno del otro, para que mejor veamos la variedad de las gracias de Dios. Porque no en vano dice san Pablo que Cristo nos ha sido dado como justificación y santificación (1 Co. 1,30). Y todas las veces que al exhortarnos a la santidad y pureza de vida nos da como razón la salvación que nos ha sido adquirida, el amor de Dios y la bondad de Cristo, claramente nos demuestra que una cosa es ser justificados y otra ser hechos nuevas criaturas."[264]

Lo cierto es que cualquier iniciativa entre los líderes católicos romanos y protestantes, con respecto a establecer una unidad de fe o a unificar puntos de convergencia acerca de las diferencias conceptuales que definen la doctrina de la justificación según cada tradición, tiene que dejar de lado las ambigüedades, entendiéndose que la controversia de hace casi 500 años no fue un mero problema de lenguaje; no fue una cuestión semántica en donde al final todos querían decir lo mismo, pero con otras palabras. Tampoco se trató de un simple mal entendido en donde cada quien le dio un significado diferente a los concepto relacionados con la materia en cuestión. A este mismo respecto, pienso que ninguna declaración conjunta habida entre ambos sectores escucha realmente al otro en su propia definición de tales conceptos.

---

[264] Juan Calvino, *Institución*, III. XI. 6, p. 562.

SEGUNDA PARTE. LA DOCTRINA DE LA JUSTIFICACIÓN
CAPÍTULO SEGUNDO: EL FUNDAMENTO DE LA JUSTIFICACIÓN

Mi punto de vista aquí es que sólo a menos que una de las partes seda con respecto a la posición de la otra, es que tal unidad de fe en verdad será posible. Sin embargo, tal compromiso no lo veo realmente viable. ¡Es mucho lo que está en juego! Pensemos en términos de lo que es fundamental para cada tradición. O la justicia de Cristo nos es imputada en la justificación, o no lo es —o, en su defecto, es sólo infundida, o no lo es. O somos justificados por la sola fe, o no lo somos —o, en su defecto, somos justificados por la fe y el sacramento del bautismo y la penitencia, o no lo somos. Por último, o la justificación es un concepto forense diferente de la santificación y la regeneración, o no lo es. No existe un punto intermedio entre estas diferencias, por más que se quiera hacer de los conceptos una simple cuestión semántica.

Es en escenarios como este en donde las palabras de James Buchanan cobran especial valor:

> "La mayoría de los principales errores en el asunto de la justificación se pueden remontar a visiones oscuras o defectuosas con respecto a la naturaleza o importancia de la imputación, y han surgido por suponer ya sea la idea que consiste en la infusión de cualidades morales, en cuyo caso la justificación se confunde con la santificación, o que, en la medida en que se pueda distinguir la imputación de la infusión, se basa al menos en las cualidades morales que se convierten así en inherentes, en cuyo caso la justificación tiene como su fundamento inmediato una justicia personal y no vicaria. La única forma efectiva de atacar la raíz de estos errores preponderantes y perniciosos es formando concepciones distintas y definitivas de lo que realmente significa la doctrina general de la Imputación, ya sea en relación con el pecado o con la justicia."[265]

De regreso al comentario del profesor Lorenzo Turrado, es pertinente aclarar nuestro punto de vista. La opinión de que Pablo no concibe la justificación "sino como *creación* de esa realidad en el hombre", no es tal cuando consideramos los pasajes bíblicos citados en su comentario, los cuales no están afirmando esa premisa, sino sólo destacando los aspectos de la gracia que conforman el "paquete" en la economía de la salvación, además de las posibilidades que el verdadero creyente tiene

---

[265] James Buchanan, *The Doctrine of Justification: An Outline of its History in the Church and of its Exposition from Scripture* (Edinburgh: T&T Clark, 1867). Lect XII, Prop. XVII, p. 323 (t.p.).

para vivir una vida en santidad y en conformidad con la nueva condición de vida que ha adquirido en Cristo Jesús. Los pasajes son, en su conjunto, una exhortación al cristiano a perseverar en el bien obrar, lo cual no demuestra que la justificación se trate de una transformación en el carácter de la persona justificada, ni menos aún que "justificación", "regeneración" y "santificación" sean conceptos intercambiables. Aunque hemos de insistir en que una persona justificada necesariamente ha de manifestar fruto de esa nueva posición mediante obras de justicia, lo cual es evidencia de una fe viva y genuina (*cf.* Ef 2:10 y Stg 2:17ss), de una fe que obra por el amor (Gál 5:6). Muy atinadamente ha escrito John Stott: "La obra justificadora del Hijo y la obra regeneradora del Espíritu no se pueden separar. Por ello, las buenas obras de amor siguen a la justificación y al nuevo nacimiento como la necesaria demostración de su genuinidad. Porque la salvación, que nunca es ´por obras`, siempre es ´para obras`."[266]

Arthur W. Pink también dijo: "Contrariamente, todos los protestantes representativos han mostrado que la justificación no se refiere a un cambio de tipo moral, sino a un cambio de estado legal; aunque reconociendo, ciertamente declarando con firmeza, que un cambio radical de carácter invariablemente *acompaña* a la justificación."[267]

Con mucho acierto ha escrito también Charles Hodge: "Cuando Dios justifica al hombre, lo *declara* justo. Justificar nunca significa "hacer a uno santo". Se dice que es pecado justificar al impío, pero nunca puede ser pecaminoso santificar al impío."[268]

De igual manera Pink continúa diciendo:

> "La justificación, entonces, no se refiere a algún cambio subjetivo producido en la actitud de una persona, sino que es exclusivamente un cambio objetivo en su posición en relación a la ley. Que la justificación es imposible que pueda significar *hacer* a una persona justa o buena intrínsecamente es más claramente visto a partir del uso del término en sí en la Escritura. Por ejemplo, en Proverbios 17:15 leemos, "El que justifica al impío, y el que condena al justo, ambos son igualmente abominación a Jehová". Ahora bien, obviamente quien cambia a un "impío" *haciéndolo*

---

[266] Jonh Stott, *La Cruz de Cristo*, p. 210.
[267] Arthur W. Pink, *La Doctrina de la Justificación*, p. 13.
[268] Charles Hodge, *The Way of Life: a Handbook of Christian Belief and Practice*, 1841. Cita tomada de "Portavoz de la Gracia 187s - La Justificación", Publicado por Chapel Library, 2013, p. 7.

una persona justa está lejos de ser "abominación a Jehová", pero el que ha sabiendas dice que una persona impía es justa es aborrecible a Él."[269]

Philip Ryken dijo algo muy similar: "Al lamentar la justificación del culpable, Dios no está intentando impedir que alguien transforme a los culpables en buenos y ejemplares ciudadanos. Si justificar al culpable significa hacerlo justo, ¡seguramente Dios estaría a favor de ello! Su objeción más bien es declarar al culpable como inocente, lo cual sería falso y pernicioso."[270]

Muy precisa y enérgica es también la respuesta de Herman Ridderbos a la enseñanza católico romana:

> "Cualquier intento por reducir el significado absolutamente no analítico de esta justificación del impío —ya sea interpretándola como un pronunciamiento anticipado que se basa en la subsiguiente transformación ética del impío, o considerando el aspecto judicial de la obra de Dios en la justificación junto con el aspecto ético de su obra en la santificación—, debe rechazarse como una violación y oscurecimiento del significado específico de la declaración de Pablo. La justificación del impío tiene que ver con el hombre como pecador y no con su futura renovación interior. Se trata únicamente del aspecto forense de la obra de redención divina."[271]

Una última cosa que cabe recordar aquí es que, así como la condenación simplemente es un veredicto judicial que no hace inherentemente culpable al condenado, sino que más bien reconoce y declara la culpabilidad demostrada del que ha sido acusado, de la misma manera la justificación no convierte en una persona éticamente justa al penitente, sino que simplemente se trata de una actividad forense mediante la cual se determina o se concluye que el acusado está libre de culpa y; por tanto, ha sido absuelto por el tribunal.

---

[269] Arthur W. Pink, p. 14.
[270] D. A. Carson y Timothy Keller (eds.), *La Centralidad del Evangelio*, p. 181. Véase también en John Murray, *La Redención - Consumada y Aplicada*, pp. 117 y 119.
[271] Herman Ridderbos, *El pensamiento del apóstol Pablo*, pp. 225-226.

Nuestra unión con Cristo

Ahora bien, con respecto a que nuestra comprensión de la doctrina acaba siendo una *fictio iuris* (ficción legal), lo que no se está tomando en cuenta es que la doctrina en sí misma no consiste simplemente en que Dios nos declara justos cuando de hecho no lo somos. En realidad hay algo más que un simple pronunciamiento legal, hay imputación de la justicia de Cristo. Pero todavía hay algo más que una mera imputación a la distancia. Como dice Ridderbos, "La justicia del impío es una justificación «en Cristo», es decir, no sólo sobre la base de su muerte expiatoria y su resurrección, sino también en virtud de la inclusión corporativa de los suyos en él."[272] "La justicia forense de la justificación", escribió también G. E. Ladd, "es una *justicia verdadera*, porque la relación del ser humano con Dios es tan verdadera como su condición ética subjetiva. Él no trata al pecador *como si* fuera justo; es de hecho justo. Por medio de Cristo ha entrado en una relación nueva con Dios y es realmente justo en función de esta relación."[273] Erickson expone esta realidad en los siguientes términos:

> "[...] la transferencia de la rectitud de Cristo, y de lo que se consiguió con la expiación, no fue una transacción a distancia. Más bien, es un asunto de dos, Cristo y el creyente, que se convierten en uno ante los ojos de Dios. Por lo tanto, Pablo puede decir que los creyentes que hayan muerto con Cristo resucitarán con Cristo (Ro. 6:3-4).
> Es como si, con respecto al estado espiritual de uno, una nueva entidad haya surgido. Es como si Cristo y yo nos hubiésemos casado, o nos hubiésemos fusionado para formar una nueva compañía. Por tanto, la imputación de su rectitud no es tanto un asunto de transferir algo de una persona a otra como de unir a dos personas para que tengan cosas en común."[274]

---

[272] Ibíd., p. 226.
[273] George E. Ladd, *Teología del Nuevo Testamento*, p. 595.
[274] Millard Erickson, *Teología sistemática* (Barcelona: CLIE, Segunda edición Colección Teológica Contemporánea, 2008), p. 832. Léase también la página 967 de la citada obra, en donde Erickson vuelve a una explicación similar en respuesta a la objeción a las doctrinas de la expiación sustitutiva y la justificación forense, en que se alega que no es posible transferir la virtud de una persona a otra. Dice con mucha razón Erickson, entre otras cosas: "Sin embargo, lo que debería tenerse en cuenta es que esto no es algo tan externo como a veces se piensa. Porque Cristo y el creyente no están tan

Juan Calvino, en su "Institución de la Religión Cristiana", expresó esta idea en términos muy parecidos:

> "doy la primacía a la unión que tenemos con nuestra Cabeza, a la inhabitación de Cristo en nuestros corazones, y a la unión mística mediante la cual gozamos de Él, para que al hacerse nuestro, nos haga partícipes de los bienes de que está dotado. No afirmo que debamos mirar a Cristo de lejos y fuera de nosotros, para que su justicia nos sea imputada, sino en cuanto somos injertados en su cuerpo; en suma, en cuanto ha tenido a bien hacernos una sola cosa consigo mismo. He aquí por qué nos gloriamos de tener derecho a participar de su justicia."[275]

Dice también Millard Erickson, al enumerar las características de esta unión:

> "La primera característica de nuestra unión con Cristo es que es judicial en naturaleza. Cuando el Padre nos evalúa o juzga ante la ley no nos considera solos. Dios siempre ve al creyente en unión con Cristo y mide a los dos juntos. Por lo tanto, no dice: "Jesús es recto, pero el hombre no es recto". Ve a los dos como uno y dice: "Son rectos". Que el creyente es recto no es una ficción ni una interpretación errónea. Es la evaluación correcta de una entidad legal nueva, una corporación que se ha formado como tal. El creyente se ha incorporado en Cristo y Cristo en el creyente (aunque no exclusivamente). Todos los bienes de cada uno ahora son poseídos por el otro. Desde una perspectiva legal, los dos son ahora uno."[276]

Comprender nuestra unión con Cristo es vital para comprender en su plenitud la doctrina de la justificación por la fe. Tan relevante resulta ser nuestra unión con Cristo, que no pueden haber sido más exactas las palabras de Murray, cuando escribió que:

> "La unión con Cristo es en realidad la verdad central de toda la doctrina de la salvación, no sólo en su aplicación, sino también en su cumplimiento de

---

lejos uno de otro como para que cuando Dios mire objetivamente al creyente no pueda ver también a Cristo con su rectitud...".
[275] Juan Calvino, *Institución*, III. XI. 10, p. 566.
[276] Millard Erickson, *Teología sistemática*, pp. 961.

una vez para siempre por medio de la obra consumada de Cristo. [...] Todo aquello a lo que el pueblo de Dios ha sido predestinado en la eterna elección de Dios, todo lo que ha sido asegurado y procurado para ellos en el cumplimiento de la redención de una vez para siempre, todo aquello de lo que han venido a ser los reales partícipes en la aplicación de la redención, y todo lo que por la gracia de Dios llegará a ser en el estado de gloria consumada queda abarcado dentro del ámbito de la unión y de la comunión con Cristo."[277]

Dice también John Murray: "la unión con Cristo es en sí un tema muy amplio y extenso. No es simplemente un paso en la aplicación de la redención; cuando se la analiza, según la enseñanza de la Escritura, en sus aspectos más amplios subyace en cada aspecto de la aplicación de la redención."[278] Aunque no hablaremos aquí extendidamente acerca de este asunto, ni profundizaremos en esta importante doctrina de la "unión mística"[279], es importante que al menos me refiera a ella en relación con nuestra presente discusión.

Es necesario que entendamos que en la cruz no sólo hubo una imputación de nuestros pecados al Señor, y tampoco sólo nos fue imputada la justicia de Cristo recibiéndola nosotros de una forma radicalmente pasiva. En realidad, así como Él se identificó real y verdaderamente con nosotros —esto es, con su remanente escogido por gracia— al llevar nuestros pecados sobre el madero de la cruz, así también nosotros, por la fe, nos hemos identificado real y verdaderamente con Él en su muerte en la cruz y en su resurrección en victoria de entre los muertos (*cf.* Ro 6:3-11; Col 2:12, 20; *cf.* Gál 5:24; 6:14). Por la fe estamos realmente unidos a Él, esto es, en cuanto a su realización subjetiva en nuestras vidas por las operaciones del Espíritu Santo (aunque es una "unión mística" que tiene lugar mucho antes que

---

[277] John Murray, *La Redención – Consumada y Aplicada*, pp. 157 y 165.
[278] Ibíd., p. 157.
[279] Llamada así por tratarse de una obra espiritual (esto es, realizada por el Espíritu Santo en un sentido subjetivo) sobrenatural y misteriosa (*cf.* Louis Berkhof, *Teología sistemática* [Grand Rapids, Michigan: Libros Desafío, 2009], p. 533). "La unión con Cristo es mística porque es un misterio" — John Murray, p. 163. La Biblia explica esta unión mediante variadas ilustraciones y/o metáforas, siendo las más clarificadoras las de Juan 15:1-17; 1Corintios 12:12-27; Efesios 1:22-23; 2:19-22; 4:15-16; 5:22-32.

proceda la fe)²⁸⁰. Cuando Cristo murió por mí yo morí con Él (Col 3:3), cuando se levantó de la muerte yo me levanté con Él (Col 3:1). De manera que cuando leemos que Dios "juntamente con él nos resucitó, y asimismo nos hizo sentar en los lugares celestiales con Cristo Jesús" (Ef 2:6), lo que allí se implica no es sólo que nuestra propia resurrección escatológica está garantizada, lo cual ciertamente es así por cuanto el Señor que padeció la muerte por nosotros resucitó también para darnos a nosotros la esperanza de la glorificación, sino que por la fe estamos en el presente disfrutando de ella en virtud de nuestra incorporación a —o unión con— Cristo, aun cuando nuestra herencia todavía no ha sido completada y esperamos con ansias participar plenamente de ella (Col 3:4).

Así también, cuando Pablo dice que no hay condenación alguna para los que están *en* Cristo Jesús (Ro 8:1), no quiere con ello significar los que están "al lado" de Cristo Jesús, sino los que están *en* Él. Quiero insistir en lo último que acabo de decir: No es por estar *cerca* de Cristo que somos salvos, no es ni siquiera por estar muy cerca de él que logramos alcanzar la justificación y la vida eterna. ¡Somos salvos por estar *en* Él! Con muchísima razón decía John Wesley: "Nunca penséis de vosotros fuera de Cristo."²⁸¹

---

²⁸⁰ *Cf.* Louis Berkhof, *Teología sistemática*, pp. 533-535; Wayne Grudem, *Teología sistemática,* pp. 883-884.

²⁸¹ Se ha dicho de Wesley que, a diferencia de Jacobo Arminio y otros pensadores reformados, no estaba de acuerdo con la doctrina de la justificación según se ha expuesto en este libro, particularmente con el concepto de la imputación de la justicia aquí explicado. Véase, por ejemplo, la exposición que hace Stephen M. Ashby en defensa del punto de vista arminiano reformado, para la obra de J. Mathew Pinson (ed.) *"La Seguridad de la Salvación. Cuatro puntos de vista"* (Barcelona: CLIE, 2006), en donde explica no sólo cómo es que Arminio sostenía el mismo concepto de la justificación que otros reformadores (pp. 151-153), sino también cómo es que Wesley y sus seguidores negaron dicho concepto, al menos en su distintivo reformado (pp. 162-165). Léase, no obstante a lo dicho, la exposición que después de Stephen M. Ashby hace J. Steven Harper en defensa del punto de vista arminiano wesleyano, en donde Harper al parecer pretende demostrar que Wesley sí sostenía un punto de vista reformado acerca de la justificación (*q.v.* pp. 246-249). Sin embargo, las respuestas a la exposición de Harper acerca de este asunto, hechas posteriormente por Michael S. Horton (pp. 274-275) y también por Stephen M. Ashby (pp. 289-290), parecen reafirmar esta crítica a la posición de Wesley. Hay también cierta ambigüedad acerca de esto en algunos escritos suyos, como por ejemplo en su comentario a Romanos 4:5-9 (*Obras de Wesley* Tomo X, edición auspiciada Wesley Heritage Foundation, Inc. Página 99 del texto en formato digital) o en el Sermón 20 de Wesley titulado "The Lord our Righteousness" ("El Señor nuestra Justicia"), predicado en noviembre de 1765, en donde parece ser que Wesley acepta el concepto de la imputación de la justicia de Cristo al creyente (ver esp. el II.1 de su sermón), y; sin embargo, todavía podría entenderse o interpretarse de diversos modos lo que este intenta decir. Compárese lo anterior con

Las fórmulas "en él", "en Cristo", "en Cristo Jesús" ocurren 164 veces en los escritos de Pablo[282], y siempre en relación con la unión que existe entre Cristo y los creyentes, lo cual viene a corroborar aquello que decía Murray con respecto a lo central que es esta doctrina en todo lo que dice relación con la doctrina de la salvación. Hemos de insistir entonces en que "todos los que hemos sido bautizados *en* Cristo, de Cristo estamos revestidos" (Gál 3:27), de manera que Dios nos ve no a nosotros pecadores, sino a Cristo, de quien estamos revestidos. No es únicamente una posición de justos *delante de* Dios lo que finalmente garantiza nuestra justificación, es nuestra posición *en* Cristo, unidos a Él, participando *con él* de su muerte y resurrección en la que somos hechos la justicia de Dios, la justicia de Dios en Cristo.[283] Es su vida en resurrección la que comunica vida al Cuerpo (la Iglesia) y a cada creyente individual[284], y es en su justicia que la Novia está revestida de justicia, de manera que puede ella presentarse delante del trono de Dios, del Juez de todo el universo, y recibir de parte de Él la declaración de justicia y la aceptación a su Reino. No vendremos a condenación, más hemos pasado de muerte a vida (Jn 5:24).

Podemos entender ahora a Pablo y a qué se estaba refiriendo cuando escribió respecto de Cristo y de "**ser hallado en él**, no teniendo mi propia justicia, que es por la ley, sino la que es por la fe en Cristo, la justicia que es de Dios por la fe" (Fil 3:9). "Ser hallado en Él" es un concepto que cada uno de nosotros necesita comprender en su totalidad. Se trata de la posición en la que hemos sido colocados por designio divino, sobre la

---

las propias palabras del teólogo wesleyano J. Kenneth Grinder en su *Teología Wesleyana de Santidad* (título original: *A Wesleyan-Holiness Theology*) (Missouri: CNP, 1994), pp. 343-344, en donde el autor hace la distinción entre justicia impartida y justicia imputada, sugiriendo que lo primero es lo que define al pensamiento arminiano-wesleyano, mientras que lo segundo es propio del pensamiento calvinista. Para J. Kenneth Grinder, "Nosotros los arminianos creemos que Dios como Juez, cuando nos perdona, en realidad nos hace justos por la impartición de justicia a nosotros" (Cap. 14 "La Primera Obra de Gracia", Justificación, p. 343).

[282] James Montgomery Boice, *Los Fundamentos de la Fe Cristiana* (Miami: Unilit, 1996), p. 396.

[283] Sin dejar de señalar, y por supuesto insistiendo, en que la justificación es siempre una declaración de Dios en base de la imputación de la justicia de Cristo.

[284] "No es otra sino la vida de Cristo la que habita en los creyentes y anima a los creyentes" — Berkhof, p. 537. Dice Erickson: "Su vida [la de Cristo] fluye dentro de la nuestra, renovando nuestra naturaleza interna (Ro. 12:2; 2 Co. 4:16) e impartiendo fortaleza espiritual. Hay una verdad literal en la metáfora de Jesús de la viña y los pámpanos. De la misma manera que los pámpanos no pueden dar fruto si no reciben vida de la viña, nosotros no podemos llevar fruto espiritual si la vida de Cristo no fluye en nosotros (Jn 15:3)" —*Teología Sistemática*, p. 962.

base de su propósito eterno, y es donde esperamos en esperanza ser hallados en el día final. "Ser hallado en Él" es el anhelo ferviente de quien ha comprendido que su propia justicia no tiene valor alguno delante del trono de Dios, es la renuncia al propio esfuerzo y a los méritos humanos, es la plena confianza de que Dios puede proveer, en Cristo y por Él, el don de la justicia, de modo que puede el creyente descansar ya no en las obras suyas, sino en la cruz de Jesucristo y en las promesas de Dios en Cristo, aplicadas al creyente por las operaciones del Espíritu Santo.

Ciertamente, como también escribió el apóstol, "al que no conoció pecado, por nosotros lo hizo pecado, para que nosotros fuésemos hechos justicia de Dios *en él*" (2 Co 5:21). Esta identificación del Hijo con nuestro pecado, con nuestra condición caída, tuvo como propósito ("para") el que nosotros llegáramos a ser no solamente justicia, sino la justicia de Dios en Él. "En Él", enfatiza este concepto de unidad que, como ya hemos visto, se repite una y otra vez en Pablo; y aquí, entre las varias cosas que se podrían decir de esta magnífica cita, podemos advertir que es únicamente estando en Cristo que llegamos a ser "justicia de Dios", no por supuesto con el sentido de "encarnar [o personificar] la fidelidad de Dios con el pacto", sino en el sentido de la justicia que proviene de Dios como un don que se nos concede en Cristo.[285]

---

[285] Contra N.T. Wright, *El Verdadero Pensamiento de Pablo*, pp. 112-13; y también su más amplia exposición en *Justification: God`s plan and Paul`s visión* (Illinois: IVP, 2009), pp. 158-67. A pesar de la extensa argumentación de Wright a su interpretación del genitivo en 2 Corintios 5:21 —entendido este como una manera de expresar la fidelidad pactual de Dios que es asimilada por el predicador en su rol de apóstol del evangelio (encarnando así el evangelio que trata acerca de la fidelidad de Dios hacia su pacto)— no creo que Pablo haya en verdad querido decir lo que Wright entiende. Para empezar, no creo que el "nosotros" de Pablo sólo hiciera referencia a él y a los otros apóstoles que, como él, tuvieron la enorme tarea de llevar el mensaje de reconciliación al mundo. Aunque el contexto de la carta parece apoyar la idea de que Pablo hace especial alusión a su ministerio apostólico y a las aflicciones que acompañan este apostolado, no creo que Pablo —en la frase "llegáramos a ser justicia de Dios en Él"— se haya estado refiriendo precisamente a su misión encomendada (la de él y de sus compañeros de ministerio). Más bien, parece que la frase, junto con la cláusula anterior ("Al que no conoció pecado, por nosotros fue hecho pecado") es una extensión del contenido evangelístico al que hace mención Pablo (el ministerio de la reconciliación, vv. 18-20); en donde se contrastan dos situaciones que resultan de una misma acción divina: "Jesús, que nunca pecó, fue hecho pecado por nosotros; nosotros, en consecuencia, podemos ser hechos justicia de Dios en Jesús." A mí me parece que aquí la «justicia de Dios» es ese don que Dios confiere a los hombres y que resulta de no tomarles en cuenta sus pecados (v. 19), como una antedonación o declaración anticipada de lo que ahora pueden ser en Cristo (en cuanto a posición) aquellos que obedecen al llamado apostólico de la reconciliación; y no la «justicia» como "la fidelidad de YHWH al pacto" (p. 164) que los apóstoles encarnan en sus propias vidas como proclamadores de ese llamado de Dios al mundo (pp. 165-166). Esta interpretación tradicional, que yo (y muchos otros

William R. Newell, como ya lo señalé más atrás en una nota al pie, enfatizó esta unión vital con Cristo en virtud de la cual somos declarados justos por Dios, pero lo hizo en desmedro de una acción divina que es complementaria e inherente a esta, *i.e.* negando rotundamente la imputación de la justicia de Cristo por haberla considerado herética; inescritural y antiescritural (sus propias palabras)[286]. Y aunque Newell se esforzó por explicar la importancia que tiene esta unión para nuestra justificación, olvidó, o mejor dicho pasó por alto, de manera deliberada el hecho innegable de que la justificación es primeramente un concepto legal tomado de los tribunales, un acto judicial mediante el cual Dios declara justos a pecadores, no en su posición de pecadores (como creyó Newell en base a Romanos 4:5)[287], lo cual es imposible dado el carácter inmutablemente Santo y Recto de Dios, sino porque están en Cristo participando no sólo de su muerte y de su resurrección, sino también de su justicia, la que les es atribuida por la fe y en función de esta misma unión que tiene también un valor forense. Newell simplemente pareció ignorar todo eso y escogió "demonizar" nuestro concepto de imputación.

De regreso a nuestra idea inicial, cabe indicar que esta unión, por supuesto, no anula nuestra personalidad ni elimina nuestra identidad[288], sino más bien nos concede una identidad nueva y un estatus nuevo por el cual, aun cuando cada quien sigue siendo una persona con identidad propia, ahora es un hijo de Dios por su filiación con el Hijo de Dios. En palabras aún más sencillas, nuestra unión con Cristo se refiere a una cuestión de posición y relación, es una unión orgánica sólo en un sentido

---

comentaristas) mantengo, no tiene porqué entenderse como una "digresión aislada de Pablo" que no se sigue de lo que él estaba diciendo en los versículos inmediatamente precedentes; sin embargo, es una digresión con respecto al resto del capítulo —si así se prefiere—, pero que, más allá de si tiene continuidad lógica dentro del contexto de la carta —o de su tema principal—, es perfectamente consistente con nuestra explicación, si en verdad Pablo estaba haciendo una afirmación casi parentética de lo que implicaba este mensaje de reconciliación al que alude, en tanto al contenido del mismo. No podemos, por cierto, omitir el hecho de que la reconciliación y la justificación son para Pablo dos aspectos de una misma gracia operada por Dios a través de Jesús (*cf.* Ro 5:1, 9-10); que aunque diferentes en su definición, se pueden entender juntas sin que haya confusión en los términos; de manera que no debiera parecernos extraña esta alusión a la «justicia» como *estatus* o como don de Dios, en un momento en donde se está haciendo mención a la obra reconciliadora iniciada por Dios en Cristo.

[286] William R. Newell, *Romanos, versículo por versículo*, p. 80.
[287] Ibíd, pp. 89; 90; 112.
[288] Contra el misticismo, *cf.* Louis Berkhof, p. 538; Millard Erickson, p. 959. No debe esto confundirse con nuestro anterior concepto de la "unión mística".

espiritual. Es así que Pablo, aunque no dejó de ser Pablo el judío de Tarso, por su conversión a la fe cristiana llegó a ser uno con Cristo Jesús, de manera que puede él decir: "Con Cristo estoy juntamente crucificado, ya no vivo yo, mas vive Cristo en mí; y lo que ahora vivo en la carne, lo vivo en la fe del Hijo de Dios, el cual me amó y se entregó a sí mismo por mí" (Gál 2:20).

Bendita realidad aquella que se expresa con tanta convicción, y es que no podemos vivir sino cautivos del amor de Cristo, unidos a Él. En Él somos lo que Dios ha declarado respecto de la justicia y por Él permanecemos en esa posición y en continuidad segura hasta el día en que nuestros cuerpos resucitados alaben al Dios del cielo, delante de su trono de gloria, por sus grandes maravillas.

"Bienaventurados aquellos cuyas iniquidades fueron perdonadas, Y cuyos pecados fueron cubiertos. Bienaventurado el varón al cual el Señor no imputa pecado."
(Romanos 4:7-8 BTX3, Salmo 32:1-2)

Capítulo Tercero

EL MEDIO DE LA JUSTIFICACIÓN

"el justo por la fe vivirá"
(Habacuc 2:4; *cf.* Romanos 1:17; Gálatas 3:11)

Hemos visto y argumentado extensamente que el fundamento o base de nuestra justificación es la justicia de Cristo, activa (su obediencia en vida) y pasiva (su sangre derramada para expiación de nuestros pecados y satisfacción de la justicia divina). Esta justicia le es comunicada al creyente en la conversión, razón por la cual puede ahora él gozar de salud y justificación, no sólo por causa de una simple posición de justicia ante el trono de Dios, sino también en virtud de la unión y participación con Cristo, con quien (y en quien) comparte todas sus bendiciones.

La pregunta que nos corresponde ahora contestar es: ¿Cuál es el medio por el cual recibimos esa justificación? A esto podemos responder sin ninguna pizca de duda: La fe en Jesucristo. Pero antes de aceptar esa respuesta debemos primero comprender qué cosa es esa fe *que justifica* y cuál la relación que hay entre la fe y la justificación.

Propongo comenzar definiendo a la fe *que salva* y *justifica* en las sencillas palabras de John Murray:

"la fe [...] es un movimiento del alma entera en entrega propia a Cristo para salvación del pecado y de sus consecuencias."[289]

De esta breve, pero no menos acertada definición, podemos concluir al menos tres cosas esenciales:

1º La fe es una actividad o ejercicio de la voluntad humana que involucra todo su ser;
2º tiene como objeto a Cristo; y
3º su propósito es alcanzar la salvación y el perdón de los pecados.

---

[289] John Murray, *La Redención – Consumada y Aplicada*, p. 106.

Aunque he hablado de una fe "que salva" y "justifica", debo señalar y aclarar que, no obstante aquello, no existe tal cosa como una fe "que salve" o "que justifique", pues quien salva y quien justifica es Dios en Cristo, no la fe ejercida, siendo esta sólo el medio para recibir la salvación y la justificación. Es por eso que, en lo que sigue de esta exposición, me seguiré refiriendo a esta fe en los términos: fe *para* salvación (o salvífica) y/o *para* justificación (o justificadora). Aunque ha habido autores, y aún los hay, que han preferido usar la expresión "fe que justifica", esto es correcto siempre que con ello se quiera significar lo mismo que "fe para justificación".[290]

La fe para justificación implica el asentimiento de la mente y el consentimiento de la voluntad respecto de lo que Dios ha revelado en Cristo y por el evangelio (Ro 10:17). Pero la fe justificadora no consiste únicamente en una aceptación mental de las verdades evangélicas, no es simplemente decir "sí, de acuerdo" a lo que está escrito y es anunciado. Hay un grado de importancia en la aceptación a premisas tales como que: Jesús es el Hijo de Dios, el Señor y Mesías prometido; murió en una cruz para redimirnos de nuestros pecados; fue resucitado al tercer día por el poder de Dios, en cuya diestra está ahora sentado. Todas esas cosas son ciertas y deben ser creídas y confesadas para recibir salvación (*cf.* Ro 10:9), pero aún hay algo más que eso. Dice Murray: "la fe no consiste en creer cierto número de proposiciones verdaderas acerca del Salvador, por más que éstas sean ingredientes esenciales de la fe. La fe consiste en confiar en una persona, la persona de Cristo, el Hijo de Dios y Salvador de los perdidos. Consiste en entregarnos a él. No es simplemente creer en él. Es creer y confiar en él."[291]

Esta idea, esta fe *fiducial* (*fidem fiduciam*), por supuesto, no debe conducirnos a un rechazo a las proposiciones de la fe como tal. Razón hay también en las palabras de Erickson cuando explica que "el tipo de fe

---

[290] Para una descripción resumida (en castellano) de los términos bíblicos para la "Fe" —y su uso—, según el Heb. y el Gr., recomiendo se consulte la obra de Louis Berkhof, *Teología sistemática* (Grand Rapids, Michigan: Libros Desafío, 2009), pp. 590-592. De mucha utilidad puede ser también al lector la obra de James Leo Garrett, *Teología Sistemática*, Tomo II (El Paso, Texas: CBP, 1996), capítulo 58 (pp. 242-250). Para un estudio más amplio (en castellano), puede el lector revisar el trabajo de Rudolf Bultmann para el *Compendio del Diccionario Teológico del Nuevo Testamento* (Grand Rapids, Michigan: Libros Desafío, 2003), por Gerhard Kittel y Gerhard Friedrich (eds.), pp. 827-835.

[291] John Murray, Ibíd., p. 110.

que se necesita para la salvación tiene que implicar creer que y creen en, o asentir a hechos y confiar en una persona."²⁹² En realidad, la fe para justificación contempla ambos aspectos, y cuando lo primero —creer que; asentir a hechos revelados— ha de comprometer no sólo el intelecto, sino también a la voluntad y a la determinación de aquel que ha sido llamado por Dios al encuentro espiritual, lo segundo —creer en, confiar en Aquel— se transforma en una consecuencia necesaria e inevitable. De otra manera: el que tiene fe cree y confía, ambas cosas siempre están presentes y compenetradas en toda fe verdadera, no se pueden separar²⁹³.

Valiosas son aquí las palabras de Herman Ridderbos:

> "Ni por un momento debemos aceptar la idea de que la fe —debido a que está tan ligada a la tradición y consiste en la obediente sujeción a la doctrina apostólica de la salvación— resida solamente o en primer lugar en la esfera cognitiva y no afecte desde el comienzo al hombre en la totalidad de su existencia."²⁹⁴

Contrario a esta idea fue la opinión que tuvo William R. Newell, para quien "La fe no es confianza, [...]. La fe es simplemente nuestra aceptación del testimonio de Dios como verdadero."²⁹⁵ Fe es creer lo que Dios ya ha hecho por nosotros en la cruz de Cristo, y sólo eso. La confianza y la fe deben entonces distinguirse cuidadosamente, siendo la primera aquello que "siempre mira lo que Dios hará; mientras que la fe ve lo que Dios dice que fue hecho y cree la Palabra de Dios con convicción de que es verdadera, y verdadera para nosotros mismos"²⁹⁶. Para Newell la confianza es la experiencia de vida a la que nos lleva la fe, pero no define a la fe misma²⁹⁷. Sin embargo, creo que Newell no estaba

---

[292] Millard Erickson, *Teología Sistemática*, p. 949.
[293] A este mismo respecto haremos bien en señalar que, a diferencia de otros idiomas como el latín, el francés, el inglés y el castellano, en donde el verbo "creer" y el sustantivo "fe" proceden de diferentes raíces (*credere - fides; croice - foi; believe - faith; creer - fe*, respectivamente), en el griego en cambio el verbo "creer" (πιστεύω, *pisteúoo*) y el sustantivo "fe" (πίστις, *pístis*) provienen de la misma raíz *pist*, de manera que un estudio sobre el sustantivo fe en el NT tiene, al menos en este caso, el mismo efecto que un estudio acerca del verbo creer.
[294] Herman Ridderbos, *El pensamiento del apóstol Pablo*, p. 322.
[295] William R. Newell, *Romanos, versículo por versículo*, p. 92.
[296] Ibíd.
[297] "*Después de la fe salvadora principia* la vida de confianza", ibíd.

definiendo a la confianza en el mismo sentido como la han definido —y aún la definen— los que utilizan el término para hablar de la fe justificadora o salvífica. Para él la confianza consiste en esperar que Dios haga algo por nosotros, mientras que la fe salvífica consiste en creer lo que ya ha hecho en la cruz para salvarnos (ibíd). Pero en nuestra definición de fe, no estamos con ella significando precisamente la esperanza de lo que Dios va a hacer —aunque también eso se implica dentro del mismo concepto—[298], sino más bien la seguridad de que Dios en Cristo es quien dice ser, esto es, nuestro salvador y redentor, una convicción que no sólo involucra a nuestro entendimiento, sino también a nuestro ser en entrega plena a esa verdad. De otra manera: no sólo somos persuadidos a aceptar tal verdad, sino también nos fiamos de ella y nos apoyamos en Aquel que la declaró primero, Dios en Cristo.

Con total razón Charles Hodge escribió: "El elemento primario de la fe es confianza. [...] La idea primaria de verdad es aquello que es digno de confianza; aquello que sustenta nuestras expectativas, que no frustra porque realmente es aquello que se supone o que se declara ser. Se opone a lo engañoso, lo falso, lo irreal, lo vacío y lo carente de valor. Considerar algo como verdadero es considerarlo como digno de confianza, como siendo lo que declara ser. Por tanto, fe, en el sentido global y legítimo de la palabra, es confianza."[299]

Ahora bien, tal definición que limita la fe a sólo creer en algo —aceptar como verdadero lo que Dios ya ha hecho por nosotros, por ejemplo—, no es distinta a la de la mera creencia y aceptación del intelecto de ciertas afirmaciones proposicionales, como por ejemplo que

---

[298] Como cuando leemos a Pablo acerca de la fe de Abraham en Romanos 4:18-21 —y que es el modelo de fe por el cual somos justificados nosotros. No cabe duda de que su fe y su confianza —confianza de que Dios iba a hacer lo que le había prometido— estaban entretejidas y enlazadas formando una misma cosa en realidad. Dice Pablo: "Él creyó en esperanza contra esperanza" (v. 18), "Y no se debilitó en la fe al considerar su cuerpo... o la esterilidad de la matriz de Sara" (v. 19), "Tampoco dudó... de la promesa de Dios" (v. 20), por el contrario, estaba "plenamente convencido de que [Dios] era poderoso para hacer lo que había prometido" (v. 21). Hebreos 11 contiene varios otros ejemplos que vienen a ratificar esta noción de la fe. La fe salvífica y justificadora tiene también, por supuesto, ese elemento de confianza en lo que Dios hará. No podemos perder de vista el hecho de que la propia salvación y justificación tienen también un aspecto escatológico claro en la Escritura, de manera que no solamente creemos lo que Dios ya ha hecho por nosotros en la cruz de Cristo, sino que también esperamos y aguardamos —en fe— el día en que Dios redima finalmente nuestros cuerpos mortales en la glorificación y venga a nuestro encuentro final para salvación y justificación en el día del juicio venidero.
[299] Ch. Hodge, *Teología sistemática*, p. 713.

SEGUNDA PARTE. LA DOCTRINA DE LA JUSTIFICACIÓN
CAPÍTULO TERCERO. EL MEDIO DE LA JUSTIFICACIÓN

dos más dos es igual a cuatro; o que el azul es un color distinto del naranja. Pero la aceptación de tales verdades no ameritan ni requieren la participación de mi voluntad ni mi compromiso personal con el objeto en sí, ni menos aun pueden involucrar mi alma en subordinación absoluta de a quien le creo esas verdades. La fe cristiana, no obstante y contrario a eso, nos impele a la dependencia del Cristo en quien creemos como salvador, y esa sola diferencia hace que el mero "creer en algo" no agote en realidad el contenido del concepto de fe que estamos aquí considerando. Sí, creemos en lo que Dios nos ha dicho por su Palabra y creemos también en Aquel de quien se dice eso, lo que no sólo ha sido significativo para nuestra mente con la cual asentimos a esa revelación — a ese conocimiento—, sino que también ha movido nuestra voluntad en entrega y dependencia del objeto Aquel que es presentado como nuestro salvador y redentor. Esto es, en esencia, la confianza de la que hemos venido hablando.

Ciertamente la fe, en cuanto a la participación del intelecto se refiere, requiere de ciertos conocimientos de tipo proposicional acerca de los cuales se nos demanda responder y también obedecer. De ninguna manera la fe cristiana es un salto al vacío o a lo desconocido, por mucha confianza que pueda haber tras esa acción. En este sentido, y como bien señaló H. Ridderbos: "el conocimiento ocupa un lugar importante en el concepto paulino de la fe. No podemos aproximarnos a la fe desde la esfera de las emociones o los sentimientos en el sentido del misticismo pagano. Tampoco podemos definir a la fe como un acto de entrega o *Entscheidung* (decisión, resolución) sin una clara noción de aquello a lo que uno se entrega o por lo que se decide. La fe presupone más bien un conocimiento sobre el cual descansa y del cual deriva siempre su poder. [...] El conocimiento califica a la fe como una fe consciente, dirigida y, por lo tanto, convencida y segura."[300]

A ninguna persona inconversa se le puede exigir que crea en Jesús sin saber quién es Jesús y qué ha hecho por el hombre, pues de lo contrario su fe carecería de solidez y fundamento. Sólo conociendo quién es el Cristo en quien creemos es que la fe supera a la mera superstición y

---

[300] Herman Ridderbos, *El pensamiento del apóstol Pablo*, pp. 317 y 318. Para una exposición acerca de la fe —del concepto paulino de la fe— vista esta como «obediencia», «conocimiento» y «confianza», en perspectiva con la nueva vida en Cristo, léase la citada obra de Ridderbos, pp. 310-329.

vaguedad de la mente. Esto, por supuesto, debe implicar a nuestro intelecto. Es así, pues, que podemos hablar de una fe que no es ni ciega ni insensata, que no mutila nuestro entendimiento ni nos obliga al abandono de la razón. Quien así cree al Salvador, *i.e.* con una fe consciente, dirigida, convencida y segura, puede entender a Pablo cuando dice a Timoteo: "no me avergüenzo, porque sé a quién he creído" (2Ti 1:12).

El objeto de la fe

Somos justificados por la fe de Jesucristo (Ro 3:22; 26; Gál 2:16; 3:24, 26)[301], pero, como dijo Charles Hodge: "No se trata de la fe como disposición piadosa de la mente; ni de la fe como confianza general en Dios; ni de la fe en la verdad de la revelación divina; y mucho menos de la fe «en verdades eternas», ni en los principios generales de verdad y deber, sino aquella fe de la que el objeto es Cristo."[302]

Aunque "es correcto decir que el objeto de la fe es toda la revelación de Dios contenida en Su Palabra"[303], dijo también Hodge: "En el contenido general de la Escritura hay ciertas doctrinas acerca de Cristo y de Su obra, y ciertas promesas de salvación hechas por medio de Él a hombres pecadores, que estamos obligados a recibir y sobre las que hemos de depositar nuestra confianza. Así, el objeto especial de la fe es Cristo, y la promesa de salvación por medio de Él. Y el acto especial y concreto de fe que asegura nuestra salvación es el acto de recibirle y de reposar en Él tal como Él nos es ofrecido en el Evangelio. [...] Cristo es el objeto inmediato de la fe que salva."[304]

Una persona pudiera tener mucha fe en que Dios pueda salvarle de la condenación, pero si el objeto de su fe no es el Cristo de la Biblia, aún está bajo juicio de condenación. Y es que no es por la cantidad de fe que somos declarados justos, sino por mérito de quién es Aquel en quien ponemos nuestra confianza para justificación. Dicho de otra manera, no

---

[301] Véase en el capítulo que sigue una exposición acerca del genitivo contenido en la expresión "fe de Jesucristo" y similares.
[302] Ch. Hodge, *Teología sistemática*, p. 726.
[303] Ibíd., p. 724.
[304] Ibíd., p. 725.

es la fe en sí misma lo que nos hace justos delante del trono de Dios. La fe no es la sustancia o base de nuestra justificación, sino únicamente el medio para recibir la justificación. La sustancia y base de nuestra justificación es la justicia de Dios en Cristo. La fe se apropia de Cristo y su justicia, es el instrumento —único instrumento— divinamente señalado, establecido por el inmutable y sabio consejo de Dios, por medio del cual el hombre recibe y hace suya la justicia de nuestro Fiador y único Mediador Jesucristo. "Por consiguiente", escribió Calvino, "cuando decimos que la fe justifica, es porque ella sirve de instrumento para recibir a Cristo, por quien la justicia nos es comunicada."[305] Para Erickson, la fe constituye el centro mismo del evangelio, "porque es el vehículo mediante el cual se recibe la gracia de Dios."[306]

Como dice Pablo a los Romanos, Dios "justificará por la fe a los de la circuncisión, y por medio de la fe a los de la incircuncisión" (Ro 3:30). Es la fe en Jesucristo, el sacrificio propiciatorio que nos redime por su sangre (Ro 3:25).

En relación a la expresión "Creo en" con la que inicia cada artículo del Credo Apostólico, Barth escribió:

> "ese "yo creo" tiene lugar completamente en el encuentro con alguien que no es humano, sino Dios Padre, Hijo y Espíritu Santo; y en tanto creo, me veo poseído y determinado por ese objeto de mi fe. [...] La fe cristiana es el encuentro con ese "Inmanuel", el encuentro con Jesucristo y con la Palabra viviente de Dios en él. [...] En él nos encontramos con Dios, y el confesar: "Creo en Dios", quiere decir, concretamente: Creo en el Señor Jesucristo. [...] Yo creo significa: Yo confío; esto es, ni tengo que confiar más en mí mismo, ni tampoco necesito justificarme más ni disculparme ni pretender salvarme y persistir por mí mismo, lo cual significa, también, que ahora todo ese esfuerzo máximo del hombre por mantenerse erguido y darse la razón a sí mismo no tiene ya razón de ser. Yo creo... Sí; pero no creo en mí, sino en Dios Padre, Hijo y Espíritu Santo."[307]

---

[305] Juan Calvino, *Comentario a la Epístola a los Romanos* (Grand Rapids, Michigan: Libros Desafío, 2005), p. 96.

[306] Millard Erickson, *Teología Sistemática*, p. 947.

[307] Karl Barth, *Bosquejo de Dogmática* (Buenos Aires: La Aurora, 1954). Tomado del formato digital por Andrés San Martín Arrizaga (septiembre de 2005), pp. 8, 9, 10. Aquí se evidencia un cambio interesante en su entendimiento acerca de la fe con respecto a su anterior obra de 1919-1922, *Der Römerbrief —Comentario a la Carta a los Romanos*.

Y es precisamente esta confianza la que, cuando es genuina y guiada por el Espíritu Santo, conduce al alma entera a aferrarse a Cristo como Señor y como Salvador, renunciando al *ego* y a todo esfuerzo y méritos personales. La fe para justificación es el reconocimiento de que sólo otro puede hacer por nosotros lo que nosotros mismos no somos capaces de hacer y que, no obstante, necesitamos con extrema urgencia.[308] La fe evangélica, la fe para justificación, es aquella que, admitiendo sin reparo alguno la afirmación divina de que estamos destituidos de la gloria de Dios por causa de nuestros pecados, en un acto de plena certidumbre de quién es el Cristo de la cruz, se aferra como un niño al único que puede salvarle de la ira justa del Dios Santo.

Es así que la fe salvífica, la fe para justificación, constituye todo un movimiento del alma entera, del ser total, en entrega absoluta a Cristo, que admite la insuficiencia de las buenas obras y reconoce que ante Dios no son más que trapo de inmundicia (*cf.* Is 64:6). El hombre que así cree, es el hombre que así clama a Dios por su perdón y salvación, considerándose a sí mismo como un desnudo y minusválido espiritual, un desventurado y sediento de justicia, que eleva su mirada a la cruz del Salvador y corre diligente al trono de la gracia en busca de refugio y salvación.

Dice la Confesión de fe de Westminster: "La fe, que así recibe a Cristo y descansa en él y en su justicia, es el único instrumento de la justificación" (Cap XI, I.).

Pero, sin menoscabo de la importancia de la fe, al decir que es el único instrumento no se está queriendo significar con ello sino sólo que es un medio —el medio— por el cual se recibe lo que otro ha hecho por nosotros, lo cual, dada la naturaleza instrumental de la fe, no le aporta mérito alguno a quien así extiende su mano para recibir lo que por gracia le es concedido aceptar. En otras palabras, "somos justificados *por medio de* la fe, y no *por* la fe; no por causa de lo que la fe *es*, sino por causa de lo que la fe *recibe*" (A. W. Pink)[309]. De otro modo: "La fe no justifica por lo que ella es en sí misma, sino por aquello a lo cual se dirige, por aquello

---

[308] *Cf.* con la similar definición que hace el teólogo católico P. Beltrán Villegas en su artículo *Una visión de la gracia: la justificación en Romanos*: "la fe es la actitud por la cual el hombre, reconociendo y aceptando su total insuficiencia para alcanzar por sí mismo la plenitud de su vida, se fía decididamente de la plena suficiencia de Dios." —*Teología y Vida*, Vol. XXVIII, no. 4 (1987), p. 290.
[309] Arthur W. Pink, *La Doctrina De La Justificación*, p. 86.

en lo cual descansa" (H. Ridderbos)[310]. El propio Pearlman estuvo muy lejos de estar equivocado cuando escribió que: "No hay mérito alguno en esta fe, de igual manera que no tiene mérito alguno el acto de un pordiosero de extender la mano pidiendo una limosna. Este método descarga un golpe a la dignidad del hombre, pero en lo que a Dios respecta, el hombre caído no tiene dignidad alguna. Carece del poder de adquirir o acumular justicia suficiente como para comprar la salvación."[311] Esa es la razón por la cual, aunque somos nosotros los que creemos —y esto no sin antes haber sido asistidos por la gracia soberana de Dios mediante el llamamiento eficaz de su Espíritu—, dicho acto no puede ser considerado una contribución de tipo sinergista, de mutua colaboración —Dios y nosotros remando juntos—, sino como sólo una acción inmérito, una mano abierta que recibe lo que otro ha obtenido para nosotros. En las palabras del maestro John Stott, la idea es como sigue:

> "... resulta vital declarar que no hay nada meritorio en cuanto a la fe, y que, cuando decimos que la salvación es 'por fe, no por obras', no estamos sustituyendo una clase de mérito ('la fe') por otro ('las obras'). Tampoco es la salvación una especie de empresa cooperativa entre Dios y nosotros, en la que él aporta la cruz y nosotros aportamos la fe. De ninguna manera, la gracia no permite cooperación, y la fe es lo opuesto a la consideración de uno mismo. El valor de la fe no ha de encontrarse en sí misma, sino entera y exclusivamente en su objeto, o sea en Jesucristo y en este crucificado. Decir 'justificación por la fe sola' es otro modo de decir 'justificación sólo por Cristo'. La fe es el ojo que levanta la vista hacia él, la mano que recibe su don gratuito, la boca que bebe el agua viva. [...] Como escribió Richard Hooker, el clérigo anglicano del siglo dieciséis: 'Dios justifica al creyente no en razón del mérito de su capacidad de creer sino en razón del mérito de Aquel en quien se cree (es decir, de Cristo).' [...] La única función de la fe es la de recibir lo que la gracia ofrece"[312]

La sentencia que a este respecto ha hecho Arthur W. Pink, puede servirnos de resumen y conclusión a toda esta idea: "Dios no ha seleccionado a la fe para ser el instrumento de la justificación porque

---

[310] Herman Ridderbos, *El pensamiento del apóstol Pablo*, p. 222.
[311] Myer Pearlman, *Teología Bíblica y Sistemática*, p. 171.
[312] John Stott, *El mensaje de Romanos*, pp. 126-27.

haya alguna virtud particular en la fe, sino más bien porque *no hay mérito* en ella: la fe es vacía en sí misma —"Por tanto es por fe, *para que sea por gracia*" (Rom. 4:16)."[313]

NO POR OBRAS, SINO POR LA SOLA FE

Sola fide

Uno de los grandes lemas de la reforma protestante, al que podemos también llamar "pilar" y "principio material" de la reforma, está formado por dos palabras latinas de tan solo cuatro letras cada una: "sola fide", que traducido al español sería algo así como: "fe solamente" o "fe sola". Fue tal el impacto que estas palabras provocaron al pensamiento y comprensión de Lutero acerca de la doctrina de la justificación en Pablo, que en un intuitivo acierto teológico habría de leer Romanos 3:28 de la siguiente manera: "Concluimos, pues, que el hombre es justificado por *la fe sola* sin las obras de la ley". Como es lógico afirmar, esta expresión —*fe sola*— no aparece en el texto original de Romanos (ninguno de los mss. que se conservan hasta ahora contienen esa expresión); sin embargo, la verdad expresada en ella tiene amplio fundamento bíblico (especialmente dentro del propio contexto en que Pablo habla de la fe justificadora en Romanos), tanto así que en lugar de distorsionar el texto, que fue la acusación del papado de aquel entonces, lo aclara aún más.[314] ¿Pero qué es la "sola fide"? O, más exactamente: ¿qué se quiere significar con eso?

Sólo una cosa: que la fe no sólo es el único medio sino también la única *condición* para recibir salvación y justificación. No se le puede añadir más nada, ninguna acción humana que se corresponda con la

---

[313] Arthur W. Pink, *La Doctrina De La Justificación*, p. 87.

[314] Dice J. Jeremias: "Se le criticó por esa añadidura, pero lingüísticamente tenía razón. Porque es una característica del lenguaje semítico (y en este aspecto, las cartas de Pablo dejan una y otra vez que se trasluzca su origen judío) que la palabra «solamente» o «sólo» se omita ordinariamente, aun en lugares en los que la costumbre occidental la consideraría indispensable (cf. por ejemplo, Mc 9, 41: «Pues el que diere un vaso de agua en razón de discípulo de Cristo, os digo en verdad que no perderá su recompensa», donde el sentido es: «Pues el que os diere sólo un vaso de agua»; pues hasta este insignificante servicio tendrá su recompensa)." —*ABBA y El mensaje central del Nuevo Testamento*, p. 294.

categoría paulina de las "obras de la ley". Ninguna otra cosa que sólo la fe en Jesucristo —en su persona y en su obra— nos puede salvar y justificar. De otro modo: no importa cuánto esfuerzo ni cuánta energía invierta el hombre en conseguir el favor de Dios, pues nada si no sólo la fe puede salvar (recibir salvación). Esta es la base lógica para hablar con propiedad acerca de la gracia divina. Considérense los siguientes pasajes de la Escritura:

> Romanos 4:4, *"Pero al que obra, no se le cuenta el salario como gracia, sino como deuda"*.
> Romanos 4:15, *"… es por fe, para que sea por gracia"*.
> Romanos 11:6, *"Y si por gracia, ya no es por obras; de otra manera la gracia ya no es gracia"*. (*Cf.* Gálatas 2:21)

Si la gracia de Dios consiste en su favor inmerecido, que por ninguna virtud de nuestras acciones; por ninguna consideración de lo que podamos a Él ofrecerle en nuestra condición caída, nos hace objetos de su misericordia y salvación, luego no podemos pretender ganar ni obtener lo que es imposible conseguir en ausencia de dicha gracia. Nada si no sólo la fe puede hacer suya las misericordias de Dios. No somos justificados por la fe, por una parte; más las buenas obras, por otra parte —o algún sacramento como el bautismo. Somos justificados por la fe sola. Sólo la fe, y nada más que la fe, es lo que Dios toma en cuenta al momento de recibir al pecador arrepentido para establecer una relación de pacto con él. Es por la fe, y únicamente por la fe, que somos unidos a Cristo para participar de su justicia, a fin de ser presentados justos ante el trono de Dios. Y aun esta fe, es necesario que así lo entendamos, no es una obra ni el fruto de nuestra propia y deliberada iniciativa, sino sólo una respuesta positiva a la gracia eficaz y soberana de Dios operada indefectiblemente por su Espíritu, quien nos asiste y capacita para poder recibir lo que Él nos ha preparado de antemano en Cristo. En este sentido, podemos bien hablar de la fe como un "don" de Dios, pero no significando un regalo proveniente desde fuera de nosotros mismos, ajeno a nuestra humanidad, sino más bien como un obrar en nosotros la disposición de creer, como un despertar y una puesta en ejercicio de aquello que estaba en nosotros cautivo por causa del pecado, de nuestra pecaminosa naturaleza, que nos impedía elevar nuestras miradas al salvador, pero que ahora, producto de la gracia y de la obra de Dios por su Espíritu, podemos hacer, y ciertamente haremos, si así Dios lo ha dispuesto según su santo llamamiento. Como dijo Barth parafraseando a Lutero: "'No creemos por nuestra propia razón, ni por nuestros propios esfuerzos`. Esto lo sabe todo aquel que cree de verdad."[315]

Ciertamente, como expondré más adelante, todo esto no quiere decir que las obras de justicia no sean necesarias ni significativas para el creyente que recibe justificación, pues creemos y confesamos que la fe, cuando es viva y genuina, produce inevitablemente frutos dignos de arrepentimiento, los cuales sí tienen valor si pensamos en la justificación en su sentido escatológico. Como dijo Pablo a los efesios, somos salvos por gracia mediante la fe, no por obras, para que nadie se gloríe [de sí mismo] (Ef 2:8-9), pero eso no nos exime del bien obrar ni debe conducirnos a una forma de antinomianismo o quietismo moral, pues quienes hemos sido salvos, "somos hechura de Dios, creados en Cristo Jesús **para buenas obras**, las cuales Dios preparó de antemano para que anduviéramos en ellas" (Ef 2:10).

Aunque hablaré más adelante acerca de esta íntima relación que hay entre la fe y las buenas obras, lo anterior debe servirnos para entender equilibradamente el significado de la expresión *sola fide*, que no significa, bíblicamente, la nulidad de cualquier obra de justicia en todo lo que tenga que ver con la justificación. Cierto es que somos justificados por la "sola fe", pero no por una fe que está "sola". Debe entenderse, además, que la fe de la que aquí estamos hablando es la fe según la he definido en las páginas anteriores, no una mera convicción de la inteligencia ni la sola aceptación de ciertas verdades teológicas —lo que podríamos llamar ortodoxia—, sino aquella que recibe tales verdades eternas y se entrega por completo a Cristo para participar de su justicia, lo que conlleva una nueva vida transformada de obediencia a Dios.

La fe de Abraham

"*Entonces, ¿qué diremos en el caso de nuestro antepasado Abraham? En realidad, si Abraham hubiera sido justificado por las*

---

[315] Karl Barth, *Bosquejo de Dogmática*, p. 11.

obras, habría tenido de qué jactarse, pero no delante de Dios. Pues ¿qué dice la Escritura? «Le creyó Abraham a Dios, y esto se le tomó en cuenta como justicia»" (Ro 4:1-3, NVI 1999, *cf. "Creyó Abraham a Dios, y le fue contado por justicia"*, RV60)

En un claro contraste entre las obras de la ley y la fe, el apóstol Pablo explicó a sus lectores cómo es que Abraham fue justificado por la fe —por medio de la fe— y no a causa de un obrar según la ley. Todo esto sucede a lo largo de todo el capítulo 4, como una elaboración a modo de ejemplo de lo que ya se desarrolló en los versos 27 al 31 del capítulo anterior, con respecto a la relación de la fe y las obras de la ley:

"¿Dónde, pues, está la jactancia? Queda excluida. ¿Por cuál ley? ¿Por la de las obras? No, sino por la ley de la fe. Concluimos, pues, que el hombre es justificado por fe sin las obras de la ley. ¿Es Dios solamente Dios de los judíos? ¿No es también Dios de los gentiles? Ciertamente, también de los gentiles. Porque Dios es uno, y él justificará por la fe a los de la circuncisión, y por medio de la fe a los de la incircuncisión. ¿Luego por la fe invalidamos la ley? En ninguna manera, sino que confirmamos la ley." (Ro 3:27-31)

Según la cita que acabamos de leer, la premisa que Pablo va a demostrar como válida en el capítulo 4, consiste de la afirmación de que la fe, y sólo la fe, es lo que corresponde al hombre para ser justificado. Para Pablo, la fe no es algo de lo cual uno se pueda jactar, sino que, por el contrario, es una respuesta a la iniciativa misericordiosa y graciosa de Dios quien, por medio de Cristo, ha favorecido con su gracia redentora no sólo a los judíos —los de la circuncisión—, sino también a los gentiles de todas las partes del mundo —los de la incircuncisión. Por medio de la fe, todos los hombres (judíos y no judíos) son justificados por Dios, pues quien es uno y el mismo para judíos y gentiles, es también el mismo que a ambos justifica por medio de *una misma clase de fe* (3:29-30). Su tesis central aquí es que no se es justificado por guarda la ley de Moisés, sino por creer en Jesucristo (*cf.* Gál 2:16; 3:11). Dios, como leemos en el verso

26 del mismo capítulo, "justifica al que es de la fe de Jesús", y esto sin mediación de las obras de la ley (v. 28).[316]

En un capítulo anterior expliqué que la ley de Dios, usando una analogía tomada de la propia experiencia diaria, es como un termómetro que sólo puede decirnos cuánta fiebre tenemos, pero no puede hacer que esa fiebre disminuya. Es como una báscula que sólo nos indica cuánta masa tiene un cuerpo, pero es impotente para hacer que *pese* menos o más. Así, pues, nadie puede ser justificado por las obras de la ley (Ro 3:20, 28, *cf.* Gál 2:16; 3:11). Sencillamente la ley no fue entregada con ese objetivo, sino para servir primeramente como una medida de justicia y como un sello distintivo de la nación del antiguo pacto. La ley de Dios tenía como fin crear una distinción entre lo recto y lo torcido, entre lo justo y lo injusto, era proveer una regla justa de vida y traer con ello el pecado a condenación.

---

[316] Aunque es muy probable que los judíos de tiempos de Pablo fueran menos legalistas de lo que se creyó y enseñó caricaturescamente durante una buena parte del cristianismo contemporáneo, no constituye esto una negación al hecho de que hubo sectores del judaísmo empeñados en hacer de la ley de Moisés, en especial de las prácticas rituales con énfasis en la circuncisión, una condición para la justificación y para la salvación. Tal es el ejemplo de lo que estaba ocurriendo en las iglesias gálatas y también lo que se nos informa en las crónicas de Lucas (ver esp. Hch 15:1, 5; *cf.* la respuesta de Pedro en 15:10-11). Las afirmaciones de Pablo en textos claves como Romanos 4:1ss y 9:30-10:1ss, también vienen a reforzar esta idea.

Véase también algo muy parecido a una salvación por obras en un texto tan cercano al período temprano de la Iglesia, como 2 Baruc (p. ej. 14:12, "Los justos con razón esperan en el fin y sin miedo parten de esta habitación, porque tienen junto a ti multitud de obras buenas, guardadas en el tesoro", *cf.* 44:14; 51:3, 7; 67:6); *cf.* con 3 Baruc caps. 11-17, en donde se dice del papel de las buenas y las malas obras en orden a la retribución de los hombres en esta vida (aquí los méritos de los justos son causa de los premios dados por Dios). Similar noción de las obras en relación con la salvación tenemos también en el texto de Qumrán, 1QpHab 8: 1-3, en donde encontramos la interpretación a Habacuc 2:4 ("mas el justo por su fe vivirá") en los siguientes términos: "Su interpretación (del versículo) concierne a todos aquellos que observan la ley en la Casa de Judá, a quienes Dios liberará de la Casa del Juicio (*i.e.* del juicio final) por su hechos (o sufrimientos) y por su lealtad al Maestro de justicia".

Lo cierto es que el judaísmo palestino del tiempo de los apóstoles no era una cosa uniforme y monolítica, sino más bien variada y compleja en lo que respecta a su teología (lo que nos debe hacer cuestionar la afirmación de que el "nomismo pactual" propuesto por E. P. Sanders fuera el único paradigma soteriológico dentro del judaísmo de ese período, como explicación a la problemática de Pablo con los judaizantes). Y dentro de esta variedad de puntos de vista teológicos nos encontramos con posturas que apuntan más hacia una justicia o salvación por obras que a otra cosa (contra la Nueva Perspectiva); opiniones que bien son las que, muy posiblemente, Pablo tuvo en mente a la hora de exponer la doctrina de la justificación únicamente por la fe.

Para una exposición —en español— breve, pero seria y bien argumentada (y documentada) acerca de este asunto, en respuesta a la Nueva Perspectiva de Pablo (NPP), véase en D. A. Carson y Douglas J. Moo, *Una Introducción al Nuevo Testamento*, pp. 310-320.

SEGUNDA PARTE. LA DOCTRINA DE LA JUSTIFICACIÓN
CAPÍTULO TERCERO. EL MEDIO DE LA JUSTIFICACIÓN

Según Pablo, «la justicia de Dios» se ha manifestado a parte de la ley, «la justicia de Dios» mediante la fe de Jesucristo, "para todos los que creen (porque no hay distinción alguna, por cuanto todos pecaron, y están privados de la gloria de Dios)" (BTX3, Ro 3:21-23). Los que creen, continúa Pablo, son justificados por su gracia, esto es, gratuitamente y sin merecimiento alguno, mediante la redención que tienen por la sangre de Jesucristo, a quien Dios exhibió públicamente presentándolo como sacrificio propiciatorio (vv. 24-25). A este Cristo recibimos mediante la fe y no por hacer las obras que demanda la ley. Esto hace que toda jactancia de parte del judío —no tanto su orgullo racial o nacional como miembro del pueblo del pacto, del pacto judío (como posiblemente sí en 2:17-23), sino más bien la que resultaba de su confianza en la obediencia a la ley—[317] quede excluida "por la ley de la fe" (v. 27).

Llegados a este punto, alguien podría preguntarle a Pablo: ¿cómo es esto posible, *i.e.* que nadie pueda ser justificado por hacer lo que la ley de Dios manda, y que tanto los de la circuncisión como los de la incircuncisión, son justificados sólo por creer en un Mesías crucificado que resucitó? Parece una locura, pero lo que Pablo decía iba en contra de todo lo que cualquier judío ortodoxo hubiese imaginado.

Este es, pues, el trasfondo sobre el cual ahora Pablo inicia su argumento para el caso de la fe que ha venido desarrollando, y es sobre este escenario que el ejemplo de Abraham deberá tomar completo sentido a la audiencia a quien se dirige.

Pero el ejemplo de la fe de Abraham (Ro 4:1-3ss) no sólo sirvió a Pablo para argumentar lo que dijo en los versos inmediatamente precedentes, sino que también debió cobrar especial significado a sus lectores judíos, dada la imagen que de Abraham se había venido entretejiendo a lo largo de las generaciones, según las propias tradiciones judías.

Entendamos un poco esto.

Abraham era admirado por los judíos como el fundador de la nación, y estos con mucho orgullo se llamaban a sí mismos "hijos de Abraham". Abraham se había transformado en la figura sobre la cual estos basaban su orgullo e identidad nacional. Pero esto no lo era todo.

Los judíos en general habían desarrollado un concepto tan elevado de Abraham al punto de que llegaron a considerar su justicia como una cosa

---

[317] Así también, p. ej., Douglas J. Moo, *Comentario a la Epístola de Romanos*, pp. 287-288.

inherente del patriarca y causa de la aprobación divina. Llegaron a creer que es por razón de sus obras de justicia que Dios le había escogido para ser el padre de la nación hebrea (*cf.* Eclesiástico [Sira] 44:19-21). Los rabinos en especial le tenían en muy alta estima y le consideraban un ejemplo de la justicia que Dios requería, un modelo de vida y carácter, un modelo de obediencia a Dios. Salvo tal vez algunos pocos rabinos, la inmensa mayoría de ellos pensaban que Dios había mirado su obediencia y su bien obrar y tenido en cuenta a la hora de aceptarlo como "justo" (*cf.* 1 Macabeos 2:52)[318]. Incluso llegaron a afirmar que Abraham había cumplido perfectamente toda la ley de Dios, aun antes de que Dios la hubiera entregado. Así leemos, por ejemplo, en la Mishnah Kiddushim 4:14: "Nos encontramos con que nuestro padre Abraham realizó toda la Torá [incluso] antes de que se le hubo dado, como se dice *'Porque Abraham escuchó mi voz, y observó mis estatutos, mandamientos, leyes y enseñanzas`* (Génesis 26:5)". En el Libro de los Jubileos también se dice de Abraham que "fue perfecto en toda su conducta para con el Señor y grato por su justicia todos los días de su vida" (23:10)[319], y en la "Oración de Manases" se dice que, junto con los patriarcas Isaac y Jacob, no pecó contra Dios (v. 8).

Sin duda alguna, para la mente judía de los tiempos de Pablo, fueron todas estas consideraciones acerca de la persona de Abraham lo que le permitió a él ser llamado "amigo de Dios". Y tal parece ser que el hecho de que él fuera el antepasado de ellos les parecía significar que su justicia y méritos eran extensivos también para ellos como miembros del pueblo del pacto. En el día del juicio, Dios habría de tomar en cuenta esta filiación racial y pactual, idea que al parecer queda demostrada por los dichos de Juan el bautista cuando amonesta a quienes descendían al Jordán a bautizarse, diciéndoles: "Haced, pues, frutos dignos de arrepentimiento, y no comencéis a decir dentro de vosotros mismos: *Tenemos a Abraham por padre*; porque os digo que Dios puede levantar hijos a Abraham aun de estas piedras" (Lc 3:8, *cf.* Mt 3:8-9).

Pero Pablo sale al paso de todas estas ideas que contemplaban las obras de Abraham como fundamento y medio de la justificación, recordándoles a sus lectores la propia Escritura en Génesis 15:6, "Y creyó

---

[318] "Dios puso a prueba a Abraham; lo encontró fiel, y lo aceptó como justo" (DHH); "¿No fue hallado Abraham fiel en la prueba y se le reputó por justicia? (BJ)". *Cf.* Génesis 22:15-18; Santiago 2:21-23.
[319] Traducción de la versión etiópica.

a Jehová, y le fue contado por justicia" (*cf.* Ro 4:3 y también Gál 3:6). En realidad, Pablo estaba muy interesado en que sus lectores entendieran que si el propio Abraham hubiese sido justificado por las obras que eran según la ley, tendría de qué jactarse, pero no delante de Dios (v. 2), lo que constituye para él un argumento sólido para lo que venía afirmando. Es como si Pablo estuviera diciéndoles a sus lectores judíos: *"Nosotros, como judíos, tenemos en gran estima a nuestro padre Abraham, y le consideramos un modelo y ejemplo de justicia. Pues bien, sepan ustedes que no fue por las obras que este fue justificado por Dios, sino que la propia Escritura nos dice que él creyó a Dios, a sus promesas, y esto fue lo que se le tomó en cuenta por (o para) justicia, de manera que, y bajo ese mismo paradigma o proceder divino, no es por las obras que nosotros hemos de ser hallados justos delante Dios y participar de las bendiciones de su gracia, sino sólo mediante la fe, a lo igual que nuestro padre Abraham."*[320]

Para el apóstol, esta justificación es una expresión de la gracia de Dios, una concesión divina que resulta únicamente de la misericordia y de la gracia suya, de manera que no pueden considerarse las obras como condición y medio para la justificación, pues de lo contrario, como diría Pablo en otro lado, "la gracia ya no es gracia" (Ro 11:6), así como el salario de quien trabaja no se le cuenta a este como "favor inmerecido" (gracia) sino como deuda (v. 4)[321]. Pero la justificación no funciona de ese

---

[320] Algunos se preguntan si acaso es correcta esta lectura de la justificación que he mantenido a lo largo de esta Segunda Parte, *i.e.* con un sentido siempre reducido a la esfera judicial o legal, esto a la luz del propio ejemplo de Abraham que hemos estado aquí analizando; en donde la justificación no parece tener ese trasfondo. Dice Jeremias, por ejemplo, "Aquí, en la historia de la fe de Abrahán, no nos encontramos ante una escena forense, sino más bien ante una concesión de la gracia de Dios." —*ABBA y El mensaje central del Nuevo Testamento*, p. 293. Es cierto. Sin embargo, es altamente probable —dado el contexto retórico de este capítulo y del anterior— que Pablo haya usado el ejemplo de Abraham, revistiendo a la terminología de la justificación de un carácter diferente (pero no nuevo), más ligado al presente asunto que le ocupa en esta exposición más amplia. Ya hemos anotado también, en el Capítulo Primero de esta Segunda Parte, cómo es que para Pablo la justificación, en Romanos, se mueve principalmente en un escenario forense, que contrasta con la condenación resultante del juicio divino.

[321] Dice S. Pérez Millos en su Comentario a Romanos: "El contraste es evidente: al que trabaja, su actividad le reporta un beneficio, por tanto el salario que recibe no es un regalo, o un don de gracia, sino la deuda que contrae con él, aquel para quien trabaja. De otro modo, las obras generan deudas que se cancelan con el salario. El salario es una deuda contraída con el trabajador. El salario no es una gracia, es el derecho que tiene el que trabaja de recibir lo que corresponde a su trabajo. De ahí que el sentido de la justificación, si fuera por méritos personales no podía ser considerado como gracia, sino como deuda.", pp. 331-332.

modo, pues "al que no obra, sino cree en aquel que justifica al impío, su fe le es contada por justicia" (v. 5), a lo igual que le fue contada al no menos impío Abraham, a quien por supuesto también se alude en la frase anterior.

Pero el argumento de Pablo prosigue. Ahora cita la bienaventuranza de David en el Salmo 32:1-2, como testimonio de que Dios justifica al pecador sin mediación de las obras (vv. 6-8). A esto le sigue una serie de preguntas retóricas que él mismo se encargará de responder (vv. 9-10), y cuyo núcleo argumentativo es el hecho de que el propio Abraham fue justificado estando aún incircunciso, y sólo después fue que recibió la circuncisión, "como señal, como sello de la justicia de la fe que tuvo estando aún incircunciso" (v. 11). De manera que Abraham es padre de todos los que creen aun si no estuvieran circuncidados, y ya sea que se trate de gentiles o de judíos (circuncidados), todos los que siguen sus pisadas cuando aún era incircunciso son considerados hijos de Abraham (vv. 11-12, *cf.* Gál 3:6-9). De este modo, tanto el judío como el gentil puede, por la fe, ser considerado miembro de la misma familia espiritual; la descendencia que otrora le fuera prometida a Abraham (Gn 15:5). Tanto el judío como el gentil pueden ahora gozar de una misma membrecía y de un mismo estatus de justicia que Dios les concede en Cristo y por el evangelio.

Para Pablo, la fe de Abraham es un vivo ejemplo de la fe que justifica, de la fe que implica confianza absoluta en Dios y sus promesas. Dice Samuel Pérez Millos: "Abraham creyó en íntima firmeza a lo que Dios prometía, creyendo que sería cumplida porque Él es fiel. No hubo trabajo alguno, ningún tipo de esfuerzo personal, solo la actitud del corazón de Abraham hacia Dios. La fe no es una actividad, sino la actitud de aceptar lo que Dios determina y confiar en el cumplimiento de sus promesas."[322]

Y es esta actitud o disposición del alma lo que se apropia de la justicia de Dios que es en Jesucristo, de manera que en Abraham tenemos un caso convincente a favor de la tesis de Pablo, para quien todo su mensaje se resume en un simple axioma: "cree en el Señor Jesucristo y serás salvo" (Hch 16:31).

No debe entonces extrañarnos que el propio Pablo hablara de estas cosas —de la justificación por la fe y no por las obras de la ley— aun

---

[322] Ibíd., p. 331.

SEGUNDA PARTE. LA DOCTRINA DE LA JUSTIFICACIÓN
CAPÍTULO TERCERO. EL MEDIO DE LA JUSTIFICACIÓN

antes de escribir la epístola a los Romanos —y a los Gálatas—, en su discurso a los asistentes de la sinagoga de Antioquía de Pisidia, cuando, luego de hablarles acerca de Jesús, su muerte y resurrección en cumplimiento de las profecías del AT, les dice: "Sabed, pues, esto, varones hermanos: que por medio de él se os anuncia perdón de pecados, **y que todo aquello de que por la ley de Moisés no pudisteis ser justificados, en él es justificado todo aquel que cree**." (Hch 13:38-39). Esta clase de discurso, como ya lo señalé con anterioridad, está, al menos explícitamente, ausente en el resto de su predicación según vamos siguiendo su pista en el libro de los Hechos; sin embargo, no es esa una razón para pensar que no fuera esta enseñanza algo esencial al evangelio, lo cual resulta para nosotros concluyente una vez se estudia el contenido total de esta doctrina a la luz de otros escritos tan relevantes, como lo son la epístola a los Romanos y también a los Gálatas, entre otros[323].

Otra cosa que es necesaria comprender bien, y con esto podemos dar por finalizado este análisis acerca de la fe de Abraham, es qué quiso significar Pablo con la expresión "contada *por* justicia", que hace en alusión tanto a la fe de Abraham (vv. 3, 9, 22, y en referencia a Génesis 15:6) como a la del creyente en general (v. 5).

Es importante que comprendamos correctamente esa expresión según la interpretación de Pablo, pues no son pocos los que la han mal entendido y llegado a pensar que lo que se está aquí diciendo es que la fe de Abraham fue considerada por Dios en el lugar de la justicia. Es como si Dios, no tomando en cuenta las *otras* obras de Abraham, le atribuyó —o "le tomó en cuenta" o "imputó" (Gr. *logízomai*)— su acto de creer como acto de justicia, *i.e.* como sustituto de la justicia justificadora o como el equivalente de ella. Pero nosotros debemos tener en claro el verdadero significado de este concepto para no caer en semejante error, pues que esta interpretación termina por contradecir lo que el propio Pablo está queriendo demostrar a lo largo de su argumento, esto es, que la fe se contrapone a las obras en lo tocante a la justificación.

---

[323] Para una discusión sobre la interpretación de la justificación en este relato de Lucas en comparación a su significación en los escritos de Pablo, véase en F. F. Bruce, *Hechos de los Apóstoles. Introducción, comentarios y notas* (Grand Rapids, Michigan: Libros Desafío, 2007), pp. 309-310.

Lo primero que tenemos que discernir es que, así como no es nuestra fe o acto de creer lo que nos es imputado a modo de justicia, del mismo modo no fue la fe de Abraham lo que Dios le imputó como sustituto de la justicia. Debemos entender las lecturas de Romanos 4:3, 5, 9 y 22 no como significando que la fe es contada en el lugar de la justicia, sino con el correcto y más apropiado sentido que a las expresiones le aporta la preposición griega εἰς (*eis*), y que ciertas versiones conocidas de la Biblia han traducido aquí como "por" (p. ej. RV60; LBLA) y "como" (p. ej. NVI1999; JER3). No tengo nada en contra de estas traducciones; sin embargo, creo que no logran hacer completamente inteligible su significado dentro del texto. Incluso en la Versión Moderna (VM) parece haber una lectura más ventajosa, ya que traduce: "Y Abraham creyó a Dios, y le fue contado *a* justicia", destacándose su significado literal y permitiendo así también comprender mejor su sentido.

De esta preposición, que únicamente se utiliza con acusativo y cuyo significado literal (a; hacia; hasta) suele indicar un punto o meta alcanzada (generalmente con el sentido de "hacia dentro"), destaca, entre sus variados usos, el de propósito ("para" o "con el objetivo de"). Así leemos, por ejemplo, en Romanos 10:10, "Porque con el corazón se cree **para** [*eis*] justicia, pero con la boca se confiesa **para** [*eis*] salvación". Este último texto nos ayudará a clarificar el significado de la expresión que Pablo emplea en los versículos mencionados —en especial el verso 3. Lo que Pablo entonces estaba queriendo decir, es que cuando Abraham creyó a Dios, Dios le consideró justo, no que ese acto de creer fuera considerado o tomado por Dios a modo de justicia. La Biblia Textual (BTX3) captura este primer significado cuando traduce el verso 3 de la siguiente manera: "Pues, ¿qué dice la Escritura? Creyó Abraham a Dios, y le fue contado *para* justicia".

En su propio comentario sobre esta frase, dice correctamente John Stott:

> "Pablo no podría estar diciendo que la fe y la justicia son equivalentes, y que cuando falta la justicia, la fe es aceptable como un sustituto. Porque eso haría de la fe una obra meritoria y caeríamos en manos de los rabinos, quienes pensaban en la ʹfeʹ de Abraham como su ʹfidelidadʹ. Si algo queda claro en la antítesis entre el versículo 4 y el versículo 5, es el hecho de que la acreditación de la fe como justicia es un don gratuito, no un salario

ganado, y que no les ocurre a los que trabajan sino a quienes confían, [...]. Este acento en la fe (´creyó Abraham a Dios`) muestra claramente, entonces, que cuando Dios ´acredita la fe como justicia` no se trata de ´recompensar el mérito sino de una gratuita e inmerecida decisión de la gracia divina`. La fe no es una alternativa para la justificación, sino el medio por el cual somos declarados justos."[324]

Dijo también Ch. Hodge: "Lo que Pablo declara es ´que fue por medio de la fe que Abraham llegó a ser tratado como justo, y no que la fe fue aceptada en lugar de la obediencia perfecta`."[325]

¿Cuál es, pues, la conclusión que podemos extraer de este análisis de los argumentos de Pablo en lo tocante a la relación que hay entre la fe y a las obras de la ley? Si confiamos en que Pablo escribió todas estas cosas por revelación divina, y si estamos nosotros en lo correcto en nuestra manera de interpretarle a él su mensaje, luego no hay mejor conclusión que aquella que se resume en esa poderosa máxima que Pablo toma del profeta Habacuc, y que a hombres como Martín Lutero cautivó al punto de la inspiración: "El justo por la fe vivirá".

"Vivirá" puede haber significado en un principio sólo la vida presente hasta el momento de la muerte física, pero poca duda cabe que en el contexto de Pablo (tanto en Romanos 1:17 y Gálatas 3:11) se tiene en vista por sobre todo la vida eterna. Quien quiera así vivir, debe consagrar su ser entero a Dios, poniendo en Él y en Jesucristo toda su confianza y obediencia.

"El justo por la fe vivirá" debe ser; por tanto, nuestro mayor axioma como creyentes e hijos de Dios.

SOBRE LA FE JUSTIFICADORA Y LAS OBRAS DE JUSTICIA

Si las obras de justicia, nuestras obras de justicia, no pueden por sí mismas —y por sí solas— presentarnos justos ante el trono de Dios, sino que sólo su gracia, libre y soberana, es la razón de que podamos entrar en una relación de pacto con Dios para así ser absueltos del juicio divino

---

[324] John Stott, *El mensaje de Romanos*, p. 136.
[325] Citado por John Stott. Ibíd., p. 138.

y de la condenación —gracia que es en Cristo y que recibimos mediante la fe— ¿Significa eso que las obras de justicia son una cosa innecesaria para el creyente? Nuestra respuesta debe ser una absoluta y rotunda negación.

Tan difícil es para la mente humanista y secular aceptar la insuficiencia e ineficiencia de las *"buenas* obras" a la hora de tener que comparecer ante el tribunal de Dios, como fácil es para las mentes cristianas neófitas e inmaduras pensar que exista una tensión irreconciliable entre las buenas obras y la fe justificadora.

Y aunque damos por sentado que ambas opiniones son erradas desde la raíz misma de la cuestión, debemos hablar acerca de esto, a fin de lograr un equilibrio que sea consistente con la Escritura.

Creo que un buen punto de partida para entender este tema es retomando lo que ya he hablado acerca de nuestra unión con Cristo. Si estamos de verdad unidos a Él mediante el vínculo vivo de la fe, si realmente hemos sido hechos uno con Cristo a fin de compartir con Él todas las bendiciones espirituales que proceden de la gracia divina, entonces no debiera parecernos extraña la noción de "vivir a Cristo" en la propia experiencia de nuestra carne. ¿Pero qué es vivir a Cristo en la propia experiencia terrenal? Creo que las palabras del apóstol Juan pueden darnos luz al respecto: "El que dice que permanece en Él, debe andar como Él anduvo" (1Jn 2:6).

Vivir a Jesús significa entonces "andar como él anduvo". Ahora bien ¿Qué cosa es "andar como Él anduvo"?

Fijémonos primero que el verbo empleado por Juan no nos habla de "hacer cosas *como* las que hizo Jesús", sino más bien de "caminar de la misma manera como él caminó". Lo que dice Juan es que quien afirma que permanece (verbo en presente activo) en Cristo, tiene que conducirse (verbo en presente activo, lit. "estar conduciéndose") de la manera como Él se condujo (verbo en aoristo activo). La vida del cristiano debe caracterizarse por su constante imitar a Jesús. No consiste de la imitación de sus prodigios, ni tampoco de su manera de vestir, "no es su caminar sobre el mar, sino su caminar ordinario, el que se nos manda imitar" [Lutero]. Para Juan existe una correspondencia lógica, una consecuencia necesaria entre "permanecer en Cristo" y "andar como Él anduvo". En otras palabras, no es verdaderamente posible afirmar que se está en Cristo y; no obstante, no caminar como Cristo caminó. Una cosa necesariamente lleva a la otra; es, por decirlo de algún modo, una "ley de la nueva naturaleza".

Ahora bien, una de las cosas que caracterizó al Hijo de Dios el tiempo de su humanidad en medio de los hombres, fue su permanente sujeción a la voluntad de Dios. Su obediencia en humildad a los decretos del Padre era completa e incondicional (*cf.* Jn 6:38; Fil 2:8). Jesús no cuestionó jamás la autoridad del Padre, más aún, en todo procuró agradarle con absoluta devoción. Por tanto, "andar como él anduvo" debe implicar, entre otras cosas, que nuestros pasos sean guiados en obediencia a Dios, esto es, inclinando el oído y el corazón para obedecerle en humildad y con temor reverente; es ser diligentes en atender su Palabra. Todo esto, por supuesto, está en completa armonía con lo que el propio Juan venía diciendo unos versículos antes: "El que dice: Yo le conozco, y no guarda sus mandamientos, el tal es mentiroso, y la verdad no está en él; pero el que guarda su palabra, en éste verdaderamente el amor de Dios se ha perfeccionado; por esto sabemos que estamos en él" (1Jn 2:4-5).

Pero si a algo apuntaba más precisamente el apóstol Juan con este mensaje, era a que nuestro imitar se reflejara principalmente por nuestra actitud hacia los demás. El amor hacia otros es la mayor evidencia de que estamos en Cristo y de que permanecemos "en la luz" (2:10, esto es, ligados a Dios, el que "es luz", v. 1:5). Jesús fue el primero en cumplir con el mandamiento del amor, mandamiento al que sin duda alguna se estaría refiriendo Juan (2:7-8, *cf.* 4:21; Jn 15:12). Por lo tanto, esa es la manera como nosotros también debemos expresar nuestra unión e identificación con Cristo, esto es, amando a otros con entrega incondicional, de lo contrario aún estamos en tinieblas (2:11). El mundo debe identificarnos no tanto por lo que decimos, sino por cómo actuamos. Las personas del mundo deben saber que nuestro cristianismo no consiste de meras prácticas litúrgicas al interior de un templo, sino de nuestro reproducir a Cristo en su misericordia y amor para con los demás.

Esta noción de vivir a Cristo, de encarnar su carácter en la propia experiencia de nuestra regenerada humanidad, involucra también al pecado y a cómo le hacemos frente día a día. Si de verdad hemos nacido de Dios, si verdaderamente estamos en Cristo, el pecado no puede ser ya un hábito en nuestras vidas.

Parece ser que tal concepto no era ni por poco ajeno al propio pensamiento de Pablo, según leemos en Romanos 6, en especial de los versos 1 al 13. En estos pasajes Pablo exhorta a los hermanos acerca de lo que debe caracterizar al creyente en lo tocante a su conducta con relación al pecado. El argumento de Pablo es un razonamiento a partir de nuestra unión e identificación con Cristo, esto es, con su muerte y resurrección (vv. 3-6). De esta identificación se deduce que, así como Él murió por los pecados y fue sepultado, de la misma manera también nosotros hemos muerto al pecado para que, así como Él resucitó de entre los muertos, nosotros andemos en novedad de vida, como resucitados juntamente con Él en su propia resurrección histórica. "Los que hemos muerto al pecado, ¿cómo viviremos aún en él?", es la pregunta retórica del apóstol al inicio de toda esta argumentación (v. 2), lo cual reafirma más adelante cuando nos exhorta diciendo: "Así también vosotros consideraos muertos al pecado, pero vivos para Dios en Cristo Jesús, Señor nuestro" (v. 11, *cf.* 2Co 5:14-15).

Contrariamente a librarnos de las buenas obras, nuestra unión con Cristo nos impele a las buenas obras. Estas son las que dan testimonio de a quién pertenecemos en verdad (Ro 6:16-22); son las que demuestran que realmente hemos nacido de Dios (1Jn 3:9-10). El buen obrar, el hacer obras de justicia, no es una opción de vida para el creyente, es su obligación primera como hijo de Dios.

Pero las buenas obras no son un fin en sí mismas, sino que tienen como principal objetivo glorificar a Dios. Los hombres de este mundo deben ver nuestras buenas obras y glorificar no al creyente por sus buenas acciones, sino al Padre que está en los cielos (*Mt 5:16)[326]. Lo contrario a eso, la desobediencia constante a los preceptos de Dios, lleva a que los no creyentes blasfemen su nombre (Ro 2:23-24). Esta es la crítica que les hizo Pablo a los judíos que se jactaban de tener la ley de Dios y; sin embargo, la incumplían a diario a vista y paciencia de los gentiles (*q.v.* Ro 2:17-27). Pero nosotros debemos priorizar el bien obrar, porque eso exalta el nombre de Dios.

Se debe destacar el hecho de que el término empleado por Mateo en 5:16 para decir "buenas obras" tiene un sentido más amplio de lo que

---

[326] "Así alumbre vuestra luz delante de los hombres, para que vean vuestras buenas obras, y glorifiquen a vuestro Padre que está en los cielos."

generalmente entendemos por "bueno" en castellano, esto es, según el más habitual uso que le damos al término. El adjetivo griego *kalós*, que es el que utiliza Mateo en esa cita, define lo que es intrínsecamente bueno; lo que es hermoso y honroso. Dice William Barclay:

> "*kalos* no solamente denota lo que es moral y prácticamente bueno, sino, también, lo que es estéticamente bueno, amable y agradable a los ojos. [...] *kalos* es una palabra noble que describe lo hermoso, lo bello, lo que despierta amor y admiración, lo que es útil y honorable. *Kalos* es la palabra que se refiere a la bondad atractiva, no solamente a la que satisface a la conciencia, sino también a la que deleita al corazón y a los ojos."[327]

Nuestras obras deben ser agradables al ojo humano, pues su finalidad es que Dios sea glorificado en medio de los hombres, además de que estas son la evidencia de la obra espiritual que Dios ha comenzado en el creyente, de manera que tienen también valor práctico en la labor evangelística, en especial cuando se trata de predicar el evangelio a aquellos que ya nos conocían desde antes de nuestra conversión. Haríamos bien en recordar cada día cuánta responsabilidad recae sobre nosotros los que hemos creído, y hasta qué punto nuestro testimonio puede influir en nuestra exposición del evangelio y en la recepción que de este tengan los incrédulos. Es completamente cierto que no podemos predicar el evangelio si no tenemos vidas transformadas que respalden ese mensaje. Esto es, en palabras de Samuel Pérez Millos, "el evangelio silencioso que se expresa con acciones y no con palabras."[328]

El cristiano, entonces, ha de ser un ejemplo y un celoso de buenas obras. Dice Pablo a Tito:

> "*Exhorta asimismo a los jóvenes a que sean prudentes; presentándote tú en todo como ejemplo de buenas obras; en la enseñanza mostrando integridad, seriedad, palabra sana e irreprochable, de modo que el adversario se avergüence, y no tenga*

---

[327] William Barclay, "*Palabras Griegas del Nuevo Testamento. Su uso y significado*" (El Paso, Texas: Mundo Hispano, 1977), pp. 118-119.

[328] Samuel Pérez millos, *Comentario Exegético al Texto Griego del Nuevo Testamento. Mateo* (Barcelona: CLIE, 2009), pp. 314-315.

nada malo que decir de vosotros. Exhorta a los siervos a que se sujeten a sus amos, que agraden en todo, que no sean respondones; no defraudando, sino mostrándose fieles en todo, para que en todo adornen la doctrina de Dios nuestro Salvador. Porque la gracia de Dios se ha manifestado para salvación a todos los hombres, enseñándonos que, renunciando a la impiedad y a los deseos mundanos, vivamos en este siglo sobria, justa y piadosamente, aguardando la esperanza bienaventurada y la manifestación gloriosa de nuestro gran Dios y Salvador Jesucristo, quien se dio a sí mismo por nosotros para redimirnos de toda iniquidad y purificar para sí un pueblo propio, celoso de buenas obras." (Tito 2:6-14)

El ocuparse en hacer buenas obras debe ser una prioridad del andar cristiano. Estas, dice Pablo, "son buenas y útiles a los hombres" (Tit 3:8), además quienes se empeñan en hacerlas demuestran que no andan infructuosos (lit. "sin fruto" Tit 3:14). Agradar al Señor en todo, llevando fruto en toda buena obra, es vivir de la manera digna del Señor (Col 1:10), es lo propio del andar cristiano.

Hasta aquí, podría el lector estarse preguntando cómo es posible que, siendo libres de la ley de Dios, debamos procurar con diligencia abundar en buenas obras que, después de todo, se conforman con la ley de Dios en un sentido más amplio. ¿No implica acaso eso hacer del cristianismo una cuestión de sólo reglas y leyes morales que distan de un cristianismo basado en la gracia? ¿Acaso no fue el propio Pablo quien dijo "no estáis bajo la ley, sino bajo la gracia" (Ro 6:14)?

Una de las cosas que distingue al cristianismo de cualquier otra religión, es esa proclamación de la libertad que Jesús nos ha dado. Es la libertad al pecado, a la muerte, a Satanás y a la Ley. Este tema suele ser terreno propio de la doctrina de la redención, y aunque no es el propósito de la presente exposición entrar en esa materia, es necesario decir algunas cosas al respecto, al menos en lo que concierne al asunto de la libertad del pecado y de la ley, en su relación con las obras de justicia.

Esta manera de replicar a lo que he venido diciendo —las preguntas anteriores—, a menudo surge del error de pensar que el haber sido redimidos de la ley significa que ya no tenemos ley que obedecer. Pero debemos entender que la gracia no nos vuelve antinomianos, sino que, por el contrario, agradecidos de Dios y diligentes en hacer buenas obras que glorifiquen su nombre. Como bien ha dicho Barclay: "Hay una ley ética que el cristiano tiene que esforzarse por cumplir. Esa ley se encuentra primeramente en los Diez Mandamientos; y también en las enseñanzas de Jesús."[329] Pertinentes y acertadas son también las palabras del doctor James I. Packer:

> «El cristiano ya no se encuentra 'bajo la ley' (Ro 6:14) para la salvación, pero esto no quiere decir que esté 'sin ley de Dios' (1Co 9:21). La ley divina, en la forma que la interpretó y ejemplificó Cristo mismo, permanece como modelo de la voluntad de Cristo para los que él mismo liberó (1Co 7:22). En consecuencia, los cristianos están 'bajo la ley de Cristo' (1Co 9:21). La 'ley de Cristo' (Gál 6:2) —'ley de la libertad', según Santiago (Stg 1:25; 2:12)— es la ley del amor (Gál 5:13ss; *cf.* Mr 12:28ss; Jn 13:34), el principio del sacrificio personal voluntario y sin reservas por el bien de los hombres (1Co 9:1–23; 10:23–33) y la gloria de Dios (1Co 10:31). Esta vida de amor es la respuesta de gratitud que el evangelio liberador exige y evoca. La libertad cristiana es precisamente libertad para el amor y el servicio a Dios y los hombres, y por lo tanto se abusa de ella cuando se convierte en excusa para la licencia sin amor (Gál 5.13; *cf.* 1P 2:16; 2P: 2.19), o la desconsideración irresponsable (1Co 8:9–12).»[330] [Énfasis añadido]

Un par de textos interesantes con respecto a esta misma temática de la libertad cristiana, son Romanos 6:17-22 y 1Corintios 6:19-20. A los romanos Pablo les dice: "así como para iniquidad presentasteis vuestros miembros para servir a la inmundicia y a la iniquidad, así ahora para santificación presentad vuestros miembros para servir a la justicia" (6:19). Esta es la correcta interpretación de haber sido libertados del pecado para venir a ser siervos de la justicia (6:18). Para Pablo, la santificación es el fruto de haber sido liberados del pecado y hechos siervos de Dios (6:22). Por su parte, 1Corintios 6 nos enseña que necesariamente los creyentes, por haber sido redimidos y comprados por un precio, un precio de sangre (1Pe 1:18-19), deben glorificar a Dios,

---

[329] William Barclay, *Comentario al Nuevo Testamento* (Barcelona: CLIE, Obra Completa 17 Tomos en 1, 2006), p. 948.
[330] F.F. Bruce; I. H. Marshall; et al., *Nuevo Diccionario Bíblico Certeza*. Segunda Edición Ampliada (Buenos Aires: Certeza Unida, 2003), p. 806.

manifestando abiertamente en su forma de vivir que ya no están sujetos a servidumbre. Han sido liberados y se los exhorta a mantenerse en consecuencia con esta libertad, lo que implicaba, dentro del contexto de la cita de 1Cotintios 6, "estar huyendo" de la fornicación (v. 18, "huid", presente imperativo), a fin de glorificar a Dios con todo el ser. Debido a este contexto en particular, vemos que Pablo no está poniendo el énfasis en la redención como tal, no es esto lo que subraya, sino que las posibilidades que tiene el redimido para servir y agradar a Dios, quien le redimió. Esto implica que al ser libre del pecado, el creyente no debe vivir como si aún estuviera esclavizado a él. Bien lo dijo el profesor Jochem Douma: «Disfrutar de la libertad significa vivir la antítesis. A un Dios aparte pertenece un pueblo aparte: "un reino de sacerdotes y una nación santa" (Éx 19:6).»[331] [Énfasis añadido]

Uno de los pasajes más citados a la hora de hablar acerca de la elección de los salvos es Efesios 1:4, "según nos escogió en él antes de la fundación del mundo". Nada hay en estas palabras que no colme de gozo nuestras almas redimidas; sin embargo, muy a menudo olvidamos lo que sigue inmediatamente después de eso: "para que fuésemos santos y sin mancha delante de Él". La santidad del creyente es un propósito divino que descansa en la prerrogativa suya de apartar a un pueblo para sí, de manera que el bien obrar pasa a ser "una forma visible de manifestar la santidad del llamamiento celestial a que los cristianos son llamados, propia de quienes Dios eligió desde la eternidad."[332]

Tenemos entonces un buen caso a nuestro favor para concluir que no hay realmente contradicción entre el acto de haber sido justificados por la gracia mediante la fe sola y las obras de justicia que necesariamente deben acompañar el andar de aquel que ha sido llamado por Dios a la comunión con los santos. Aunque regeneración, santificación y justificación no son una misma cosa —ya lo dije antes en el capítulo anterior—, son; sin embargo, tres aspectos de la misma gracia que opera en los creyentes a fin de que vivan en total correspondencia con el carácter de Cristo, para la gloria de Dios.

---

[331] J. Douma, *Los Diez Mandamientos. Manual para la vida cristiana* (Grand Rapids, Michigan: Libros Desafío, 2000), p 15.
[332] Samuel Pérez millos, *Comentario Exegético al Texto Griego del Nuevo Testamento. Efesios* (Barcelona: CLIE, 2010), pp. 156-157.

"Este buen obrar conforme a la voluntad de Dios fue manifestado por Cristo, quien anduvo *haciendo bienes* (Hch. 10:38), por tanto, sólo es posible vivir en la dimensión que Dios demanda en la medida en que se viva a Cristo, y esto depende de la entrega y sujeción a la dirección y control del Espíritu (Gá 5:16). Las buenas obras no son el resultado del esfuerzo religioso, sino el estilo de vida del salvo, operado en su intimidad por el poder de Dios (Fil. 2:12-13)."[333]

FE Y OBRAS, SEGÚN SANTIAGO

Creo que es necesario —a pesar de que este libro tiene como objetivo analizar la doctrina de la justificación principalmente en Pablo— que dediquemos una parte de este capítulo a analizar la manera como Santiago aborda el asunto de las obras en su relación con la fe justificadora, más aún cuando sus dichos, dentro de esta misma temática, parecen constituir una verdadera tensión de opiniones con respecto a lo que Pablo nos ha hablado sobre las obras de la ley y la fe.

Lo cierto es que ninguno que haya leído atentamente a Pablo y a Santiago puede quedar indiferente ante las afirmaciones que ambos hacen acerca de la fe, las obras y la justificación. Y eso, para bien o para mal, ha llevado a diversos comentaristas de Pablo y Santiago a escribir, cada cual dentro de sus posicionamientos teológicos o prejuicios doctrinales, variadas explicaciones con el objeto de clarificar (o agrandar en no pocos casos) esta aparente tensión.

Considérense, a modo de ir dilucidando cuál es esa aparente tensión, los siguientes dos pasajes claves:

Pablo a los hermanos de la iglesia de Roma:
"*Concluimos, pues, que el hombre es justificado **por fe sin las obras de la ley**"* (Romanos 3:28 *cf.* Gálatas 2:16)

Jacobo (Santiago) a la Iglesia universal[334]:

---

[333] Samuel Pérez millos, *Mateo*, p. 315.
[334] Adopto aquí la posición de que Santiago escribió esta epístola a toda la iglesia (es "católica" o universal) y no a alguna iglesia local en particular (como sucede con algunas de las epístolas de Pablo).

*"Vosotros veis, pues, que el hombre es justificado **por las obras, y no solamente por la fe**"* (Santiago 2:24)

Comparto el casi unánime consenso de que estos dos versículos son de los más controversiales de toda la Escritura. Parecen formar una verdadera contradicción y, por cierto, material de sobra para los escépticos y críticos de la inspiración de la Escritura y la autoridad de los hagiógrafos. Debemos, por tanto, aproximarnos a esta cuestión a fin de entender si acaso existe en realidad una discordancia entre ambos autores. Tenemos que esforzarnos por comprender lo que Santiago estaba diciendo y ponderar sus dichos a la luz de su propio contexto retórico.

Sólo para hacernos una idea de lo difícil que ha resultado para algunos la lectura de las afirmaciones de Santiago, obsérvese la opinión que tuvo una de las figuras más emblemática del protestantismo. Martín Lutero, el gran reformado, movido por sus propios prejuicios teológicos y celo doctrinal, llegó a repudiar la epístola al punto de dudar de su inclusión al canon bíblico.

Para Lutero, la epístola de Santiago era, en comparación con los evangelios; 1 de Juan; las epístolas de Pablo —especialmente Romanos, Gálatas y Efesios— y 1 Pedro, una "Epístola de paja, desnuda de todo carácter evangélico"[335]. Esta crítica la hizo, entre otras razones, por una mala recepción y comprensión que tuvo de los dichos de Santiago, que leemos a lo largo de todo el capítulo 2 iniciando con 1:25 —"Mas el que mira atentamente en la perfecta ley, la de la libertad, y persevera en ella, no siendo oidor olvidadizo, sino hacedor de la obra, éste será bienaventurado en lo que hace". Aparentemente, Santiago contradice a Pablo en cuanto al rol que han de jugar la fe y las obras en la justificación, negando el principio de *sola fide*, esto es, que la fe sola sea el único medio para recibir justificación. Incluso pone Santiago como ejemplo al patriarca Abraham mediante preguntas retóricas, la primera de las cuales —en clara alusión al relato de Génesis 22 ("¿no fue justificado por las obras Abraham nuestro padre, cuando ofreció a su hijo Isaac sobre el altar?", 2:21)—, expresa una idea que parece discrepar con lo que dice

---

[335] "Prefacio al Nuevo Testamento" (1522).

Pablo acerca de Abraham en su propio ejemplo en la epístola a los Romanos —recuérdese lo que ya vimos más atrás.

Entonces, se hace pertinente preguntarnos si acaso es posible armonizar todo esto sin necesidad de desestimar a Santiago —o bien a Pablo— en lo que dice. ¿Es realmente esto posible? Yo creo que sí.

En realidad, y más allá de cualquier opinión negativa que se pueda tener por una armonización entre el pensamiento de Santiago con el de Pablo acerca de este asunto en concreto, cuando estudiamos a fondo los dichos de Santiago a lo largo del capítulo 2 (y en general en toda la epístola), de pronto una claridad deslumbrante nos envuelve y hasta nos abofetea el orgullo religioso, llevándonos a comprender cuán necesarias son en verdad las obras de justicia en la vida de los creyentes.

Para comprender bien a Santiago es necesario un acercamiento serio y concienzudo que nos permita introducirnos en la mente de Santiago para así descubrir sus intenciones, leyéndole a él por sí mismo y no a través de los lentes de la teología paulina, que es lo que generalmente ha servido como base para los malos entendidos o para alimentar esta supuesta tensión.

Propongo que partamos examinando un grupo de textos anteriores a los versículos más controversiales (que son principalmente los vv. 21-25). En 1:22 leemos:

> "Pero sed hacedores de la palabra, y no tan solamente oidores, engañándoos a vosotros mismos."

En 1:21 Santiago exhorta a sus lectores diciendo: "despójense de toda inmundicia y de la maldad que tanto abunda, para que puedan recibir con humildad la palabra sembrada en ustedes, la cual tiene poder para salvarles la vida" (NVI 1999). Pero esta exhortación no se queda sólo allí, sino que continúa llamándonos a no contentarnos con sólo ser oidores de "la palabra" —receptores pasivos de esta. Por el contrario, debemos poner "la palabra" en práctica, ser hacedores de ella, que es el sentido preciso de la exhortación a recibir la palabra (v. 21). Quien cree que sólo con oír "la palabra" es suficiente, se miente a sí mismo, auto convencido de estar haciendo lo correcto, colocando sobre su conciencia una ilusoria tranquilidad y paz mental que no agrada a Dios.

Este "oír" tiene el sentido de "asentir" con la mente más que el de meramente escuchar, es recibir con entendimiento. Ahora bien, hay una falsa piedad en aquellos que creen que el aceptar mentalmente una exhortación o una verdad sea suficiente para estar a cuentas con Dios. Pero el propio saber y escuchar, además de no ser un fin en sí mismos, no tienen valor alguno si no va acompañado de la acción, de ahí que Santiago diga: "sed hacedores de la palabra, y no solamente oidores". Creo que hay aquí un paralelismo evidente con los dichos de Jesús en el Sermón del Monte:

> "No todo el que me dice: Señor, Señor, entrará en el reino de los cielos, sino el que hace la voluntad de mi Padre que está en los cielos. [...] Cualquiera, pues, que me oye estas palabras, y las hace, le compararé a un hombre prudente, que edificó su casa sobre la roca. Descendió lluvia, y vinieron ríos, y soplaron vientos, y golpearon contra aquella casa; y no cayó, porque estaba fundada sobre la roca. Pero cualquiera que me oye estas palabras y no las hace, le compararé a un hombre insensato, que edificó su casa sobre la arena; y descendió lluvia, y vinieron ríos, y soplaron vientos, y dieron con ímpetu contra aquella casa; y cayó, y fue grande su ruina." (Mateo 7:21-27, *cf.* Lucas 6:46-49)

No sé si acaso Santiago pensaba en estos dichos del Señor cuando escribía la epístola, pero haremos bien nosotros en comprender los suyos propios a la luz de lo que el propio Jesucristo enseñó en esa oportunidad.

Hasta aquí, parece claro que lo que Santiago entiende por "la palabra" es esa enseñanza santa recibida del Señor ("la palabra [de Dios]"), que guarda relación además con "la palabra de verdad" por la cual (o mediante la cual)[336] Dios Padre nos hizo nacer de nuevo (v. 18). Podría también decirse del AT según fue interpretado por Jesús en diversas ocasiones durante su ministerio, aunque lo que parece más obvio es que se trate de la misma "palabra implantada" del verso precedente (y la "palabra de verdad" del v. 18), la cual nos recuerda lo profetizado por Jeremías en 31:31-34. Como sea, poca duda cabe que esta "palabra" era conocida por aquellos a quienes les escribe, y también lo es para

---

[336] Nótese el uso del dativo λόγῳ, indicando instrumentación, "*por* la palabra" o "*con* la palabra".

nosotros, pues nada extraño a la propia enseñanza de la Biblia es lo que este concepto de la "la palabra" contiene.

Dice Santiago que el que escucha "la palabra" pero no hace lo que "la palabra" ordena, es similar al hombre que mira completamente ("considera", RV60) su rostro en un espejo por un rato y luego se va. Puede ver un reflejo fiel de cómo es (véase la nota más abajo), contemplarse a sí mismo y descubrir su rostro tal como le ven otras personas que le miran de cerca[337]. Sin embargo, esta contemplación es pasajera, tan pronto como se retira olvida también cómo era (vv. 23-24). Un comentario conocido explica: "Como el hombre puede contemplar su cara *natural* en el espejo, así el oidor puede percibir su imagen *moral* en la palabra de Dios. El fiel retrato del alma del hombre en la Escritura es la prueba más fuerte de la verdad de la misma. En ella, también, vemos reflejada la gloria de Dios, tan bien como vemos nuestra vileza natural. [...] "Consideró" corresponde a oír la palabra; "se fue", a desatenderla después de oír; dejando vagar la mente hacia otra parte y perdiendo interés en la cosa oída: luego sigue el *olvido* [Alford]."[338]

El verso 25 introduce una expresión un tanto confusa para algunos, la que veremos repetida nuevamente en 2:12; "la ley de la libertad". Esta ley de la libertad, según Santiago, es "la perfecta ley", muy posiblemente otra manera de referirse a "la palabra implantada" del versículo 21 (y también la "palabra de verdad" del v. 18), todo lo cual podría apuntar a la ley de Moisés según fue interpretada y complementada por el Señor. Dice Santiago que "el que mira atentamente en la perfecta ley, la de la libertad, y persevera en ella, no siendo oidor olvidadizo, sino hacedor de la obra, éste será bienaventurado en lo que hace". "Mirar atentamente" corresponde aquí a una sola palabra griega, el verbo παρακύπτω (*parakúpto*), una palabra compuesta por παρά (*pará*, lit. cerca) y κύπτω (*kúpto*, lit. inclinarse o doblarse hacia adelante), significando en su conjunto algo así como: "inclinarse hacia adelante para ver de cerca" (*cf.*

---

[337] No es necesario buscarle otro sentido metafórico al uso del espejo por Santiago, como el que le da Pablo en 1 Corintios 13:12, en donde su uso se relaciona con el reflejo imperfecto que los espejos de aquel entonces producían. En el presente contexto, es más probable que el espejo sea sólo una ilustración según el uso normal de este objeto conocido, esto es, dada su utilidad de verse a uno mismo allí reflejado, indistintamente de las imperfecciones del reflejo, lo cual no viene a ser parte de la analogía, y por ende es irrelevante.

[338] Jamieson; Fausset; Brown, *Comentario Exegético y Explicativo* Volumen II - Santiago (El Paso, Texas: CBP, 2002), pp. 672-673.

Jn 20:5), esto es, "observar cuidadosamente"; "contemplar con detenimiento". Pues bien, quien así contempla la perfecta ley —*i.e.* quien así fija sus ojos con semejante curiosidad o indagación— y persevera en ella, esto es, poniendo en práctica lo que esta enseña —siendo hacedor de la obra que esta nos exhorta a realizar diariamente—, entonces será bendecido.

Podríamos decir que todo lo dicho hasta ahora es nuestro antecedente lógico a la exposición que seguirá en el capítulo 2. Una vez habiendo introducido el concepto de "hacer" con relación a "la palabra", Santiago proseguirá su discurso en lo que podríamos llamar "una religión puesta en práctica" (ver esp. 1:26-27 en adelante).

¿Qué significa ser "hacedores de la palabra"? es la pregunta que en detalle será respondida desde el verso 1 al 26 del capítulo dos.[339] Pero, para efectos de este estudio, pasaremos directamente al versículo 14, ya que es más precisamente a partir de aquí que Santiago comienza su disertación acerca de la fe y las obras, todo lo cual, con absoluta seguridad, pertenece al mismo hilo conductor iniciado en 1:22 (o 21).

> *"Hermanos míos, ¿de qué aprovechará si alguien dice que tiene fe, y no tiene obras? ¿Podrá la fe salvarle?"* (2:14)

Nótese que la primera pregunta de Santiago no dice: ¿de qué aprovechará si alguno **tiene** fe, y no tiene obras? Sino: "¿de qué aprovechará si alguno **dice que tiene** fe, y no tiene obras?" Esta distinción es importante, porque nos ayuda a situarnos correctamente en el pensamiento del autor. Lo que está diciendo entonces Santiago no es que un verdadero creyente pueda carecer de buenas obras, más bien está pensando en aquella persona que alega que tiene fe y; sin embargo, no tiene obras que testifiquen o den evidencia de esa fe. ¿Qué bien hace o qué ganancia hay en decir que se tiene fe y no se tiene obras? A esto le sigue la siguiente otra pregunta retórica: "¿Podrá la fe salvarle?", *i.e.* esa clase de fe que no produce obras[340], que es vacía en su misma esencia,

---

[339] Otros elementos que podrían considerarse como propios del significado de ser hacedores de la palabra, pueden leerse también en otras secciones de la epístola, como en 4:4-10.

[340] Prefiérase aquí la traducción "esa fe" o "tal fe" (BTX3), haciendo alusión al uso del término en la pregunta anterior, no a la fe salvífica como tal.

SEGUNDA PARTE. LA DOCTRINA DE LA JUSTIFICACIÓN
CAPÍTULO TERCERO. EL MEDIO DE LA JUSTIFICACIÓN

¿podría equipararse a una fe salvífica? La respuesta implícita dentro de la retórica del autor es un rotundo no.

Es importante aclarar que Santiago no está diciendo que la fe es insuficiente para que una persona se salve, o que no puede salvar (*i.e.* ser el medio para salvación). La pregunta "¿podrá la fe salvarle?" se refiere, como ya lo señalé en la nota al pie anterior, a la fe de aquel que dice que tiene fe y no tiene obras, es un caso típico del recurso retórico de la anáfora. En las palabras de Ryrie, "la cuestión no es si la fe puede salvar, sino que si tal fe, que es fe muerta, puede salvar."[341] En lo que respecta a la salvación propiamente tal, no queda totalmente claro si aquí la salvación es una referencia a la salvación escatológica futura o a la salvación como posesión presente del que cree en Jesucristo (como en Juan 5:24, o en 2Timoteo 1:9). La expresión traducida "¿podrá la fe...?", que hace la RV60 —y varias otras traducciones—, podría tal vez indicarnos algo, ya que el tiempo del verbo δύναμαι (tener poder, ser capaz) corresponde aquí, en el texto griego, a un presente en modo indicativo ("¿puede?", "¿es capaz?"; *cf.* BTX3), lo que podría sugerir la capacidad (o más bien incapacidad de esa fe) de salvar ahora en el presente. Sin embargo, el contexto más amplio parece apoyar el sentido escatológico futuro del término (léanse los vv. 12 y 13 del mismo capítulo, que son el antecedente inmediato de lo que estamos analizando en el v. 14 y ss. Recuérdese también 1:21, "...recibid con mansedumbre la palabra implantada, la cual puede salvar vuestras almas"). En tal caso la salvación es aquí una esperanza futura, lo cual, por supuesto, también ha de influir en nuestra interpretación de la justificación de la que hablará Santiago más adelante.

Hasta aquí, parece ser que lo que Santiago entiende por "obras", o más bien el uso que él hace del término, no tiene que ver tanto con la obediencia a la Toráh según la comprensión estrictamente judía de la misma (las "obras de la ley"), ni menos aún con esas "marcas de identificación" que distinguían a un judío de un gentil (circuncisión, restricciones dietéticas y días festivos), sino que con las "obras" en un sentido más amplio o general, significando todos aquellos actos benevolentes que se realizan en obediencia a Dios. Con esto no quiero

---

[341] Charles C. Ryrie, *Teología bíblica del Nuevo Testamento* (Grand Rapids, Michigan: Portavoz, 1999), p. 121.

decir que Santiago esté haciendo un uso total y particularmente diferente de las "obras" del que hace Pablo en algunas de sus epístolas (p. ej. Romanos cap. 3-4, 9:32). Aunque esta diferenciación es muy común leerla entre los comentaristas de esta sección de la epístola de Santiago, no creo que sea apropiado suponer que para Santiago las "obras" fueran otra cosa completamente distinta a las "obras de la ley" de las que habló Pablo después que él. Es cierto que cuando está hablando de la justificación (o de la justicia del hombre en un contexto forense) Pablo utiliza mayormente esta expresión en sus cartas (Ro 3:20, 28; Gál 2:16; 3:2, 5, 10); sin embargo, tal uso de la expresión se hace necesario por el contexto judío en que trata el tema de las obras y la justificación.[342] Como lo señalé antes parece ser que en Pablo "obras de la ley" se trata más bien de un concepto contenido en el de "buenas obras" u obras de justicia en general, como un subconjunto de la categoría mayor de las obras [así también Moo], que abarca más que simplemente la Ley de Moisés, o aquellas leyes propias de la identidad judía (los "emblemas" o "marcas" que caracterizaban a un judío respecto de un no judío). Por ende, no creo que sea correcto insistir demasiado en la explicación que aboga por distinguir a Pablo de Santiago en el uso y significado básico de este término.[343] Como Douglas J. Moo, creo que "la armonización de estas dos perspectivas [acerca del papel de las "obras" en la justificación] no puede basarse en esta distinción."[344] A pesar de ello, no se puede tampoco negar que en el presente contexto en que escribe Santiago, las "obras" que siguen a la fe genuina son mayormente expresiones de generosidad y compasión para con los necesitados (cf. vv. 15-16). El ejemplo de Rahab casi al terminar este capítulo de la epístola incorpora a las "obras" también el sentido de hospitalidad y protección

---

[342] Véase también en Douglas J. Moo, *Comentario de la epístola de Santiago* (Miami, Florida: Vida, 2009), p. 224. "Pablo habla concretamente de la Torá porque está tratando el tema de las obras en un contexto judío, en el que las acciones de obediencia a Dios estaban definidas por la ley mosaica."
[343] Una opinión contraria puede leerse en Peter H. Davids, *Pasajes difíciles de la Biblia* (El paso, Texas, Mundo Hispano: 2011), pp. 687-688; Pablo A. Deiros, *Santiago y Judas. Comentario Bíblico hispanoamericano* (Miami, Florida: Caribe, 1992), p. 151, entre varios más. George E. Ladd, a quien citaré más adelante en esta misma sección, también se suma a la larga lista de autores que abogan por distinguir en el uso de "obras" (y también de "fe") que hacen Santiago y Pablo (véase en su *Teología del Nuevo Testamento*, p. 773).
[344] Douglas J. Moo, *Comentario de la epístola de Santiago*, p. 80.

(v. 25), y con Abraham parece ser que "obras" apunta a la entrega y obediencia activa a Dios (v. 21).

Lo que sigue (vv. 15-16) es un ejemplo tomado de la vida cotidiana, un hipotético caso —aunque no por ello alejado de la realidad— que intenta demostrar cuán vacía es esa pretendida fe que ante cosas tan sencillas, pero esenciales del andar cristiano, como lo es el amor y preocupación por el desvalido y el necesitado, queda muda e inmóvil. Quien es negligente a la hora de socorrer al hermano necesitado no sólo se delata a sí mismo manifestando una fe muerta y sin contenido, sino también la ausencia de amor de Dios en él. Como escribió el apóstol Juan:

> "Si alguien que posee bienes materiales ve que su hermano está pasando necesidad, y no tiene compasión de él, ¿cómo se puede decir que el amor de Dios habita en él? Queridos hijos, no amemos de palabra ni de labios para afuera, sino con hechos y de verdad" (1 Juan 3:17-18, NVI 1999)

"¿Cuál es el uso y el valor de fingir ser caritativo cuando son negadas las *obras* de amor?", pregunta Arthur W. Pink, "Ninguno en absoluto: los estómagos vacíos no son llenados por palabras benévolas, ni tampoco son vestidas las espaldas desnudas por buenos deseos. Ni el alma es salvada por una hueca profesión del Evangelio."[345]

Y como si de una conclusión adelantada se tratase, Santiago prosigue sentenciando: "Así también la fe, si no tiene obras, es muerta en sí misma" (v. 17). Para entender esta afirmación, la siguiente analogía puede sernos útil:

Cualquier árbol frutal que no da nunca el fruto esperado, es un árbol carente de vida. Puede que siga creciendo, pueden sus hojas renovarse cada temporada y fulgurar hermosamente al roce del Sol, pero si no produce el fruto deseado, no sirve para lo que fue plantado (*cf.* Lc 3:9). Así también es una fe que no produce obras de justicia. Puede una persona aparentar tener tanta fe como cualquier otro converso, incluso puede hablar como un cristiano y hacer las cosas que hacen los cristianos habitualmente en los cultos semanales, pero si esa fe no conlleva frutos que manifiesten el amor de Dios, entonces es una fe vacía, que de nada

---

[345] Arthur W. Pink, *La Doctrina De La Justificación*, p. 94.

sirve. Santiago parece estar de acuerdo con toda esta idea, pues al final de este mismo capítulo concluye diciendo: "Porque como el cuerpo sin espíritu está muerto, así también la fe sin obras está muerta" (v. 26). El espíritu humano, según este entendimiento, es lo que le da dinamia al cuerpo, es la razón de que seamos "seres animados", pero si al cuerpo faltare el ánima, no sería sino más que un montón de materia inerte.

Es interesante la observación que hace aquí Daniel Carro en su propia exposición de estos pasajes:

> "Por la forma en que la frase está formulada, la expresión que se traduce *si no tiene obras* podría traducirse también "si persevera en no tener obras" o "si continúa no teniendo obras". Lo que Santiago intenta afirmar es que esta actitud de descortesía y desatención del pobre no es una casualidad que podría pasar por haber estado distraído, o por no prestar la debida atención a una situación particular alguna vez, sino que es una actitud continua y repetida. No es una vez por si acaso que así se ha actuado, es siempre, continua y repetidamente."[346]

Como ya se dijo antes, hemos de insistir en que una persona justificada necesariamente ha de manifestar fruto de esa nueva posición mediante obras de justicia, lo cual es la expresión y evidencia de una fe viva y genuina, de una fe que obra por el amor (*q.v.* Gál 5:6). Como también se dice en la Confesión de fe de Westminster: "La fe, que así recibe a Cristo y descansa en Él y en su justicia [...] no es fe muerta, sino que obra por el amor"[347]. Dice también un credo luterano: "Creemos, enseñamos y confesamos que si bien la contrición que precede a la fe, y las buenas obras que la siguen, no pertenecen al artículo de la justificación ante Dios, sin embargo, nadie debe imaginarse una fe que pueda existir y permanecer junto con y además de una mala intención de pecar y obrar en contra de la conciencia. Al contrario: Una vez que el hombre ha sido justificado por la fe, esta fe verdadera y viva obra por el amor, Gálatas 5:6, de modo que así, la fe justificadora siempre va seguida y acompañada de buenas obras, si en realidad es una fe verdadera y viva; pues nunca existe sola, sino en unión con el amor y la esperanza."[348]

---

[346] Juan Carlos Cevallos; Rubén O. Zorzoli (eds.) *Comentario Bíblico Mundo Hispano Tomo 23 – Hebreos, Santiago, 1 y 2 Pedro, Judas.* (El Paso, Texas: Mundo Hispano, 2005), p. 229.
[347] Cap. XI, II.
[348] Fórmula de Concordia. Primera Parte, III, 6.

Aunque es cierto que somos salvos por gracia por medio de la fe, no por obras para que nadie se gloríe (Ef 2:8-9), fuimos hechos nuevamente por Dios ("hechura suya" *cf.* 2Co 5:17; Gál 6:15), creados en Jesucristo "para buenas obras, las cuales Dios preparó de antemano para que anduviésemos en ellas" (Ef 2:10). "Las buenas obras son indispensables para la salvación", escribió John Stott comentando Efesios 2:10, "pero no como su fundamento o como un medio, sino como su consecuencia y evidencia."[349] O, como dijo siglos atrás Thomas Watson: "*Bona opera non praecedunt justificationem, sed sequuntur justificatum*: las buenas obras no son un ujier que precede a la justificación, sino una doncella que la sigue."[350] En su comentario sobre este mismo versículo (Ef 2:10), Samuel Pérez Millos indicó:

> "No se trata, pues, de que Dios haya almacenado obras buenas para que el creyente las use, sino que Él dispuso que el creyente *adopte* una conducta, forma de vida, consecuente con la fe, orientada al buen obrar, como corresponde a quien vive en Cristo y vive a Cristo (Gá. 2:20)."[351]

> "Es necesario entender bien que Dios no estableció esas buenas obras para que el creyente *las practique*, sino para que *ande* en ellas, es decir para que el buen obrar, el pasar *haciendo bienes*, sea el modo natural de su vida."[352]

De regreso a Santiago capítulo 2, vemos cómo es que tal principio de una fe genuina y viva se reivindica plenamente. Cualquiera que diga que tiene fe, pero no tiene obras, *i.e.* expresiones externas de una fe viva que reflejen el carácter de Cristo, de nada le sirve.

> «Aquella "fe" que sólo es de labios y no es confirmada por la evidencia en la vida, es inútil. No importa cuán claro y acertado puede ser mi conocimiento de la Verdad en mi cabeza, no importa cuán buen hablador sobre las cosas Divinas soy, si mi andar no es controlado por los mandatos de Dios, entonces soy solamente "como metal que resuena, o címbalo que retiñe". "La fe, si no tuviere obras, es muerta en

---

[349] John Stott, *El mensaje de Efesios* (Buenos Aires: Certeza Unida, 2006), p. 78.
[350] Thomas Watson, *Tratado de Teología*, p. 407.
[351] Samuel Pérez millos, *Efesios*, p. 157.
[352] Samuel Pérez millos, *Mateo*, p. 315.

sí misma". No es una fe viviente y fructífera, como la fe del elegido de Dios, sino una cosa que es absolutamente sin valor - "muerta". Está "sola", es decir, separada del amor a Dios y a los hombres y de cada santa emoción. ¡Cómo podría nuestro santo Señor aprobar semejante "fe"! Como las obras sin la fe son "muertas" (Heb. 9:14), así una "fe" que es sin "obras" es una fe muerta.»[353] [Énfasis añadido]

Los versículos 18 y 19 son muy interesantes, porque nos aclaran aún más el punto de vista que tiene Santiago con respecto a la fe y a las obras:

"Pero alguno dirá: Tú tienes fe, y yo tengo obras. Muéstrame tu fe sin tus obras, y yo te mostraré la fe por mis obras. ¿Tú crees que Dios es uno? Bien haces: los demonios también [lo] creen ¡y tiemblan!" (BTX3)[354]

Hay aquí expresada esa idea errónea de separar la fe de las obras, como si se tratase de dos dones distintos que un cristiano puede poseer de manera independiente ("tú tienes... y yo tengo..."). Pero la fe genuina —esa que contrasta con una fe vacía— y las obras no son para Santiago distintas alternativas en la expresión de la religión cristiana, más bien se trata de dos aspectos mutuamente compenetrados en la vida del creyente, uno no visible (la fe) y otro visible (las obras). Y es que la fe en sí misma no es "una cosa" que se ve, no es como quien lleva puesto un traje nuevo y todos pueden apreciarlo. Me gustan las analogías para explicar este tipo de cosas:

Una persona (imaginémonos esto por unos momentos) pudiera decirnos que acaba de sufrir un accidente automovilístico a 140 kilómetros por hora, que salió expulsada desde el parabrisas de su vehículo hacia el coche de en frente, impactando su cráneo sobre el capó para luego ser arrastrada varios metros por la carretera. Pero tal historia sería literalmente increíble —no creíble— si tal persona no manifestara en su cuerpo señales del accidente (un rasguño, una contusión, pérdida

---

[353] Arthur W. Pink, *La Doctrina De La Justificación*, pp. 95-96.
[354] La traducción a partir del Texto Crítico no incluye el pronombre personal ἐγώ (aquí en genitivo singular, μου —mi—, como en RV60: "mi fe"), además introduce la fórmula interrogativa al inicio del v. 19, lo cual tiene bastante apoyo entre los mss. más confiables.

de sangre, etc.). A menos que un milagro haya allí sucedido (léase en tono sarcástico), quien dice que vivió tal accidente no obtendría credibilidad alguna de parte de sus oyentes si en su cuerpo no llevase las marcas del accidente. Así es también con la fe. Aunque no podemos ver la "sustancia" misma de la fe, podemos saber si esta es genuina fe cristiana con ver los frutos que la acompañan (*i.e.* que emergen de manera casi espontánea de ella, no como dos elementos separados). Las marcas que caracterizan una fe genuina, justificadora, una fe que sólo puede ser el resultado del impacto de la gracia, es el fruto del Espíritu que crece como evidencia de que Dios está obrando en la persona. Tal fruto es el impulsor del bien obrar, lo cual en Gálatas nos es manifestado en claro contraste con "las obras de la carne" (*q.v.* Gál 5:19-25).

"Muéstrame tu fe sin tus obras, y yo te mostraré la fe por mis obras", es la respuesta acertada de Santiago a su potencial objetor[355]. Existe un refrán que reza así: «Tus hechos hablan tan fuerte, que no se escucha lo que dices». Y es eso precisamente lo que tiene en mente aquí nuestro hagiógrafo, quien no está hablando de "revelar" algo, sino más bien de "probar" una cosa por medio de la otra. "Que mis obras hablen por sí mismas, que ellas pongan de manifiesto (o más bien "den prueba de") la fe", parece ser el pensamiento de Santiago. Debe notarse, además, que "tu fe" y "la fe" son dos contrastes entre dos clases de fe que se diferencian sustancialmente. La primera —"tu fe"— es una "fe sin obras", y por tanto una fe vacía y muerta, algo parecido a un mero asentimiento de la mente. La segunda —"la fe por mis obras"— es la fe que realmente vale y puede salvar (recibir salvación). En este último término, Santiago no parece haber querido significar algo diferente de la fe de lo que significaba para Pablo, la cual sin duda era para él —para Santiago— más que "solo una ortodoxia fría y seca, un mero asentimiento intelectual a una proposición teológica"; más que mera "ortodoxia intelectual"[356], era también confianza, compromiso y obediencia (*cf.* 1:6 y 2:1).

---

[355] Me inclino aquí a la postura de que Santiago dialoga con una persona hipotética (imaginaria) que hace las veces de objetor. Es muy posible que Santiago esté utilizando la diatriba, muy común en su época.

[356] Contra Pablo A. Deiros, *Santiago y Judas*. pp. 150-151. Así como sucede con el término "obras", es cosa común entre los comentaristas de estos versículos distinguir entre la fe según la entendió Santiago y la fe según Pablo, como si ambos estuvieran hablando de dos clases distintas de fe. En mi opinión, tal diferenciación es innecesaria e inapropiada, pues que para Santiago la fe que es sólo un

"¿Tú crees que Dios es uno? Bien haces: los demonios también *lo* creen ¡y tiemblan!". Lo primero constituye el credo básico del judaísmo. Se lo conoce como *shemá* (el imperativo "oye", "escucha"), según Deuteronomio 6:4: "Oye, Israel: Jehová nuestro Dios, Jehová *uno* es". Esta declaración de fe forma parte importante del "primer mandamiento de todos" (Mr 12:28-30), y tan rápido como se extendió el cristianismo entre los gentiles fue también adoptada por los primeros cristianos gentiles (*cf.* Ro 3:30; Gál 3:20; Ef 4:6; 1Ti 2:5), de manera que cualquier judío ortodoxo —o prosélito, o cristiano judío—, pudiera haber razonando de la siguiente manera: "Yo creo que Dios es uno, como nos lo indica la Toráh, por tanto, mi fe sí es genuina y real". Pero Santiago sale de inmediato al paso y responde: "¡eso está muy bien! —que creas que Dios es uno—, pero si piensas que esa profesión externa de fe es suficiente, pues te engañas, ya que los demonios también creen lo mismo y; sin embargo, eso en nada cambia su conducta hacia Dios, por el contrario, tiemblan de miedo ante la Majestad de Dios, como quien tirita de frío (Gr. *frísso*)". Dice Peter H. Davids: "Las huestes de Satanás son totalmente ortodoxas, creyendo plenamente la verdad; de hecho, en los Evangelios dan una confesión más completa de Cristo que los apóstoles (p. ej. Mar. 1:24; 5:7). Y a diferencia de la persona que declara creer sin mostrar sus hechos externos, ellos actúan en forma coherente con lo que creen, pues tiemblan. Tiemblan porque están rebelados contra Dios y

---

asunto de asentimiento a una verdad proposicional (como en 2:19) es precisamente la fe que él está contrastando con aquella fe verdadera que produce obras (o se acompaña de las obras), y que es, esencial y sustancialmente, la misma fe que recibe salvación y que se define como algo más que mera ortodoxia. Por lo general, estas diferencias conceptuales son así sugeridas por estos comentaristas en el intento de armonizar a Santiago y a Pablo en lo que, al parecer, sería una contradicción de opiniones acerca de las obras y la fe en la justificación; sin embargo, no creo que el camino correcto para resolver esta tensión vaya necesariamente por distinguir a ambos en el uso de tales conceptos. Es cierto que, en el presente contexto, Santiago hace alusiones a una fe que ha de definirse de un modo distinto del uso y significado que este término ocupó en Pablo al hablar él acerca de la justificación y la salvación; no obstante, tales alusiones enfatizan el hecho de que tal fe es muerta (vv. 17 y 26) y estéril (v. 20), mientras que la verdadera fe, esa que Santiago quiere reivindicar (que es más que mera ortodoxia), produce obras que la acompañan. Lo que intento decir entonces, es que Santiago y Pablo no comprenden la fe salvífica de diferentes maneras, y que las distinciones observadas en el contexto de 2:14-26 sólo deben limitarse a aquella fe que el propio Santiago reprocha como vacía e infructífera, pero no a todas las ocasiones en que el término fe es mencionado dentro de este contexto (como hace Peter H. Davids en *Pasajes difíciles de la Biblia*, p. 687).

saben que van al infierno. Quizá, Santiago implica, aquellos que pretenden tener fe sin hechos también deberían estar temblando."[357]

Una lección para nosotros, si deseamos que estas palabras tengan también aplicación y sentido práctico para nuestras vidas (y ciertamente lo tienen), es que no basta con que estemos correctamente situados teológicamente. Quienes nos dedicamos con pasión a la enseñanza de las doctrinas de la fe cristiana, no debemos perder de vista que nuestra teología no sólo debe ser la adecuada, debe también, necesariamente, dirigir nuestro estilo de vida, de lo contrario habremos caído en el mismo error de aquellos que, teniendo conocimientos acertados acerca de la naturaleza de Dios o de otras cuestiones afines a la revelación bíblica, tales aciertos teológicos en nada han transformado sus vidas de manera que vivan de acuerdo a esas grandes verdades y a todo lo que ellas implican para la vida cristiana. Tan cierto es el hecho de que ningún acierto teológico puede reemplazar una vida de santidad y devoción, esto es algo que debemos asimilar y hacer parte de nuestro constante peregrinar en la fe. No debemos olvidar, ni por un segundo, que si nuestra teología no nos hace desear parecernos cada día más a Cristo, de nada sirve su elegante exactitud.

"Pero, ¿quieres saber, oh hombre vano, que la fe sin obras es estéril?" (v. 20, BTX3)[358]

Con cierta dureza, tal vez como parte de la misma retórica argumentativa, Santiago llama "hombre vano" (lit. "hombre vacío") a quien así razona creyendo que las obras son innecesarias mientras exista fe. El tal es como un tonto (*q.v.* NVI 1999) que necesita urgentemente ser convencido con la propia Escritura.

Llegamos entonces a los pasajes más difíciles de esta sección de la carta; sin embargo, ya hemos adelantado bastante camino según lo dicho hasta ahora.

---

[357] G.L. Wenham, J.A. Motyer, D. A. Carson, R.T. France, *Nuevo comentario Bíblico Siglo XXI* (El Paso, Textas: Mundo Hispano, 1993), p. 1032.
[358] La RV60 traduce aquí "muerta", siguiendo al TR (Gr. *nekrá*), mientras que otros mss. más confiables colocan "estéril" (Gr. *argós*, lit. "inútil"; "sin fruto"; "que no obra"). He preferido aquí seguir al Texto Crítico, tal como hace la BTX3 y también otras versiones usadas en este libro, además de que esta variante textual refleja lo que al parecer debía suponer un juego de palabras en el texto griego original ("la fe sin *érgon argé* es", o "la fe sin obras no obra", como diría Daniel Carro).

"¿No fue justificado por [ék] las obras Abraham nuestro padre, cuando ofreció a su hijo Isaac sobre el altar?" (v. 21)

Ya analizamos anteriormente los argumentos de Pablo en Romanos 4 con respecto a la fe de Abraham, pero veamos nuevamente lo que dice el v. 2:

"Porque si Abraham fue justificado por [ék] las obras, tiene de qué gloriarse, pero no para con Dios".

No podemos negar la tensión evidente que hay entre lo que dice Santiago y lo que dice Pablo en cuanto al papel que jugaron las obras en la justificación de Abraham, o al menos eso es lo que parece a primera vista, en donde la preposición *ék* (traducido "por" en la mayoría de las versiones) pareciera tener el sentido de "causa" o "medio instrumental" en ambos casos[359]. Sin embargo, y ya para ir desarrollando una explicación que nos ayude a entender este problema (y encontrarle una solución), una cosa podemos notar: ambos dirigen al lector hacia el mismo pasaje de Génesis 15:6, *"Y creyó a Jehová, y le fue contado por justicia".* Por lo tanto tenemos aquí un punto en el que ambas opiniones convergen, lo cual debiera ser para nosotros un "mapa" que nos guíe hacia la comprensión de ambos pensamientos.

Recuérdese cómo llegamos hasta aquí. Santiago nos llevó del "oír" al "hacer", nos trasladó de una mera fe profesante —creer algo— a la acción —obrar en consecuencia con la fe. Ahora, y como parte de su argumentación, pasa de la definición y de los ejemplos prácticos, a la propia evidencia en la Escritura.

Y así como Pablo a los lectores de la epístola a los Romanos, aquí Santiago consideró pertinente mencionar la conocida historia de Abraham, quien fue justificado por la fe cuando creyó a la promesa de Dios. Ya he dicho bastante acerca de la importancia de la figura de Abraham dentro del judaísmo del primer siglo (y anterior a él), así que remito al lector a lo que ya se dijo al respecto.

---

[359] No puede caber ninguna duda de que al menos en Romanos 4:2 la preposición *ék* tenga este sentido, de ahí que Pablo afirme que no fue por las obras (por medio o causa de ellas) que Abraham fue justificado.

Pero Santiago va más allá de ese primer relato acerca de la justificación del patriarca, y transpone a sus lectores a otro relato posterior, a Génesis 22, a ese momento que es punto de inflexión en la historia de Abraham. Dios había puesto a prueba la fe y la obediencia de Abraham ordenándole que le entregara en sacrificio a su hijo, el hijo de la promesa. Recuérdese que no se trataba de Ismael, no era el hijo de la esclava, sino que el hijo de Sara, su esposa —el hijo según la promesa—, aquel en quien su descendencia sería tan numerosa como las estrellas del cielo (Gn 15:4-5). Pero Abraham actuó en plena certidumbre de fe, convencido de que Dios es poderoso para levantar incluso de entre los muertos al que era ofrecido en sacrificio (He 11:17-19), pues aun ante tal situación no dejó de creer la promesa divina hecha varios años atrás. Dios entonces, conociendo el temor reverente de Abraham, le mandó detenerse y, en retribución de su obediencia en fe, ratificó lo prometido en Génesis 15:5 (*cf.* Gn 22:17) y añadió: "En tu simiente serán benditas todas las naciones de la tierra, por cuanto obedeciste a mi voz" (Gn 22:18). Pienso que esto último —lo subrayado— es clave para entender la lógica de Santiago. Aunque Abraham fue justificado mucho antes de este episodio, lo que aquí se relata fue, por así decirlo, la materialización de esa fe inicial expresada en Génesis 15:6. La fe de Abraham al recibir la promesa no sólo era un asentimiento de la mente, en realidad involucró todo un movimiento del alma y de la voluntad, una entrega de pleno sometimiento a los dictámenes de Dios, tanto así que ante la demanda de Él, tan dolorosa como puede haber sido para cualquier padre amante, este no retuvo a su hijo amándole más que a Dios. Esta actitud fue la evidencia de cuán viva era su fe y porqué tal declaración de justicia leída en Génesis 15:6 no faltaba a la verdad. El obedecer con fe significó una serie de obras a lo largo de la vida del patriarca que vinieron a ser la demostración y manifestación externa de esa fe interna cuyo impulsor era el amor y el temor a Dios. Dice entonces Santiago:

> *"Ya ves que la fe actuaba juntamente con sus obras, y la fe fue perfeccionada por las obras. Y se cumplió la Escritura que dice: Creyó Abraham a Dios, y le fue contado por justicia, y fue llamado amigo de Dios."* (vv. 22-23, BTX3)

Este actuar en obediencia a Dios, esta fe puesta en práctica, fue la plena expresión de esa fe justificadora de la que ambos hagiógrafos hablaron, Pablo y Santiago, cada cual dentro de su propio contexto de discusión en sus respectivas epístolas. La fe de Abraham fue perfeccionada (no con el sentido de "mejorada", sino de "completada" o "llevada a su clímax") por las obras de justicia traducidas en obediencia a Dios, es por eso que "se cumplió la Escritura que dice: Abraham creyó a Dios, y le fue contado por justicia", *i.e.* se hizo cierta y palpable esa declaración previamente realizada sobre el patriarca[360]. Quien inquiera este relato con atención, tal como se ha hecho aquí, encontrará entonces razón a Santiago en que "la fe [de Abraham] actuó juntamente con sus obras".

Esta primera frase es muy interesante. La expresión verbal "actuar juntamente" es συνεργέω (aquí en imperfecto indicativo y voz activa, *sunérgei*), cuyo significado básico es "cooperar" con el sentido de "obrar con". Dice Douglas J. Moo: "El énfasis de Santiago no es que la fe de Abraham produce obras, sino que la fe y las obras cooperan juntas. Y el fin de esta cooperación no aparece en el versículo, pero si tenemos en cuenta los vv. 21 y 23, podemos concluir que el fin de dicha cooperación es la justificación. La NVI, *trabajaban conjuntamente*, refleja la continuidad del tiempo verbal que Santiago usa (el imperfecto). Así, deja claro que la fe de Abraham no se limitaba a una reorientación mental en el momento de su «conversión» o a una profesión puntual, sino que era una fuerza activa, que de forma constante actuaba junto con sus obras."[361]

No fue una mera profesión de labios, no fue un simple asentimiento de su mente lo de Génesis 15:6, fue una fe probada que implicó un compromiso y una devoción sin igual, mediante acciones concretas de obediencia a su Dios. La fe de Abraham no fue como la de quien recita el *shemá* cada día y confiesa que sólo hay un Dios. Como bien dice el relato, Abraham *creyó a Dios*. No dice que creyó *en* Dios o que creyó *cosas*

---

[360] Nótese el parecido del v. 21 con la lectura de 1 Macabeos 2:52, "Dios puso a prueba a Abraham; lo encontró fiel, y lo aceptó como justo" (DHH); "¿No fue hallado Abraham fiel en la prueba y se le reputó por justicia?" (BJ). Esta similitud parece indicar que Santiago basó su argumentación en una tradición judía que ya para ese entonces era conocida por sus propios lectores judíos, sin perjuicio de que Santiago hubo hecho su propia lectura crítica, orientada a la fe que movió a Abraham a obedecer a Dios en la prueba.

[361] Douglas J. Moo, *Comentario de la epístola de Santiago*, p. 219.

acerca de Dios (aunque creyó cosas acerca de Él, según se deduce de Hebreos 11:17-19), dice que le creyó a Él, y ese creerle a Él significó no sólo contemplar con aceptación sus promesas, también movió su voluntad a una obediencia siempre activa. Por esta razón "fue llamado amigo de Dios", lo que parece ser una paráfrasis de 2Crónicas 20:7, o bien de Isaías 41:8. Esto también nos recuerda a Jesús en Juan 15:14, "Vosotros sois mis amigos, si hacéis lo que yo os mando".

¿Qué hacemos entonces con los dichos de Pablo en Romanos 4:2? "Porque si Abraham fue justificado por las obras, tiene de qué gloriarse, pero no para con Dios".

Pienso que una cosa que es necesaria entender aquí es el punto de vista de cada autor respecto al tema de la justificación, *i.e.* según la intención y perspectiva con que cada uno abordó la materia en cuestión. Según vemos el discurso de Pablo en los primeros capítulos de Romanos, parece claro que su propósito no era hablar acerca de las obras en el contexto de la vida cristiana, sino de las obras según ese errado concepto que hacía de ellas fundamento para participar de las bendiciones de la gracia, principalmente obras de justicia que se conformaran con los estándares de la Ley de Moisés, entre las cuales se incluían también esas ceremoniales que eran "marcas de identificación" distintivas del pueblo judío (circuncisión, restricciones dietéticas y días festivos). Desde este punto de vista, el ejemplo de Abraham era pertinente, pues si él hubiese sido justificado por las obras ("obras" en un sentido general), entonces tendría derecho a la jactancia, la misma a la que Pablo se refiere en Romanos 3:27 en alusión a esa aparentemente excesiva confianza en la obediencia a la ley de parte de algunos judíos, como base y requisito de aceptación ante Dios.

Santiago, por su parte, no trata el asunto de la justificación desde la misma problemática en que Pablo aborda la doctrina. En las palabras de Arthur Pink: "El *tema* de esta Epístola no es la salvación por gracia y la justificación por la fe, sino el *examen* de aquellos que pretenden tener fe. Su intención no es mostrar la *base* sobre la cual los pecadores son aceptados delante de Dios, sino hacer conocido lo que *evidencia* un pecador que ha sido justificado."[362]

---

[362] Arthur W. Pink, *La Doctrina De La Justificación*, p. 91. *Cf.* Calvino: "El problema para él [para Santiago] no está en cómo los hombres adquieren la justicia de Dios, sino en cómo pueden dar a conocer que son justos" (*Comentario a la Epístola a los Romanos*, p. 103).

Siendo, pues, este el caso, no debiera existir entonces una real tensión entre Pablo y Santiago, sino sólo dos puntos de vista diferentes sobre una misma materia. Mientras que la preocupación de Pablo consistía en hacerle entender a sus lectores cómo es que Dios justifica en Cristo al pecador mediante la fe sola y no por actos de auto-justicia basados en las obras de la ley, para Santiago la preocupación era a no descuidar el bien obrar, lo cual es evidencia de que realmente hemos creído para justificación y de que nuestra fe no es mera ortodoxia muerta.

Sin embargo, aunque esta explicación —que por cierto ha sido sostenida por una inmensa cantidad de teólogos y comentaristas— parece que resuelve el problema de la tensión entre Pablo y Santiago, debemos preguntarnos si acaso podría no estársele dando a la justificación el significado correcto dentro de la propia retórica de Santiago. Quizás seguimos leyéndole a través de los lentes de la teología paulina, condicionando así nuestra correcta comprensión[363].

Es evidente que para Pablo la justificación es primeramente una declaración legal de justicia, un asunto judicial o forense. Para Pablo, es declarado justo el que ha sido absuelto o vindicado en el tribunal de Dios, por lo tanto se trata de una posición legal. ¿Estaba acaso Santiago refiriéndose a lo mismo que Pablo en su uso de la terminología de la justificación? Aunque es totalmente posible que Santiago sí pensara en la justificación en términos de una declaración divina de que una persona es justa (esto se corresponde con el significado básico del término), es igualmente posible que no lo hiciera desde una plataforma jurídica, o desde un contexto estrictamente forense. En este sentido, para Santiago una persona sería justa —declarada justa— porque actúa de manera justa, esto es, mediante actos de amor y obediencia que ponen a la vista de los hombres lo genuina que es su fe en Dios. El ejemplo de Abraham,

---

[363] Y no debemos olvidar el hecho de que Santiago escribió antes de la correspondencia de Pablo a las iglesias de Roma y Galacia, por lo que no sabemos si acaso Santiago, para el tiempo en que escribió (una fecha cercana al 40), conocía a fondo la predicación de Pablo a los gentiles y su manera de interactuar con la justificación. Por supuesto esto no debe llevarnos a pensar en una falta de unidad y reciprocidad dentro del canon bíblico *novotestamentario* (creo en la unidad de toda la Escritura y en la autoría única del Espíritu Santo); sin embargo, es totalmente posible que Santiago no hubiese agotado su comprensión de la doctrina de la manera como la agotó Pablo, con quien sin duda alguna pudo estar de acuerdo en su formulación esencial, lo que bien puede verse reflejado en el Concilio de Jerusalén celebrado con posterioridad a la redacción de su epístola (véase Hch 15), en donde, aunque no se dice explícitamente de la justificación, los elementos en disputa claramente tenían las mismas implicaciones.

Segunda Parte. La Doctrina de la Justificación
Capítulo Tercero. El Medio de la Justificación

según la exposición de Santiago, podría entonces tener este énfasis. Abraham actuó en consecuencia con su fe mediante obras de justicia que le permitieron el reconocimiento divino de ser una persona justa. De igual modo, habría razonado Santiago, sucede entonces con aquella persona que ha creído de verdad; sus obras son las que demuestran que es una persona justa, ellas son las que dan testimonio al mundo de cuán viva es su fe en realidad.

Esta interpretación de los dichos de Santiago tiene el mérito de que lee a Santiago por sí mismo y no a través de los lentes de la teología paulina, además de que es consistente con los ejemplos que el propio autor nos da. En tal caso, aunque sigue existiendo contradicción con respecto a lo que dice Pablo, en realidad tal contradicción es sólo una cosa superficial que atañe a la manera de hablar de cada uno, pero no a lo medular; no en cuanto al significado de la fe y las obras en la justificación según el uso de cada autor. Este punto de vista se parece bastante a lo que ya expliqué un poco más atrás, esto es, que para Santiago la preocupación era a no descuidar el bien obrar, lo cual es evidencia de que realmente hemos creído para justificación y de que nuestra fe no es mera ortodoxia muerta.

Creo; sin embargo, que todavía debemos considerar otra alternativa de armonización entre ambos autores. Como ya lo dije antes, debemos preguntarnos si acaso podría no estársele dando a la justificación el significado correcto dentro de la propia retórica de Santiago. Y si partimos de la premisa de que Santiago utiliza la terminología de la justificación de un modo distinto al que usualmente vemos en Pablo (esp. en Romanos), entonces es posible concebir todavía otra mejor manera de abordar esta tensión. En mi opinión, y esta es la postura a la cual me adscribo, no podemos pasar por alto la posibilidad de que Santiago, especialmente por su uso del verbo en el v. 24, no estuviera pensando en la declaración inicial de justicia, *i.e.* en el acto forense de aceptación y absolución del pecador para entrar en una nueva relación de pacto con Dios, que es lo que parece dominar una parte importante del pensamiento de Pablo cuando explica que la justificación es por la fe y no por las obras de la ley[364]. Por el contrario, es posible que Santiago

---

[364] Aunque en Pablo la justificación tiene también un aspecto escatológico futuro claro (p. ej. Gál 5:5), no cabe duda de que para él esta justificación vindicativa ya ha tenido lugar en el presente con el evento de la cruz de Cristo y su resurrección de entre los muertos. El creyente ya ha sido

haya empleado el verbo significando con ello una cosa distinta: la declaración final de justicia que Dios hará sobre el creyente en el día del juicio, como una actividad divina escatológica futura. Esto, por cierto, tiene sus antecedentes claros en el judaísmo del primer siglo (*q.v.*, p. ej. en Mateo 12:36-37 —"Mas yo os digo que de toda palabra ociosa que hablen los hombres, de ella darán cuenta en el día del juicio. Porque por tus palabras serás justificado, y por tus palabras serás condenado") y, por ende, resulta en una posibilidad muy tentadora[365]. Douglas J. Moo, quien sostiene esta postura en su comentario a la epístola[366], dice que "Santiago no usa el tiempo presente, «se le *declara* justa», porque se trate de una acción que esté teniendo lugar en el presente, sino porque está presentando una verdad atemporal."[367]

Si esto es así, si verdaderamente Santiago está empleando el verbo justificar en un sentido vindicativo escatológico, entonces lo que quiso decir es que en el juicio final no será sólo la fe la que se nos tome en cuenta, sino también las obras, no por supuesto como condición; causa o medio instrumental para la salvación (la que ya está garantizada por nuestra unión inquebrantable con Cristo y por el hecho de haber sido

---

justificado por medio de Cristo (Ro 5:1, 9; 1 Co 6:11), de manera que, utilizando las palabras de George E. Ladd, "la justificación, que significa primordialmente liberación en el juicio final, ya ha tenido lugar en el presente. El juicio escatológico ya no es sólo futuro; se ha convertido en un veredicto en la historia. La justificación, que forma parte del Siglo Venidero y tiene como resultado la salvación futura, se ha convertido también en una realidad actual ya que el Siglo Venidero ha penetrado en el siglo malo actual para traer sus bendiciones soteriológicas a los seres humanos. Un elemento esencial de la salvación del siglo futuro es el perdón divino y la declaración de justicia; este perdón y justificación, que consisten en la absolución divina del pecado, ya se ha efectuado por la muerte de Cristo y se puede recibir por fe aquí ahora. El juicio futuro se ha convertido, pues, esencialmente en una experiencia presente." —*Teología del Nuevo Testamento*, pp. 591-92.

[365] Explicaciones como las que ofrece Wayne Grudem (ver su *Teología Sistemática* [Miami, Florida: Vida, 2007], pp. 768-69), desplazan este sentido salvífico de la justificación al de una mera posición de justicia que el creyente debe mostrar a otros mediante obras justas; «mostrarse justo» (mostrar que uno es justo) por las obras. Sin embargo, es evidente que Santiago no está contemplando la justificación y las obras en este sentido, sino más bien como un veredicto declarativo de parte de Dios que devendrá en salvación eterna, no el sentido del disfrute presente del creyente —que por su unión con Cristo ya goza de salvación y, en consecuencia, de una posición judicialmente favorable ante Dios—, sino como una vindicación escatológica al final de los tiempos. No se trata, por tanto, de mostrar exteriormente que uno ha sido justificado [Grudem], se trata de alcanzar tal declaración de justicia como una esperanza escatológica.

[366] *Comentario de la epístola de Santiago*, pp. 217-218. Véase también en su trabajo con Donald A. Carson, *Una Introducción al Nuevo Testamento* (Barcelona: CLIE, Colección Teológica Contemporánea, 2008), p. 557.

[367] Douglas J. Moo, *Comentario de la epístola de Santiago*, p. 223.

sellados con el Espíritu Santo de la promesa desde el día que creímos el evangelio)[368], sino como evidencia de que nuestra fe es viva y genuina, como su acompañamiento necesario.[369] Como dice Douglas J. Moo, "La fe es la única que nos permite establecer una relación con Dios en Cristo; pero la fe verdadera inevitablemente produce las obras que Dios tendrá en cuenta en su decisión final sobre el destino de todo hombre y mujer." Dice además el Dr. Moo: "Hemos de recordar que lo que Santiago dice en estos versículos está condicionado también por las circunstancias que le han llevado a escribir. Al contrario que Pablo, que en Gálatas y, en menor grado en Romanos, se tiene que enfrentar a los «judaizantes» que insisten en que la obediencia de la ley es una condición para la salvación, Santiago está escribiendo a cristianos que han dejado de lado la obediencia a Dios. Según Pablo, las obras no sirven para obtener la relación con Dios. Según Santiago, las obras sirven para asegurar la vindicación de Dios en el día del juicio. Pablo ataca el legalismo; Santiago ataca el quietismo."[370]

Esta interpretación de los dichos de Santiago, esta manera de ver las obras en el juicio escatológico; en el veredicto final de justicia que Dios va a dirigir sobre los creyentes, tiene un paralelismo exacto precisamente en Pablo. Según él: en el día del juicio final Dios *"pagará a cada uno conforme a sus obras: vida eterna a los que, perseverando en bien hacer, buscan gloria y honra e inmortalidad, pero ira y enojo a los que son contenciosos y no obedecen a la verdad, sino que obedecen a la injusticia; tribulación y angustia sobre todo ser humano que hace lo malo, el judío primeramente y también el griego, pero gloria y honra y paz a todo el que hace lo bueno, al judío primeramente y también al griego."* (Romanos 2:6-10, seguir con los vv. 12-13; *cf.* Ro 14:10; 2Co 5:10; Ef 6:8; ***Mateo 25:31-46**[371])

---

[368] Este es un punto en el que creo que ambos, Pablo y Santiago, estaban de acuerdo.
[369] *Cf.* todo esto con la excelente exposición de Herman Ridderbos, bajo el enunciado "El juicio según las obras", *El pensamiento del apóstol Pablo*, pp. 229-233.
[370] Ibíd., pp. 84-85.
[371] *"Cuando el Hijo del Hombre venga en su gloria, y todos los santos ángeles con él, entonces se sentará en su trono de gloria, y serán reunidas delante de él todas las naciones; y apartará los unos de los otros, como aparta el pastor las ovejas de los cabritos. Y pondrá las ovejas a su derecha, y los cabritos a su izquierda. Entonces el Rey dirá a los de su derecha: Venid, benditos de mi Padre, heredad el reino preparado para vosotros desde la fundación del mundo. Porque tuve hambre, y me disteis de comer; tuve sed, y me disteis de beber; fui forastero, y me recogisteis; estuve desnudo, y me cubristeis; enfermo, y me visitasteis; en la cárcel, y vinisteis a mí. Entonces los justos*

> *"Vosotros veis, pues, que el hombre es justificado por las obras, y no solamente por la fe"* (v. 24)

La expresión "y no solamente por la fe" parece ser una alusión a esa fe vacía que no tiene obras. Si esto es así, entonces lo que estaba diciendo Santiago no es que el hombre no será justificado por la «fe sola» (esto es, según la comprensión paulina y reformada de la fe justificadora). "El hombre es justificado por las obras, y no solamente por la fe" quiere decir, en este contexto, que lo que da consistencia a la fe que recibe justificación, como una fe viva y veraz, son precisamente las obras, como fruto inevitable de la fe. Así como para Jesús, para Santiago el árbol es conocido por sus frutos, y una persona justa es aquella que camina por sendas de justicia.

> *"Asimismo también Rahab la ramera, ¿no fue justificada por obras, cuando recibió a los mensajeros y los envió por otro camino?"* (v. 25)

Rahab era recordada entre los judíos por su hospitalidad para con los espías de Josué, y por ende considerada como modelo de esta conducta generosa, lo cual podría explicar su aparición en el argumento de Santiago. Sin embargo, propongo una explicación alternativa que no sólo toma en cuenta este hecho (lo de su hospitalidad conocida), sino además entrega un motivo adicional de su inclusión al argumento de Santiago. Quizás el ejemplo de Abraham pudiera significar una vara demasiado alta para aquellos a quienes se dirige Santiago. ¿Cómo podría alguno compararse con él? Pues bien, Rahab distaba de ser alguien que pudiera

---

*le responderán diciendo: Señor, ¿cuándo te vimos hambriento, y te sustentamos, o sediento, y te dimos de beber? ¿Y cuándo te vimos forastero, y te recogimos, o desnudo, y te cubrimos? ¿O cuándo te vimos enfermo, o en la cárcel, y vinimos a ti? Y respondiendo el Rey, les dirá: De cierto os digo que en cuanto lo hicisteis a uno de estos mis hermanos más pequeños, a mí lo hicisteis. Entonces dirá también a los de la izquierda: Apartaos de mí, malditos, al fuego eterno preparado para el diablo y sus ángeles. Porque tuve hambre, y no me disteis de comer; tuve sed, y no me disteis de beber; fui forastero, y no me recogisteis; estuve desnudo, y no me cubristeis; enfermo, y en la cárcel, y no me visitasteis. Entonces también ellos le responderán diciendo: Señor, ¿cuándo te vimos hambriento, sediento, forastero, desnudo, enfermo, o en la cárcel, y no te servimos? Entonces les responderá diciendo: De cierto os digo que en cuanto no lo hicisteis a uno de estos más pequeños, tampoco a mí lo hicisteis. E irán éstos al castigo eterno, **y los justos** a la vida eterna."*

compararse con el padre Abraham. Había sido una ramera y una pagana, su vida no podía significar ningún gran ejemplo de virtud y de justicia. Pero allí está ella. ¿No estuvo acaso su fe ligada a sus obras cuando, luego de haber recibido a los dos espías de Josué, los ocultó de sus perseguidores y les ayudó a salir de la ciudad sin ser vistos, indicándoles además un plan de escape hasta que dejasen de ser perseguidos, y todo esto aun a riesgo de su propia vida? (Josué 2:1-11). Ella creyó en el poder de Dios, declaró de labios y en su actuar que Jehová, el Dios de Israel, "es Dios arriba en los cielos y abajo en la tierra" (Jos 2:11). Esta fe actuó juntamente con sus obras, en otras palabras, sus obras pusieron de manifiesto que su temor a Dios era real, y es por eso que "no pereció juntamente con los desobedientes, habiendo recibido a los espías en paz" (He 11:31)[372].

Llegamos entonces a la afirmación con la que Santiago cierra esta serie de argumentos de prueba para lo que inició en 2:14. "Porque como el cuerpo sin espíritu está muerto, así también la fe sin obras está muerta" (v. 26). Como dije antes, la fe genuina —esa que contrasta con una fe vacía, improductiva e inerte— y las obras no son para Santiago distintas alternativas en la expresión de la religión cristiana, más bien se trata de dos aspectos mutuamente compenetrados en la vida del creyente, uno no visible (la fe) y otro visible (las obras). En el ejercicio de la fe cristiana, las obras de justicia son vitales porque ellas dan testimonio de que nuestro caminar está verdaderamente siendo guiado por un constante y perseverante imitar a Jesús. Este resumen de la exposición que hace Santiago tocante a las obras y a la fe, debe recordarnos que nuestro cristianismo ciertamente no es una mera posición teológica a la cual nos adscribimos con devota convicción, sino más bien una forma de vida que refleja cuan verdadera es en realidad nuestra convicción de que Dios en Cristo nos ha visitado; nos ha redimido de la esclavitud al pecado y nos ha dado nueva vida. Es por ello que comparto el resumen de Pablo A. Deiros, cuando dice que: "Santiago llama a los cristianos a radicalizar su compromiso social, de modo tal que

---

[372] Nótese que en ambos casos, tanto en Santiago como en Hebreos, Rahab es llamada "la ramera", lo cual tiene especial valor dentro del desarrollo de cada escrito, en donde lo que se quiere resaltar no es tanto su anterior condición, sino el cómo es que incluso semejante clase de mujer había alcanzado buen testimonio por su fe y, por tanto, la aprobación de Dios, aun a pesar de su condición pecaminosa.

éste sea la expresión de esa fe religiosa que se manifiesta también en un culto externo rico, variado y entusiasta. Esta exhortación tiene una relevancia muy especial para nuestros días y más que ninguna otra cosa, constituye el desafío de la hora presente para nuestra situación en Hispanoamérica."[373] Me sumo también a sus palabras con las que él finaliza su comentario al capítulo 2 de Santiago: "La fe vital es la que confía plenamente en Cristo, y sigue actuando y obrando sobre este fundamento en el quehacer diario de la vida cristiana. Todo aquel que ha depositado su confianza en Cristo como Salvador y Señor, y que como fiel discípulo sigue sus pisadas, es alguien que posee esta fe viva y vital. Una fe que por propia naturaleza busca expresarse a través de la acción, manifestándose en obras, que son obras de fe."[374]

Quiero cerrar esta sección acerca de la fe y las obras según Santiago, en las atinadas palabras de Ray C. Stedman:

> "La fe no es sólo estar de acuerdo con una serie de doctrinas. La fe genuina implica un compromiso que se expresa a través de acciones. Si no demostramos una conducta que sea coherente con lo que decimos creer, ¿cuán buena es nuestra supuesta fe? ¡La fe que no es demostrada por la acción es ciertamente una fe muerta! Las obras no pueden salvarnos, pero demuestran que tenemos una fe salvadora.
> El libro de Santiago, lejos de ser una epístola de paja, es la aplicación práctica de todas las doctrinas que Pablo establece sobre la fe. En esta epístola es donde la fe entra en acción, donde se expresa de manera tangible mediante nuestras acciones. Esta carta es indispensable para entender qué es la fe y cómo se supone que debemos vivir la vida cristiana. Si lo entendemos correctamente, ¡este es uno de los libros de la Biblia más poderosos, inspiradores y transformadores de la vida! Es el mapa de ruta del andar en la fe."[375]

---

[373] Pablo A. Deiros, *Santiago y Judas*. pp. 160-161.
[374] Ibíd., p. 164.
[375] Ray C. Stedman; James D. Denney, *Aventurándonos en el conocimiento de la Biblia* (Curitiba/PR, Brasil: Publicaciones RBC, 2009), p. 754.

Capítulo Cuarto

«LA FE DE JESÚS» - EL PROBLEMA DEL GENITIVO

Un debate que se ha suscitado en torno al asunto de la fe y la justificación, se centra en lo que al parecer pudiera tratarse de una mala lectura de los textos que a menudo son utilizados para hablar de la fe en Cristo como medio para recibir la justificación.

¿A qué se refiere la Escritura cuando dice "la fe de Jesús" o "de Jesucristo"? Tradicionalmente se ha creído y aceptado, y aún hoy la mayoría lo acepta casi sin discusión, que esas expresiones se refieren a la fe que nosotros depositamos —o debemos depositar— en Cristo para nuestra justificación —creemos en Él para justificación. Pero ¿podemos leer los pasajes que contienen esa expresión y entenderlos no significando nuestra fe, sino más bien la propia fe de Jesús? ¿Es posible que en lugar de querer decirse "la fe en Jesucristo" se esté queriendo decir "la fe de Jesucristo" —o también "la fidelidad de Jesucristo"—, significando una fe activa de su parte, *i.e.* su fiel obediencia a Dios?

Consideremos los siguientes textos claves:

> "la justicia de Dios por medio de **la fe en Jesucristo**, para todos los que creen en él. Porque no hay diferencia," (Romanos 3:22)

> "con la mira de manifestar en este tiempo su justicia, a fin de que él sea el justo, y el que justifica al que es de **la fe de Jesús**." (Romanos 3:26)

> "sabiendo que el hombre no es justificado por las obras de la ley, sino por **la fe de Jesucristo**, nosotros también hemos creído en Jesucristo, para ser justificados por **la fe de Cristo** y no por las obras de la ley, por cuanto por las obras de la ley nadie será justificado." (Gálatas 2:16)

*"y ser hallado en él, no teniendo mi propia justicia, que es por la ley, sino la que es por **la fe de Cristo**, la justicia que es de Dios por la fe;"* (Filipenses 3:9)[376]

Desde el punto de vista morfosintáctico, la expresión griega contenida en los citados versículos —las expresiones destacadas— corresponde a sólo dos o tres palabras sustantivas en genitivo. En todos estos casos nos encontramos con las siguientes construcciones:

πίστεως Ἰησοῦ Χριστοῦ (Ro 3:22a); πίστεως Ἰησοῦ (Ro 3:26); πίστεως Ἰησοῦ Χριστοῦ (Gál 2:16a); πίστεως Χριστοῦ (Gál 2:16b) y πίστεως Χριστοῦ (Fil 3:9).

Como podemos ver, ninguno de estos sintagmas contiene la preposición "de" o "en"; sin embargo, la forma en genitivo nos permite traducir: "la fe **de** Jesús" (o "**de** Jesucristo", o "**de** Cristo", según sea el caso), aunque en sí misma la traducción no nos dice mucho acerca de su significado. Y dado que el sustantivo *fe* tiene una idea verbal (*creer*) que es transitiva —puede tener o no un complemento directo—, eso dificulta más su significado en el texto, pues admite dos posibilidades:

1º Puede tratarse de un genitivo subjetivo: "la fe del Señor", *i.e.* "la fe que él tiene" ("Jesús cree"), o

2º puede tratarse de un genitivo objetivo: "la fe en el Señor", *i.e.* "la fe de nosotros hacia Él" ("creemos en Él". Cristo es el objeto de nuestra fe, quien recibe la acción expresada mediante la idea verbal *fe→creer*).

Cabe señalar que la primera traducción admite al menos dos interpretaciones que bien podrían incluso ir de la mano. Lo que quiero decir es que tal traducción en genitivo no se reduce a sólo un genitivo de sujeto propiamente tal, sino que podría también estar entrelazada a la idea más general de cualidad y atributo —algo así como un genitivo posesivo—, lo que significaría no sólo la fe que Jesús tiene —en Dios—,

---

[376] Otros textos, como Gálatas 2:20; 3:22, también Efesios 3:12 y 1Timoteo 3:13, serán considerados con posterioridad y en el desarrollo del presente capítulo.

sino también la propia fidelidad de Jesús —a Dios— ("Jesús es fiel")[377]. Con esto se significaría su fidelidad a Dios hasta la consumación del propósito divino en la cruz. Esta combinación entre genitivos parece tener sentido, dado que no es realmente necesario separar al atributo de la actividad. La fe de Jesús y su fidelidad mostrada en obediencia a Dios deben, por tanto, ir de la mano.

Incluso en Karl Barth nos encontramos con una significación aún más extraña a la tradicional: la fidelidad de Dios revelada en Cristo[378]. Con esto se significa la fidelidad de Dios que "se acredita en que nos sale al encuentro en Jesucristo" y que se acredita en Cristo al ser Él "la palabra última de la fidelidad de Dios testificada por la ley y por los profetas."[379]

Ahora bien, aunque el lector pudiera verse tentado a rechazar la primera posibilidad, debe primero preguntarse si acaso la está rechazando porque es exegéticamente incorrecta y no se corresponde con el contexto en que se utilizan las frases, o sólo porque dicha idea parece que milita en contra de lo que ha aceptado según lo que le enseñaron desde un principio —reconociendo también que la tradición ha tenido una responsabilidad enorme en este asunto. En lo que a mí respecta, y a pesar del esfuerzo de algunos por demostrar lo contrario, creo que existen buenas razones dentro de los propios textos para concluir que dicha interpretación (la primera) no es la correcta y que el genitivo objetivo sigue siendo el adecuado. Como Cranfield, creo que "el genitivo griego representado por "en Jesucristo" es objetivo, no debe ser

---

[377] Debe recordarse que el sustantivo griego πίστις (*pístis*) puede significar no sólo "fe", sino también "fidelidad" (p. ej. Ro 3:3; Gál 5:22 [NVI 1999; BTX3; JER; DHH y otras]; Tit 2:10).
En defensa de este punto de vista, algunos de los autores más influyentes son: Thomas F. Torrance, *One Aspect of the Biblical Conception of Faith*. The Expository Times, Vol. LXVIII, nº 4 (01/1957), pp. 111-114; George Howard, *On the `Faith of Christ`*, HTR, 60 (1967); Luke Timothy Johnson, *Romans 3:21-26 and the Faith of Jesus* (Catholic Biblical Quarterly Vol. 44, 1982), pp. 77-90 y también en su *Reading Romans. A Literary and Theological Commentary* (Macon, Georgia: Smyth & Helwys, 2001), pp. 59-62; Richard B. Hays, *The Faith of Jesus Christ: The Narrative Substructure of Galatians 3:1-4:11* (Grand Rapids, Michigan / Cambridge, U.K.: Wm. B. Eerdmans Publishing Co., 2ª edición 2002. Publicado originalmente bajo el título de *"The Faith of Jesus Christ: An Investigation of the Narrative Substructure of Galatians 3:1-4:11"*, 1983); Peter T. O`Brien, *The Epistle to the Philippians. A Commentary on the Greek Text* (Grand Rapids, Michigan: Wm. B. Eerdmans Publishing Co., 1991), pp. 398-400.
[378] Léase en su comentario a Romanos la traducción libre que hace Barth de 3:22: "... **la justicia de Dios mediante su fidelidad en Jesucristo para todos los que creen**" y también a 3:26 "... **y declara justo a aquel que está en la fidelidad** que se confirma y basa **en Jesús.**" Karl Barth, *Carta a los Romanos* (Madrid: B.A.C, 2002), pp. 140 y 153.
[379] Ibíd., pp. 144, 145.

puesto en duda: la sugerencia de que es subjetivo —"de la fe de Cristo"— es totalmente no convincente."[380]

Lo que sigue a Continuación será un breve análisis de los textos en discusión, con el objeto de dar sentido a la lectura tradicional, argumentando en cada caso el porqué creo que esta traducción e interpretación del genitivo es la correcta y no así la que se propone mediante el uso del genitivo de sujeto.

Debe el lector entender la importancia que la lectura "*fe en*" tiene a nivel no sólo exegético, sino también teológico. Hemos dedicado el capítulo anterior para referirnos al medio por el cual recibimos nosotros la justificación, de manera que las implicancias a nivel doctrinal no son una cosa menor. Debemos; por tanto, abordar esta cuestión con la misma diligencia con la que hemos de abordar otras doctrinas fundamentales de la fe cristiana.

GÁLATAS

Comenzamos con Gálatas, por ser "el testigo más antiguo del mensaje del apóstol sobre la justificación."[381]

La justificación por la fe es un tema central aquí, de eso no hay duda alguna. Pablo había salido al paso de las enseñanzas de cierto grupo de maestros (presumiblemente judaizantes) que habían estado pervirtiendo el verdadero evangelio al intentar imponer a los cristianos gentiles ciertos requisitos de la ley judía, principalmente la circuncisión y posiblemente también la observancia de días especiales (*cf.* Gál 4:10)[382], esto como exigencia o condición para tener parte en la comunión con los salvos e inclusión entre los miembros de la comunidad escatológica del nuevo pacto, pensando además que de ese modo podían ellos justificarse ante Dios. Pero tales imposiciones de la ley significaban pervertir la pureza del evangelio anunciado por Pablo y los apóstoles,

---

[380] C. E. B. Cranfield, *Comentário de Romanos – Versículo por Versículo*, p. 79.
[381] Jürgen Becker, *Pablo, el apóstol de los paganos*. 2ª edición (Salamanca: Sígueme, 2007), p. 334.
[382] F. F. Bruce añade, creo que con toda razón, la posibilidad de que tal enseñanza incluyera también las restricciones dietéticas judías, esto según se deduce a partir del cap. 2:12-14. Véase en F. F. Bruce, *Un Comentario de la Epístola a los Gálatas* (Barcelona: CLIE, Colección Teológica Contemporánea, 2004), p. 60.

SEGUNDA PARTE. LA DOCTRINA DE LA JUSTIFICACIÓN
CAPÍTULO CUARTO: «LA FE DE JESÚS»

cuya tesis central era que todos los hombres, judíos y no judíos, tenían parte en la herencia de los salvos y en la justificación, sólo por la gracia de Dios mediante la fe, de manera que no era necesario que observaran el rito de la circuncisión —o alguna otra cosa indicada en la ley— lo cual, aunque había sido señal del Antiguo Pacto —y esto desde el patriarca Abraham—, en Cristo ya no tenía valor para justificar y para hacer al creyente un heredero de la promesa. Como diría Pablo, "En Cristo Jesús ni la circuncisión vale algo, ni la incircuncisión, sino la fe que obra por el amor" (Gál 5:6, *cf.* 5:2; 6:15). En esta nueva relación pactual entre Dios y los hombres hecha posible en Cristo, la fe se había constituido como el único medio instrumental para ser considerados hijos de Dios; uno en Cristo Jesús; linaje de Abraham y herederos según la promesa (Gál 3:26-29). Añadir a la fe algo más, algún otro requisito, por muy sacro que fuera[383], era sinónimo de predicar otro evangelio o, lo que es lo mismo, de pervertir el único evangelio (Gál 1:7).[384] Algunos, en su intento por volver a las prácticas judías tratando de ese modo ser justificados, no se daban cuenta de que con ello se volvían esclavos de la ley a la vez que se desligaban de Cristo cayendo así de la gracia (Gál 5:1, 4).

Es en torno a todo este trasfondo que pablo va a introducir lo que leemos en 2:16. Pero cabe señalar, a fin de contextualizar aún más nuestro comentario al versículo, que todo lo que hay allí contenido pertenece al mismo relato que Pablo nos narra tocante al episodio con Pedro, que inicia en el v. 11. Por lo tanto, el v. 16 no es una elaboración argumentativa que va en desarrollo a medida que Pablo escribe la epístola —aunque bien funciona como un argumento adelantado a lo que sigue—, sino más bien una alusión a lo que ya había expresado antes en un diálogo con Pedro —y del cual sólo tenemos mención aquí, según

---

[383] La ley no era para Pablo algo malo, por el contrario, la consideraba a la verdad santa, y al mandamiento de Dios santo, justo y bueno (Ro 7:12). *Cf.* Salmo 19:7-8.

[384] Es importante entender, dicho sea de paso, que la herejía gálata, más que consistir en una subestimación de la fe como único medio suficiente para recibir justificación, era una herejía que presuponía la insuficiencia de la gracia como fuente única de justificación y salvación. No tenía tanto que ver con añadir a la fe las obras de la ley, como sí lo de adicionar a la gracia la observancia de dichas demandas de la ley. Esto suponía, por tanto, un rechazo no a la fe *per se*, sino primeramente a la acción creadora de Dios para salvar al hombre por su sola gracia y poder, promoviéndose así una suerte de sinergismo en donde Dios sólo hacía el "tanto más", pero todavía quedaba al hombre algo por hacer. Para Pablo, la fe no añade a la gracia, por el contrario, es la respuesta a la gracia; mientras que las obras de la ley, más que añadir a la fe, eran para Pablo una negación a la suficiencia de la gracia.

el propio relato resumido de Pablo. Tal diálogo, o más bien tal discurso de Pablo a Pedro, podemos ver que comienza en el v. 14 y sigue hasta por lo menos el 16.

Ahora bien, situados sobre la lectura de 2:16, podemos observar que su estructura consiste de tres afirmaciones mutuamente entrelazadas que constituyen también la tesis y la antítesis centrales de lo que seguirá después. Tales afirmaciones son:

1º   "...el hombre no es justificado por las obras de la ley, sino por πίστεως Ἰησοῦ Χριστοῦ,
2º   ...nosotros también εἰς Χριστὸν Ἰησοῦν ἐπιστεύσαμεν (hemos creído en Jesucristo), para ser justificados por πίστεως Χριστοῦ y no por las obras de la ley,
3º   ...por las obras de la ley nadie será justificado."

La primera parte de la segunda afirmación es clave para entender los dos sintagmas en genitivo que estamos analizando. La primera afirmación, que como ya lo he señalado procede del discurso de Pablo a Pedro, comienza con un "sabiendo que", lo cual es antecedente de la segunda afirmación y a continuación de lo que dice el verso precedente: "Nosotros, judíos de nacimiento, y no pecadores de entre los gentiles,...". Pablo y Pedro, a diferencia de los gentiles —en este sentido con el significado despectivo de "paganos"—, eran φύσει Ἰουδαῖοι (*fúsei hioudaíoi*, de naturaleza judíos), lo que indica que eran poseedores de la ley de Moisés desde toda la vida. Ellos tenían la ley y conocían el correcto proceder según la ley ("obras de la ley"); sin embargo, sabían también, así como el resto de los creyentes no judíos, que el hombre no es justificado por hacer las obras que demanda la ley, sino por la πίστεως Ἰησοῦ Χριστοῦ. Ante tal tesoro de conocimiento, ellos también habían creído en Jesús, para de ese modo ser también ellos justificados por la πίστεως Χριστοῦ y no por las obras de la ley. Luego viene la tercera afirmación, que es más bien un camino de retorno a la primera afirmación (las frases "el hombre no es declarado justo" y "ninguna carne será declarada justa" [BTX3] son, de hecho, intercambiables) una manera de cerrar o dar por concluida la retórica de su discurso en respuesta a la actitud reprochable de Pedro (vv. 11-13).[385]

Y dada la manera como Pablo escala desde la primera afirmación a la segunda, para volver nuevamente a la primera mediante una tercera afirmación, me atrevo a decir que existe dentro del versículo una construcción en quiasmo, de modo que podríamos ver una organización como la siguiente:

    A. "sabiendo que el hombre no es declarado justo por las obras de la ley,
        B. sino por la fe de Jesús el Mesías,
            C. también nosotros creímos en Jesús el Mesías,
        B. para que fuéramos declarados justos por la fe del Mesías, y no por las obras de la ley;
    A. porque por las obras de la ley ninguna carne será declarada justa." (BTX3)

Esto, por supuesto, le da aún más sentido al entendimiento propuesto aquí y explica también el porqué de las reiteradas alusiones a la fe y a las obras de la ley.

Si pudiéramos entonces situarnos en el lugar de Pablo, entenderíamos que lo que está diciendo es algo así como esto: "Pedro, nosotros somos judíos por naturaleza, nacidos como tales, no meros prosélitos ni mucho menos pecadores entre los paganos. Sin embargo, sabemos que el hombre, ya sea judío o pagano, no es justificado por las obras de la ley, sino por la fe [en/de] Cristo Jesús, de manera que también nosotros hemos tenido fe (lit. creímos) en Cristo Jesús a fin de ser justificados por la fe [en/de] Cristo y no por las obras de la ley, pues ya hemos visto que por las obras de la ley nadie será justificado."[386]

Debe notarse que el "nosotros" del v. 15 y el "nosotros" del v. 16 son claves en esta discusión para entender la retórica de Pablo.

---

[385] Añádase lo que indica F. F. Bruce, que aquí en ὅτι ἐξ ἔργων νόμου οὐ δικαιωθήσεται πᾶσα σάρξ ("porque por las obras de la ley ninguna carne será declarada justa" BTX3) tenemos una paráfrasis del Salmo 143 (LXX 142):2 ("Porque no se justificará delante de ti ningún ser humano"). *Un Comentario de la Epístola a los Gálatas*, p. 195.

[386] Cf. con la excelente paráfrasis que hace William Hendriksen en su comentario a estos versículos. *Comentario al Nuevo Testamento: Gálatas* (Grand Rapids, Michigan: Libros Desafío, 2005), p. 105.

Un argumento típico de los proponentes del genitivo subjetivo es que si las dos veces en que aparece el genitivo "de Cristo" debiera leerse como si se tratase de un genitivo objetivo, y a esto sumada la clara afirmación objetiva del "nosotros hemos creído en Jesucristo" —la actividad subjetiva de creer en él—, entonces estaríamos ante una tautología o repetición innecesaria e inútil, dado el corto espacio en que las tres expresiones aparecen. Sin embargo, tal noción en realidad carece de sentido por ignorarse la intencionalidad de Pablo en estas repeticiones. Como bien lo explica Murray, «bajo ninguna circunstancia, fue superfluo el apóstol al decir: "nosotros también hemos creído en Jesucristo". Esta declaración no es innecesaria, porque lo que Pablo está insistiendo en este pasaje es el hecho de que creemos en Cristo por causa de la razón específica, o relevante, de justificarse. Y para inculcar en nuestra mente su énfasis, era necesario, debido a la exclusión completa de las obras, que él hubiera dicho que no sólo "hemos creído en Jesucristo, para ser justificados", sino también "para que fuésemos justificados por la fe". Esto es equivalente a afirmar que nosotros hemos confiado en Cristo por la razón de que por medio de tal fe somos justificados.»[387] [Énfasis añadido]. Como correctamente señaló también el profesor Gordon D. Fe, "el poder de la retórica de Pablo está en la repetición triple de las «obras de la ley» y de «la creencia en Cristo»."[388]

Esto último es importante de tener en cuenta, pues quienes objetan con tal argumento no parece que reparen en la triple repetición en genitivo de las "obras de la ley". Si resulta en una tautología innecesaria la triple repetición de la fe en Cristo, entonces también lo es en el caso de ἔργων νόμου (*érgoon nómou*, obras de la ley); sin embargo, como hemos visto, estas repeticiones resultan del poder retórico de Pablo y toman aún más sentido si analizamos sus afirmaciones en consideración del quiasmo que he propuesto.

Cabe reiterar que el mismo sintagma ἔργων νόμου también es un genitivo —ambos sustantivos están en caso genitivo—, y obviamente no se podría tratar de un genitivo de sujeto —las obras que tiene la ley y hace—, sino que con total seguridad de un genitivo objetivo —las obras que son en la ley o en conformidad a la ley, las obras que hacemos según

---

[387] John Murray, *Romanos*, p. 640 (t.p.).
[388] Gordon D. Fee, *Comentario de la Epístola a los Filipenses*, pp. 413 (nota al pie).

la ley. En tal caso resulta todavía más convincente nuestro contraargumento que apela a la retórica de Pablo.

Es clara, pues, la antítesis que nos presenta Pablo entre ἔργων νόμου y πίστεως Ἰησοῦ Χριστοῦ, donde «obras», como dijo también Fee, "solamente puede referirse a lo que «hacemos». Por analogía, y en total antítesis, ἐκ πίστεως Χριστοῦ también se refiere a lo que hacemos; ponemos nuestra confianza en Cristo."[389] Dice además el profesor Fee:

> "es interesante que Pablo se refiera normalmente a los creyentes como aquellos que ponen su confianza en Cristo, tanto con el verbo «creer» como con este sustantivo, donde su uso no es ambiguo; mientras que Cristo nunca es el sujeto de un verbo que tiene la connotación de «fidelidad» que encontramos en este sustantivo cuando se interpreta así. Lo que quiero enfatizar es que Pablo en ningún lugar dice de forma explícita que nuestra salvación es «mediante la fidelidad de Cristo», mientras que muchas veces y sin ninguna ambigüedad hable de nuestra fe en Cristo como medio para nuestra salvación. Por tanto, para poder decir que éste es un genitivo subjetivo, se tendrían que presentar más evidencias de las que se han presentado hasta ahora."[390]

Pienso que las afirmaciones de Pablo, según el registro de Lucas en el libro de los Hechos, son determinantes para comprender la manera como usaba él el concepto de fe en la justificación, pues el contraste que presenta entre la fe y la ley es casi idéntico al que leemos en Gálatas 2:16, y eso nos provee de una prueba sólida en defensa de la interpretación tradicional. Si alguna duda pudiera albergarse en que la expresión "la fe de Jesucristo" se trata de un genitivo objetivo y no de uno subjetivo, Hechos 13:39 lo deja todo muy en claro: "y que todo aquello de que por la ley de Moisés no pudisteis ser justificados, en él es justificado todo aquel que cree". El contraste es evidente, pero más importante aún es la similitud que guarda con la lectura que aquí nos ocupa: "sabiendo que el hombre no es justificado por las obras de la ley, sino por la fe de Jesucristo...". Honestamente, dudo que este argumento pueda ser superado si se razona a partir de la propia Escritura. En el discurso de Pablo en la sinagoga de Antioquía de Pisidia es, pues, claro

---

[389] Ibíd.
[390] Ibíd.

que fe —aquí en la forma verbal πιστεύω (creer)— no significa la fidelidad de Jesucristo, sino la fe con que los hombres se acercan a Él para recibir justificación. En mi opinión, este texto es clave en esta discusión y concluyente por sí mismo.

De regreso con Gálatas 2:16, se ha dicho que "cuando Pablo introduce, junto con el genitivo usual, la construcción eis + acusativo, ello pareciera querer indicar más bien que lo que quiere hacer es sentar una diferencia entre la fe de Cristo y la fe de los cristianos en él."[391] Sin embargo, tal argumento —y que encontramos también en George Howard—[392] no es para nada persuasivo. El sólo hecho de que Pablo —o su amanuense— utilice εἰς Χριστὸν Ἰησοῦν no brinda en realidad ninguna fuerza al argumento anterior, y tal construcción gramatical es perfectamente explicada según la misma retórica de Pablo de la que ya he hablado.

Debe entenderse el uso de las preposiciones dentro de esta retórica, para así poder hilar las afirmaciones de Pablo según la intencionalidad y la fuerza que van cobrando sus palabras a medida que avanza en su discurso. Según él, la declaración de justicia en el hombre no *procede* —no se origina, ἐξ— de las obras de la ley, sino que *mediante* (διά) la πίστεως Ἰησοῦ Χριστοῦ. Sabiendo esto, él y Pedro (lit. "nosotros") habían también creído *en* (εἰς, aquí para señalar a un objetivo o blanco) Jesucristo (acusativo), para así recibir la declaración de justicia que *procede* —que se origina, ἐκ— de la πίστεως Χριστοῦ y no la que *procede* —o se origina, ἐξ— de las obras de la ley, ya que *a partir* (ἐξ) de las obras de la ley ninguna persona será declarada justa.

Ahora bien, si se pone atención a la manera como Pablo explica la cuestión de la justificación en este pasaje, se puede ver claramente que el uso de εἰς (*eis*) para referirse a la fe depositada en Cristo sólo es una cuestión semántica que guarda relación con la retórica en torno a su discurso. Pero es una cuestión semántica que tiene un orden lógico bien definido, según el mismo discurso. Y es precisamente el uso de la preposición ἐκ —que es lo mismo que ἐξ— en la frase antitética "ἐκ

---

[391] Antonio González Fernández, *"La fe de Cristo"*, Revista latinoamericana de teología 28 (1993). Disponible también en: www.praxeologia.org/fecristo97.html [en línea] [Consulta: 08 de Mayo de 2016]. Véase también este contenido en su libro *Teología de la praxis evangélica. Ensayo de una teología fundamental* (Santander: Sal Terrae, 1999), pp. 328-339.
[392] *On the `Faith of Christ`*, HTR, 60 (1967), p. 460.

SEGUNDA PARTE. LA DOCTRINA DE LA JUSTIFICACIÓN
CAPÍTULO CUARTO: «LA FE DE JESÚS»

πίστεως Χριστοῦ καί οὐκ **ἐξ** ἔργων νόμου" ("**por** la fe de Cristo y no **por** las obras de la ley") la que le da sentido y motivo a la afirmación antecedente: "καί ἡμεῖς **εἰς** Χριστὸν Ἰησοῦν ἐπιστεύσαμεν ἵνα δικαιωθῶμεν" ("también nosotros creímos **en** Jesús el Mesías, para que fuéramos declarados justos" BTX3). Por tanto, no se trata de que Pablo haya querido crear una distinción entre la fe de Cristo (su fidelidad) y la fe de los cristianos en él, sino más bien distinguir entre dos afirmaciones que tienen la intención de, por una parte, señalar que la justificación procede (ἐκ) de la fe en Cristo —la fe como medio, διά— y, por otra parte, indicar la acción misma de creer en (εἰς) Cristo —Cristo como meta u objeto directo de la acción— para justificación.

En lo que respecta al asunto de la fe como tal, es una cosa evidente, y el lector perspicaz podrá así notarlo, que la πίστις es un concepto clave en la epístola (22 veces en total con sus respectivas desinencias)[393]. Eso es un buen punto de partida y que nos debiera obligar además a considerar el término en su conjunto, esto es, en perspectiva con las otras apariciones, al menos en los casos en que el sustantivo —o su forma verbal— esté siendo empleado por Pablo dentro del mismo contexto retórico o a fin a él.

La fe del Hijo de Dios

La frase "y lo que ahora vivo en la carne, lo vivo en la **fe del Hijo de Dios**" de 2:20 es un claro ejemplo de lo que acabo de señalar. El discurso de Pablo, ahora a los gálatas, viene de la mano de lo que leíamos hace un momento en 2:16 —forma parte del mismo contexto retórico—, sólo que esta vez sus palabras se encuentran situadas en directa relación con los vv. 19-20a, "Porque yo por la ley soy muerto para la ley, a fin de vivir para Dios. Con Cristo estoy juntamente crucificado, y ya no vivo yo, mas vive Cristo en mí;...". Ahora bien, entender la expresión "la fe del Hijo de

---

[393] Sólo en 1:23 y en 5:22 el término podría significar, respectivamente, "la doctrina" o el mensaje predicado y la "fidelidad" como fruto del Espíritu. En todos los demás casos (posiblemente también en 6:10) el término está vinculado a la fe justificadora (2:16 [dos veces], 20; 3:2, 5, 7, 8, 9, 11, 12, 14, 22, 23 [dos veces], 24, 25, 26; 5:5, 6). Además de las veces en que ocurre el sustantivo πίστις, en otras tres ocasiones, y siempre en textos claves, aparece también la forma verbal πιστεύω (creer, tener fe. 2:16; 3:6, 22), y una vez el adjetivo πιστός (creyente, hombre de fe, fiel. 3:9) en relación a Abraham.

Dios" a la luz de lo que ya hemos señalado respecto de la justificación que recibimos por la fe en Jesucristo (v. 16), es fundamental para no desviar su significado al punto de que parezca que ahora estamos ante un genitivo de sujeto —"la fe *que tiene* el Hijo de Dios". Esta última interpretación suele ir acompañada por la interpretación, también en genitivo de sujeto, del v. 16, pero ya hemos visto que tal interpretación no es en realidad tan convincente como piensan sus proponentes.

En concreto, el sintagma "fe del Hijo de Dios" corresponde a πίστει τοῦ υἱοῦ τοῦ θεοῦ[394], lit. "fe [de] el Hijo [de] el Dios", donde la construcción τοῦ υἱοῦ τοῦ θεοῦ es un genitivo interpretado comúnmente como un genitivo objetivo (la fe en el Hijo de Dios). Pero, como acabamos de señalar, hay quienes —siguiendo la traducción "la fidelidad de Jesucristo" en 2:16—, leen aquí: "la fidelidad del Hijo de Dios" o "la fe que tiene el Hijo de Dios". Desde luego que esta es una lectura posible, al menos desde el punto de vista morfosintáctico; sin embargo, no parece haber sido esa la intención de Pablo. El apóstol venía hablando de su propia experiencia con la ley —"porque yo por la ley soy muerto para la ley, a fin de vivir para Dios"— para luego expresar su determinación de confiar en Cristo y en su cruz antes que en las obras de la ley (lo que sigue a la cita anterior); por tanto, suponer que "la fe del Hijo de Dios" es una alusión a la propia fidelidad de Jesús carece de sentido dentro de esta misma retórica que viene desarrollando Pablo.

El argumento que presenta el doctor Antonio González en defensa del genitivo subjetivo no es para nada concluyente. Según él:

> "El contenido teológico que se juega al optar por una u otra traducción es el siguiente: si traducimos pístis toû hyioû toû Theoû como un genitivo objetivo, la participación del cristiano en la vida y muerte de Jesucristo es primariamente intencional: por mi fe tomo parte en su cruz y en su resurrección. Si por el contrario leemos aquí un genitivo subjetivo, la tesis de Pablo cobra un aspecto totalmente distinto: por mi morir y resucitar actual tomo parte en la fe de Cristo que se entregó por mí. Mi participación es según esto no puramente intencional, sino una incorporación real e incluso física al misterio pascual de Jesucristo.

---

[394] Aunque el texto griego, tal como leemos en NA27, contiene la siguiente construcción: ἐν πίστει ζῶ τῇ τοῦ υἱοῦ τοῦ θεοῦ ("lo vivo en la fe del Hijo de Dios").

Segunda Parte. La Doctrina de la Justificación
Capítulo Cuarto: «La fe de Jesús»

Y esta interpretación encaja mucho más en el contexto inmediato: Pablo subraya enfáticamente en el versículo 19b su morir real con Cristo ("con Cristo estoy crucificado"). Si ahora en el versículo 20 dijera que este "con-morir" es algo que solamente sucede "en la fe", estaríamos ante una suavización de su tesis. Si por el contrario lo que dice es que su morir y resucitar diarios son una participación en la fe de Jesucristo, tendríamos una perfecta continuidad lógica en la argumentación paulina."[395]

Este argumento, que en realidad no toma en cuenta el contexto local de Gálatas 2, al parecer se sigue del supuesto de que si nuestra participación en la muerte y resurrección de Cristo fuera el resultado de la fe personal en la Persona de Jesucristo, entonces tal participación pasaría a ser una cosa puramente intencional de parte del hombre, en donde la actividad de creer en Él se convierte en la causa de que estemos en Él. Esto, según parece razonar el autor, torna a dicha actividad en una especie de mérito humano, pues el hombre se hace parte de Cristo por su determinación de confiar en Él, lo cual supondría un problema a la iniciativa divina en la justificación. Este razonamiento, aunque no está explícito en la cita, se puede inferir a partir de lo que dice el autor casi al inicio de toda su exposición:

"La traducción habitual de los pasajes como "fe en Jesucristo" (genitivo objetivo) destaca el papel de la fe personal en la justificación. La comprensión tradicional de estos textos conviene en señalar que el hombre no es justificado por la actividad externa y convencional de la ley, sino mediante la fe individual e interna. Ciertamente esta interpretación tiene la ventaja que contiene una liberación de las convenciones legales en favor de la propia responsabilidad. Pero no se ve aquí cómo desde tal perspectiva se puede explicar la iniciativa de Dios en la justificación, a no ser que se convierta a la fe por la que nos justificamos en un instrumento o condición de tal iniciativa divina.
Ciertamente, la justificación por la fe supera la mentalidad de los méritos externos alcanzados por las obras de la ley, pero la sustituye por una especie de mérito interno: la fe personal. La fe puede ser entendida como una disposición psíquica, como por ejemplo en los círculos pietistas, como una adhesión intelectual a determinadas verdades, como en la teología católica anterior al Vaticano I, o también como una especie de

---
[395] Antonio González Fernández, *"La fe de Cristo"*.

decisión existencial, como es el caso de Bultmann y de muchas teologías contemporáneas. En todos estos casos la fe que nos justifica aparece como una actividad (sin duda interior) del hombre, igual que las obras (éstas exteriores) de la ley. La libre y gratuita iniciativa de Dios, que Pablo quiere destacar, como después también los reformadores, parece terminar por disolverse en una mera distinción entre el ámbito interno y externo del hombre y su acción.

Claro está que se podría decir con A. Schlatter que la fe no es un mérito propio, sino "la obra de Jesús en nosotros", un verdadero regalo de Dios. Pero el problema está en que, en último término, se podría decir lo mismo de la ley. Además habría que preguntarse si tal concepción de la fe se puede encontrar efectivamente en Pablo."[396]

Como se ha podido ver, el argumento anterior[397] pasa de lo estrictamente contextual a lo teológico, arguyendo en contra de lo que al parecer supondría un conflicto en la economía de la salvación al colocar la justificación en manos de la determinación humana de creer en Jesucristo y no en la libre y gratuita iniciativa de Dios de justificar al pecador, haciendo de la fe una actividad meritoria que sólo contrastaría con el mérito de las obras de la ley en que la primera es una actividad interna, mientras que la segunda es externa. Este razonamiento, por supuesto, es falaz, pues parte de una definición de la fe que no agota en realidad todo su significado[398], además de que no se concibe aquí una correcta comprensión de cuál es la relación entre la fe y la justificación según nuestro punto de vista.

Debemos dejar algo en claro: aunque es el hombre el que cree —y el responsable de creer—, su fe no le reporta ningún mérito en lo absoluto. Tampoco se debe entender a esta acción de creer como una especie de "punta pie" inicial, en el que la iniciativa pasa a ser del hombre y no de Dios. En nuestra consideración, tal conclusión es errónea porque ignora el proceder de Dios en la salvación del hombre. La iniciativa en la salvación siempre es de Dios, quien, en su propia decisión de justificarnos, determinó también, libre y soberanamente, que la fe fuera

---

[396] Ibíd.
[397] Véase también la obra de Richard B. Hays, *The Faith of Jesus Christ: An Investigation of the Narrative Substructure of Galatians 3:1-4:11* (pp. 139-140).
[398] Y que es más que una simple disposición mental o aceptación del intelecto, como ya hemos visto en el desarrollo del capítulo anterior.

el medio instrumental para recibir esta justificación, cuya causa primera es la gracia, entendida esta en la forma de una expresión gratuita de su benevolencia y misericordia, que no está condicionada a nada externo al propio Ser de Dios. De este modo la fe viene a ser sólo el medio que recibe el don de la gracia divina, que se entrega a la propia gracia.

Pero lo que recibimos en la justificación no es sólo un veredicto favorable de parte del Juez divino, sino también —y en primer lugar— la justicia de Cristo en correspondencia con la incorporación de los suyos en Él por la "unión mística" que resulta de la conversión (aunque, en un sentido estrictamente teológico, dicha unión obedece más bien a un propósito eterno que no tiene lugar precisamente en el momento de la conversión, sino mucho antes). Ahora bien, y por lógico que esto pueda parecer, hay que señalar que la fe que recibe la justicia de Cristo no puede ser la propia fe o fidelidad de Cristo, lo cual sería un sin sentido, sino más bien la fe personal y consciente con la que nosotros vamos al trono de la gracia rogando el perdón y la absolución divina. Pero esta fe, como bien hice en señalar antes, no es una obra ni el fruto de nuestra propia y deliberada iniciativa —una cosa que surge como un mero acto de la voluntad del hombre irregenerado—, sino sólo una respuesta positiva a la gracia eficaz y soberana de Dios operada indefectiblemente por su Espíritu, quien nos capacita para poder recibir lo que Él nos ha preparado de antemano en Cristo. Esto hace de la fe salvífica una verdadera dádiva de Dios, por cuanto ha sido Él quien ha obrado en nosotros la disposición de creer en Jesucristo. Esta concepción de la fe, esta significación de la fe como un "don" de Dios, se podría deducir tanto de las propias afirmaciones en la Escritura (p. ej. Ef 2:8; Fil 1:29) como a partir de toda la evidencia bíblica (principalmente en Pablo) que aboga en favor de la doctrina de la total pecaminosidad humana y de la incapacidad inherente del hombre caído por realizar cualquier bien espiritual movido nada más que por su sola voluntad y libre determinación.[399]

---

[399] Se ha dicho correctamente que el "don de Dios" al final de Efesios 2:8, al estar antecedido por el pronombre demostrativo neutro "esto" (Gr. *toúto*) y no por el femenino "esta" (Gr. *tautë*), no podría estar apuntando directamente a la πίστις que es un sustantivo femenino —y el pronombre debe coincidir en género con el sustantivo al cual hace referencia. Sin embargo, parece ser que de lo que Pablo estaba hablando era de la salvación como un todo, incluyendo el medio de la recepción, esto es, también el acto mismo de creer. Esto tiene sentido dado el contraste con las "obras" y la "jactancia" del versículo siguiente, lo cual bien podría decirse de la fe si se sigue el concepto judío de

Como vemos, sólo porque la fe sea una actividad del hombre, a lo igual que lo son las obras de la ley, no representa ningún argumento de peso como para contrastar el acto de creer con la libre y gratuita iniciativa de Dios. Todo intento por demostrar algún conflicto entre ambas cosas se diluye cuando comprendemos que la fe no es sólo una cosa que el hombre *hace* —una actividad del hombre—, sino también, y principalmente, un aspecto de la propia iniciativa de Dios fundamentada en su gracia, libre y soberana.

De regreso a Gálatas 2:20, podemos estar seguros de que la significación tradicional de la frase "la fe del Hijo de Dios" es la correcta. Esta significación cobra además mucho sentido, sin menoscabo ni del contexto local; ni de la construcción sintáctica de la frase —que no es determinante fuera de su propio contexto local—; ni tampoco de otros aspectos teológicos fundamentales en la economía de la salvación, de los cuales tenemos sólida base bíblica.

Como lo indiqué antes, Pablo venía hablando de su propia experiencia con la ley bajo cuyo poder ya no vive (v. 19), pues ha sido liberado de su dominio para entrar a una nueva experiencia de vida que se alimenta y sustenta sólo por la gracia que es en Jesús. Esta nueva experiencia de vida —y que implica a todos los creyentes nacidos de nuevo— contiene

---

la misma como una forma de mérito humano (para los judíos tener fe ya era meritorio en sí mismo). Si lo que Pablo pretendía hacer era anular cualquier forma de mérito en el hombre, es pues evidente que la fe también debía estar incluida dentro del don de Dios que engloba a toda la obra divina de salvación.

El caso de Filipenses 1:29 es un poco más complejo. Incluso autores como H. Ridderbos ponen en duda su uso —y también el de Efesios 2:8— en respaldo de este concepto de la fe como un don de Dios (*El pensamiento del apóstol Pablo*, p. 306 [nota al pie]). Sin embargo, creer en Cristo y padecer por causa de Él se expresan aquí con el claro sentido de «privilegio concedido» —"a vosotros os es concedido (Gr. χαρίζομαι, aquí en aoristo indicativo y voz pasiva —*ejarísthe*—, lit. "fue dado de gracia")"—, lo cual sólo podría ser el caso si tanto el creer para salvación como el padecer significasen dos aspectos interrelacionados de la misma gracia operada por Dios y que, como bien pudo ser el caso con los hermanos de Filipos, podría haber llegado a parecer una suerte de contradicción, más sin embargo están en plena conformidad con el propósito soberano de Dios, en cuyo caso los sufrimientos por amor de Cristo, así como el acto de creer en Él, debían ser entendidos como un privilegio en el que únicamente Dios es la causa primera. Esto, por supuesto, resulta en una buena base teológica para comprender cómo es que todo cuanto el cristiano experimenta en su relación con Dios —incluidos la fe salvífica y el sufrimiento— provienen de la libre voluntad de Dios, todo lo cual recibimos nosotros como si de una verdadera dádiva del cielo se tratase. Creemos en Cristo y padecemos por amor de Él porque así nos lo ha concedido Dios. Ahora bien, no debemos perder de vista el hecho de que aquí Pablo no está poniendo el énfasis en la frase "creáis en él" —no es esto lo que quiere destacar aquí el apóstol—, sino en "padezcáis por él" —en Cristo— en el contexto de la lucha por la fe del evangelio frente a quienes se oponen (*cf.* vv. 27-28).

ese importante elemento de identificación con el Cristo de la cruz, pero también con el Cristo resucitado, de manera que tanto en Su muerte al pecado, como en Su vida resucitada, el creyente experimenta tal dimensión espiritual con Cristo (*cf.* Ro 6:2, 10-11)[400]. Por tanto, quien vive en la esfera de la vida espiritual con Jesús, vive para Dios en Cristo Jesús (Ro 6:11, *cf.* 2Co 5:14-15).

Es así entonces que para Pablo el haber muerto a la ley no fue un fin en sí mismo, sino más bien el inicio de una vida para Dios, en donde la cruz de Cristo se convirtió también en su propia cruz. Esto hace que el "vivir para Dios" incluya, en sentido figurado, estar con Cristo juntamente crucificado. Dice Bruce:

> "Quienes ponen su fe en Cristo están unidos a él por esa fe, tan estrechamente unidos que su experiencia se convierte en la de ellos: comparten su muerte al viejo orden («bajo la ley»; cf. 4:4) y su resurrección a la nueva vida. Según Pablo, esto es lo que se simboliza en el bautismo (cf. 3:27), aunque él no esperó al bautismo para experimentarlo, ya que se hizo realidad en la caída del camino de Damasco. Como la muerte de Cristo fue por crucifixión, del creyente se dice no solamente que ha muerto con él, sino que ha sido «crucificado con él»."[401]

Vivir "en la fe del Hijo de Dios" expresa entonces todo un paradigma nuevo para Pablo y para el creyente en general, que no consiste en vivir o tomar parte en la propia fe —o fidelidad— del Hijo de Dios, sino del acto personal de renuncia a toda forma de justificación basada en el esfuerzo propio. Es la permanencia diaria en el nuevo pacto por medio de Cristo, en quien el creyente ha sido colocado y en quien adquiere además una nueva identidad y estatus. Todo esto gracias al vínculo "místico" iniciado en el momento de la conversión. Es, pues, correcto entonces decir que la fe en la frase del versículo 20 es más bien el puente que permite la comunicación de vida. Es la fe, en palabras de F. F. Bruce,

---

[400] Es importante esto que dice F. F. Bruce: "Para la comprensión paulina de la ley es fundamental definir esta experiencia como muerte a la ley (cf. Ro. 7:4-6) y al mismo tiempo como muerte al pecado (Ro. 6:2). Estar bajo la ley es estar expuesto al poder del pecado, ya que «el poder del pecado es la ley» (1 Co. 15:56); la ley proporciona al pecado una posición privilegiada para invadir al alma del hombre (cf. Ro 7:7-11). Pero a los que han entrado en una nueva vida en Cristo se les asegura que «el *pecado* ya no tendrá dominio sobre vosotros, pues no estáis *bajo la ley* sino bajo la gracia» (Ro. 6:14)." - *Un Comentario de la Epístola a los Gálatas*, p. 199.

[401] F. F. Bruce, Ibíd., p. 201.

"como el vínculo de unión con el Cristo resucitado"[402], la mano que se extiende movida por la gracia para asirse de la cruz de Cristo con el objeto de morir con Él, para que Él sea quien, en su vida resucitada, viva ahora en el creyente que juntamente con Él ha también resucitado, de manera que toda otra experiencia en la carne (la *sárx*, aquí con el sentido de existencia física o cuerpo humano) sea vivida en la fe depositada en Cristo y no en las obras de la ley, lo cual representa la anterior vida antes de la cruz, la antítesis a esta nueva dimensión de la gracia —así, al menos, en Pablo y en los judíos que, como él, habían creído el evangelio.

Pablo continuará desarrollando su exposición en defensa de la correcta comprensión del evangelio los próximos siguientes tres capítulos, lo que hará aún más evidente esta significación de la fe, como una fe cuyo objeto es Jesucristo, siempre en oposición con las ideas espurias de una justificación basada en las obras de la ley.

El Espíritu Santo y el «oír con fe»

Es así, pues, como en 3:2 y 5 se introducirá nuevamente la πίστις en relación a la recepción del Espíritu Santo, las obras de la ley y el *oír* el evangelio:

> "Esto solo quiero saber de vosotros: ¿Recibisteis el Espíritu por las obras de la ley, o por el oír con fe?"
> [...] "Aquel, pues, que os suministra el Espíritu, y hace maravillas entre vosotros, ¿lo hace por las obras de la ley, o por el oír con fe?"

El contraste entre ἐξ ἔργων νόμου ("por las obra de la ley") y ἐξ ἀκοῆς πίστεως ("por el oír con fe") en ambos versículos, parece indicar una actividad humana —hacer algo— que trajo como consecuencia la recepción del Espíritu. Las preguntas de Pablo sólo admitían como respuesta una negación a lo primero y, en consecuencia, la aceptación de lo segundo, donde "el oír con fe" parece significar no tanto la acción de escuchar con credulidad —que es el sentido primario que nos entrega

---

[402] Ibíd., p. 202.

esa traducción—[403], sino más bien el mensaje mismo que escuchamos y creemos.

Akoé es un sustantivo (aquí en genitivo, ἀκοῆς) cuyo significado básico es "oído"[404], empleado para denotar: el sentido del oído (esto es, la capacidad de oír); el órgano del oído; una cosa oída (por implicación un mensaje o un anuncio); y la recepción de un mensaje (*i.e.* de la cosa oída).[405] Según G. Kittel, aquí "el punto no es «creer lo oído» sino «predicación de la fe», e. d. con la fe como contenido y meta."[406] En W. E. Vine, por otra parte, se opta por la idea de receptividad del mensaje antes que como un mensaje o enseñanza como tal.

Ahora bien, la alternativa de traducción en la frase ἐξ ἀκοῆς πίστεως, con *akoé* como mensaje, anuncio o predicación, aparece en varias versiones conocidas, como por ejemplo en BTX3, "por *la predicación* de la fe"; en VM, "por *el mensaje* de la fe"; en JER3, "por la fe en *la predicación*". Otras traducciones dinámicas siguieron la misma línea, p. ej. NVI 1999, "por la fe con que aceptaron *el mensaje*"; DHH, "por aceptar *el mensaje* de la fe". En la BTX3 los editores explicaron esta traducción, "la predicación de la fe", añadiendo al pie de página la nota: "Es decir, *la fe que proviene de la predicación.*→ Ro 10.17."[407] Lutero parafraseó ἐξ ἀκοῆς πίστεως como: "la fe en Cristo por mi predicación".[408]

Según F. F. Bruce, "ἀκοῆς πίστεως es oír el Evangelio y creer en él, o (por metonimia) el propio Evangelio, que se presenta para que se oiga y se crea en él. El uso por parte de Pablo de dicha expresión para referirse al Evangelio puede ser resultado de la influencia de Isaías 53:1 (LXX), τίς ἐπίστευσεν τῇ ἀκοῇ ἡμῶν («¿Quién ha creído a nuestro anuncio?»), que

---

[403] Así en RV60 y en KJV.
[404] Aquí lit. "por el *oído* de la fe".
[405] Léase también en W. E. Vine, *Diccionario Expositivo de palabras del Antiguo y del Nuevo Testamento Exhaustivo de Vine* (Nashville, Tennessee: Grupo Nelson, 2007), pp. 602-603. Así también James Strong, *Diccionario Strong de Palabras griegas del Nuevo Testamento* (Nashville, Tennessee: Editorial Caribe, 2002), p. 4. Dice también F. F. Bruce: "El uso de ἀκοή para designar el contenido de lo que se oye, el órgano del oído, así como la facultad y la acción de oír es un hecho constatable en el griego clásico y posterior a partir de Tucídides (*Hist.* 1.20.1)", *Un Comentario de la Epístola a los Gálatas*, p. 208.
[406] Gerhard Kittel y Gerhard Friedrich (eds.), *Compendio del Diccionario Teológico del Nuevo Testamento*, p. 42.
[407] *Biblia Textual* (Nashville, Tennessee: HBP, 2010), p. 1197.
[408] Martín Lutero, *Comentarios de Martín Lutero. Gálatas*. Volumen I (Barcelona: CLIE, 1998), pp. 129-130.

cita en Romanos 10:16 con referencia al Evangelio y a la que toma como premisa de la siguiente conclusión: «Así que la fe es por el oír (ἄρα ἡ πίστις ἐξ ἀκοῆς) y el oír por la palabra de Dios (ἡ δὲ ἀκοὴ διὰ ῥήματος Χριστοῦ)»."[409]

De gran valor es también la explicación de William Hendriksen a las alternativas de traducción de ἀκοῆς πίστεως. Según él:

> «La preferencia por una u otra de las traducciones depende principalmente de la respuesta que se da a la pregunta, "¿Cuál es el significado de ἐξ ἀκοῆς πίστεως?" La idea que aquí se usa πίστις en el sentido objetivo (cuerpo de doctrina, enseñanza) puede rechazarse, puesto que está fuera de contexto. También es fácil que concordemos en el significado de ἐξ = *por medio de, como resultado de*. Pero en este caso, el sentido exacto de ἀκοή-ῆς nos presenta bastante problema. Rechazando el sentido de *oído, oídos* (Mr. 7:35; Lc. 7:1; Hch. 17:20; 2 Ti. 4:3), se admite que la palabra puede referirse a *a. el oír o escuchar* (a la *acción* de oír). Este es su significado en Ro. 10:17; y 2 P. 2:8. De ser así, el modificativo πίστεως se interpretaría como un genitivo cualitativo: "un oír caracterizado por la fe, un escuchar con corazón creyente", o bien como un genitivo subjetivo: "un oír que viene de —o: que es inspirado por— la fe". Esta interpretación de ἀκοῆς πίστεως que afirma, en cualquier caso, un oír o escuchar *de la fe*, da un buen sentido al pasaje que ahora comentamos. Hay un contraste entonces entre *las obras realizadas por la esclavitud a la ley* ("obras de la ley") por un lado y *el oír inspirado* (o: *caracterizado*) *por la fe* por el otro.
>
> » No obstante, ἀκοή también tiene un significado *pasivo: b. lo que es escuchado, la noticia, predicación o mensaje*; en forma particular aquí, *el mensaje del evangelio*. Este es su significado en Is. 53:1 (LXX) y por lo menos en las referencias que el Nuevo Testamento hace de este pasaje (Jn. 12:38; Ro. 10:16). Entonces podríamos traducir la expresión ἐξ ἀκοῆς πίστεως: *por* (o: *como resultado de*) *el mensaje del evangelio que exigía la fe* o ... *que era el objeto de la fe*, o en forma más sencilla, pero también correcta: *por creer el mensaje del evangelio*. En este caso también estaría bien claro el contraste entre *el hacer* lo que exige la ley por un lado, y *el creer* el mensaje del evangelio por el otro. Lo que a mí me llamó la atención al hacer un estudio de este versículo fue que intérpretes notables *de cada una de las dos ideas* (*a.* y *b.*) declaran que *su propia* traducción de ἀκοή-ῆς hace justicia al contraste que Pablo tiene en mente

---

[409] F. F. Bruce, *Un Comentario de la Epístola a los Gálatas*, pp. 207-208.

mucho más que el punto de vista opuesto. A mi parecer ambas traducciones hacen justicia a este contraste, y que a fin de cuentas las dos interpretaciones o traducciones llegan a lo mismo, porque ¿qué es este *oír inspirado por la fe* (o *derivado de la fe*) sino un "oír con corazón creyente el mensaje del evangelio"?»[410] [Énfasis añadido]

Lo que Pablo hace aquí (v. 2) es volver la mirada de los gálatas a ese primer momento de la conversión; al de la recepción del Espíritu Santo. Como dicen Bonnet y Schroeder, "Esta apelación a la experiencia era de las más concluyentes, de las más persuasivas."[411] Pablo conocía la obra del Espíritu Santo entre los creyentes, no sólo en medio de los gálatas, sino también en todos los rincones a donde el evangelio había sido anunciado y creído (*q.v.* Hch 8:14-17). Leemos, por ejemplo, a Pablo cuando escribió a los efesios tocante a la relación salvífica de ellos con Jesús; les dice: "En él también vosotros, habiendo *oído*[412] la palabra de verdad, el evangelio de vuestra salvación, y habiendo creído en él, fuisteis sellados con el Espíritu Santo de la promesa" (Ef 1:13). La receptividad del mensaje y la credibilidad al mismo por parte de los efesios trajo como resultado el sello del Espíritu Santo prometido. Esta es, por cierto, la primera experiencia cristiana en la conversión, el punto de inflexión que marca una nueva dirección en la propia vida, que nos hace propiedad de Dios. Ciertamente los gálatas a quienes ahora escribe Pablo no ignoraban estas cosas.

El v. 5 es una reiteración de la pregunta del v. 2, aunque con algunas variaciones. En v. 2 la pregunta es a la recepción del Espíritu por parte de los gálatas —como un evento pasado, como algo que sucedió el día que se convirtieron (el tiempo de la recepción aparece en aoristo segundo, ἐλάβετε)—, mientras que en v. 5 la pregunta cambia de persona —del "ustedes" a "Aquel", en relación a Dios— resaltando no la recepción del Espíritu por parte de los gálatas, sino la obra continua de Dios en medio de ellos —como un "suministrar" y "operar" presentes en la voz activa (ἐπιχορηγῶν y ἐνεργῶν, respectivamente). Sin embargo, en ambos casos

---

[410] William Hendriksen, *Comentario al Nuevo Testamento: Gálatas*, p. 121.

[411] Luis Bonet y Alfredo Schroeder, *Comentario del Nuevo Testamento*. Volumen III, Epístolas de Pablo (El Paso, Texas: CBP, 1970), p. 427.

[412] Caso nominativo en tiempo aoristo, voz activa y modo participio del verbo ἀκούω (escuchar, oír, obedecer), de la misma raíz que ἀκοή.

la pregunta tenía como fin una misma cosa; que los gálatas entendieran que fue por la fe —no por las obras de la ley— que Dios comenzó en ellos la obra del Espíritu Santo, quien a su vez confirmó la palabra predicada repartiendo sus dones espirituales. Podríamos parafrasear a Pablo de la siguiente otra manera: "¿Lo que recibieron ustedes —el Espíritu de la promesa— y lo que Dios continúa haciendo entre vosotros mediante lo que recibieron, se debe a su observancia de la ley de Dios o a haber oído el mensaje del evangelio con fe (o "por el mensaje que demanda fe")?"[413]. La respuesta a esto no deja lugar a terceras opciones. O los gálatas recibieron el Espíritu Santo por el "oír con fe" o no. Si fue por la fe, entonces su actitud con respecto a las obras de la ley les convertía en necios e insensatos, pues habiendo comenzado con el Espíritu ahora pretendían perfeccionarse mediante actos externos de la carne (v. 3) como lo era la propia circuncisión.

Una vez más, no puede Pablo haber estado pensando en la fe —o fidelidad— de Cristo, sino en la propia fe de los gálatas, la fe con que ellos aceptaron el evangelio de Cristo y recibieron la promesa del Espíritu.

---

[413] En cualquier caso —como se quiera traducir ἐξ ἀκοῆς πίστεως— la fe se constituye como una respuesta humana a una iniciativa divina, y es muy poco probable que Pablo haya querido significar otra cosa (como la propia fidelidad de Jesús, por ejemplo).

Otra traducción —a mi parecer interesante, pero menos acertada— de la frase en cuestión es la que también propone Daniel Wallace (*Gramática Griega: Sintaxis del Nuevo Testamento*, p. 57). Para él, traducir ἀκοῆς πίστεως como "el escuchar con fe" o "el oír con fe", dice: "introduce un uso del genitivo que no se encuentra en el texto y que pierde el paralelismo con ἔργων νόμου. Tomar πίστεως como genitivo de producción mantiene el paralelismo y también es una categoría legítima del caso genitivo." Según Wallace, la pregunta de Pablo quedaría mejor si la leemos de esta otra manera: "¿Recibisteis el Espíritu por medio de las obras producidas por la Ley o por medio del escuchar producido por la fe?". Creo; sin embargo, que a pesar de esta interesante traducción, la significación que estoy considerando es la más adecuada. Aunque el profesor Wallace hace bien en señalar la importancia del paralelismo antitético entre ἔργων νόμου y ἀκοῆς πίστεως; no obstante, ἔργων νόμου no me parece que corresponda a "las obras producidas por la Ley", sino a "las obras que son en la ley" o "en conformidad a la ley" —las obras que hacemos según la ley—, como en 2:16. Por consiguiente, el paralelo que presenta pablo, o más bien el contraste, creo que queda mejor si leemos ἀκοῆς πίστεως bajo cualquiera de las dos ideas anteriores: "haber oído el mensaje del evangelio con fe" o "por el mensaje que demanda fe". De todas maneras, incluso estuviera en lo correcto el profesor Wallace, el fin sigue siendo el mismo: la fe aquí resulta de una actividad humana en respuesta del evangelio.

Abraham, la bendición y la promesa

La alusión a Abraham en los versículos que siguen (vv. 6-9) va a corroborar y fortalecer este principio de la fe, como medio único para ser declarados justos y entrar así en una relación de pacto con Dios.

"Así Abraham creyó a Dios, y le fue contado por justicia." (3:6)

Dios había hecho una promesa a Abraham —en un momento de su vida en el cual todas las probabilidades parecían estar en su contra, cuando toda suerte de esperanza prácticamente había desaparecido hasta ese momento (*q.v.* Gn 15:2-6; Ro 4:18-19)—, este la escuchó y respondió en un acto de inmensa fe. El razonamiento de Pablo parece ser el siguiente: Abraham oyó (escuchó) la promesa a Dios, le creyó y le fue contado por justicia. Del mismo modo los gentiles, cuando escucharon el evangelio y lo creyeron, recibieron el Espíritu prometido. Y, así como "Abraham creyó a Dios y le fue contado por justicia"[414], deben los gálatas saber que los que creen de la manera como creyó Abraham, son también justificados y considerados hijos de Abraham —"Sabed, por tanto, que los de la fe, éstos son hijos de Abraham" (v. 7, BTX3)—. De otra manera: los que viven por la fe —o, lit. "proceden de la fe", ἐκ πίστεως— son los verdaderos descendientes de Abraham.

Hay aquí, por cierto, algo importante que anotar. Para los judíos de tiempos de Pablo había sólo dos maneras posibles para ser considerados hijos de Abraham y, consecuentemente, miembros de la misma familia del pacto: naciendo israelita o mediante la adopción (*i.e.* a través del proselitismo). En ambos casos la circuncisión era requisito fundamental e inapelable. Dice F. F. Bruce: "Parece ser que los agitadores habían contado a los cristianos gálatas lo importante que era ser verdaderos hijos de Abraham y, por consiguiente, ser circuncidados como Abraham. La circuncisión fue dada por Dios a Abraham como la señal de su pacto con Abraham y sus descendientes, los cuales recibirían en consecuencia

---

[414] Para una explicación de la frase "le fue contado por justicia" en 3:6, véase el cap. tercero en donde explico la frase según Romanos 4:3.

este sello: «Todo varón de entre vosotros será circuncidado... así estará mi pacto en vuestra carne como pacto perpetuo» (Gn 17:10-13)."[415]

Sin embargo, en perspectiva con el nuevo pacto inaugurado con Cristo —pacto que en sí mismo implicaba el cumplimiento de la promesa divina de bendecir, por medio de Abraham (o "con" Abraham), a todas las naciones de la tierra (v. 8)—, no hay otro modo para recibir (y participar de) la bendición de Abraham que a través de la fe. Por cierto que no es la propia fidelidad de Cristo, sino la fe personal con la que cada individuo se hace parte de esta bendición.

Esta bendición, según el contexto de este capítulo de Gálatas, consiste tanto de la justificación como de la recepción de la promesa del Espíritu Santo (ver en 3:14ss), lo que le da también sentido y estructura a la lectura de los versos 2 y 5 que ya vimos más atrás. Hay, por lo tanto, toda una conexión lógica y perfectamente consistente entre la recepción del Espíritu Santo y la justificación. Para Pablo, tanto el don del Espíritu como la justificación se reciben por medio de la fe (3:14, 24). Pero más importante aún para efectos de este mismo contexto en que escribe Pablo, "La herencia de Abraham es la herencia de la fe, y los que comparten esta herencia son manifestados hijos de Dios mediante la fe."[416]

Ahora bien, esta filiación de los creyentes con Abraham tiene relación también con el propio testimonio anticipado de la Escritura (v. 8)[417], o al menos así es la interpretación que hace Pablo de los pasajes de Génesis 12:3 y 18:18 —una posible forma de interpretación *midrásica*, según la opinión de Bruce[418]. La Escritura, razona Pablo, previendo que Dios justifica a las personas (lit. "gentiles" o "naciones", Gr. *éthnos*) ἐκ πίστεως (*a partir* de la fe o *por* la fe), "anunció de antemano la buena nueva" (Gr. *proeuangelízomai*) a Abraham cuando le dijo: "En ti serán benditas todas las naciones" (Gál 3:8; *cf.* Gn 12:3 y Gn 18:18). De manera entonces que todos los que son de la fe —o se conducen por un andar

---

[415] F. F. Bruce, *Un Comentario de la Epístola a los Gálatas*, p. 215.
[416] Ibíd., p. 216.
[417] No en relación con la fecha de su composición —varios siglos después de los hechos que narra tocante a Abraham—, sino en retrospectiva con lo que narra, como si la propia narración estuviera situada espacio-temporalmente en el mismo evento que está siendo relatado, como encarnando y perpetuando a la vez la promesa a quienes la leen.
[418] Véase en su propio comentario, p. 217.

caracterizado por la fe— no sólo son hijos de Abraham, sino que también comparten junto con él la bendición prometida (v. 9).

El propio versículo 9 con el que Pablo termina esta parte de su argumento le da sentido a esta significación de la πίστις (aquí también en genitivo, πίστεως), como una fe en la forma de una actividad de las personas cuyo objeto es Cristo —no la propia fidelidad de Cristo—. Se equipara a "los de la fe" con la propia actitud de Abraham frente a Dios. En el presente contexto no se dice de Abraham que fuera fiel —aunque el adjetivo πιστός permite esa traducción—, sino más bien un hombre de fe, un creyente —"τῷ πιστῷ Ἀβραάμ". De igual modo, reflexiona Pablo, los que son de fe, *i.e.* los que participan de esa clase de fe, participan también de la bendición inicialmente prometida a Abraham, el padre de la fe.

"...La promesa que es por la fe en Jesucristo" (3:22)

Ya hice notar cómo es que la justificación y la promesa del Espíritu aparecen aquí, en el capítulo tres, como conceptos ligados a la bendición del Patriarca Abraham. Esta bendición prometida, que alcanza a los gentiles en Cristo, se recibe por la fe, pero es la fe como medio instrumental en la Persona de Jesucristo —la fe en Jesucristo. Hasta aquí, todo lo que hemos dicho sobre la fe tiene perfecta continuidad lógica, y tal es el caso que me parece que no existen en realidad buenos motivos para desestimar esta interpretación de una fe expresada en la forma de un genitivo objetivo.

Ahora bien, en lo que concierne a la promesa del Espíritu, nuestro comentario a los vv. 3:2 y 3:5, en donde ἀκοῆς πίστεως se refiere a una actividad humana en respuesta del evangelio, nos debiera servir como base para comprender los versos 14 y 22, en los que nuevamente nos encontramos con alusiones a la promesa del Espíritu y su vínculo con la fe. Y aunque en 3:22 no se dice explícitamente que la promesa es la del Espíritu Santo, el contexto inmediato así nos lo hace ver, aunque sin excluir a la justicia como otro aspecto más de la promesa (*cf.* v. 21). El punto es, y es aquí a donde quiero llamar principalmente vuestra atención, que en 3:22 de nuevo nos topamos con la expresión ἐκ πίστεως Ἰησοῦ Χριστοῦ ("por [la] fe [en/de] Jesucristo"), y ya sea que se diga de la fe de Jesucristo para hablar de la justificación o de la recepción del Espíritu, lo cierto es que, y a partir de todo lo que hasta ahora he argumentado, no tenemos ninguna buena razón aquí para no traducir el genitivo de la misma forma como lo hemos venido haciendo desde 2:16. Aunque, insisto, siempre es posible traducir aquí el genitivo como un genitivo subjetivo —es morfosintácticamente viable— no hay en realidad buenas razones para así traducir la expresión.

Así como en 2:16, el hecho de que aquí en 3:22 Pablo utilice el sustantivo y el adjetivo juntos ("la promesa que es por la **fe** en Jesucristo fuese dada a los **creyentes**")[419] no representa una repetición innecesaria, ya que el poder retórico de Pablo hace que esta aparente redundancia tenga en realidad mucho sentido. Mientras que "la fe en Jesucristo" expresa una premisa con respecto a la promesa, "los creyentes" hace referencia a ese grupo determinado de personas que tienen fe en Jesucristo y, por tanto, reciben la promesa. En consecuencia, nada hay de innecesario en esta oración si se entiende de esta manera.

En el artículo de Antonio González al que ya aludí antes, el autor señala que:

> "Si la promesa fuera dada simplemente por nuestra fe en Jesucristo, no queda nada claro qué papel juega aquí el ejemplo de Abraham, pues él no ha creído en Cristo. Además, si entendiéramos pístis Iesoû Christoû como un genitivo objetivo, el rol de Cristo en la justificación aparecería en este texto como puramente pasivo: él sería simplemente el objeto de nuestra fe."[420]

Pero aquí se cometió un doble error. En cuanto al papel que juega el ejemplo de Abraham en la exposición de Pablo, decir que este no queda claro desde el entendimiento del genitivo objetivo, es no comprender el propio discurso de Pablo. Como ya dije más atrás, las alusiones a Abraham (vv. 6-9) son pertinentes para el desarrollo del argumento de Pablo, ya que —por una parte— del mismo modo que él creyó a Dios la promesa cuando se le hubo comunicado, y esto le fue contado para justicia, los que obedecen el evangelio y creen en Jesús son también justificados y, en consecuencia, incorporados al pueblo del pacto, la

---

[419] *Cf.* con 2:16, "...sino por la **fe** de Jesucristo, nosotros también hemos **creído** en Jesucristo..."
[420] Antonio González Fernández, *"La fe de Cristo"*.

SEGUNDA PARTE. LA DOCTRINA DE LA JUSTIFICACIÓN
CAPÍTULO CUARTO: «LA FE DE JESÚS»

descendencia espiritual (el linaje, RV60) que otrora le fuera prometida a Abraham a través de Cristo, su simiente (v. 16). Pero las alusiones a Abraham tuvieron como objetivo explicar todavía algo más (vv. 14, 16, 18, 29). Pablo quiso llevar a sus lectores a comprender la filiación de los creyentes con Abraham, un parentesco o consanguinidad que no está dado por lazos genéticos de descendencia biológica, sino por la fe con la que los propios creyentes, sean judíos o no —estando en Cristo—, comparten su herencia y participan de su bendición, haciéndose receptores de la promesa.

Por consiguiente, el hecho de que la fe aquí, reiteradas veces mencionada, se deba entender como una fe personal con la que cada persona se acerca a Dios y participa de las bendiciones (la promesa), no significa en lo absoluto un problema para la comprensión del papel que juega la fe de Abraham en la exposición de Pablo. Según hemos podido ver, el ejemplo de Abraham en el versículo 6 va a confirmar este principio soteriológico que Pablo está intentando defender frente a la enseñanza de los judaizantes, en donde la fe se entiende como el único medio para ser justificados ante Dios, una fe que, en el contexto del nuevo pacto, se expresa en la forma de una actividad subjetiva cuyo objeto es Cristo —la actividad subjetiva de creer en Él.

Naturalmente, Abraham no podía, como sí nosotros, haber creído en Jesús para justificación —aunque sin duda su justificación y todo lo que ello implica sólo pudo ser posible en base al sacrificio voluntario y vicario de Cristo—[421], pues que aún no había sido revelado este aspecto en la economía de la salvación; sin embargo, lo que Pablo quiere destacar tocante a la fe de Abraham es la actitud confiada y entregada con la que él respondió a la promesa de Dios, no cuál fue el objeto de su fe. Como dije más atrás acerca de 3:9, en el presente contexto no se dice de Abraham que fuera fiel —aunque el adjetivo πιστός permite esa traducción—, sino más bien un hombre de fe, un creyente —"τῷ πιστῷ Ἀβραάμ". De igual modo, reflexiona Pablo, los que son de fe, *i.e.* los que participan de esa clase de fe, participan también de la bendición inicialmente prometida a Abraham, el padre de la fe.

En lo que respecta al "rol" de Cristo en la justificación, aunque es para nosotros claro que en la relación fe-Cristo, Cristo es el objeto de la fe,

---

[421] Véase también esta idea en William Hendriksen, *Gálatas*, p. 130.

esto no debiera necesariamente llevarnos a la conclusión de que Cristo es pasivo en la justificación. En este contexto de Gálatas, Cristo es más que solamente el objeto de nuestra fe, es el fundamento sobre el cual descansa nuestra fe, pues que en Él es que la bendición de Abraham ha alcanzado a los gentiles (3:14). Cristo no es un mero objeto estático al cual miramos para ser justificados, es quien se hizo maldito en la cruz para librarnos a nosotros de la maldición de la ley (v. 13). En Cristo, como la simiente a quien fueron hechas las promesas (v. 16) y en cuya persona se proyectó el pacto que Dios hizo con Abraham (v. 17), se cumple el designio divino, el programa de Dios en la historia de la redención del hombre. Cristo es en quien hemos sido bautizados y de quien estamos revestidos (v. 27). En Cristo Jesús todos los creyentes, judíos y gentiles, somos una sola entidad (v. 28), unida orgánicamente por el vínculo de la fe y de la incorporación de los creyentes al cuerpo de Cristo.

La venida de la fe

> *"Pero antes que viniese la fe, estábamos confinados bajo la ley, encerrados para aquella fe que iba a ser revelada. De manera que la ley ha sido nuestro ayo, para llevarnos a Cristo, a fin de que fuésemos justificados por la fe. Pero venida la fe, ya no estamos bajo ayo,"* (3:23-25)

Anteriormente, cuando analicé el contexto de Romanos 3:21-22 en el Capítulo Segundo de la Primera Parte, hice alusión a estos pasajes de Gálatas, explicando que el propósito de la ley, según el propio apóstol Pablo, había sido el de preparar el camino para el cumplimiento de la promesa y conducir a los judíos a Cristo, ser un "ayo" (Gál 3:24-25), *i.e.* un tutor y un guía que los custodiara y corrigiera hasta que se cumpliera el advenimiento de la simiente —Jesucristo (v. 19)—, a fin de que por la fe en Él fuesen justificados, no únicamente ellos a quienes se les dio inicialmente la Toráh, sino también a hombres y mujeres de toda raza y nación, los cuales por esa fe son hijos de Dios y considerados linaje de Abraham, herederos según la promesa y miembros de la familia del nuevo pacto (Gál 3:26-29). De manera que llegada la fe, ese "instructor" dio por cumplida su labor, abriéndose así camino a una nueva experiencia y relación con el Dios del pacto echa extensiva a todos los hombres por la cruz de Cristo.

En la expresión con que inicia el v. 23 —"Pero antes que viniese la fe"—, la fe allí mencionada es la fe aludida en el versículo precedente, la cual, como ya hemos visto, es la fe de la cual Cristo es el objeto.

Ahora bien, las afirmaciones de Pablo tocante a esta fe, como una fe que *vino* (primero en la voz activa y modo infinitivo, v. 23; luego en la voz activa y modo participio, v. 25 —ambos en aoristo segundo—), pueden ser entendidas sólo a la luz del propio versículo 23, en donde leemos acerca de "aquella fe que iba a ser revelada". ¿Qué quiso decir Pablo con esto último? En mi opinión, esta revelación de la fe parece referirse a la fe cristiana que, para el tiempo de la vieja dispensación —*i.e.* del antiguo pacto— estaba aún velada u oculta a la espera del cumplimiento del tiempo en que Dios enviaría a su Hijo al mundo. La fe en Jesucristo como medio único para la justificación y la recepción del Espíritu de la promesa sólo podía ser inteligible una vez cumplido en Cristo el propósito eterno de Dios respecto de la redención de sus escogidos[422].

Para Bruce, la manera de comprender estas afirmaciones sigue una idea parecida, aunque agrega todavía algo más: "La llegada de la fe [...] se debería entender tanto en el plano de la historia de la salvación como en el plano de la experiencia personal de los creyentes. En el ámbito de la historia de la salvación, la llegada de la fe coincide con la aparición de Cristo, en quien la era parentética de la ley fue desplazada por la era de la fe (cf. 4:4), era que cumple la promesa hecha a Abraham. En la experiencia personal de los creyentes coincide con el punto en que abandonan su intento de justificarse por su propia cuenta, basado en las obras de la ley, y aceptan la justicia que viene por la fe en Cristo (cf. Ro. 10:3s.; Fil. 3:9)."[423]

---

[422] No debe esto, por cierto, interpretarse erróneamente pensando que antes de "venida la fe" las gentes se salvaran por otro medio distinto. Si bien es cierto, la fe en Jesucristo es cosa del nuevo pacto —con Cristo se revela la fe justificadora—, la salvación y la justificación siempre han sido por gracia mediante la fe. Como correctamente lo explicó Hendriksen: "La diferencia radica en que Abraham y todos los santos de la antigua dispensación miraron *hacia adelante* a la venida del Redentor; Pablo y sus compañeros en la fe podían mirar *hacia atrás* a un Redentor que ya había venido en carne, que ya había realizado todo su plan redentor en el mundo..." —*Gálatas*, p. 154.

[423] F. F. Bruce, *Un Comentario de la Epístola a los Gálatas*, pp. 250-251.

Hemos recorrido una importante porción de Gálatas intentando entender porqué es preferible interpretar "la fe de Jesucristo" como una fe cuyo objeto es Cristo y no la propia fidelidad de Cristo. En mi opinión, avanzar todavía más en esta epístola en busca de más evidencia en defensa de esta significación, no es realmente necesario dado la acumulada evidencia expuesta en su favor en las páginas anteriores. Para mí al menos, y espero que para el lector también así resulte, ha quedado claro que la interpretación tradicional a Gálatas 2:16 es realmente la correcta y no así la que resulta del genitivo subjetivo. Realmente tenemos muy buenas razones para asegurar que de lo que Pablo hablaba era de la fe personal en la Persona de Jesucristo como medio único para recibir justificación. No tenemos ninguna mejor razón para pensar distinto.

ROMANOS

La epístola a los Romanos debe ser nuestro próximo lugar al cual ir en busca de una correcta significación de la expresión que nos ocupa. Y, como ya vimos al inicio de este capítulo, son concretamente los vv. 22 y 26 del cap. 3 de Romanos en los que hemos de concentrar nuestra especial atención. Debemos señalar, además, que, así como en Gálatas, también en Romanos la πίστις es un término que ocupa un lugar importante en la carta (y también el verbo πιστεύω), usado por Pablo, con rol protagónico, en algunos de aquellos lugares que podría decirse que son centrales de la epístola. Esto, por supuesto, nos debe servir como faro para comprender el uso que Pablo hace del término (junto con su forma verbal), de manera de tener alguna guía que nos encamine hacia una significación acertada, que sea también consistente con el contexto de su aparición en los textos que nos importan ahora.

Ahora bien, la pregunta de rigor es ¿qué quiso significar Pablo con las expresiones: "por medio de la fe en Jesucristo, para todos los que creen en él" y "el que justifica al que es de la fe de Jesús"? ¿Hay, en estos pasajes, y a la luz del contexto más cercano, buenas razones para interpretar estas expresiones en el sentido de una fe cuyo objeto es Jesucristo (genitivo objetivo)? O, a la inversa: ¿Hay buenas razones para interpretarlas en el sentido de una fe cuyo sujeto es Jesucristo (genitivo subjetivo, o incluso también posesivo)?

Nuestro ejercicio anterior con respecto a la "fe" en Gálatas, debiera servirnos de base para reflexionar acerca de esta cuestión, y decir que esta "fe" en Romanos no puede referirse a otra cosa que no sea la propia fe de los cristianos dirigida a Jesús. Pero, ¿hay buenas razones exegéticas, aquí en Romanos, para alegar esa misma significación? Esto es de lo que trataremos en lo que sigue de esta sección.

Debemos recordar lo que ya dijimos anteriormente, en el Capítulo Segundo de la Primera Parte, con respecto a «la justicia de Dios» según Romanos 1:17 y 3:21-22. Ha quedado claro, tras ese extenso análisis, que no podemos leer a Pablo en 3:21-22 sin tomar en cuenta lo que dice en 1:17, y viceversa. Esto quiere decir entonces que el contexto más amplio en 3:21-22 no es otro diferente que el de 1:17, de manera que en donde leemos que el evangelio es:

> "poder de Dios para salvación <u>a todo aquel que cree</u>; al judío primeramente, y también al griego. Porque en el evangelio la justicia de Dios se revela <u>por fe y para fe</u>, como está escrito: Mas <u>el justo por la fe vivirá</u>",

...la fe y el acto de creer (v. 16) aquí deben tener la misma significación que en 3:22 y 26.

Parece claro pues, que en 1:16-17, el sustantivo πίστις (tres veces) y el verbo πιστεύω se refieren a la fe de nuestra parte, no a la fidelidad de Dios o de Cristo.[424] Ahora bien, nótese que no es una cosa casual el hecho de que estos mismos términos sólo volverán a aparecer (con excepción de Romanos 3:3)[425] en 3:22, y siempre en el contexto del sintagma «la justicia de Dios». Esto, desde luego, ya es un buen punto de partida para comprender las alusiones a la fe en 3:22 y 26.

---

[424] Para una discusión seria y profunda acerca del genitivo "la fe de Jesús" y de la expresión "por fe y para fe" de Romanos 1:17, en respuesta a la tesis de Thomas F. Torrance respeto de lo que él ha llamado "una expresión polarizada", recomiendo al lector hispanohablante el dedicado y contundente trabajo que hace John Murray en su comentario a *Romanos* (Sao Paulo: Fiel, 2003), Apéndice B, "De fe en fe", pp. 632-642.

[425] La expresión την πίστιν του θεού, correctamente traducida como "la fidelidad de Dios".

Entonces, si en 1:16 y 17 la fe de la que hablaba Pablo es la fe con la que nosotros abrazamos el evangelio de Jesucristo, ¿por qué razón no podría tener el mismo significado en 3:22 y 26, tomando en cuenta el hecho de que ambas secciones comparten un mismo contexto en torno a una misma expresión clave (la δικαιοσύνη θεοῦ, «la justicia de Dios»)? Si, como dije antes, δικαιοσύνη θεοῦ es un concepto que se inicia en 1:16-17 y es retomado en 3:21 y ss. —lugar en donde se despliega con mayor fuerza y consistencia (véase el Capítulo Segundo de la Primera Parte)—, luego no debiera haber razón alguna para que la πίστις adopte aquí, en 3:22 y 26, otro significado diferente al que claramente vemos que tiene en 1:16 y 17. A esto debemos añadir también que en 10:3, el último lugar en donde aparece nuevamente la δικαιοσύνη θεοῦ (significando exactamente lo mismo que en 1:17 y 3:21, 22), otra vez la πίστις (10:6, 17*) y el verbo πιστεύω ("para justicia a todo aquel que cree", 10:4, *cf.* vv. 9, 10, 11, 14, 16) tienen allí un rol protagónico, en un contexto en donde la δικαιοσύνη θεοῦ vuelve a ser el tema central; y siempre en estrecha conexión con la fe de nuestra parte (*cf.* 9:30-33).

Teniendo en cuenta todo lo anterior, volvamos entonces a preguntar: ¿Existen buenas razones exegéticas, aquí en Romanos, para alegar una misma significación que la que ya expuse ampliamente en nuestro análisis anterior de la expresión en Gálatas? ¿Hay, en estos pasajes, y a la luz del contexto más cercano y también del más amplio, buenas razones para interpretar estas expresiones en el sentido de una fe cuyo objeto es Jesucristo? Nuestra respuesta es afirmativa.

Es claro para nosotros que todo lo que dice Pablo en 3:22 y 26 comparte un mismo contexto retórico con lo que dice luego en el capítulo 4, y hasta por lo menos el 5:2. Esto debe significar entonces, que nuestro análisis tiene que considerar también todo lo que dice Pablo acerca de la fe en el capítulo 4.

Desde luego, las expresiones griegas διά πίστεως Ἰησοῦ Χριστοῦ (Ro 3:22a) y ἐκ πίστεως Ἰησοῦ (Ro 3:26) podrían tratarse de un genitivo subjetivo, eso es gramaticalmente admisible, pero cuando analizamos las expresiones en el contexto de la retórica de Pablo, todo su discurso parece apoyar, en su conjunto, al genitivo objetivo, como veremos a continuación.

SEGUNDA PARTE. LA DOCTRINA DE LA JUSTIFICACIÓN
CAPÍTULO CUARTO: «LA FE DE JESÚS»

La justicia que es por medio de la fe

Que la justicia —la justicia de Dios— es por medio de la fe (v. 22), es pues evidente por la construcción διά πίστεως. Lo que no es tan evidente, al menos por su construcción sintáctica, es si acaso esta fe es una cuyo objeto es Jesucristo, o más bien Jesucristo es el sujeto. Como ya se dijo hace un momento, ambas lecturas son posibles desde el punto de vista gramatical; sin embargo, no parece que el contexto aquí apoye esta segunda lectura (lo mismo aplica para ἐκ πίστεως Ἰησοῦ en el v. 26).

Con el objeto de poder entender esto, es pertinente reconocer que los vv. 27, 28 y 30 son claves para esta discusión, pues introducen lo que va a seguir en el capítulo 4, en donde no cabe duda de que la fe allí observada (vv. 5, 9, 11, 12, 13, 14, 16, 19, 20, 22) es por sobre todo la fe que Abraham depositó en Dios y en sus promesas. Esto último, como dice Murray, «se puede confirmar, si se requiere confirmación, por medio del intercambio constante en este pasaje del verbo "creer" con el sustantivo "fe". "Mas al que no obra, sino cree en aquel que justifica al impío, su fe le es contada por justicia" (v. 5; *cf.* también los vv. 3, 11, 17, 18, 24). Ahora, no es necesario demostrar que este acto de creer se refería exclusivamente a la fe ejercida por Abraham, así como por aquellos que caminan en sus pasos.»[426] [Énfasis añadido]

En 3:27, Pablo contrasta las obras con la fe mediante la pregunta retórica: "¿Dónde, pues, está la jactancia?". La respuesta de Pablo es que la jactancia queda excluida, no por una ley de obras —lo cual sería una contradicción en su argumento—, sino por la "ley de la fe", una expresión en genitivo (νόμου πίστεως) que muy posiblemente deba entenderse como «la "regla" de la fe» o «el "principio" de la fe» (*cf.* con NVI 1999, *"¿Por cuál principio? ¿Por el de la observancia de la ley? No, sino por el de la fe"*) o, más precisamente, como "la exigencia de la fe"[427].

Es, pues, claro que en el versículo que sigue —"Concluimos, pues, que el hombre es justificado *por fe* sin las obras de la ley"—, la fe allí es la fe

---

[426] John Murray, *Romanos*, p. 635 (t.p.).
[427] Así, aunque con algunas variaciones, Lietzmann, Käsemann, Kuss, Fitzmyer, Murray, Moo, Hendriksen, Newell y otros más, Otros comentaristas; sin embargo, han optado por una significación diferente, y han visto en la expresión "ley de la fe" una forma de referirse a la ley del AT, la Toráh, la ley de Dios, pero entendida correctamente, no como una ley que dirige a los hombres a buscar la justificación como retribución por sus obras, sino a la ley subordinada a la fe (Así Wilckens, y en similar medida Cranfield y Dunn, entre otros).

del versículo precedente⁴²⁸, así como "las obras de la ley" son las mismas obras de las que habla Pablo en ese mismo pasaje que le precede. Lo mismo debe decirse del v. 30, "Porque Dios es uno, y él justificará *por la fe* a los de la circuncisión, y *por medio de la fe* a los de la incircuncisión", en donde ἐκ πίστεως y διὰ τῆς πίστεως ("por la fe" y "por medio de la fe", respectivamente) son dos referencias a la fe del v. 27, la "ley de la fe"; una fe que sin duda es una forma compendiada y un eco de la fe de los vv. 22 y 26.⁴²⁹

¿Se estaría Pablo refiriendo a la fidelidad de Jesús o a la fe en Jesús? ¿Es la fe, vista como un acto de creer en Cristo para justificación, o la fidelidad de Cristo (por la que somos justificados)? Como ya se dijo más atrás, los vv. 27, 28 y 30 son claves para esta discusión, pues introducen lo que va a continuar en el capítulo cuatro, de manera que es allí a donde debemos seguir la pista en busca de más evidencia para la significación tradicional —esto es, "la fe en Jesucristo".

El versículo 1 del capítulo cuatro incorpora un nuevo argumento a la exposición de Pablo acerca de la fe y las obras en la justificación. No se trata de un tema nuevo o de una nueva sección en la epístola (*i.e.* una sección en donde se salta a otro tema diferente); es más bien la continuación de las reflexiones iniciadas en el v. 27 anterior.

La pregunta de Pablo es retórica, muy propia de la diatriba, como todas las preguntas de esta sección de la carta, de manera que no espera una respuesta de sus lectores, sino que la misma respuesta se haya implícita en el desarrollo del argumento que sigue:

> *"Porque si Abraham fue justificado por las obras, tiene de qué gloriarse, pero no para con Dios. Porque ¿qué dice la Escritura? Creyó Abraham a Dios, y le fue contado por justicia."* (4:2-3)

Debemos notar aquí el uso del sustantivo traducido por "gloriarse" (Gr. καύχημα, aquí en acusativo), un término emparentado con el sustantivo traducido como "jactancia" en 3:27 (Gr. καύχησις, allí en

---

⁴²⁸ Nótese el uso del dativo en la expresión δικαιοῦσθαι **πίστει** ἄνθρωπον, en donde el sustantivo "fe" cumple aquí una función instrumental.

⁴²⁹ El cambio de preposición en el v. 30, de ἐκ a διά, podría sólo ser una cuestión estilística, que no representa dos conceptos diferentes de la fe en relación a la justificación de uno y otro grupo (judíos y gentiles, respectivamente).

nominativo) y con el cual comparte la misma raíz e idéntico significado. Esto es muy revelador, porque conecta el pensamiento de Pablo en 4:2 con lo ya dicho en 3:27, lo cual viene a corroborar nuestra afirmación con respecto a la continuidad del argumento de Pablo iniciado en el último grupo de versículos del capítulo tres. Tan sorprendente resulta ser la semejanza en cuanto al tema general y a su desarrollo que, como bien dice Moo: "podemos considerar 3:27-31 como la exposición inicial del tema, correspondiendo al cap. 4 su elucidación y elaboración."[430]

La pregunta anterior —"¿Dónde, pues, está la jactancia?"— y la afirmación tocante a Abraham —"Porque si Abraham fue justificado por las obras, tiene de qué gloriarse", son el argumento de Pablo respecto de que todo derecho a la jactancia queda excluido por la "ley de la fe". Su razonamiento está en que si Abraham fue justificado por obras, luego habría él tenido buenas razones para gloriarse o jactarse, habría tenido el mérito de sus obras como base y medio de la justicia declarada sobre él; sin embargo, esto no delante de Dios, no delante de su veredicto. Esto último queda confirmado por la cita que sigue: "Porque ¿qué dice la Escritura? Creyó Abraham a Dios, y le fue contado por justicia." Entonces, si no fue sobre la base de las obras que Abraham fue justificado, sino por la fe con la que confió (creyó) en lo que Dios había prometido, luego queda demostrado lo que se dijo en 3:27 —la jactancia queda excluida no por una ley de obras, sino por la ley de la fe.[431]

Ahora bien, el contraste entre las obras y el acto de creer es determinante para la significación del sustantivo "fe" en el contraste presentado en 3:27 y 28, pues aquí, en 4:2-3, la correspondencia entre fe y creer es evidente, en donde obviamente es la fe de Abraham, como acto de creer a Dios, lo que está en la mira de Pablo, no la propia fidelidad de Dios para con Abraham. Lo que sigue a continuación: "Pero al que obra, no se le cuenta el salario como gracia, sino como deuda; mas al que no obra, <u>sino cree</u> en aquel que justifica al impío, <u>su fe</u> le es

---

[430] Douglas J. Moo, *Comentario a la epístola de Romanos*, pp. 285-286.
[431] Una reflexión que debemos hacer, a propósito de esto último, es que para el creyente que ha entendido perfectamente cuál es su lugar en la obra salvífica de Dios, debe ser natural decir, junto con Pablo: "lejos esté de mí gloriarme [verbo καυχάομαι], sino en la cruz de nuestro Señor Jesucristo, por quien el mundo me es crucificado a mí, y yo al mundo" (Gálatas 6:14). Todo nuestro gloriarnos debe ser únicamente en el lugar en que Cristo se dio por nosotros. Solamente en Jesús el Señor está nuestra gloria; en entender y en conocer a Dios, nuestra alabanza (Jer 9:24, *cf.* 1Co 1:31).

contada por justicia." (vv. 4-5), viene a confirmar aún más esta significación. En este último versículo, el verbo "creer" y el sustantivo "fe" son claramente una acción del hombre que conlleva justificación ("*su fe* le es contada por justicia", *cf.* v. 24). ¡Pablo simplemente no puede haber querido decir sino la misma cosa en 3:28 y 30!

No hace falta que nos refiramos a la trascendencia que tiene para Pablo este argumento a partir de la justicia y la fe de Abraham —esto es, dentro de su propio contexto judío—, pues ya dediqué una sección para hablar acabadamente de ello (véase en el capítulo tercero, la sección titulada: "La fe de Abraham" y mi comentario respecto del cap. 4 de Romanos), de manera que de aquí en adelante sólo nos limitaremos a reflexionar respecto de la naturaleza substancial de la fe del patriarca en relación con la fe para justificación de todos los creyentes.

Como ya se explicó en esa misma sección anterior, la premisa que Pablo va a demostrar como válida en el capítulo cuatro, consiste de la afirmación de que la fe, y sólo la fe, es lo que corresponde al hombre para ser justificado. Para Pablo, la fe no implica jactancia —no es algo de lo cual uno pueda presumir—, sino que, por el contrario, es una respuesta a la iniciativa misericordiosa y graciosa de Dios, quien, por medio de Cristo, ha favorecido con su gracia redentora no sólo a los judíos —los de la circuncisión—, sino también a los gentiles de todas las partes del mundo —los de la incircuncisión. Por medio de la fe, todos los hombres (judíos y no judíos) son justificados por Dios, pues quien es uno y el mismo para judíos y gentiles, es también el mismo que a ambos justifica por medio de una misma clase de fe (3:29-30). Como dice Pablo un poco antes, la justicia de Dios es para todos los que creen, "porque no hay distinción alguna, por cuanto todos pecaron, y están privados de la gloria de Dios" (3:22-23, BTX3).

El argumento de Pablo en el cap. 4 incluye una cita (vv. 6-8) del Salmo 32:1-2 que sólo viene a reafirmar lo que ha dicho acerca de Abraham y de los creyentes en los versículos previos. Esta última cita está acompañada de una serie de otras preguntas retóricas, dentro de la misma diatriba que se viene desarrollando desde el capítulo anterior, y que forman el quid de toda su exposición argumentativa:

"*¿Es pues esta bienaventuranza sólo para la circuncisión, o también para la incircuncisión? Porque decimos: A Abraham le fue contada <u>la</u>*

fe como justicia. ¿Cómo, pues, le fue contada? ¿Estando en la circuncisión o en la incircuncisión? No en la circuncisión, sino en la incircuncisión. Y recibió la señal de la circuncisión como evidencia de la justicia de *la fe* de cuando estaba en la incircuncisión, para que él sea padre de todos *los que creen* sin estar circuncidados, a fin de que a ellos les sea adjudicada justicia; y padre de la circuncisión, no sólo para los de la circuncisión, sino también para los que siguen las pisadas *de la fe* de nuestro padre Abraham cuando aún estaba en la incircuncisión." (4:9-12, BTX3)

Si a Abraham le fue contada su fe como justicia (o para justicia), y esto no estando circuncidado aún, luego el mismo principio vemos que se repite con respecto a los creyentes no circuncidados, de quienes Abraham viene a ser padre, no en el sentido restrictivo de la descendencia biológica, sino que en el sentido amplio de la promesa (*cf.* Gál 3:29), como padre espiritual de todos los que tienen fe (circuncisos e incircuncisos). Como correctamente ha dicho Becker, en la visión personal de Pablo respecto de las declaraciones del AT acerca de Abraham, "la promesa de Dios no se refiere a un hijo biológico ni a una descendencia natural, sino a la descendencia de Abrahán en un sentido espiritual y figurado: los descendientes no son Isaac y Jacob con sus hijos, sino aquellos que, como Abrahán, hacen de la fe la base de sus relaciones con Dios."[432]

La expresión con la que finaliza el v. 12: "para los que siguen las pisadas de la fe de nuestro padre Abraham" (o "las pisadas de la fe que tuvo nuestro padre Abraham" —RV60), quiere decir simplemente: los judíos (judíos cristianos) que, así como él, también han puesto su fe en Dios para justicia, muy a parte de la circuncisión; como imitando —lit. "andando (caminando) sobre el sendero marcado por"— la fe que tuvo Abraham cuando todavía era incirciso.

Ahora bien, es innegable el hecho de que la fe aquí es siempre la actividad subjetiva de creer en Dios; de esto no puede haber duda, más todavía por el intercambio con el verbo creer en el v. 11, que una vez más vemos que se repite en este capítulo (*cf.* vv. 5 y 24 → "a los que creemos en..."), como indicándonos con total claridad el sentido que

---

[432] Jürgen Becker, *Pablo, el apóstol de los paganos*, p. 353.

tiene la πίστις en toda esta sección de la epístola (fe= fe en Dios, fe en Jesucristo).

La promesa que es por la fe

> "Por eso, la promesa proviene de la fe, para que sea por gracia, a fin de que sea firme para toda la descendencia, no sólo para la que es de la ley, sino también para la que es de la fe de Abraham, el cual es padre de todos nosotros" (Romanos 4:16, BTX3)

Pablo dice que la promesa que Dios hizo a Abraham (ver v. 13) es ἐκ πίστεως —por fe—, significando con ello la fe con la que se cree a lo que Dios ha prometido. Esto ha sido así establecido, según el sabio e inmutable consejo de Dios, para que sea por gracia —esto es, para que sea inmerecida y gratuita—, a fin de que la promesa quede asegurada para toda la descendencia de Abraham, no sólo la descendencia natural (la que es de la ley), sino también para todos sus "descendientes espirituales" (los que son de la fe de Abraham).

Este pasaje es la antítesis positiva a la premisa negativa con la que inicia el v. 13 —"Porque no por la ley fue dada a Abraham o a su descendencia la promesa de que sería heredero del mundo, sino por la justicia de la fe." Aquí el contraste es ahora entre la ley y la fe (antes el contraste marcado era la fe aparte de la circuncisión, vv. 9-12; y la fe aparte de las obras, vv. 3-8)[433], en donde "la justicia de la fe" —el genitivo δικαιοσύνης πίστεως— se refiere a la justicia que la fe dio como resultado (la justicia como corolario de la fe, esa fe con la que Abraham abrazó la promesa). Tenemos, a partir de aquí, el sentido preciso de la expresión "para la [descendencia] que es de la fe de Abraham", significando todos aquellos que comparten la fe de Abraham, que creen como creyó Abraham, y por ende participan también de la promesa y de esa fe que resulta en justicia.

Es cierto que en la expresión con la que Pablo se refiere a los herederos de la promesa, la descendencia "que es de *la fe de Abraham*",

---

[433] En cualquier caso, siempre algo en lo que la actividad humana implicara alguna acción por la cual atribuir méritos, en contraste con la fe que se entrega a la libre y gratuita misericordia de Dios.

el genitivo allí (ἐκ πίστεως Ἀβραάμ) no puede ser un genitivo objetivo —la fe en Abraham—, lo cual sería un sinsentido que escapa por completo del argumento que viene desarrollando Pablo, sino que un genitivo subjetivo —la fe de Abraham (la fe ejercida por Abraham)[434]. Hay quienes[435], a partir de consideraciones lingüísticas como esta, argumentan que así también debieran entenderse las expresiones en genitivo de 3:22 y 26, en donde el paralelo lingüístico ἐκ πίστεως Ἰησοῦ (3:26), por ejemplo, debiera ser "la fe de Jesús".

Ahora bien, las expresiones construidas con el sustantivo πίστις + un sustantivo personal en genitivo, ¿apuntan necesariamente hacia un genitivo subjetivo? Por supuesto que no. Dos ejemplos solamente bastarán para probar esta respuesta:

En Marcos 11:22 tenemos al Señor exhortando a los discípulos, diciéndoles: "Tened fe en Dios" (ἔχετε πίστιν θεοῦ). Obviamente esto se refiere a la fe cuyo objeto es Dios (o que tiene a Dios como su objeto). Tal vez la expresión podría ser un genitivo de origen, o sea la fe que viene de parte de Dios. Pero esto, como dice Murray, "es bastante improbable en el contexto; por otra parte, incluso entonces no sería un genitivo de sujeto."[436] Otro ejemplo similar lo encontramos en Apocalipsis 14:12, "los que guardan los mandamientos de Dios y la fe de Jesús", en donde τὴν πίστιν Ἰησοῦ —la fe de Jesús—, no se está por supuesto refiriendo a la fidelidad de Jesús —los santos no guardan la fidelidad de Jesús (menos aun la propia fe de Jesús). Aquí "la fe", por tanto, o es la fidelidad a Jesús y al evangelio[437], o es simplemente la fe puesta en Jesús (los que mantienen su fe en Cristo), pero en ningún caso la propia fe o fidelidad de Jesús, lo que no tendría sentido alguno.

Como vemos, en las expresiones construidas con "fe" + un sustantivo en genitivo será siempre el contexto el que determine el verdadero sentido de la expresión, de manera entonces que este argumento lingüístico no puede ser determinante por sí mismo. No es en lo absoluto

---

[434] En todo caso, de ninguna manera la "fidelidad de Abraham", que no se sigue del verbo creer utilizado por Pablo para expresar la acción de su fe.

[435] P. ej. Antonio González Fernández, *"La fe de Cristo"*. Y así también otros proponentes, como los mencionados con anterioridad.

[436] John Murray, *Romanos*, p. 637 (t.p.).

[437] Nótese esta lectura en la NVI 1999, "los cuales [...] se mantienen fieles a Jesús". Así también en DHH y otras traducciones dinámicas.

decisiva, para efectos de la presente discusión, la apelación a cuestiones sintácticas como estas.

Quizás un pasaje tan conocido como Efesios 3:12 ("en quien tenemos seguridad y acceso con confianza <u>por medio de la fe en él</u>"), cuya construcción gramatical es parecida a la de Romanos 3:22 y 26, arroje aún más luz a nuestra respuesta al argumento lingüístico. En el texto griego, en la expresión subrayada, tenemos la siguiente estructura: διὰ τῆς πίστεως αὐτοῦ, en donde "de él" (αὐτοῦ) tiene como antecedente a "Cristo Jesús nuestro Señor" (v. 11). Ahora bien, es más probable que este pronombre en genitivo que acompaña a "fe" apunte precisamente a un genitivo objetivo —la fe en Él, (en Cristo Jesús)—, aun cuando la traducción "la fidelidad de Él" es perfectamente admisible y podría encajar muy bien en el contexto de esta aparición. Sin embargo, el versículo paralelo en Romanos 5:2 ("por quien también tenemos entrada por la fe a esta gracia en la cual estamos firmes") sugiere fuertemente que esta "fe" en Efesios 3:12 es, así como en Romanos 5:2, la fe en Cristo, no la propia fidelidad —o fe— de Él.

La justicia que es por fe

Como ya se dijo antes, en 10:3 otra vez la πίστις (vv. 6, 17) y el verbo πιστεύω (vv. 4, 9, 10, 11, 14 [dos veces], 16) tienen allí un rol protagónico, en un contexto en donde la δικαιοσύνη θεοῦ vuelve a ser el tema central; y siempre en estrecha conexión con la "fe" de nuestra parte (*cf*. 9:30-33). Alguien podría preguntarse porqué esto debiera ser importante para el presente tema. La respuesta, es que en el contexto del cap. 10 Pablo vuelve al contraste entre la fe y la ley como medio de justificación. Y un examen cuidadoso de todo este capítulo —iniciando con 9:30— nos permite entender el uso que hace Pablo de los conceptos de "fe", "creer" y "justicia", en un contexto que se corresponde con lo que ya se dijo en 3:21-4:25.

Claves para esta discusión son los versículos del 3 al 10 (préstese especial atención a las partes subrayadas):

"Porque ignorando <u>la justicia de Dios</u>, y procurando establecer la suya propia, no se han sujetado a <u>la justicia de Dios</u>; porque el fin de

> *la ley es Cristo, <u>para justicia a todo aquel que cree</u>. Porque de la justicia que es por la ley Moisés escribe así: El hombre que haga estas cosas, vivirá por ellas. Pero <u>la justicia que es por la fe</u> dice así: No digas en tu corazón: ¿Quién subirá al cielo? (esto es, para traer abajo a Cristo); o, ¿quién descenderá al abismo? (esto es, para hacer subir a Cristo de entre los muertos). Mas ¿qué dice? Cerca de ti está la palabra, en tu boca y en tu corazón. Esta es la palabra de fe que predicamos: que si confesares con tu boca que Jesús es el Señor, <u>y creyeres en tu corazón que Dios le levantó de los muertos, serás salvo. Porque con el corazón se cree para justicia</u>, pero con la boca se confiesa para salvación."*

Es obvio que aquí "la justicia que es por la fe" ("la justicia por fe", BTX3) es la justicia declarativa que resulta del veredicto de Dios hacia los que creen; es justicia forense, igual que en los pasajes claves de 3:28 y 4:5, 11. Es la justicia que resulta de la fe —"a todo aquel que cree" (v. 4, *cf.* v. 10)—, y que se equipara a la justicia de la justificación. En el presente contexto, "salvación" y "justicia" son claramente dos aspectos de una misma gracia concedida al creyente (*cf.* Ro 1:16). ¿Cuál es aquí el objeto de la fe de quien recibe salvación? El objeto es Dios, tal como sucede en el capítulo 4, en donde se dice de la fe en Dios que es contada por justicia[438]. Ahora, si asimilamos esto con la respuesta de Pablo y Silas al carcelero de Filipos, a la pregunta de qué hacer para ser salvo: "Cree en el Señor Jesucristo, y serás salvo" (Hch 16:31 *cf.* 2 Tim 3:15b; Juan 6:29), podemos concluir entonces que no existe en realidad conflicto en el hecho de que la "fe" en Romanos tenga, en la mayoría de las veces, a Dios como objeto —lo que, supuestamente, haría dudosa la interpretación "la fe en Jesucristo" y "la fe en Jesús" en 3:22 y 26, respectivamente. En otras palabras, fe en Dios y fe en Cristo son simplemente la misma clase de fe, en donde el objeto es también uno y el mismo, con la sola diferencia de que en la mayoría de las ocurrencias (en Romanos) el objeto resulta ser todo el Ser de Dios, mientras que en

---

[438] Esta fe cuyo objeto es Dios, es la fe que se extiende también a las promesas de Dios y a lo que ha sido por Él hecho (*cf.* 4:17-22; 10:9). En otras palabras, en un sentido más amplio, el objeto de la fe involucra tanto al Hacedor (Dios) como a la convicción de que es cierto lo que este Hacedor ha prometido y hecho para su Gloria y para nuestra salvación.

unas pocas tiene como objeto a la Persona del Hijo, que es el caso más concreto de Romanos 3:22 y 26.

La importancia de estas consideraciones contextuales —a partir del capítulo diez de Romanos— para comprender todavía más el sentido de la fe en Romanos 3:22 y 26, son explicadas también por Murray, de la siguiente manera:

> «Su argumento [de Pablo] toma la forma de una acusación contra la nación de Israel, en el sentido de que ellos, "ignorando la justicia de Dios, y procurando establecer la suya propia, no se han sujetado a la justicia de Dios" (v. 3); y, en seguida, añade: "el fin de la ley es Cristo, para justicia a todo aquel que cree" (v. 4). Este "a todo aquel que cree" es significativo para nuestro presente interés, ya que, juntamente con el uso reiterado del término "cree" en los versículos 9, 10, 11 y 14, indica el sentido en que hemos de entender el término "fe" (πίστις) en este contexto. En la expresión "la justicia que es por la fe" (v. 6), la fe debe ser entendida en términos del ejercicio de la fe de nuestra parte, y en este versículo, nuevamente, tenemos ἐκ πίστεως. La fidelidad de Dios no puede, por las mismas razones ya mencionadas, ser incluida en nuestra definición del término "fe". Esta misma consideración debe ser cierta en cuanto a este término en Romanos 9:30, 32, debido a la continuidad del argumento de Pablo en estos puntos.»[439] [Énfasis añadido]

... *para todos los que creen*

Con respecto a la frase: "por medio de la fe en Jesucristo, para todos los que creen" en 3:22, y a lo igual que con la repetición de los términos en el corto espacio de Gálatas 2:16 ("sino por la fe de Jesucristo, nosotros también hemos creído en Jesucristo, paras ser justificados por la fe de Cristo"), se ha dicho que si διὰ πίστεως Ἰησοῦ Χριστοῦ fuera en verdad "por medio de la fe en Jesucristo", entonces πάντας τοὺς πιστεύοντας ("todos los que creen") se vuelve una redundancia innecesaria. Si es la fe de nuestra parte la que Pablo tiene en mente en la primera expresión, ¿por qué entonces agrega una segunda frase para decir básicamente lo mismo?

---

[439] John Murray, *Romanos*, pp. 635-36 (t.p.).

Las opiniones son diversas. Para Calvino, esta segunda repetición tiene como fin "que oigamos mejor lo que ya habíamos oído, es decir: que solamente la fe es requerida, y que lo externo no hace distinción entre los fieles y ni siquiera debemos preguntarnos si son judíos o paganos."[440] Murray comenta que Pablo utilizó la fórmula "con el fin de hacer hincapié en dos aspectos de la verdad: es por la fe que somos justificados; la justificación tiene lugar siempre que haya fe."[441] Douglas J. Moo, por su parte, opina que el propósito de Pablo "probablemente sea realzar la disponibilidad universal de la justicia de Dios. [...] La justicia de Dios no solo está disponible únicamente a través de la fe en Cristo, sino que además está disponible para *cualquiera* que ponga su fe en él."[442] Wilckens dice algo similar: "Al mismo tiempo se destaca el alcance universal de la justicia de Dios: εἰς πάντας τοὺς πιστεύοντας. Con ello aparece una nueva correspondencia antitética con la acción precedente: si la ira de Dios alcanzó a *todos* los hombres (1, 18), porque «todos están bajo el pecado» (3, 9), se vuelve ahora la justicia de Dios a *todos* los que se abandonan en la fe en Cristo. Y a fin de que permanezca presente en el pensamiento el pecado de todos como el lugar en el que actúa la justicia de Dios, Pablo repite de nuevo expresamente la aseveración que contiene la meta de lo precedente."[443]

Con el objeto de enfatiza que no existe distinción (no hay diferencia) con respecto a los hombres y al común problema que aqueja a la humanidad completa (ya que todos pecaron y todos están privados de la gloria de Dios) Pablo refuerza la primera afirmación tocante a la fe añadiendo la frase "para todos los que creen". En otras palabras, la justicia de Dios es mediante la fe en Jesús el Cristo, y esto para todos los que creen en Jesús, pues no existe distinción; aquí judíos y gentiles han pecado y ambos están privados de la gloria de Dios.

En conclusión

Debemos aceptar el hecho de que el sentido de cualquier construcción gramatical, que por sí sola no sea determinante para su

---

[440] Juan Calvino, *Comentario a la Epístola a los Romanos*, p. 96.
[441] John Murray, *Romanos*, p. 641 (t.p.).
[442] Douglas J. Moo, *Comentario a la epístola de Romanos*, p. 265.
[443] Ulrich Wilckens, *La Carta a los Romanos*, Vol. I, p. 233.

significado, debe ser entendido a la luz de su propio contexto. Esto es un principio hermenéutico que debe regir no sólo para nuestro presente tema de discusión, sino también para cualquier otro análisis en cualquier otro lugar de las Escrituras. En consecuencia con esto, la mayor parte de nuestra argumentación respecto de la significación de la fe en Romanos 3:22 y 26, se ha construido sobre la base del contexto local —y también más amplio— en que se insertan las expresiones en cuestión. A la luz de esta aproximación al contexto, hemos visto que hay muy buenas e insuperables razones para interpretar estas expresiones en el sentido de una fe cuyo objeto es Jesucristo. El corolario obvio de esto es que no existen entonces mejores razones para interpretarlas en el sentido de una fe cuyo sujeto sea Jesucristo.

Quizás convenga terminar esta sección con las palabras de dos renombrados comentaristas de la carta a los romanos: El ya varias veces citado John Murray, cuyo trabajo en esta materia ha sido de significativa importancia para la presente exposición, y el también varias veces mencionado en este libro, el profesor Douglas J. Moo. En este mismo orden:

> «Cuando analizamos los pasajes mencionados, no encontramos ninguna evidencia en los contextos, para apoyar la hipótesis de que el apóstol deseaba referirse a la fidelidad de Cristo. Por el contrario, hay consideraciones que favorecen la interpretación más generalmente aceptada. En Romanos 3:22, 26, ¿qué tipo de fe se estaba tratando en el contexto? En todo este pasaje (vv. 21-31), aparte de las dos ocasiones en los versículos 22 y 26, la fe es mencionada seis veces. Bástanos apelar al verso 28 ("Concluimos, pues, que el hombre es justificado por fe sin las obras de la ley"), para mostrar que la fe aquí es nuestra fe contrastada con las obras. Y, con seguridad, este sentido, y solamente este, aparece en los otros cinco casos —no se necesita ningún argumento para probar esto. ¿Por qué razón entonces podemos insistir en que, en los versículos 22 y 26, la palabra "fe" significa la "fidelidad de Jesús"? Por otra parte, la continua apelación en el siguiente capítulo a la fe ejercida por Abraham, en apoyo de la justificación por la *fe*, en contraste con las *obras*, establece la definición de "fe" con la que tanto se preocupa todo el argumento del apóstol, de Romanos 3:21 a 5:11. [...] si el contexto de Romanos 3:22, 26 apunta claramente a la fe dirigida a Dios o a Cristo, el caso es tal que no

queda ninguna evidencia para probar otro punto de vista de la "fe" mencionada en estos dos versículos, ni hay ninguna evidencia para suponer que la "fidelidad" de Cristo es un ingrediente que pertenece a la definición de "fe" que el apóstol tenía en mente.»[444] [Énfasis añadido]

"... las consideraciones contextuales favorecen el genitivo objetivo en Ro. 3:22. Aunque la palabra griega *pistis* puede significar «fidelidad» (ver. 3:3), y Pablo puede vincular nuestra justificación a la obediencia de Cristo (5:19), hay poco en esta sección de Romanos que pudiera llevarnos a esperar una mención a la «obediencia activa» de Cristo como base de nuestra justificación. Por otra parte, en Pablo *pistis* casi siempre significa «fe»; se necesita la presencia de características contextuales muy poderosas para adoptar cualquier otro significado, pero las mismas están ausentes en 3:22. Si, por otro lado, traducimos *pistis* como «fe», se hace necesario introducir cierta teología dudosa para poder hablar con sentido acerca de «la fe ejercida por Jesucristo». Finalmente, lo más dañino para esta hipótesis en cualquiera de sus variantes, es el uso consistente de *pistis* a lo largo de 3:21- 4:25 para referirse a la fe que ejercen las personas en Dios, o en Cristo, como único medio de justificación. Solo razones muy poderosas podrían justificar el dar a *pistis* un significado diferente, precisamente en este resumen teológico del cual depende el resto de la sección. Las referencias simples a la «fe en Cristo/Jesús» que encontramos en 3:28 y 3:30 son formas compendiadas de la «fe en Cristo/Jesús» que se enunció en 3:22 y 26."[445]

FILIPENSES

Como ya se podrá advertir, Filipenses 3:9 debe ser nuestro último pasaje por analizar. Aquí, como hemos dicho en un inicio, el sintagma en genitivo corresponde a "la fe de Cristo" (πίστεως Χριστοῦ), y la cuestión por resolver es si acaso Pablo se estaba refiriendo a la fe que es puesta en Cristo, o si acaso se estaba refiriendo a la fe obediente de Cristo (o tal vez a la propia fidelidad de Cristo).

No es necesario que nos extendamos demasiado en esta última sección, pues que ya se ha dicho bastante en las otras dos secciones

---

[444] John Murray, *Romanos*, p. 639 (t.p.).
[445] Douglas J. Moo, *Comentario a la epístola de Romanos*, p. 264.

anteriores, y el lector perspicaz podrá notar que la ausencia de argumentos en esta parte tiene su lugar en las exposiciones a Gálatas y a Romanos.

El contexto

Lo que Pablo hace aquí es referir a sus lectores su propia experiencia como judío converso, como uno que, teniendo las credenciales de un judío con todas sus letras, llegó a considerar todo ello (toda esa "ganancia") como algo sin valor a causa de la superioridad del conocimiento de Cristo.

Esta alusión a su anterior condición "irreprensible" guarda relación con la advertencia del versículo dos, respecto de los judaizantes (aquí "los perros; malos obreros; mutiladores") que insistían en la necesidad de la circuncisión como requisito de aceptación ante Dios y participación en la comunidad pactual. Dice Pablo, en relación con los creyentes (judíos y no judíos): "Porque nosotros somos la circuncisión [la verdadera, *cf.* Ro 2:25; Col 2:11], los que servimos por el Espíritu de Dios[446], y nos gloriamos en Jesús el Mesías, no teniendo confianza en la carne" (v. 3, BTX3).

Pablo hace entonces una importante exhortación a modo de paradigma para los filipenses, a propósito de lo último que acaba de decir, y que es en donde se insertarán las afirmaciones del v. 9 que nos ocupa. Esta confianza en la carne, reflexiona Pablo, si fuera provechosa en verdad, entonces él la tendría de sobra, como lo deja ver los vv. 5 y 6 —"circuncidado al octavo día [esto es, no circuncidado en edad adulta como los prosélitos, sino según la ley para los nacidos judíos], del linaje de Israel, de la tribu de Benjamín [*cf.* Dt 33:12], hebreo de hebreos [no simplemente judío en cuanto a religión, sino que de ascendencia hebrea, y por ende miembro del pueblo del pacto por derecho de nacimiento]; en cuanto a la ley, fariseo [de la secta más estricta, *cf.* Hch 26:5; Gál 1:14]; en cuanto a celo, perseguidor de la iglesia [esto se sigue de su

---

[446] La traducción "los que en espíritu servimos a Dios" (RV60) no se sigue de la estructura morfosintáctica del texto griego; ni en el TR, ni en NA27, en donde "Dios" es un genitivo (θεοῦ), no un acusativo (θεόν). Véanse también las notas aportadas por Fee en su *Comentario de la Epístola a los Filipenses*, p. 369 (nota al pie nº 10).

fariseísmo extremo, *cf.* Gál 1:13]; en cuanto a la justicia que es en la ley, irreprensible [justicia ceremonial y obediencia a los aspectos externos de la ley]". No obstante, todo su pasado religioso; todo cuanto era para él ganancia, por amor a Cristo lo estimó como pérdida (v. 7) y aun como basura (v. 8, lit. "estiércol").

La justicia que procede de Dios, basada en la fe

Ahora, estando en Cristo, esta confianza en la carne había sido sustituida por la confianza y la dependencia en Jesús el Señor, así que, de "perder todas las cosas" —las cosas encerradas en ese concepto de la carne—, sigue como fin (para) "ganar a Cristo" por nada que tuviera su virtud en la propia carne, de manera de ser hallado en Él (unido a Él), no poseyendo o llevando consigo su propia justicia que se origina de la ley (v. 9) —"la justicia que es en la ley" (v. 6, *cf.* Ro 10:3, 5)—, sino la que es por medio de la fe de Cristo (διά πίστεως Χριστοῦ), la justicia que procede de Dios basada en la fe. En otras palabras, es la justicia que viene de Dios y que nos apropiamos —hacemos nuestra— por medio de la fe *de* Cristo.

Esta «fe» que hace suya la justicia de Dios, tiene su paralelo en la expresión "la justicia de la fe" de Romanos 4:13, y también en la expresión "la justicia que es por la fe" de Romanos 10:6, en donde se contrasta con "la justicia que es por la ley" (10:5), una expresión cuya construcción gramatical es idéntica a la de Filipenses 3:9[447]. Este último paralelo es muy significativo, pues el tema allí —como aquí en estos versículos de Filipenses— es también la justicia por la fe en contraste con la justicia que es por la ley, donde "fe" es sin duda la fe de nuestra parte, como ya vimos en la sección anterior.

Lo que acabo de señalar es, pues, clave para comprender el significado del sintagma en el uso que le da Pablo en Filipenses 3:9, de manera que hay más probabilidad, dado la analogía con los pasajes de Romanos, en que διά πίστεως Χριστοῦ signifique "mediante la fe en Cristo" (genitivo

---

[447] Δικαιοσύνην τὴν ἐκ νόμου. En Romanos 10:5 algunos mss. añaden el artículo τοῦ antes de νόμου (así, por ejemplo en el TR, y en NA27 entre corchetes. Es omitido en el interlineal de Tischendorf y también en Westcott-Hort).

objetivo) a que signifique "mediante la fidelidad de Cristo" (genitivo subjetivo).

En su Comentario de la Epístola a los Filipenses, el argumento del profesor Gordon Fee, en contra de la idea del genitivo subjetivo, es también muy congruente:

> "Aunque esta opción tiene cierto atractivo teológico, sobre todo porque se estaría refiriendo a la narración de 3:6-8, parece bastante improbable que ésta fuera la intención de Pablo, por un número de razones contextuales [...]: (a) es casi imposible que la segunda vez que aparece «fe» en esta frase[448] Pablo pretenda decir «basada en la fidelidad de Dios».[449] Como hemos señalado, esta segunda proposición repite básicamente la primera, con un vocabulario algo diferente, para reforzar la idea; y no se ha encontrado ninguna analogía en la que la expresión «basada en la fe» se refiera a la actividad de Cristo, en lugar de la nuestra. (b) En la presente frase, el énfasis de Pablo está entre «mi propia justicia» y lo que es «por medio de la fe», y según esto tiene más sentido que se refiera a la fe de Pablo y no a la fiel obediencia de Cristo. (c) En lo que va de carta, Pablo ha expresado su preocupación por la «fe» de los filipenses en medio del sufrimiento. No solo ha creído en Cristo, sino que ha recibido el don de «sufrir por Él» (1:29), y su sufrimiento, metáfora del sacrificio, es el resultado de su «fe» (2:17). Dado que el presente pasaje refleja un contexto similar (vv. 10-11), parece probable que la «fe» que lleva a la justicia también lleva a «la participación en los sufrimientos de Cristo», que encontramos en la siguiente proposición."[450]

No es necesario añadir más argumentos a esta interpretación del genitivo en este lugar de la carta a los Filipenses. Pienso que lo dicho es suficiente. Debe, además, estar bastante claro que el testimonio amplio del uso de esta expresión en Pablo apunta principalmente a la fe de

---

[448] "En griego, ἐπὶ τῇ πίστει; el artículo es anafórico, haciendo referencia a la fe de Pablo, que aparece en la proposición anterior; en contra, Martin y O'Brien, quienes creen que se refiere a nuestra respuesta humana ante la «fidelidad» de Cristo que aparece en la expresión anterior. Me pregunto cómo podrían haber captado los filipenses un cambio de objetivo y sujeto tan radical en una preposición que claramente parece estar diseñada para repetir la primera para lograr el énfasis." —Nota al pie del autor.

[449] "Es decir, Pablo puede hablar de «fe» sin un complemento cuando quiere (cf. Ro. 3:30-31); pero parece muy improbable que utilizara esta palabra para hablar de la actividad de Cristo sin el genitivo de complemento." —Nota al pie del autor.

[450] Gordon D. Fee, *Comentario de la Epístola a los Filipenses*, pp. 413-14.

nuestra parte, como una actividad subjetiva cuyo objeto es Dios o Cristo. Y aquí no es la excepción, una lectura que cuenta no solo con el apoyo del propio contexto de la carta, sino también de las analogías en Romanos, que son sumamente aclaratorias para entender aún mejor lo que Pablo quiso decir aquí.

Debo recordar al lector la importancia que la lectura "fe en" tiene a nivel no sólo exegético, sino también teológico. Debemos recordar que es la «fe» en el contexto de la doctrina de la justificación —la justificación por la fe— y la redención de lo que estamos hablando, de manera que no se trata de un asunto de segundo orden; no es una cuestión que carezca de importancia para los efectos que puedan surgir de su conclusión. Es un asunto de primera importancia.

Aunque todo este fue un capítulo aparte del anterior (allí tratamos con la «fe» como el medio de la justificación) la discusión aquí presentada tiene importantes consecuencias respecto de todo lo que podamos decir acerca de ese medio. Si todo o gran parte de lo que se ha dicho en este presente capítulo es incorrecto, se sigue que también lo es una buena medida de lo que se dijo en el capítulo anterior. Pero si es correcto —y no me cabe duda de que es correcto— entonces se refuerza todavía más lo que ya se dijo allí. Debe, por tanto, tenerse este capítulo como un apéndice necesario del anterior, que en lugar de distanciarse del tema central de este libro, lo profundiza y complementa todavía más. Esta profundización al tema de la fe en el contexto de la justificación, resultará también evidente al lector perspicaz, por las continuas referencias al significado de los textos implicados (con sus respectivos análisis exegéticos) que suman significación a nuestro tema de fondo de esta segunda parte del libro.

Capítulo Quinto

LA FUENTE DE LA JUSTIFICACIÓN

"... siendo justificados por su gracia, sin merecimiento alguno..."
(Romanos 3:24, BTX3)

Si la base o fundamento de nuestra justificación es la justicia de Dios en Cristo; y su medio, la fe con la que recibimos la justicia y la justificación, ¿cuál es entonces su fuente? O, para expresarlo de otro modo —que aunque diferente no está en lo absoluto ajeno a la pregunta anterior—, ¿qué es lo que hace posible que Dios quiera justificarnos? Nótese que la pregunta aquí no es ¿qué hace posible que Dios nos justifique? (eso ya fue abordado en el capítulo segundo anterior), sino más bien ¿qué es lo que mueve el deseo de Dios de regalarnos justicia inmerecida? Nuestra respuesta categórica: La gracia de Dios, libre y soberana. Esta es, como dijo Berkhof, "la prolífica fuente de todas las bendiciones espirituales y eternas."[451]

¿Pero qué cosa es esta «gracia» por la que somos justificados? Muy a menudo escuchamos a los hermanos en las congregaciones hablar de la «gracia» de Dios por la cual hicieron tal o cual cosa. Y todos los creyentes —algunos en una mejor medida que otros— consienten en el hecho de que todo lo que tienen en Cristo, lo tienen sólo por «gracia». Esto, desde luego, incluye también —y principalmente— toda nuestra salvación. Casi en todas las iglesias locales se canta en cada reunión al menos una alabanza en donde se habla de la «gracia», la gracia de Dios. Y en estos tiempos, al menos aquí en Sudamérica, se ha hecho una verdadera moda hablar de "las doctrinas de la gracia", como si de un redescubrimiento se tratase, tanto así que su contenido se tiene por tan alta estima que hablar de ello es casi el más grande de los temas bíblicos por haber.

¡Todos hablan de las doctrinas de la gracia! ¡Todos quieren y creen que tienen algo que decir acerca de la gracia! Pero, ¿entendemos en realidad, en todas sus aristas, qué es esta gracia? O, más precisamente y

---

[451] Louis Berkhof, *Teología sistemática*, p. 508.

para ya entrar en materia: ¿qué se quiere significar con esto de que la gracia de Dios es la fuente desde la cual mana la justificación del hombre? Sólo una cosa: que la causa impulsora, el motor que movió todo el despliegue divino con el objeto de salvar al hombre de su condición caída; de absolverlo de su pecado y condenación, no se encuentra en el propio hombre ni en ningún otro lugar fuera de Dios mismo; no tiene su asiento en el deseo humano, ni su origen en algún derecho inalienable del que este goce, sino que tiene su dominio en la libre y gratuita iniciativa de Dios. Como dijo Arthur W. Pink: "la primera causa impulsora, que inclinó a Dios a mostrar misericordia a Su pueblo en su condición arruinada y perdida, fue Su propia maravillosa gracia —no pedida, no influida e inmerecida por nosotros."[452]

La gracia[453], además de ser un atributo divino, es el favor inmerecido y deliberado de Dios, que encuentra su primera expresión en su deseo benevolente de darse a sí mismo para bien de sus criaturas finitas y racionales, no por causa de alguna virtud personal de los objetos de su bondad, sino por la misericordia y amor con que contempla a sus criaturas. La gracia es, por tanto, la gratuidad de todo lo que Dios da, esto es, lo que entrega sin costo para el hombre y sin reparo de su trabajo; es la dádiva otorgada al ser humano, únicamente sobre la base de su propia bondad (de Dios) e independiente de toda fuerza externa que la impulse o constriña. La gracia de Dios, en especial en este contexto soteriológico que nos ocupa, es su determinación de hacer bien a aquellos que no lo merecen ni lo han ganado por sus propios esfuerzos; es la libre y gratuita intervención de Dios, cuyo costo es asumido por Él mismo en atención de su propósito soberano con respecto al designio de su voluntad. Como bien lo expresó John Stott, "La gracia es Dios amando, Dios inclinándose hacia abajo, Dios acudiendo a rescatar, Dios

---

[452] Arthur W. Pink, *La Doctrina De La Justificación*, p. 63.
[453] Para un estudio en español más o menos acabado acerca de la gracia, véase en Charles C. Ryrie, *La Gracia de Dios* (Grand Rapids, Michigan: Portavoz, 2011). Para un análisis de su significado según su uso en el AT y en el NT, además de un estudio a partir de las terminologías hebreas y griegas, véanse esp. las pp. 7-59. Para una significación amplia de los términos griegos χάρις (*járis*) y χάρισμα (*jarisma*), véase en Horst Balz y Gerhard Schneider (eds.), *Diccionario Exegético del Nuevo Testamento* (Salamanca: Sígueme, 1998), pp. 2052-65. Otro estudio igualmente serio sobre las terminologías, tanto en el judaísmo como en el griego (tanto secular como en LXX y en el NT), puede encontrarse en Gerhard Kittel y Gerhard Friedrich (eds.), *Compendio del Diccionario Teológico del Nuevo Testamento* (Grand Rapids, Michigan: Libros Desafío, 2003), pp. 1286-91.

entregándose generosamente en y por medio de Jesucristo."[454] De una manera semejante, S. Pérez Millos dice: "Se ha procurado dar varias acepciones al término, pero, tal vez, la más gráfica sea definir la gracia como el *amor en descenso*."[455]

Y decimos que la fuente y causa eficiente de la justificación es la gracia salvífica de Dios, porque sin ella el costo de nuestra redención y justificación sería tan alto (*cf.* Sal 49:8) que no tendríamos forma alguna de librarnos del castigo que su justicia requiere. Así como en todos los demás "estados de la gracia"[456], la justificación sólo es posible en la medida que Dios quiera justificar, *i.e.* no como una respuesta a alguna labor humana o como el resultado bien ganado de alguna obra de justicia de parte del hombre, sino sólo porque Él quiso hacerlo y dispuso de todos los recursos necesarios para llevarlo a cabo. La razón de ello: su fidelidad a su promesa de bendecir en Cristo a todas las familias de la tierra; y esta promesa, que no quede duda, encuentra también su fuente en la misma gracia (Dios quiso prometer y bendecir). En palabras más sencillas, nada le debe Dios al hombre, todo es por gracia. "El evangelio es un sistema de gracia" (Ch. Hodge).

> *"quien nos salvó y llamó con llamamiento santo, no conforme a nuestras obras, sino según el propósito suyo y la gracia que nos fue dada en Cristo Jesús antes de los tiempos de los siglos,"* (2Timoteo 1:9)

> *"Pero cuando se manifestó la bondad de Dios nuestro Salvador, y su amor para con los hombres, nos salvó, no por obras de justicia que nosotros hubiéramos hecho, sino por su misericordia, por el lavamiento de la regeneración y por la renovación en el Espíritu Santo, el cual derramó en nosotros abundantemente por Jesucristo nuestro Salvador, para que justificados por su gracia, viniésemos a ser herederos conforme a la esperanza de la vida eterna."* (Tito 3:4-7)

---

[454] John Stott, *El mensaje de Romanos*, p. 119.
[455] Samuel Pérez millos, *Romanos*, p. 303.
[456] Regeneración, adopción, santificación y glorificación. También la redención y la reconciliación.

Sola Gratia

Lo anterior nos lleva a una expresión favorita de los reformadores. Anteriormente vimos que uno de los grandes lemas de la reforma protestante fue esa expresión de tan sólo dos palabras, cargada de significado y doctrina: *sola fide* —sólo la fe. Una expresión similar, y que es también un importante lema de la reforma, es este que ahora nos ocupa: *sola gratia* —por la sola gracia. Esto significa que ninguna mediación de la Iglesia, por sus autoridades eclesiales —ni aun por la intercesión de los santos canonizados por la iglesia de Roma— puede mover a Dios a misericordia. Ninguna obra humana, ningún sacramento o penitencia, puede lograr la salvación y la justificación. Sólo la gracia de Dios, libre y soberana, es suficiente para colocar al hombre en una correcta posición legal ante Dios (justificación). Sólo por su gracia es que los hombres son apartados y limpiados de toda maldad (santificación); y es únicamente por esa gracia toda soberana que ellos nacen a una nueva condición de vida, por el poder del Espíritu de Dios que opera indefectiblemente en sus corazones recalcitrantes (regeneración). Es sólo por gracia que Dios, en Cristo Jesús, nos redime de Satanás y del pecado; de la muerte y de la Ley. Es, por supuesto que sí, "según las riquezas de su gracia" que tenemos, por Cristo, la redención y el perdón de pecados (Ef 1:7).

Ningún estado soteriológico ("estados de la gracia"), y ninguna de las bendiciones de que gozan los creyentes en Cristo, serían posibles si Dios no hubiese tenido de nosotros misericordia, si su gracia especial y salvífica no nos hubiera alcanzado. "Porque por gracia sois salvos por medio de la fe; y esto no de vosotros, pues es don de Dios; no por obras, para que nadie se gloríe" (Efesios 2:8-9). La dádiva de Dios que es en Cristo Jesús Señor nuestro, la vida eterna allí regalada (Ro 6:23), no es sino la realización de la gracia de Dios; que Él nos concede por su Hijo aun a pesar de nosotros mismos. Y si vamos más atrás, hacia la eternidad pasada, vemos que la predestinación divina que nos otorga la adopción "por medio de Jesucristo", responde al designio de Dios que es "según el puro afecto de su voluntad, para alabanza de la gloria de su gracia" (Ef 1:5-6). La gracia está presente en todas las esferas de nuestra redención.

Pensemos por un momento en todo esto. Cuando David escribe los siguientes versos:

Segunda Parte. La Doctrina de la Justificación
Capítulo Quinto: La Fuente de la Justificación

"Cuando veo tus cielos, obra de tus dedos,
La luna y las estrellas que tú formaste,
Digo: ¿Qué es el hombre, para que tengas de él memoria,
Y el hijo del hombre, para que lo visites?
Le has hecho poco menor que los ángeles,
Y lo coronaste de gloria y de honra.
Le hiciste señorear sobre las obras de tus manos;
Todo lo pusiste debajo de sus pies:
Ovejas y bueyes, todo ello,
Y asimismo las bestias del campo,
Las aves de los cielos y los peces del mar;
Todo cuanto pasa por los senderos del mar.
¡Oh Jehová, Señor nuestro,
Cuán grande es tu nombre en toda la tierra!" (Salmo 8:3-9)

No está solo asombrándose de la grandeza de Dios por la obra de sus manos, está en realidad fascinado por el hecho de que este Dios poderoso y creador de todo lo que existe —incluidos los fabulosos astros centelleantes (v. 3)—, ha tenido a bien mirar a los hombres con especial cuidado y consideración; ha sido condescendiente con nosotros en su trato providencial y nos ha hecho objeto de sus favores inmerecidos. Y aún además de eso, dio al hombre el dominio sobre las obras de sus manos. Pregunta entonces el salmista, en tono de evidente asombro: *"¿Qué es el hombre, para que en él pienses? ¿Qué es el ser humano, para que lo tomes en cuenta?"* (NVI 1999; cf. *"para que lo consideres"*, BTX3), en donde el paralelismo "hombre... hijo del hombre" (RV60) sólo viene a reiterar la misma idea central: Dios ha tenido a bien mirarnos y tenernos por especial objeto de su gracia. No nos quede la menor duda que si en una palabra debe haber pensado David al contemplar la grandeza de Dios en toda su creación, y luego recordar lo insignificante que es el hombre en tanto criatura finita, dependiente y limitada, esta palabra debe haber sido algo lo más cercano a esto: GRACIA, INMERECIDA Y BENDITA GRACIA.

Ahora bien, si esto lo extrapolamos a nuestra humana condición caída, y luego miramos al Señor de la Gloria colgado en el madero de esa cruz, cargando nuestros pecados y sufriendo el castigo de nuestra paz, luego similar asombro debiera sobrecogernos, y una sola pregunta nosotros hacernos: ¿Qué es el hombre, para que en él pienses? ¿Qué es el ser humano, para que lo tomes en cuenta? La única respuesta esperada, que nos viene desde el cielo por revelación, que recorre toda la historia humana (aún desde la eternidad pasada) es: TODO ELLO ES POR LA GRACIA DE DIOS, LIBRE Y SOBERANA GRACIA.

Bien lo dijo Horacio A. Alonso: "Una medida de la gracia la da la profundidad del pecado. Si quisiéramos medir la gracia, haría falta medir el pecado. Pero la gran medida de la gracia se advierte en lo que Dios da. ¿Qué es lo que Dios da? Dios ha dado a su propio Hijo, y en este don, en esta dación, en este hecho de dar, Dios ha incluido todo, toda bendición. «El que aun a su propio Hijo no escatimó, ¿cómo no nos dará también con Él todas las cosas?» La gracia se aprecia supremamente en la manera en que Dios dio a su Hijo; la verdadera grandeza de la gracia de Dios sólo puede verse en la cruz."[457]

Sin duda, los padecimientos de la muerte de Jesús tienen en Dios un propósito de gracia claro: "para que por la gracia de Dios gustase la muerte por todos" (Hebreos 2:9).

Sola gratia —por la sola gracia— debe ser para nosotros, así como fue para los reformadores (y también para todos aquellos que comprendieron cuál es la razón del actuar de Dios en beneficio de los hombres), una expresión no sólo favorita en nuestra manera de referirnos a la obra de Dios por nosotros sus escogidos, sino también una frase cargada de su pleno significado, de manera que cuando pensemos acerca de nuestro lugar en Cristo, a una sola voz digamos agradecidos: por su sola gracia; libre y soberana gracia. Y como en la última estrofa del poema de Horatius Bonar, con el cual comienzo este libro, debemos nosotros también recitar:

> *Alabo al Dios de la gracia; Confío en su verdad y poder*
> *Él me llama suyo, yo le llamo mío, mi Dios, mi gozo y luz*
> *Aquel que quien me salvó y libremente perdón da*
> *Le amo porque Él me amó y vivo porque Él vive.*

---

[457] Horacio A. Alonso, *La Doctrina Bíblica sobre la Cruz de Cristo* (Barcelona: CLIE, 1990), pp. 317-18.

SEGUNDA PARTE. LA DOCTRINA DE LA JUSTIFICACIÓN
CAPÍTULO QUINTO: LA FUENTE DE LA JUSTIFICACIÓN

UN RECORRIDO EN TORNO A LA GRACIA

Desde los albores de la historia del hombre, la gracia de Dios ha estado presente en cada aspecto y faceta de nuestra existencia, y ha sido la razón por la que Dios, en virtud de su propósito, misericordia y benevolencia para con sus criaturas racionales, ha tenido a bien bendecirnos.

Pero esta gracia no sólo se ha visto manifestada en la forma de la redención, que es por cierto la más sublime y magnánima expresión de la gracia divina, sino además mediante el trato providencial con que Dios ha también suplido las necesidades físicas de las gentes del mundo; sin que ello entrañe la remisión del pecado o la vida eterna, sino únicamente esos aspectos del favor divino para con sus criaturas, que son ilimitados en cuando al alcance de su benevolencia (no distingue entre creyentes e incrédulos), pero limitados en cuanto a que sólo comprenden las cosas terrenas (incorpora los dones y bendiciones que no forman parte de la salvación). Esta es la gracia de Dios a la que alude Jesús en el sermón del monte, cuando exhorta diciendo: "Amad a vuestros enemigos, bendecid a los que os maldicen, haced bien a los que os aborrecen, y orad por los que os ultrajan y os persiguen; para que seáis hijos de vuestro Padre que está en los cielos, *que hace salir su sol sobre malos y buenos, y que hace llover sobre justos e injustos*" (Mateo 5:44-45).

En Listra, Bernabé y Pablo amonestan a los ciudadanos locales por su idolatría, diciéndoles: "En las edades pasadas él [Dios] ha dejado a todas las gentes andar en sus propios caminos; si bien no se dejó a sí mismo sin testimonio, *haciendo bien, dándonos lluvias del cielo y tiempos fructíferos, llenando de sustento y de alegría nuestros corazones*" (Hechos 14:16-17). También el salmista declara que: "*Bueno es Jehová para con todos, Y sus misericordias sobre todas sus obras.* [...] *Los ojos de todos esperan en ti, Y tú les das su comida a su tiempo. Abres tu mano, Y colmas de bendición a todo ser viviente.*" (Salmo 145:9, 15-16).

Ahora bien, en lo que respecta a la esfera más trascendental de nuestra existencia, y que dice relación con la gracia redentora o salvífica de Dios (también llamada «particular» o «especial»), basta con ir al principio de la narrativa humana, a la de nuestros ancestros bíblicos, para comprender cómo es que esta gracia ha sido la causa impulsora de todo aquello de lo que gozan los que han recibido salvación.

Esto lo comenzamos a ver a partir del propio relato de la caída, en Génesis 3, en donde la gracia de Dios se muestra por su iniciativa salvífica. Luego de haber desobedecido al mandamiento de Dios, no hubo una sola intensión de parte de Adán —o de Eva— en acercársele en busca de refugio. En lugar de ello, intentaron por sus propios métodos salir al paso de su situación (se cocieron hojas de higuera y se hicieron delantales, Gn 3:7). La primera reacción de la pareja caída, cuando oyó a Dios que se paseaba por el huerto, no fue clamar su ayuda, ¡no fue salir dando alaridos de socorro! ¡Fue esconderse! (Gn 3:8). Asimilemos esto, por favor: No fue el hombre quien buscó a Dios, fue Él quien dio ese primer paso. ¡Fue Dios quien tomó la iniciativa en la reconciliación con el hombre! El Señor, por su gracia y misericordia, se aproximó al hombre y le preguntó: ¿Dónde estás tú? (Gn 3:9). Y esa pregunta continúa Dios haciéndola hoy a los hombres de este mundo.[458]

Desde el Génesis ya vemos que Dios es el que toma la delantera y acerca sus pasos a la reconciliación de los hombres con Él. La promesa mesiánica de Génesis 3:15 es la gran prueba de este favor inmerecido. Dios, no estando constreñido a proveer un medio de salvación (el medio único de salvación), anunció al hombre su voluntad de enviar un salvador al mundo que aplastaría la cabeza de la serpiente y restauraría todas las cosas en Él. Cierto es que, en todo lo que se refiere a nuestra salvación, Dios es quien toma siempre la iniciativa.

Nótese el v. 21 de este mismo capítulo:

"Y Jehová Dios hizo al hombre y a su mujer túnicas de pieles y los vistió."

¿Por qué Dios se habría molestado en proveer de vestimenta a Adán y a Eva, si ellos ya estaban vestidos (se habían hecho delantales)?

El acto mismo de entretejer unas cuantas hojas de higuera y hacerse estas especies de fajas o cinturones (LXX), no debe verse únicamente como un intento de ellos de tapar su desnudez, en el sentido más natural de vestirse. Debe entenderse también como una tentativa desesperada,

---

[458] Nótese el sentido de la pregunta, que no intenta inquirir en la ubicación física de Adán en ese momento, sino en su condición espiritual. Esto hace que la pregunta sea especialmente importante para cada hombre y mujer que respira en este mundo, pues que en Adán todos están tan distanciados de Dios como aquella primera pareja humana.

Segunda Parte. La Doctrina de la Justificación
Capítulo Quinto: La Fuente de la Justificación

como un intento humano de ocultar su pecado de los ojos de Dios, como una manera de reparar el daño o de eliminar la culpa, por así decirlo. La vergüenza y el remordimiento tienen que haberles hecho ver una barrera entre ellos mismos y, principalmente, entre ellos y Dios. De hecho, no hay lugar a dudas de que fue la primera vez en sus vidas que experimentaban la *separatidad* (o "estado de separación", ocupando la terminología de E. Fromm), por lo que, sumado a la desnudez física, se añadía ahora esta suerte de *desnudez espiritual*, de brusca separación; un abismo infranqueable entre ellos y Dios. Es por esa razón que se cubrieron. "Esto bastará para calmar nuestras conciencias cargadas de culpa", deben haber pensado. Ellos sabían que algo no iba bien, eran conscientes de su pecado de desobediencia; sintieron la culpa por aquello y no vacilaron en reaccionar, aunque equivocadamente. No obstante, por la misma insuficiencia de esta acción, aquello no pudo reparar el vacío y la tremenda distancia que ahora experimentaban. Por eso es que, en cuanto oyeron la voz de Dios que se paseaba por el huerto, se escondieron. Ciertamente, ningún esfuerzo humano es suficiente para eliminar el pecado del hombre, ningún arrojo humano puede cubrir la iniquidad de la vista de Dios. Por ello que aquí es Dios quien toma la iniciativa y les viste, una acción de abundante gracia que muestra a Dios sosteniendo las riendas y asegurando la expiación del pecado.

Dios les vistió con túnicas de pieles, ello supone que tuvo que ser sacrificado un animal para este fin. Pero Dios hizo esto *ex professo*, *i.e.* con una intención clara y precisa, destinada a servir como señal de algo más grande, pero que permanecería como un misterio para ser revelado cuando se cumpliera el tiempo de la redención, por medio de Jesús. Esta operación divina, que muchas veces pasa tan inadvertida para cuando algunos leen estos pasajes, es sin duda un destello de luz, quizás un destello muy tenue o sutil, pero que con toda seguridad marcará el principio de lo que en un futuro vendría, por medio de Jesucristo, a convertirse en una luz de impresionante revelación.

Lo que Dios hizo entonces al vestirles, fue anunciar que Él traería la salvación, que sólo Él tenía el modo de cubrir el pecado del hombre.

> "Fundamental para el evangelio de la salvación es la verdad de que la iniciativa salvadora pertenece a Dios el Padre de principio a fin. Ninguna

formulación del evangelio es bíblica si anula la iniciativa de Dios y la atribuye ya sea a nosotros mismos o incluso a Cristo. Por cierto que nosotros no tomamos la iniciativa, porque éramos pecadores, culpables, impotentes; estábamos condenados y carecíamos de esperanza. La iniciativa tampoco fue de Jesucristo en el sentido de que él hubiese hecho algo que el Padre no quería hacer. Por cierto que Cristo vino en forma voluntaria y se entregó libremente. Con todo, lo hizo en sumisa respuesta a la iniciativa del Padre. ´Aquí me tienes... He venido, oh Dios, a hacer tu voluntad`. De modo que el primer paso fue dado por Dios el Padre, y nuestra justificación es ´por su gracia... gratuitamente` (*dórean*, ´como un don`, RSV, ´a modo de don, gratuitamente`)."[459]

No existe razón alguna para que el hombre piense en su salvación como si de un acto de mera ayuda se tratase, o como si Dios es el que salva únicamente porque el hombre no puede hacerlo por sí mismo. Aunque es cierto que el hombre no puede salvarse por su propia cuenta, la razón de que Dios le salve va más allá de la propia incapacidad inherente del hombre por hacerlo. Dios salva porque se le place salvar, no como un mero ayudador que va en rescate de quien pide socorro, sino como el Dios misericordioso que es; que teniendo el poder y el derecho de juzgar con justicia al hombre, prefirió apiadarse del él y condenar en Su Hijo el pecado. La escena del hombre que está accidentalmente atrapado —como una simple víctima de las circunstancias— y que pide ayuda para que lo liberen, está muy alejada de la perspectiva bíblica. La Biblia, muy por el contrario de eso, nos muestra al hombre natural como un verdadero enemigo de Dios, que se goza en su pecado y se deleita en su concupiscencia; que ama la iniquidad y aborrece a Dios (*cf.* Ro 3:10-18). En consecuencia con esto, no debiera ser difícil para nosotros, los que hemos sido llamados al encuentro espiritual con Cristo, reconocer que es sólo por la gracia de Dios que hoy tenemos salvación, reconciliación y justificación.

Debemos insistir en esto. En lo que respecta a nuestra reconciliación con el Padre, no existe tan sólo un versículo en las Escrituras que diga que es Dios quien debe reconciliarse con los hombres. Lo contrario es precisamente lo correcto. Es el hombre quien debe reconciliarse con Dios, ya que este es quien ha ofendido a Dios, es este quien durante toda

---

[459] John Stott, *El mensaje de Romanos*, p. 119.

su existencia ha vivido en verdadera oposición a Él, a sus leyes y a su voluntad preceptiva, abriendo una brecha personal que le mantiene distanciado y hostil a su Persona.[460] Pero es igualmente cierto e importante mencionar que, con todo, fue Dios, la parte ofendida, quien tomó la iniciativa en todo esto; es de Dios de quien se dice que *"estaba en Cristo reconciliando consigo al mundo"* (2Co 5:19). Pablo no dice que Dios se reconcilió con el hombre, sino que Dios hizo algo con el objeto de que fuera el hombre quien se reconciliara con Dios. Y es que toda la obra de salvación es completamente de Dios.

Dios es quien, como ya hemos dicho, decidió llevar a cabo la salvación del hombre. Dios es quien, desde antes de la fundación del mundo, dispuso a su propio Hijo en sacrificio por todos nosotros (1Pe 1:19-20). Ya vimos en Génesis 3:21 que fue Dios quien proveyó de vestido a nuestros padres Adán y Eva, dando con ello a entender que el único que podía y haría posible la salvación, redención y reconciliación del hombre, era Él mismo. De manera análoga, Dios es quien ordenó al pueblo de Israel los sacrificios expiatorios estipulados en la Ley de Moisés; instruyéndoles, por este medio, respecto de la manera correcta como ellos podían restaurar su relación de pacto con Dios cuando hallaran que habían pecado contra Él. "La libre elección divina de Abraham, Isaac y Jacob (Israel); la revelación a Moisés desde la zarza ardiendo, después en el Sinaí, etc.; la misión de los profetas, la restauración después de la cautividad; todo ello", dice correctamente Lacueva, "es manifestación del favor, de la misericordia y de la buena voluntad de Dios para con Su pueblo."[461] Dios mismo es el autor de la redención del hombre. Él es quien sostiene al redimido con su gracia y su misericordia, quien le preserva y sustenta, quien le hace estar firme y sin caída hasta el final (Jud 1:24, *cf.* 1Pe 1:4-5). Como David, y como esa gran muchedumbre redimida en Apocalipsis 7:10, podemos nosotros decir confiados: *"la*

---

[460] Es precisamente por el hecho de que la hostilidad es de parte de los hombres y no de Dios, que el apóstol Pablo nunca utilizó el verbo *diallásso* (ver Mt 5:24) cuando trató el tema de la ira de Dios y la reconciliación de los hombres con Él, ya que este verbo, que bien puede traducirse como "reconciliar", se aplica más bien al mutuo acuerdo al que llegan dos personas luego de un tiempo de mutua hostilidad. En cambio, Los verbos que se leen en los pasajes que tratan la reconciliación soteriológica son: *katallásso*, como en Ro 5:10-11 y 2Co 5:20; y *apokatallásso* (más intenso que *katallásso* al tratarse de una reconciliación completa y en la que no quedan impedimentos para la paz), como en Ef. 2:16 y Col 1:20-21; y también el sustantivo *katallagé* (Ro 11:15; 2Co 5:18-19).
[461] Francisco Lacueva, *Doctrinas de la Gracia* (Barcelona: CLIE, 1975), p. 38.

salvación es de Jehová" (Sal 3:8; *cf* Jon 2:9). Y si la salvación es de Jehová, entonces no podemos estar más de acuerdo con Pablo cuando cierra el tema de los capítulos 9 al 11 de Romanos, diciendo: "Porque de él, y por él, y para él, son todas las cosas. A él sea la gloria por los siglos. Amén." (Ro 11:36).

Al decir que todas las cosas son de Él, por Él y para Él, Pablo está reconociendo que Dios es quien, en todo lo relativo a su programa salvífico, ha sido la causa, el medio y el fin. De otro modo: si queremos encontrar la fuente de la cual dimana nuestra salvación, miremos al Señor; si queremos conocer al responsable de que hoy seamos salvos, miremos pues al Señor. Por último, si lo que queremos es entender el fin último, la razón del porqué este Señor nos salvó, nuevamente, mirémoslo a Él. La alabanza espontánea con que finaliza Pablo, es también nuestra expresión al comprender toda esta obra divina de redención: "A Él sea la gloria por los siglos. Amén."

El don de la justicia y la gracia de la justificación

Recapitulando lo que ya he dicho acerca de la gracia de Dios, en tanto fuente de nuestra justificación y razón del proceder benevolente de Dios para con nosotros, debemos tener en cuenta que no es verdaderamente posible separar la gracia del don que la acompaña. Esto significa que cuando decimos que la fuente de la cual dimana nuestra justificación es la gracia de Dios, lo que significamos también con ello es que la propia justicia por la cual somos justificados es en sí misma un don de gracia. A esto hace referencia el apóstol Pablo cuando dice:

> *"Pues si por la transgresión de uno solo reinó la muerte, mucho más reinarán en vida por uno solo, Jesucristo, los que reciben la abundancia de la gracia y del don de la justicia."* (Romanos 5:17)

Parece ser también que este es el don al que hace reiterada alusión el apóstol en esta porción de la epístola (cuatro veces en los vv. 15 y 16), lo cual es evidente por el constante intercambio entre los términos «justificación» (vv. 16, 18); «justicia» (vv. 17, 18, 21) y «justos» (v. 19), que vienen a darle significado al «don de Dios» del que habla Pablo en el v. 15.

La justicia que recibimos es un don de gracia, precisamente por el hecho de que no se trata de un estatus que el hombre posee por sí mismo o en virtud de sus propias fuerzas y méritos. Esta justicia, como ya vimos antes, es sumamente necesaria dado el estado de condenación en que se encuentra el hombre a causa de sus transgresiones. Si ha de ser absuelto delante de Dios y declarado justo, es necesario que se presente como tal frente a su tribunal. No puede ser de otra manera. Si Dios declara justo al pecador, necesariamente debe ser sobre la base de una justicia real, demostrada; no ficticia, sino auténtica. Ya expliqué también que este estatus de «justo» que se nos confiere no es un estatus que se tiene sólo una vez que Dios hubo fallado a nuestro favor, sino más bien una condición forense con la cual nos paramos ante Él. Dios nos declara justos porque somos justos ante Él, una declaración hecha sobre un fundamento previo, a saber: la justicia con la que nos presentamos delante de su trono de juicio. No somos justos simplemente porque salimos con un fallo divino a nuestro favor, somos justos en el mismo instante en que nos paramos ante el santo tribunal de Dios para oír su veredicto.

Pero esta justicia no es nuestra, *i.e.* no es inherente a nuestra naturaleza. Tampoco la recibimos como un premio al esfuerzo o a la perseverancia en el bien obrar. Se trata más bien de una justicia ajena, que viene desde fuera de nosotros, que nos es imputada sólo por la fe, por la graciosa y misericordiosa obra de Dios en Cristo Jesús. "La justicia de Dios tiene su origen en su acción graciosa realizada en Cristo", esta justicia por la cual somos justificados, "tiene su fundamento único en la χάρις [gracia] de Dios; es la justificación regalada, dada por Dios."[462]

Como ya dije antes al hablar acerca del fundamento de nuestra justificación, la justicia por la cual es justificado el hombre es una justicia externa a él mismo, una *iustitia aliena*, no inherente a él sino foránea, y por ende una justicia imputada —o cargada a su cuenta, si se quiere. Dios es el único que puede constituir justo al que declara justo (Ro 5:19, *cf.* "Dios es el que justifica" Ro 8:33); en otras palabras, Dios puede poner al pecador creyente en una nueva posición legal ante Él, concediéndole u

---

[462] Rudolf Bultmann, *Teología del Nuevo Testamento*, pp. 340 y 341, respectivamente.

otorgándole "el don de la justicia" (Ro 5:17), y de ese modo puede ahora declararle justo.

Que el estar justificados sea un estado de la gracia, es pues evidente por las propias afirmaciones de Pablo un poco antes de los versículos ya citados: "Justificados, pues, por la fe, tenemos paz para con Dios por medio de nuestro Señor Jesucristo; por quien también tenemos entrada por la fe a esta gracia en la cual estamos firmes" (Ro 5:1-2). "Esta gracia en la cual estamos firmes" podría ser un caso del uso de la anáfora en alusión al acto de haber sido justificados, o bien al estado presente —o actual— de estar teniendo paz para con Dios.[463] En cualquier caso, la gracia en la cual estamos firmes es la dádiva otorgada por Dios a los creyentes por medio de Jesús, y que comprende todas las bendiciones soteriológicas, incluidas la justificación y la reconciliación.

Ahora bien, la paz que resulta de este haber sido justificados, es la paz respecto de la ira de Dios que ha de ser derramada en el juicio final sobre los incrédulos. Según leemos en el versículo 9 —"Pues mucho más, estando ya justificados en su sangre, por él seremos salvos de la ira"—, la "paz para con Dios" del versículo 1 es la antítesis de esa ira; es la reconciliación del hombre con Dios en contraste con la condición anterior de «enemigos de Dios» (v. 10). Para Pablo, el haber sido "declarados justos" tiene como consecuencia no solamente el que ya no hay condenación, sino tampoco motivos para estar en enemistad con Dios; ahora tenemos paz para con él y firmeza en esta gracia que Jesús nos ha hecho posible por su redención.

La Gracia Eficaz

En lo que concierne a los escogidos del Padre —esto es, a aquellos a quienes Dios ha señalado en la eternidad, por su soberana complacencia y por ningún mérito previsto en los hombres, para hacerlos recipientes

---

[463] Aunque es difícil determinar con absoluta precisión si es el modo subjuntivo o el indicativo la variante textual original (ἔχωμεν, "tengamos"; ἔχομεν, "tenemos", respectivamente), hay buenas razones contextuales para concluir que el modo indicativo es el preferible, aun a pesar de que es la variante que cuenta con menos evidencia manuscrita. Véase un comentario más técnico, pero breve, en Bruce M. Metzger, *Un Comentario Textual al Nuevo Testamento Griego* (Brasil: SBU, 2006), p. 448; y también en Murray, *Romanos*, p. 185.

SEGUNDA PARTE. LA DOCTRINA DE LA JUSTIFICACIÓN
CAPÍTULO QUINTO: LA FUENTE DE LA JUSTIFICACIÓN

de su gracia especial y salvífica— hay por supuesto tales operaciones de Dios, que son llevadas a cabo de manera indefectible por su Espíritu sobre los objetos de su misericordia, a fin de que los tales reciban voluntaria y conscientemente la salvación alcanzada por Cristo. Estas operaciones a menudo convergen juntas bajo el nombre más conocido de «gracia irresistible». Este, desde luego, es terreno propio de la teología reformada y del *TULIP* reformado[464]. Y aunque no es materia del presente libro discutir las bases bíblicas y teológicas de esta doctrina acerca de la «gracia irresistible» —ni menos discurrir acerca del calvinismo y "los cinco puntos"—, me parece conveniente mencionarla y decir algunas cosas al respecto.

Vamos a profundizar un poco en este tema, pero antes de avanzar más, tenemos que dejar muy en clara una cuestión importante: La *gracia* de Dios en el contexto de la justificación y la *gracia* de Dios en el contexto de esta otra doctrina, no son una misma cosa. Más bien son dos asuntos distintos que conciernen a cuestiones distintas, y eso debemos entenderlo correctamente. Mientras que hablamos de la gracia en la justificación para referirnos únicamente a la causa (la "causa eficiente") por la que Dios quiso justificar al impío por medio del acontecimiento de Jesús; por otra parte, hablamos de la «gracia irresistible» para referirnos a la gracia de Dios en las operaciones que realiza, por su Espíritu Santo, para traer a sus escogidos al encuentro con Jesús. No obstante, aunque distintas en su definición, ambas cosas son aspectos que pertenecen —o forman parte— del dominio más grande comprendido por la «gracia especial» que Dios obra para con sus escogidos en el todo de la obra de salvación. Por lo tanto, aunque nos alejaremos un poco del tema principal de este libro —la Justificación por la fe—, vamos a detenernos por un momento en este otro aspecto de su gracia, dado el hecho de que lo que nos ocupa en el presente capítulo es por, sobre todo, la «gracia especial» de Dios.

---

[464] Por sus siglas en inglés: **T**otal Depravity (Depravación Total); **U**nconditional Election (Elección Incondicional); **L**imited Atonement (Expiación Limitada, o Particular); **I**rresistible Grace (Gracia Irresistible); y **P**erseverance of the Saints (Perseverancia de los Santos). También conocido este acróstico como: "Los Cinco Puntos del Calvinismo".

Para empezar, una definición

La doctrina de la «gracia irresistible» es a menudo mal entendida por algunos de sus detractores, quizá porque el nombre como tal no parece tener asidero con respecto a ciertas afirmaciones de la Biblia, en donde claramente vemos a grupos de hombres rechazando a Dios o, dicho de otra manera, "resistiéndose a la gracia de Dios", la misma que actúa como fuente causativa de toda las bondades y misericordias del Señor para con los hombres. Textos como Proverbios 1:24; Isaías 65:2 (*cf.* Romanos 10:21); Oseas 11:1-9; Mateo 23:37; Hechos 7:51; entre varios otros, parecen refutar la doctrina reformada de la «gracia irresistible», y ciertamente lo hacen, pero sólo si comprendemos medianamente esta doctrina.[465]

Precisamente como el nombre parece presentar ciertas objeciones en el propio texto bíblico, algunos estudiosos han preferido usar otro concepto análogo y que pudiera ayudarnos a comprender mejor y más plenamente toda esta idea contenida en la doctrina de la gracia irresistible. Se trata, pues, del concepto de «gracia eficaz». A este respecto, la doctrina tiene fuertes fundamentos bíblicos, como veremos a continuación.

¿En qué consiste esta gracia?

Es la gracia de Dios que obra activamente (siento el hombre en todo esto pasivo), por medio del Espíritu Santo, en los corazones y mentes de los que han de ser salvos. Es la gracia que ilumina las mentes entenebrecidas, guiando al entendimiento de la verdad cristiana; que compunge y abre los corazones recalcitrantes para recibir la palabra del Evangelio; que cambia las inclinaciones de la voluntad dominada por el pecado y las disposiciones del corazón; todo ello a fin de que los señalados a la vida eterna obedezcan a la verdad y puedan creer para salvación.

Esta gracia viene acompañada del llamado interno que realiza el Padre a sus escogidos, es el llamado que es por —o a través de— el evangelio (2Ts 2:13-14) y que siempre resulta infalible con respecto a los objetos de

---

[465] Una crítica más o menos reciente a la doctrina de la gracia irresistible, puede leerse en el extenso capítulo de Steve W. Lemke, para el libro *Todo aquel que en Él cree.* (Nashville, Tennessee: B&H Español, 2016), pp.135-202; publicado originalmente en 2010 con el título *Whosoever Will: A Biblical-Theological Critique of Five-Point Calvinism* (B&H Publishing Group).

su elección. A este llamado le conocemos mejor por el nombre de «llamamiento eficaz».

La gracia y el llamamiento eficaz

En pocas palabras, por «llamamiento eficaz» entendemos ese llamado santo (2Ti 1:9) que el Padre lleva a cabo, por medio de su Palabra y por su Espíritu, a sus escogidos de todo el mundo para que vengan al encuentro espiritual con Jesucristo (2Ts 2:13-14). Consiste en una obra de la gracia soberana y del poder de Dios operada por el Espíritu Santo, quien, como ya hemos señalado, ilumina espiritualmente las mentes de los escogidos con el conocimiento de Cristo a fin de que puedan estos entender las cosas de Dios (Hch 26:18; 1Co 2:10-12; Ef 1:17, 18) y, siendo persuadidos, abracen por la fe y de manera voluntaria la verdad del evangelio (Fil 2:13). Se trata de un llamado que, al descansar en su propósito eterno y soberano (Ro 8:28), siempre resultará en la conversión eficaz de aquellos a quienes el Padre llama (Ro 8:30). Dado que el resultado de ese llamado ya está garantizado por Dios, el llamamiento eficaz no es una invitación que el elegido puede aceptar o rechazar, sino más bien la realización en el tiempo de un designio Divino que tiene como fin traer hacia sí mismo a aquellos que han sido señalados para vida eterna, según el beneplácito y eterno consejo de Dios (*cf.* Jn 6:37).[466]

Como dice el profesor Sproul, "El llamamiento interno de Dios es tan poderoso y eficaz como su llamamiento para crear el mundo. Dios no invitó al mundo a que existiese. Mediante su divino mandato, clamó: "Sea la luz". Y hubo luz. No podía haber sido de otra manera. La luz *tenía que comenzar a brillar.*"[467]

El llamamiento del que estamos hablando es eficaz, porque la gracia que opera junto a él es irresistible —o eficaz, como ya hemos dicho—, además quien llama es Dios en soberanía y en conformidad con su propósito eterno. Como Erickson, creo que a este mismo respecto "la pregunta que hay que hacer es ¿alguien que ha sido elegido

---

[466] *Cf.* con la Confesión de fe de Westminster, Cap. X, I.
[467] R. C. Sproul, *Escogidos por Dios*. 2ª Edición (Faro de Gracia: Bogotá, 2009), p. 85.

específicamente es libre para rechazar la gracia de Dios?", y como él, "la posición tomada aquí no es que aquellos que son llamados *deban* responder, sino que Dios hace su oferta de forma tan atrayente que ellos *responderán* afirmativamente."[468]

Desde nuestra concepción reformada, la «gracia eficaz» es necesaria debido al estado de incapacidad espiritual del hombre natural por entender y anhelar, de su sola voluntad, la obra divina de la redención. El hombre no regenerado, en razón de su naturaleza corrupta por causa de la caída, es incapaz de obedecer a Dios y de agradarle (Ro 8:7-8); tampoco es capaz de percibir la revelación especial de Dios, porque le es locura y no posee la espiritualidad que aquello demanda para su comprensión (1 Co 2:14).

Este estado de corrupción podemos verlo también en la exhortación de Pablo a los hermanos de Éfeso, cuando les escribe diciendo: "Esto, pues, digo y requiero en el Señor: que ya no andéis como los otros gentiles, que andan en la vanidad de su mente, teniendo el entendimiento entenebrecido, ajenos de la vida de Dios por la ignorancia que en ellos hay, por la dureza de su corazón; los cuales, después que perdieron toda sensibilidad, se entregaron a la lascivia para cometer con avidez toda clase de impureza" (Ef 4:17-19). En este mismo lugar, Pablo se refiere a la pasada manera de vivir, al "viejo hombre, que está viciado conforme a los deseos engañosos" (v. 22). Según se puede entender de estas citas de Efesios, el entendimiento entenebrecido y el corazón endurecido, sumado a la pérdida de sensibilidad espiritual para captar lo que es correcto delante de Dios, explican la ignorancia que hay en los no creyentes respecto de la verdad del evangelio y de lo que es bueno y agradable para Dios.

Pero esta condición no sólo dice relación con un cierto grupo de personas en el contexto local y cultural de los "otros gentiles" occidentales entre los que moraba la iglesia de Éfeso, sino que es una descripción veraz del estado natural en el que se encuentran todos los hombres sin Cristo. Cuando el apóstol Pablo afirma por las Escrituras que: "No hay justo, ni aun uno; No hay quien entienda, No hay quien busque a Dios. Todos se desviaron, a una se hicieron inútiles; No hay quien haga lo bueno, no hay ni siquiera uno" (Ro 3:10-12; *cf.* Sal 14:1-3;

---

[468] Millard Erickson, *Teología Sistemática*, p. 936.

53:1-3), no está simplemente exagerando como para enfatizar una idea; ni tampoco tiene a algunas cuantas personas en mente (Ro 3:9, 23). Pablo en realidad está completamente convencido de que el hombre no regenerado (judío y gentil) está absoluta y radicalmente corrupto, de modo tal que no es verdaderamente capaz de realizar ningún bien espiritual, no es en lo absoluto libre para buscar a Dios y agradarle. Misma idea se expresa en Romanos 1:21-22 respecto de la humanidad pasada: "Pues habiendo conocido a Dios, no le glorificaron como a Dios, ni le dieron gracias, sino que se envanecieron en sus razonamientos, y su necio corazón fue entenebrecido. Profesando ser sabios, se hicieron necios".

Debemos aceptar el hecho de que, en lo que se refiere a la naturaleza espiritual del hombre, esta no es moralmente neutra, sino positivamente pecaminosa. Todas las áreas de su ser (mente, espíritu, voluntad y corazón) están afectadas por el pecado original; en consecuencia el hombre natural sólo es realmente libre para escoger cómo va a pecar, pero no es verdaderamente libre para nunca hacerlo. Jesús mismo refutó la pretendida idea de libertad que tenían los judíos cuando les dijo: "todo aquel que hace pecado esclavo es del pecado [...] si el Hijo les libertare serán verdaderamente libres" (Juan 8:34,36); y Pablo define la condición anterior de los creyentes, antes de la conversión a Cristo, del siguiente modo: "Porque nosotros también éramos en otro tiempo insensatos, rebeldes, extraviados, esclavos de concupiscencias y deleites diversos, viviendo en malicia y envidia, aborrecibles, y aborreciéndonos unos a otros" (Tito 3:3, *cf.* Ro 6:17). La fuerza de sólo estos dos pasajes aniquila esa inadmisible e ilógica idea de absoluta libertad (libre albedrío libertario) que algunos humanistas pretenden defender. Por lo demás, la libertad que Cristo nos promete sólo tiene sentido si consideramos al hombre natural como un verdadero esclavo de Satanás, de la muerte, de la ley y del pecado.[469]

A esta condición humana se la ha conocido comúnmente con el nombre de «depravación total». Es una doctrina bíblica, como hemos podido ver, pero lamentablemente ha sido mal interpretada por algunos cristianos y convertida en una caricatura que no define lo que realmente

---

[469] Una buena parte de lo que ya he dicho, y de lo que seguiré diciendo en el resto de esta sección, lo he tomado de mi otro trabajo más extenso al que he titulado *"Elección y Predestinación. Una apología bíblica"* (por publicar).

quiere significar[470]. Esta doctrina, negativamente hablando, no quiere decir que no puede el hombre realizar actos de "genuina bondad" (*cf.* Mt 7:11), de hecho vemos a hombres diariamente haciendo cosas moralmente correctas a los ojos de la sociedad. Tampoco significa que ha quedado impedido de tomar decisiones libres y moralmente responsables. No quiere tampoco decir que no pueda tener conciencia acerca de Dios; ni que todo el tiempo y a cada momento va a estar pecando o que cometerá toda forma y tipo de maldad mientras viva. Positivamente, lo que se significa con esta doctrina es que: 1º la corrupción se extiende a cada faceta de la naturaleza del hombre y a todas sus facultades morales y espirituales (es "total" o "radical") y 2º que el hombre natural es incapaz de realizar algún bien espiritual que acompañe a la salvación o le signifique el favor de Dios, es incapaz de vivir en total y perfecta obediencia a Dios. Todos sus actos de bondad no glorifican a Dios porque no proceden de la fe, ni como para Dios; esto explica la máxima de que "no hay quien haga lo bueno, no hay ni siquiera uno" (Ro 3:12 *cf.* Ecl 7:20).

Esta incapacidad humana de buscar a Dios o de responder al evangelio sin el auxilio de la gracia, no tiene que ver entonces con una inhabilidad inmanente de la naturaleza humana (o relativa a su constitución), sino con una perversión de la misma. Esto nos debe llevar de vuelta al punto anterior acerca de la gracia y del llamamiento eficaz.

Ninguno puede venir a mí...

Jesús dijo que: "Ninguno puede venir a mí, si el Padre que me envió no le trajere" y "ninguno puede venir a mí, si no le fuere dado del Padre" (Jn 6:44, 65). Esto corrobora lo que se ha venido diciendo. Como dijo Herman Hoeksema: "Para que el pecador pueda ir a Cristo es indispensable que sea llevado por la gracia de Dios. Si el Padre no lo

---

[470] Por ejemplo, David Hunt escribió: "Tome una comprensión humana de 'muerto', mézclela con la comprensión inmadura de la Palabra de Dios por parte del joven Juan Calvino, contaminada con filosofía agustiniana, agítelo todo y obtendrá la teoría de la Depravación Total". *"What Love is this? Calvinism's misrepresentation of God"* (¿Qué amor es ese? Calvinismo: Una falsa representación de Dios), p. 119.

lleva, es imposible que el pecador vaya. Nadie PUEDE, excepto que el Padre lo lleve. Lo cual no debe entenderse como si pudiera darse el caso de un pecador que realmente quiere y anhela ir a Jesús, pero que se encuentra impedido por algún poder constrictivo. Ese caso no existe. Lo que ocurre es que el pecador no tiene poder, ni lo quiere, para ir a Cristo. Tanto el querer como el ir dependen completamente de la acción de llevar que por gracia realiza el Padre."[471]

Pero eso no fue todo lo que Cristo dijo, pues también afirmó que: "todo lo que el Padre me da vendrá a mí" (Jn 6:37). Leon Morris comenta este pasaje diciendo: "La gente no viene a Jesús simplemente porque les parece una buena idea. A la gente pecadora nunca le parece una buena idea. A no ser que el poder divino trabaje en las almas de las personas (cf.16:8), éstas no ven ningún problema en las vidas de pecado que llevan. Antes de que una persona pueda venir a Cristo hace falta que el Padre se la dé a Cristo."[472] Jesús dijo que todo lo que el Padre le da vendrá a Él, de manera que el acto de ser "llevados" por el Padre no es una simple invitación o exhortación a ir a Cristo por la fe (aunque la fe es el medio para *ir*), sino que realmente el Padre que concede llevarnos hace infalible el que nosotros vayamos.

El mismo verbo traducido como "trajere" en Juan 6:44 (Gr. *Helkúo* o *hélko*, aquí en la voz activa del tiempo aoristo y modo subjuntivo, *helkúse* = "atraiga" o "arrastre") no indica un mero atraer pasivo o una simple influencia moral, sino que, con toda seguridad, una acción cuyo fin es hacer infalible que los objetos señalados vayan a Cristo, de ahí que una traducción literal pudiera ser: "arrastre", lo cual le da el sentido preciso.

Tenemos otros casos en el Nuevo Testamento en donde dicho verbo tiene igual sentido. Por ejemplo, en Juan 21:6 y 11 se traduce por el verbo "sacar" ("sacar" y "sacó", respectivamente), haciéndose alusión al acto de recoger la red y traerla hacia sí y luego dejarla en tierra (v.11, "arrastró hasta la orilla la red", NVI 1999). En Juan 18:10 se dice de Pedro que "sacó" su espada para herir a Malco, "la desenvainó" (RV60), lo que corresponde a una acción enérgica y vigorosa en donde la espada es absolutamente pasiva en el acto de ser sacada.

---

[471] Herman Hoeksema, *Todo el que quiera*, [en línea] [Mayo de 2013]. Disponible en la Web: http://www.prca.org/whosoever_will/capitulo10.html
[472] Leon Morris, *El Evangelio según Juan*. Vol 1 (Barcelona: CLIE, 2005), p. 416.

Otros ejemplos aún más significativos son Hch 16:19; 21:30 y Stgo 2:6, en donde el verbo *herlkúo* sin lugar a dudas no podría significar una simple atracción o invitación, sino que un "llevar" con fuerza:

> *"Pero sus amos, al ver que había salido la esperanza de su ganancia, prendieron a Pablo y a Silas, y LOS ARRASTRARON hasta la plaza pública ante las autoridades"* (Hch 16:19, BTX3)

> *"Así que, toda la ciudad se alborotó, y se agolpó el pueblo; y prendiendo a Pablo, LO ARRASTRARON fuera del templo, y cerraron inmediatamente las puertas."* (Hch 21:30)

> *"Pero vosotros habéis afrentado al pobre. ¿No os oprimen los ricos, y ellos mismos OS ARRASTRAN a los tribunales?"* (Stgo 2:6)

Es posible que a estas alturas pudiera el lector estarse preguntando si acaso Dios realmente no estaría violentando las voluntades humanas al obrar de este modo en los escogidos. Y aunque un poco más adelante volveré a este punto, por ahora sólo baste decir que, aunque Dios atrae a sus escogidos de manera eficaz (indefectible), no debemos entender esa acción de la misma manera violenta como en los ejemplos anteriores, sino más bien como obrando de manera tan persuasiva que hace que la respuesta humana a esa acción sea inevitablemente positiva. Los ejemplos anteriores sólo dan cuenta del significado del verbo traducido como "trajere" en Juan 6:44 y su uso en otros contextos, todo lo cual sólo nos demuestra que "traer" no es simplemente invitar o influenciar, sino hacerlo seguro.

Sabemos que no todos son así llevados a Cristo y que sólo aquellos que son llevados por el Padre van a Él. No sabemos por qué razón Dios sólo lleva a algunos y no a todos; es un misterio que la Biblia no se encarga de develar, y muy posiblemente permanezca como un misterio hasta el día en que estemos ante su presencia.

¿Qué hacemos entonces con los dichos de Jesús en Mateo 11:28, "Venid a mí todos los que estáis trabajados y cargados, y yo os haré descansar" (*cf.* Ap 22:17)? ¿No es acaso esta una invitación sincera a todos los hombres, para que vayan a Cristo y hallen descanso? Ciertamente lo es. Sin embargo, tenemos que recordar que Jesús también dijo a un grupo de judíos: "y no queréis venir a mí para que tengáis vida [...] Mas yo os conozco, que no tenéis amor de Dios en vosotros" (Jn 5:40, 42, *cf.* Mt 23:37). Podría pensarse que aquí sólo se trataba de un grupo de judíos incrédulos que por propia voluntad no quisieron ir a Cristo, pero algunos años después Pablo levantó una acusación contra judíos y gentiles por igual —entendiéndose aquí una forma de decir: toda la humanidad sin distinción—, y que sigue con una cita de las Escrituras en donde se afirma: "No hay justo, ni aun uno; no hay quien entienda, no hay quien busque a Dios, todos se desviaron, a una se hicieron inútiles..." (Ro 3:10-12). Ya leímos también que nadie puede ir a Jesús si el Padre no le lleva, si no le es concedido por Él. A esto añádase que el propio Jesús dijo también a otro grupo de judíos; que ellos no creían en Él porque no eran de sus ovejas (Jn 10:26). No dijo el Señor que no eran ellos de sus ovejas porque no creían en Él, sino que no creían precisamente porque no eran de sus ovejas, pues sus ovejas oyen su voz y le siguen, y Él las conoce (v. 27). De otro modo: es necesario ser oveja del Buen Pastor para seguir al Buen Pastor, nadie que no sea oveja suya le creerá y le seguirá.

Tenemos que entender entonces estas exhortaciones a la fe —como en Mateo 11:28 o en Marcos 1:15— en el contexto general de las Escrituras, en especial del Nuevo Testamento. Esta clase de invitaciones se ofrecen a la fe de personas caídas, que no desean en realidad acercarse a Dios, a menos —y sólo a menos— que sea Dios mismo quien tome la iniciativa y les atraiga, no meramente influenciándoles a ir mediante una «suave persuasión» pudiendo el hombre rechazar la gracia divina[473], sino más bien obrando activamente en el corazón y en la voluntad de aquellos con el objeto de que vayan. Sé que parece una broma de mal gusto la idea de una invitación que sé que no podrá ser respondida a menos que haga algo en la persona invitada para que tenga la posibilidad de venir (e infaliblemente venga); sin embargo, tiene completo sentido si lo que pretendo con ello es hacer a las personas

---

[473] Contra Henry C. Thiessen, *Lectures in Systematic Theology* (Grand Rapids, Michigan: Eerdmans, 1949), p. 347 y Stephen M. Ashby (véase, p. ej. en J. Mathew Pinson, ed. *La seguridad de la salvación. Cuatro puntos de vista* (España: CLIE, 2006), pp. 157-160), y en general los proponentes de la doctrina de la «gracia preveniente». Para una respuesta más extensa a esta doctrina, véase en mi trabajo *"Elección y Predestinación. Una apología bíblica"*.

responsables de su incredulidad. Y eso es precisamente lo que Dios hace aquí.

En lo que respecta entonces a los escogidos, Dios es quien por su Espíritu les asiste y les insufla de su gracia para que estos, siendo depravados por naturaleza, sean capaces de responder positiva e indefectiblemente al evangelio, de modo que reciban salvación[474]. Pero a esto algunos objetan respecto de los no escogidos, diciendo que si Dios no les dio a ellos la misma gracia que los capacitara para responder al evangelio, ya fuera para aceptarlo, ya fuera para rechazarlo, entonces no pueden ser realmente responsables de su incredulidad, y la exhortación al arrepentimiento y a la fe se vuelven un mero sarcasmo. De ahí que Dios, razonan aquellos, deba ofrecer a todo hombre la gracia suficiente para que, una vez iluminados por la verdad, sean responsables de aceptar o no la gracia salvífica de Dios. La falaz opinión de Dave Hunt es evidencia de esta incapacidad de parte de algunos teólogos en aceptar esta doctrina que hemos venido exponiendo, al afirmar que: "Decir que Dios manda a los hombres que hagan lo que no pueden hacer sin Su gracia, y que entonces les niega la gracia que necesitan y los castiga eternamente por no obedecer, es burlarse de la Palabra de Dios, de Su misericordia y amor, y es difamar Su carácter."[475] Pero el hecho de que Dios sólo escoja capacitar a aquellos que llama eficazmente, no milita en contra de su carácter, ni tampoco resta responsabilidad a los que no son así llamados, pues incluso cuando son por naturaleza pecadores y no pueden venir a la fe sin la gracia de Dios, Dios les hace responsables de su incredulidad y obstinación. Arthur W. Pink responde a esta cuestión de la siguiente manera:

> «¿Cómo puede el pecador ser responsable de hacer lo que por naturaleza es incapaz de hacer? ¿Cómo puede ser condenado por no hacer lo que es incapaz de hacer? Algunos han concluido erróneamente que la caída del hombre y su incapacidad espiritual ha terminado con su responsabilidad moral. Dicen que no es posible que el hombre sea tanto incapaz como responsable; dicen que esto es una contradicción. La Biblia responde que a

---

[474] Si se mira con atención, esto es similar a lo que suponen los proponentes de la «gracia preveniente», con la salvedad de que estas operaciones del Espíritu son llevadas a cabo únicamente en los escogidos, siendo la respuesta de estos positiva en todos los casos, corolario de la doctrina de la elección y la predestinación.

[475] Dave Hunt, *"What Love is this? Calvinism´s misrepresentation of God"*, p. 96.

pesar de su depravación y a pesar de su incapacidad, el hombre es enteramente responsable: responsable de obedecer el evangelio, responsable de arrepentirse y confiar en Cristo, responsable de dejar sus ídolos y someterse a Dios. El hecho de que Dios exija al hombre cosas que éste es incapaz de hacer es una realidad; por ejemplo leemos en la Biblia, "amarás a Dios de todo tu corazón, de toda tu alma y de toda tu mente", "sed vosotros perfectos como vuestro Padre en los cielos es perfecto", "arrepentíos y creed el evangelio". El hombre no regenerado es incapaz de hacer todas estas cosas, pero esto no cambia su responsabilidad y deber de hacerlas. Dios no puede exigir menos que la santidad y la justicia. Aunque el hombre ha perdido su capacidad, esto no ha anulado ni acabado con su obligación. Las siguientes ilustraciones servirán para confirmar este punto:

1. Un borracho que atropella y mata a una persona al estar manejando su automóvil, no es considerado inocente (o no responsable), aunque no era capaz de controlar su vehículo.
2. El ladrón que es controlado por la concupiscencia y la avaricia, no puede dejar de robar. Pero el hecho de que no puede dejar de hacerlo no lo hace inocente (no le quita la responsabilidad).
3. La segunda carta de Pedro nos habla de aquellos que tienen ojos llenos de adulterio y no pueden dejar de pecar. Pero esto no disminuye en manera alguna su culpa y su responsabilidad.
4. El argumento propuesto por los homosexuales en la actualidad es que son pervertidos por naturaleza y nacieron así. Por lo tanto dicen que no es posible que dejen su pecado. Sin embargo, Rom. 1:26-28 dice que reciben en sí mismos la retribución debida a su extravío.
5. La excusa de aquellos que dicen: Así soy y no puedo cambiar, no sirve sino sólo para condenarlos.
6. La persona que tiene una deuda la cual no le es posible pagar. La ley no la excusa por este hecho de su responsabilidad de pagar. En una forma semejante, Dios no ha perdido su derecho de exigir el pago aunque los hombres hayan perdido su capacidad de pagar. La impotencia humana no cancela la obligación ni la responsabilidad.
7. El hecho de que el corazón humano es depravado, el hecho de que ame el pecado y no pueda dejarlo, no hace en ningún modo que uno sea menos responsable de sus pecados. Si no fuera así, entonces entre más depravado y más endurecido que uno llegara a ser, menos responsabilidad tendría. En tal caso, Dios no podría juzgar a nadie.

»Es simplemente un argumento filosófico el que dice que la responsabilidad humana es limitada por la incapacidad. Este argumento conduce a una absurda conclusión de que entre más pecaminoso que uno fuera, menos responsabilidad tendría. El diablo es un buen ejemplo de esto. Nadie duda de la depravación total del diablo. No hay duda alguna de que aborrece a Dios, de que es incapaz de hacer el bien y aún incapaz de arrepentirse. Pero ninguna de estas cosas le hace menos responsable; por el contrario, aumentan su culpa y su condenación.»[476] [Énfasis añadido]

Pero el hombre no simplemente no puede ir a Cristo por sí mismo, tampoco quiere hacerlo, por tanto su incredulidad no es solo una reacción de su naturaleza caída, sino también un asentimiento de la mente y un consentimiento de la voluntad, y es precisamente eso lo que le hace responsable ante Dios, de manera que el no poder y el no querer son simplemente aspectos de una misma cosa: un corazón endurecido y recalcitrante (Mt 23:37; Hch 7:51).

Ahora bien, si Dios hace a los incrédulos responsables de su incredulidad, ¿qué podemos decir de nosotros, los que hemos creído para salvación? Me explico: Si nadie, en su estado de natural corrupción, quiere y puede obedecer al evangelio o a las exhortaciones de Dios, y no obstante Dios hace responsables a las personas por su incredulidad (tanto en el no querer como en el no poder), ¿qué sucede con los que creen? Si, como ya dijimos antes, únicamente aquellos que por la obra de Dios en sus corazones y mentes son los que vienen a la fe, ¿puede entonces decirse que son responsables de haber creído? Alguno pudiera razonar acerca de este punto y decir que si Dios nos atrajo hacia sí mismo obrando activamente en nuestro corazón y en nuestra voluntad, entonces no vinimos a Él libremente, y si no fue aquello un acto libre, entonces no fue voluntario, en consecuencia no somos responsables por creer. Dios entonces causa violencia a la libertad de los hombres, de manera que los que creemos somos llevados a esa convicción en contra de nuestra voluntad.

No suelo leer esta clase de razonamiento muy a menudo; sin embargo, he encontrado reflexiones similares —menos elaborada, por supuesto— en algunos foros de la Internet o en conversaciones informales entre creyentes.

---

[476] Arthur W. Pink, *La Soberanía de Dios*, pp. 33-34.

Pues lo que no se ha tomado en cuenta aquí, es que ningún hombre es verdaderamente libre para escoger hacer lo contrario a lo que por naturaleza es: un incrédulo, por lo que en cierto modo es verdad que los que creen no lo hacen en un acto libre de la naturaleza caída; sin embargo, esta fe que en nosotros es despertada, lo es como consecuencia de lo que previamente Dios ha obrado ya en nuestro corazón. Para mí es un completo misterio esta operación de la gracia divina, algunos —en realidad la mayoría de los teólogos con una soteriología reformada— lo vinculan a la regeneración o al nuevo nacimiento, otros; sin embargo, creen que pudiera tratarse de una cosa distinta (Erickson; Strong; Garrett; Morris; Ryrie, entre otros), pero cuyos efectos hacen que finalmente nuestra voluntad esclava del pecado sea liberada y, en un acto de completa y asombrosa lucidez, alcemos nuestros ojos a Dios y creamos para salvación. Sea como sea que Dios obre, no existe entonces violencia, ni a la voluntad ni a la libertad del hombre, sino que todo lo contrario. Como dijo años atrás el profesor Lacueva: "El llamamiento divino eficaz no quita la libertad, sino que *la da* (V. Jn. 8:32), porque, al infundir criterios correctos y motivos realmente valiosos, restaura el adecuado ejercicio del albedrío y confiere la facultad dignificante de poder llegar a ser "*hijos de Dios*" (Jn. 1:12), abandonando la esclavitud del pecado y del demonio."[477]

Entonces, aunque es verdad que los que creen no lo hacen en un acto libre de la naturaleza caída, sí lo hacen libre y voluntariamente, esto es, sobre la base de una libertad restaurada por la obra soberana de Dios. De manera que sí somos, después de todo, responsables por haber creído, incluso cuando Dios no nos consultó si acaso queríamos o no ser escogidos para ello. A este respecto, pienso que en lugar de cuestionarnos esa elección, debiéramos brincar de felicidad y de gratitud a Dios, reconociendo que en todo y para todo Él es Soberano, además ¿quiénes somos nosotros para que alterquemos con Dios? "¿Dirá el vaso de barro al que lo formó: ¿Por qué me has hecho así?" (Ro 9:20). No debemos olvidar, llegados a este punto, que sólo somos criaturas sujetas a la voluntad del Creador, quien obra todo y en todos para su propia gloria y por su sola gracia.

---

[477] Francisco Lacueva, *Doctrinas de la Gracia*, p. 67.

El precio de la gracia

No podemos cerrar este capítulo sin antes decir algo acerca del costo que la gracia especial tuvo dentro del plan redentor de Dios.

Aunque la gracia define la misma gratuidad de nuestra salvación, ¿significa eso que el costo de nuestra salvación no costó a Dios cosa alguna? Bien lo dijo Bonhoeffer en su magistral obra "El Precio de la Gracia", cuando define qué es la «gracia cara» con respecto a la conducta del discípulo que sigue a Cristo, y añade: "Sobre todo, la gracia es cara porque ha costado cara a Dios, porque le ha costado la vida de su Hijo —«habéis sido adquiridos a gran precio»— y porque lo que ha costado caro a Dios no puede resultarnos barato a nosotros."[478]

De gran valor es esta gracia que nos rescató, pues, como dijo el apóstol Pedro, el pago de nuestra redención no fue con cosas perecederas como el oro o la plata —que aunque pudieran haber redimido a un hombre de la esclavitud en un sentido físico y social, no pueden rescatar al alma de la condenación, ni de la esclavitud al pecado y a la muerte—, sino con la sangre preciosa de Cristo, quien se dio a sí mismo como un cordero sin mancha y sin contaminación (1Pe 1:18-19). En este caso, en la expresión "sino con la sangre preciosa de Cristo", el sustantivo *tímios* (aquí en neutro, *tímio* —precioso/a) no significa "bello", como comúnmente se usa en el español, ni tampoco "honroso" (*cf.* He 13:4) o "venerado" (*cf.* Hch 5:34), sino "de inestimable valor", "costoso", "valioso" (como cuando se habla de las "piedras preciosas", 1Co 3:12; Ap 17:4). Para Pedro, la sangre de Cristo fue el alto precio de nuestra redención, razón por la cual el creyente, en respuesta a esta gracia, debe llevar una vida en santidad (1Pe 1:15-16) y conducirse con temor todo el tiempo de su peregrinación (v. 17).

Gran costo fue para Dios la encarnación; que siendo rico se hizo pobre por amor a nosotros. A esta acción divina Pablo la llama "la gracia de nuestro Señor Jesucristo" (2Co 8:9). ¡Costosa encarnación la del Hijo de Dios, que le significó a la Soberana Deidad el despojo de sí mismo! Este Jesús, cuya gloria lo llena todo, se vació de su majestad y de la gloria de

---

[478] Dietrich Bonhoeffer, *El Precio de la Gracia. El seguimiento*. 6ª edición (Salamanca: Sígueme, 2004), p. 17.

su trono; renunció a sus privilegios celestiales "tomando forma de siervo, hecho semejante a los hombres; y estando en la condición de hombre, se humilló a sí mismo, haciéndose obediente hasta la muerte, y muerte de cruz" (Fil 2:6-8). Sin duda alguna, como dijo Bonhoeffer, "la gracia cara es la encarnación de Dios".

Pero esta gracia llama al seguimiento de Jesús. De ahí que también sea cara para nosotros. Dice Bonhoeffer en su libro:

> "La gracia cara es el tesoro oculto en el campo por el que el hombre vende todo lo que tiene; es la perla preciosa por la que el mercader entrega todos sus bienes; es el reino de Cristo por el que el hombre se arranca el ojo que le escandaliza; es la llamada de Jesucristo que hace que el discípulo abandone sus redes y le siga.
> [...]
> Es cara porque llama al seguimiento, es gracia porque llama al seguimiento de *Jesucristo;* es cara porque le cuesta al hombre la vida, es gracia porque le regala la vida; es cara porque condena el pecado, es gracia porque justifica al pecador.
> [...]
> La gracia es cara porque obliga al hombre a someterse al yugo del seguimiento de Jesucristo, pero es una gracia el que Jesús diga: «Mi yugo es suave y mi carga ligera»."[479]

La «gracia cara» es el reflejo de lo que vemos en la llamada de Jesús al joven rico, cuando le dice: "Si quieres ser perfecto, anda, vende lo que tienes, y dalo a los pobres, y tendrás tesoro en el cielo; y ven y sígueme" (Mt 19:21).[480] La «gracia cara» es aquella que ofrece la vida eterna a cambio de la negación de uno mismo; es el seguimiento que le significa al discípulo tomar su cruz cada día (Lc 9:23) e ir continuamente en pos de Cristo (nótese el uso del presente imperativo en la voz activa en los tres sinópticos, ἀκολουθείτω μοι —"esté siguiéndome"; *cf.* Mt 10:38, "y el que no toma su cruz y sigue en pos de mí, no es digno de mí"); es estar dispuestos a perder la vida por causa de Jesús y del evangelio (Mr 8:35), con la consecuente promesa de la salvación. La «gracia cara» es aquella que le dice al discípulo cristiano: "El que ama a padre o madre más que a

---

[479] Dietrich Bonhoeffer, Ibíd., pp. 16-17.
[480] En el versículo paralelo de Marcos algunos mss. añaden al final de la llamada al seguimiento: "tomando tu cruz" (*q.v.* RV60).

mí, no es digno de mí; el que ama a hijo o hija más que a mí, no es digno de mí" (Mateo 10:37); es saber que los de su propia casa llegarán incluso a ser enemigos suyos por causa del evangelio (v. 36). La «gracia cara» es estar dispuestos a renunciar a las comodidades del mundo (Lc 9:57-58); es desistir de las costumbres sociales que detienen al llamado del Señor, es dejar "que los muertos entierren a sus muertos" para ir y anunciar el reino de Dios (Lc 9:59-60); es poner las manos en el arado sin mirar hacia atrás, es desterrar el corazón de aquellas cosas que no permiten mirar hacia adelante, hacia el seguimiento de Cristo (Lc 9:61-62).

La gracia es cara para nosotros, no en el sentido de que ella sea ofrecida a cambio del pago de méritos y/o esfuerzos personales —o como si ella misma fuera una recompensa, pues de lo contrario dejaría de ser gracia (*cf.* Ro 11:6)—, sino en el sentido de por ella no sólo llegamos a ser salvos, también nos identificamos de tal manera con Jesús que la renuncia al yo se transforma en una consecuencia necesaria, en algo que nos impele a llevar una forma y estilo de vida traducida en el seguimiento de Jesús, con todo lo que eso implica respecto del abandono a lo mundanal.

Invito al lector a explorar todavía más este aspecto de la gracia. La obra de Bonhoeffer, a la que ya hemos hecho cita aquí, sin duda alguna será de mucha edificación para el creyente que desea entender este asunto al que el propio Bonhoeffer ha llamado «el seguimiento».

PARA CONCLUIR

Aunque no fue este un estudio exhaustivo en torno a la gracia de Dios —mucho más quedaría por decir si ese fuera el caso—, hemos podido responder a la pregunta importante que aquí nos ocupó, y que dice relación con la fuente de nuestra justificación. ¿Qué es lo que hace posible que Dios quiera justificarnos? Nuestra respuesta firme y categórica: Su gracia; sola e inmerecida gracia; libre y soberana gracia.

La gracia de Dios en la justificación no consiste en que Él pasa por encima de su propia Ley para perdonarnos nuestros pecados, dejando a un lado su propio trono de justicia desde el cual juzga todas las cosas como un Juez Justo, sino en que nos declara justos aun a pesar de que no lo somos por nosotros mismos. Por esta gracia estamos unidos por la fe al Cristo de la Gloria, posicionados sobre la roca de su justicia, la cual es nuestra por imputación y debido a esta unión que tiene carácter permanente. Dios no muestra su gracia justificando al impío en su condición de impío, sino porque, estando por la fe en Cristo Jesús, es un justo delante de su trono celestial. Es un justo que, ante los ojos santos del Dios Santo, es considerado como alguien que ha cumplido de modo satisfactorio su santa Ley. Somos justos porque llevamos sobre nuestras almas impías la justicia perfecta del Hijo de Dios, de quien hemos sido revestidos y en quien permanecemos por el poder de su Santo Espíritu.

A Él, al Dios Trino y Uno, sea toda la Gloria y la Alabanza.

Capítulo Sexto

LOS TIEMPOS DE LA JUSTIFICACIÓN

En este capítulo más breve nos enfocaremos en ese aspecto de la justificación que dice relación con el tiempo en que esta tiene lugar. ¿Es la justificación un acto declarativo de tipo escatológico que concierne únicamente al futuro, o es acaso una bendición que el creyente ya puede disfrutar? ¿Hemos sido ya justificados, o nuestra esperanza acerca de la justificación es más bien una esperanza futura al final de los tiempos?

Podría decirse, a partir de Romanos 8:30, que la justificación es un acontecimiento que ya ha tenido lugar en la vida del creyente, no como un designio anticipado de Dios (como sucede con la primera afirmación del versículo, "a los que predestinó"), sino más bien como suceso que acompañó al llamamiento divino en el tiempo de la conversión. Sin embargo, en el texto también se afirma la glorificación como cosa ya acontecida (nótese el mismo uso del aoristo en modo indicativo, que sugiere una acción pasada) y, no obstante, es un hecho cierto que tal cosa no ha sucedido aún (si acaso Pablo se estaba refiriendo al evento escatológico de la glorificación). Con todo, el apóstol expresa la certeza del decreto divino, *i.e.* la determinación ya cumplida de Dios en orden a su propósito eterno, razón por la cual habla de lo futuro como si ya hubiera sucedido, o tal vez con un sentido más bien proléptico con énfasis en la seguridad de lo que vendrá. En cualquier caso, dado que la forma verbal de este último término —por la misma naturaleza de la acción expresada— no indica precisamente a la glorificación como cosa realmente cumplida o realizada en el tiempo de nuestro llamamiento, es entonces igualmente posible que la justificación (o, más exactamente, el acto que se expresa como "ya justificados") no sea aquí una realidad de la experiencia presente del creyente, sino más bien, así como en el último término, tan sólo una esperanza segura de lo que acontecerá en el día venidero.

Ni siquiera la afirmación con que termina el versículo 33, "Dios es el que justifica", es determinante para decidir con respecto a este asunto, pues, aunque el verbo en participio δικαιῶν (justifica) esté en el tiempo presente, es muy probable que se trate tan sólo de un presente gnómico[481], y por tanto, de una declaración respecto de Dios que no tiene como propósito situar en un tiempo determinado el acto de la justificación (el "¿cuándo?"), sino sólo afirmar una verdad en todo tiempo cierta: Dios es el que justifica.

Pero, ¿es acaso eso lo que quiso decir Pablo —esto es, que el acto de haber sido justificados (v. 30) es únicamente una esperanza inequívoca del veredicto escatológico de Dios al final de los tiempos? Aunque eso es exegéticamente posible en el texto, el contexto más amplio de la epístola nos hace pensar un tanto diferente respecto de esta acción divina, como veremos más adelante.

Conviene aquí citar uno de los pasajes claves de la epístola, que resume en buena medida la gracia de la justificación, según lo que el apóstol ya hubo dicho los capítulos previos. En Romanos 5:1 leemos así:

> *"Justificados, pues, por la fe, tenemos paz para con Dios por medio de nuestro Señor Jesucristo; por quien también tenemos entrada por la fe a esta gracia en la cual estamos firmes, y nos gloriamos en la esperanza de la gloria de Dios."*

Es un pasaje fabuloso. Y lo es por varias razones. Primero, conecta las ideas de «justificación» y «reconciliación» (justificados, tenemos paz [ver también vv. 10-11]), como si de dos aspectos o estados de una misma gracia se tratasen (y lo son); Segundo, nos revelan a Cristo como medio supremo por el cual tenemos paz reconciliadora y acceso a la gracia de Dios; Tercero, se nos dice que esta gracia a la que hemos tenido derecho de entrada por Jesús, es una posición en la cual nos hemos mantenido firmes; y Cuarto, esta posición firme en esta gracia segura, es lo que mantiene vivo el regocijo presente respecto de la esperanza de la gloria de Dios venidera. De otra manera: "nos regocijamos en la esperanza de alcanzar la gloria de Dios" (NVI 1999), porque la gracia en la cual hemos estado firmes, es la gracia hecha posible por Jesús el Señor, por quien tenemos paz [reconciliación] y justificación; de manera que incluso en los

---

[481] "El tiempo presente gnómico se refiere a un hecho general sin referencia al tiempo cronológico", es un tiempo "generalmente atemporal" —Daniel B. Wallace, *Gramática Griega: Sintaxis del Nuevo Testamento*, p. 387.

Segunda Parte. La Doctrina de la Justificación
Capítulo Sexto: Los tiempos de la Justificación

sufrimientos nos gloriamos en esperanza, pues que esta gracia ha traído también el derramamiento del amor de Dios en nuestro corazón por el Espíritu Santo que nos ha sido dado; de modo que seamos capaces de soportar las tribulaciones, las que fortalecen nuestra paciencia y dan fuerza a la esperanza anhelante de lo que Dios traerá en aquel futuro glorioso (vv. 3-5).

Ahora bien, en lo que concierne a nuestro presente tema, es un pasaje clave para responder a la cuestión respecto del tiempo de nuestra justificación. Nótese, para empezar, la forma del verbo con que inicia el versículo: Δικαιωθέντες (justificados), un verbo participio en aoristo y voz pasiva; que por su construcción y posición en el texto (precediendo al verbo ἔχω, aquí "tener"), podría bien indicar un acontecimiento ya ocurrido, cosa que el contexto más cercano respalda ampliamente. Es así, pues, que en la BTX3 se traduce de manera literal: "habiendo sido declarados justos" (*cf.* NVI 1999, "ya que hemos sido justificados").

Como dije hace un momento, el contexto más cercano respalda esta interpretación del término allí en 5:1. El versículo 2 recuerda a sus lectores que por medio de Cristo no sólo pueden tener paz para con Dios, sino también "entrada a esta gracia en la cual estamos firmes". Esta gracia, como ya lo expliqué anteriormente, podría ser un caso del uso de la anáfora en alusión al acto de haber sido justificados, o bien al estado presente —o actual— de estar teniendo paz para con Dios. Pero el hecho de estar firmes en esta gracia —una acción expresada aquí como algo ya ocurrido pero cuyos efectos perduran en el presente (ἐστήκαμεν, lit. "hemos estado firmes")[482]— a la cual hemos tenido acceso (misma forma que el verbo anterior)[483], nos debe hacer pensar en la pertenencia actual y participación continua de todas las bendiciones implicadas en la cláusula anterior. Y es que la conexión que hace Pablo entre la gracia y el don resultante —las dos bendiciones escato-soteriológicas mencionadas con anterioridad—, es tan estrecha que no hay mejores razones para pensar en estas bendiciones en términos de algo que aún no ha sucedido (*cf.* con el v. 17, "la abundancia de la gracia" y el "don de la justicia" aparecen como recepciones simultáneas en la antítesis que Pablo presenta entre Adán y Jesús). Además, resultaría completamente extraño al razonamiento de Pablo, en toda esta sección de la epístola, hablar de

---

[482] Tiempo perfecto débil, en voz activa y modo indicativo.
[483] Ἐσχήκαμεν, lit. "hemos tenido" [acceso].

una gracia en la que los creyentes han estado firmes, mientras que las bendiciones inmediatas de esa gracia no fueran sino sólo una cosa futura. Debemos también recordar el tiempo y modo gramatical en que se expresa este acto de haber sido justificados, que desde ningún punto de vista puede ser alusivo al futuro.

El versículo 9 de este mismo capítulo, deja todavía más claro este significado acerca del tiempo en que acontece la justificación. Habiendo hecho referencias al amor de Dios por nosotros los impíos —un amor acreditado o demostrado en el acto sacrificial de Cristo (vv. 6-8)—, el apóstol Pablo vuelve al concepto de la justificación introducido en el versículo 1 (y que, por supuesto, ya hubo comenzado mucho más atrás, en 3:24). Para Pablo, esta justificación ha sido hecha posible por la sangre del Mesías (*cf.* 3:24-25); lo mismo la reconciliación (v. 10, aunque aquí expresada la acción como "por la muerte de su Hijo [de Dios]"). Y aunque ambas cosas concurren como resultado de este acto único de cruz, Pablo contempla la reconciliación desde la justificación (*cf.* 2Co 5:18-21)[484]; por consiguiente, la reconciliación es así de posible gracias a la acción justificadora con que Dios nos ha justificado (*cf.* 5:1, "justificados" → "paz para con Dios")[485]. Ambas cosas representan para Pablo dos estados simultáneos y presentes que, por su naturaleza, garantizan la salvación escatológica en el día de la ira del juicio final; estableciéndose así una verdadera relación inquebrantable entre la condición presente de los creyentes delante de Dios y la condición postrera. Dice Pablo:

> *"Pues mucho más, estando ya justificados en su sangre, por él seremos salvos de la ira. Porque si siendo enemigos, fuimos reconciliados con Dios por la muerte de su Hijo, mucho más, estando reconciliados, seremos salvos por su vida."* (vv. 9-10)

Esta expresión, "estando ya justificados por su sangre", contiene el verbo «justificar» en la misma forma que en 5:1 (tiempo, voz, modo, caso, número y género), con la diferencia de que le acompaña el

---

[484] Así, p. ej. Wilckens, *La Carta a los Romanos*, Vol. I, p. 364.
[485] En este sentido, aunque la justificación atañe al lenguaje judicial o forense, el resultado reconciliador enfatiza el aspecto relacional en que la hostilidad es anulada y la comunión con Dios hecha posible, sin dejar de lado, desde luego, el carácter forense que adquiere por su relación con la justificación (véase también esta idea de una reconciliación de carácter forense en John Murray, *Romanos*, pp. 198-99).

adverbio νῦν (*nún*), lo que le da el sentido más preciso de *"ya justificados"* ("Y ahora que hemos sido justificados por su sangre", NVI 1999; "justificados ahora por su sangre", BJ), y por tanto el sentido más concreto que ya advertimos en el versículo 1. "Como ocurría en el v. 1", dice Moo, "«estar justificados» alude aquí a la absolución ya recibida por el pecador que cree en Cristo, sin embargo, el «ahora» añade un matiz de continuidad a la condición de «justos» de los que recibieron dicha absolución."[486]

Podemos entonces concluir, afirmando que no sólo es teológicamente cierto el que la declaración de Dios respecto de la justicia de los creyentes corresponde a una realidad o hecho ya cumplido y en la certidumbre de la fe, sino que esta verdad resiste totalmente el análisis exegético de los textos claves.[487]

Toca ahora introducirnos todavía más en este asunto acerca de los tiempos de la justificación, antes de dar por cerrado este análisis introductorio.

LA DOBLE ESCATOLOGÍA DE PABLO Y DEL NT

Hay en los vv. 9 y 10 de este mismo capítulo de Romanos, ese elemento de tensión subyacente al que los teólogos han denominado con la no tan atractiva expresión "el «ya» y el «todavía no»", una locución teológica que hace referencia a la doble noción temporal de la salvación, característica de la escatología de Pablo y del resto del NT. Mientras que, por un lado, el NT insiste en la naturaleza absoluta —ya realizada— de la salvación del creyente (p. ej. 1Co 6:11; Ef 2:1, 5; Col 2:13; 1Jn 5:12-13); por otro lado, se afirma que dicha salvación no está todavía completada, sino que ella misma pertenece al futuro escatológico del tiempo de la *parousía*, al evento anhelado de la glorificación (Jn 5:28-29; 6:40; Ro 8:18ss; Ef 1:13-14; Fil 3:20-21; 2Ti 4:8; 1 Pe 1:3-5; y otros más). Como también ya leímos en 5:2, la "esperanza de la gloria de Dios" —el regocijo presente respecto de la esperanza de la

---

[486] Douglas J. Moo, *Comentario a la Epístola de Romanos*, p. 355.

[487] He querido expresar, al menos hasta aquí, esta certidumbre de la justificación como hecho ya ocurrido, por medio de un ejercicio puramente exegético, como ya lo habrá notado el lector perspicaz. En adelante, seguiremos con los aspectos teológicos que fundamentan esta realidad, aunque sin dejar de lado la evidencia por medio de la exégesis.

gloria de Dios venidera— nos advierte acerca de aquellas cosas que aún no han acontecido y que tocan a la expectación anhelante del tiempo futuro. Esta es "la gloria venidera que en nosotros ha de manifestarse" (8:18); esta la razón de ese gemir interior del creyente en la espera ansiosa de "la adopción, la redención de nuestro cuerpo" (8:23); es a lo que apunta Pablo cuando reafirma esta convicción de lo que vendrá, diciendo: "Porque **en esperanza fuimos salvos**; pero la esperanza que se ve, no es esperanza; porque lo que alguno ve, ¿a qué esperarlo? Pero si esperamos lo que no vemos, con paciencia lo aguardamos" (8:24-25). "¿Quién espera lo que ya tiene?", es lo que en otras palabras dice Pablo (NVI 1999), enfatizando la actitud esperanzadora del que espera lo que no se ve (lo que aún no posee en su plenitud).

Aunque la mayoría de los comentaristas interpretan la expresión "en esperanza fuimos salvos" (el dativo τῇ ἐλπίδι) con un sentido modal (*en* esperanza), quizás sea mejor la interpretación asociativa (*con* esperanza) que propone Moo: «nosotros fuimos salvados con la esperanza como permanente compañera de esta salvación»[488]; para mí tiene más sentido dentro del contexto. Como sea, no se puede negar que aquí, en esta frase con que comienza el v. 24, la salvación es una experiencia pasada ("fuimos salvados")[489] que, combinada con la esperanza futura de la redención final, viene a hacer todavía más evidente esta tensión escatológica respecto de nuestra existencia cristiana. Como también escribió San Agustín, citando a Pablo en este mismo lugar: "*Por la esperanza hemos sido hechos salvos*: locución de tiempo pretérito; mas porque esta salvación no es sino una esperanza, lo que nosotros esperamos no es cosa hecha todavía, sino cosa por venir. Ya vemos, ya poseemos, pero no es aún la realidad, sino la esperanza, pues *lo que se tiene al ojo*, dice, *no es esperanza. Mas si lo que no vemos lo esperamos, por la paciencia lo esperamos.* Así, pues, *hemos sido hechos salvos*, y, no obstante, esperamos y aguardamos aún la salvación, que todavía no poseemos.*"*[490]

De regreso a los vv. 9 y 10, esta tensión se ve reflejada en el hecho de que ya fuimos justificados por la sangre de Jesús; y, sin embargo, la salvación final en el juicio de Dios es cosa del porvenir. Ya fuimos

---

[488] Douglas J. Moo, *Comentario a la Epístola de Romanos*, p. 581.
[489] Aquí expresada en la forma de un aoristo en la voz pasiva del modo indicativo, ἐσώθημεν.
[490] Agustín de Hipona, Sermón 27. *Obras de San Agustín*, Tomo VII (Madird: B.A.C., MCML), p. 93.

reconciliados con Dios por la muerte de su Hijo; no obstante, aún seremos salvos por su vida.

Otros textos en Pablo, en donde ambas nociones del tiempo de la salvación se entretejen y funden en torno a una misma obra salvífica, los encontramos en Tito 3:4-7, "Pero cuando se manifestó la bondad de Dios nuestro Salvador, y su amor para con los hombres, **nos salvó**, no por obras de justicia que nosotros hubiéramos hecho, sino por su misericordia, por el lavamiento de la regeneración y por la renovación en el Espíritu Santo, el cual **derramó** en nosotros abundantemente por Jesucristo nuestro Salvador, para que justificados por su gracia, viniésemos a ser herederos conforme a la esperanza de la vida eterna." Al final de estos pasajes Pablo manifiesta una realidad futura (la esperanza de la vida eterna [*cf.* Tit 1:2], similar a Ro 8:24-25); que, entrelazada con una realidad pasado-presente (nos salvó, nos regeneró, derramó su Espíritu Santo, estamos justificados por su gracia), conforman (ambas) los diferentes estados o aspectos de la gracia en la obra de salvación. Esta esperanza de la vida eterna, es una esperanza segura —algo que es cierto—, porque toma su fuerza de convicción precisamente a partir de lo que Dios ya ha hecho en el creyente; además quien prometió esta vida es Dios, el cual no miente (Tit 1:2). De otro modo: aunque aquí la vida eterna expresa una condición futura, esta se contempla como una posesión ya asegurada, garantizada por las operaciones escato-soteriológicas que ya tuvieron lugar antes y durante la conversión.

Nótese aquí que una de estas posesiones presentes dice relación con la recepción del Espíritu Santo (vv. 5 y 6). Esto ya lo debimos haber notado un poco más atrás en la lectura de los pasajes de Romanos 5:5 y 8:23 (donde esta posesión del Espíritu Santo es llamada "primicias del Espíritu"), y aún más atrás en nuestro anterior análisis de Gálatas 3:2 en el capítulo cuarto. En Efesios 1:13, Pablo se refiere a esta misma experiencia cristiana como: "fuisteis sellados con el Espíritu Santo de la promesa"; el cual es la garantía (las arras) de nuestra herencia futura hasta la llegada de la redención final del pueblo que Dios adquirió para sí ("la posesión adquirida", RV60) para alabanza de su gloria[491]. Este último texto tiene un paralelo similar en 2Corintios 1:22 y 5:5; en donde se dice

---

[491] Cf. con Efesios 4:30, "Y no contristéis al Espíritu Santo de Dios, **con el cual fuisteis sellados para el día de la redención.**"

del Espíritu Santo que se nos ha dado como prenda o garantía de que Dios cumplirá todas sus promesas. Es especialmente significativa esta alusión en 5:5, en donde esta garantía (este *arrabón*, Gr.) tiene plena relación con la esperanza futura de lo que sucederá al creyente después de enfrentar la muerte, lo que Pablo describe como: "tenemos de Dios un edificio, una casa no hecha de manos, eterna, en los cielos" (v. 1); en contraste con "nuestra morada terrestre", que es sólo una habitación temporal (de ahí también que le llame "este tabernáculo").

Hay en este derramamiento o dación del Espíritu Santo un aspecto escatológico que no podemos pasar por alto si queremos entender la doble escatología de Pablo y del NT. La profecía de Joel respecto de los sucesos que tendrían lugar en los postreros días (la promesa del derramamiento del Espíritu, ver Joel 2:28 y ss.), había encontrado su cumplimiento exacto en ese momento de la historia de la Iglesia el día de Pentecostés (Hch 2:4, 16 y ss.). Este acontecimiento fue, sin lugar a dudas, un punto de inflexión y de enorme trascendencia; del que no podemos prescindir a la hora de querer comprender la nueva dinamia de la Iglesia, como comunidad escatológica del nuevo Pacto. Con el derramamiento del Espíritu Santo, como evidencia de que el nuevo *eón* en verdad había comenzado —y el viejo *eón* tocado a su fin, y todo esto ya desde la irrupción del Reino escatológico de Dios por medio de Jesús el Mesías unos años antes—, podían los creyentes disfrutar, ya en el presente, de los dones del Reino y de la convicción cierta (segura) de la redención final.

El profesor Anthony Hoekema explica esta perspectiva escatológica en Pablo —esta tensión del «ya» y el «todavía no»— con respecto a la tenencia presente del Espíritu Santo y lo que ello comporta en la vida de los creyentes, en términos similares:

> "para Pablo el Espíritu significa la irrupción del futuro en el presente, de modo tal que los poderes, privilegios, y bendiciones de la edad futura ya nos son disponibles a través del Espíritu.
> [...] Sin embargo, Pablo insistiría en afirmar que lo que el Espíritu da es sólo un anticipo de bendiciones futuras mucho mayores. Es por esta razón que él llama al Espíritu "primicias" y "garantías" (arras) de bendiciones futuras que sobrepasarán en mucho a aquellos de la vida presente. Podríamos decir, entonces, que para Pablo la era del Espíritu (desde Pentecostés hasta la Parusía) es algo así como una *era interina*. Durante

esta era, los creyentes *ya* tienen las bendiciones de la era futura, pero no *todavía* en su plenitud."[492]

Podríamos seguir mencionando otros ejemplos de cómo es que todo lo anterior —toda esta tensión— es una cosa evidente, no sólo en Pablo, sino también en los demás escritos del NT. En Juan, por ejemplo, el concepto escatológico de la «vida eterna» —muy característico de él (17 veces solo en el evangelio, casi tres veces más que cualquier otro autor del NT)[493]— es casi siempre una concesión divina que se otorga al creyente en el presente (aquí y ahora; 3:36; 5:24: 6:47, 54; 1Jn 5:11-13), mientras que en los sinópticos este otorgamiento corresponde al futuro.[494] Dice Raymond Brown: "Para los sinópticos, la «vida eterna» es algo que se recibe en el juicio final o en la edad futura (Mc 10,30; Mt 18,8-9); para Juan, por el contrario, es una posibilidad presente que tienen ante sí los hombres: «Quien oye mi mensaje y da fe al que me envió, *posee* vida eterna..., ha pasado de la muerte a la vida» (5,24). Para Lucas (6,35; 20,36), la filiación divina es un premio en la vida futura; para Juan (1,12) es un don que se concede aquí en la tierra."[495]

Pero, aunque esta posesión presente de la vida eterna es tan cierta como el hecho de que el creyente ha nacido en verdad de nuevo, por el poder vivificante del Espíritu de Dios y la comunicación de vida en Cristo, también es verdad que aún los creyentes experimentan la muerte física, con la certidumbre de que resucitarán al encuentro con el amado Salvador. Este, por supuesto, es un elemento que concierne al futuro. Dice Brown: "Si bien Jesús insiste en que la «vida eterna» se ofrece ya aquí, reconoce que también ha de intervenir la muerte física (11, 25). Esta muerte no puede destruir la vida eterna, pero es obvio que después de la muerte aguarda una plenitud de vida eterna que aún no han

---

[492] Anthony A. Hoekema, *La Biblia y el Futuro* (Grand Rapids, Michigan: Libros Desafío, 2008), pp. 73-74. Para una profundización al tema del Espíritu Santo y la escatología, véanse las pp. 70-83 de la citada obra.

[493] Leon Morris, *El Evangelio según Juan*. Vol 1, p. 268. El solo término «vida» es en Juan más abundante que en cualquier otro escrito del NT. Véase un desarrollo de esto en Leon Morris, Ibíd., p. 117.

[494] "En ellos, las palabras "vida" y "vida eterna" y su significado redentor son siempre una bendición escatológica futura." —George E. Ladd, *Teología del Nuevo Testamento*, p. 368.

[495] Raymond E. Brown, S.S., *El Evangelio según Juan I – XII* (Madrid: Ediciones Cristiandad, 1999), p. 151.

alcanzado los que todavía tienen que pasar por la muerte física."[496] En otras palabras, aunque el creyente tiene —ahora ya— la vida eterna, esta es también una cosa que atañe al tiempo de la *parousía* y la resurrección escatológica futura (5:28-29; 6:40, 54: 11:25-26). La tensión entre el «ya» y el «todavía no» vuelve entonces a ser innegable en este contexto de la esperanza cierta de lo que aún no sucede, pero que ya —en algún sentido— pertenece al presente siglo; primero, como una realidad acontecida en Cristo al levantarse de los muertos según la esperanza futura de la resurrección (la resurrección de Jesús es por sí mismo un evento escatológico que ya tuvo lugar en la historia, como primicias de los que aún duermen, 1Co 15:20, *cf.* 1Pe 1:3-4); y, segundo, como una *antedonación* de la concesión final de la vida del siglo venidero; que aunque ya irrumpió con la venida de Jesús como el Cristo de Dios —el linaje de David (el Rey y el Reino escatológico)—, es vida contemplada desde el lado del "todavía no", que apunta hacia ese día cuando Dios transforme nuestros cuerpos corruptibles en el anhelado retorno de su Hijo; cuando "el Hijo del hombre venga en su gloria" (Mt 25:31), en la plenitud de su Reino.

La doble escatología de la Justificación.

Ya hemos dicho que la evidencia exegética en Pablo respalda esta tesis acerca de la justificación como un veredicto de Dios que ya ha tenido lugar en la historia en el evento de Cristo, como una de las bendiciones del nuevo siglo que ha llegado a nosotros en Él; aunque el mismo pertenece al día del juicio escatológico de Dios.[497] Y esto de que es un veredicto que pertenece al juicio final —al veredicto final de Dios— es pues un concepto que concierne fuertemente al judaísmo del tiempo de Pablo; a la esperanza escatológica y vindicativa característica de una buena parte del judaísmo del segundo templo. No podemos entonces divorciar este concepto escatológico, de la noción paulina de la justificación; un concepto del cual, en algún sentido, se alimentó Pablo en la reformulación de su *kerigma* apostólico. Esto quiere decir que no es necesario distanciar demasiado a Pablo, de la concepción judía de su

---

[496] Ibíd.
[497] George E. Ladd, *Teología del Nuevo Testamento*, p. 587.

Segunda Parte. La Doctrina de la Justificación
Capítulo Sexto: Los tiempos de la Justificación

época, para intentar entender qué significaba para él estar ya justificados por la obra realizada y consumada de la cruz; no obstante, por cuanto este "ya estar justificados" sólo puede ser entendido desde la escatología cristológica de Pablo —esto es, a la luz de la acción de Dios en Cristo—, es importante que abordemos el pensamiento de Pablo desde esta comprensión cristológica, histórica y redentora; lo cual hace de la doctrina paulina de la justificación una cosa especial y substancialmente diferente de lo que cualquier otro judío no cristiano (incluso en el seno mismo de la comunidad de Qumrán) pudiera haber concebido al reflexionar respecto de la actual situación nacional de Israel. Es un hecho conocido que para una importante facción del judaísmo del tiempo de Pablo —posiblemente con algunas pocas excepciones—, la particularidad misma de la justificación divina estaba en que tendría lugar en el futuro, en el juicio final; para Pablo, sin embargo, este acontecimiento ya había tenido lugar en Cristo; por ende el veredicto escatológico de Dios ya no era sólo una cosa del futuro, era una realidad presente y hecha posible a todos los hombres mediante la fe en Cristo y en la acción de Dios en Él. Para Pablo, la justicia de Dios se había manifestado en el acontecimiento de Cristo (Ro 3:21), por tanto todos los que con fe creen en Jesús son justificados gratuitamente por su gracia (Ro 3:22-24, 26ss).

Desde esta nueva óptica con la que Pablo contempla la situación, el razonamiento parece ser el siguiente: Si Jesús en verdad era el Mesías que había de venir, el Rey de Israel que restauraría el trono de David, entonces esto significaba también que las bendiciones del Reino ya estaban disponibles (por así decirlo) a los hombres a quienes el Reino se había acercado. Además, si Jesús en verdad murió para perdón de nuestros pecados, eso debía significar entonces que la absolución final —que por sí misma era una cosa del futuro, como ya he señalado— es ahora también una realidad de la cual ya pueden los creyentes gozar, sólo por la fe. Como dijo Pablo a los corintios, "ya habéis sido justificados en el nombre del Señor Jesús" (1Co 6:11). Es obvio que en la cita anterior, Pablo tiene en mente la acción de Dios en Cristo que removió con su vida nuestros pecados trayendo consigo el perdón y, en consecuencia, la liberación del justo juicio de Dios. Pero este ya haber sido justificados se sigue también de ya haber sido lavados y de ya haber sido santificados, y todo ello en relación con la anterior condición pecaminosa de algunos de ellos a quienes escribe originalmente el apóstol (vv. 9-11); una condición que ha sido ya revertida por la obra del Espíritu de Dios en el bautismo, que es consiguiente con la obra de Cristo en la cruz.[498]

George Ladd escribe acerca de todo este acontecimiento escatológico de un modo que hace sentido todo lo que ya he dicho hasta aquí:

> "En la comprensión escatológica de la justificación, así como en su aspectos forense, la doctrina paulina concuerda con la del pensamiento judío de la época. Sin embargo, en varios puntos la enseñanza paulina es radicalmente diferente del concepto judío; y una de las diferencias esenciales es que la justificación escatológica futura *ya ha ocurrido*. [...] Por medio de la fe en Cristo, sobre la base de su sangre derramada, las personas ya han sido justificadas, perdonadas de la culpa del pecado, y por tanto, libres de condenación. También aquí encontramos otra ilustración de la modificación de la estructura escatológica antitética del pensamiento bíblico. La justificación, que significa primordialmente liberación en el juicio final, ya ha tenido lugar en el presente. El juicio escatológico ya no es sólo futuro; se ha convertido en un veredicto en la historia. La justificación, que forma parte del Siglo Venidero y tiene como resultado la salvación futura, se ha convertido también en una realidad actual ya que el Siglo Venidero ha penetrado en el siglo malo actual para traer sus bendiciones soteriológicas a los seres humanos. Un elemento esencial de la salvación del siglo futuro es el perdón divino y la declaración de justicia; este perdón y justificación, que consisten en la absolución divina del pecado, ya se ha efectuado por la muerte de Cristo y se puede recibir por fe aquí ahora. El juicio futuro se ha convertido, pues, esencialmente en una experiencia presente.
>
> [...] La justificación es una de las bendiciones de la irrupción del nuevo siglo en el viejo. En Cristo, el futuro es presente; el juicio escatológico ya ha tenido lugar en la historia. Así como el Reino escatológico de Dios, en los Sinópticos, es algo presente en la historia; así como la vida eterna escatológica en Juan, es algo presente en Cristo; así como la resurrección escatológica ya ha comenzado en la resurrección de Jesús; así como en Hechos (y en Pablo), el Espíritu escatológico se da a la iglesia; así también

---

[498] Hay, por supuesto, un fuerte vínculo entre la justificación y la experiencia del bautismo; una cuestión que, aunque no hemos profundizado en lo que va de este libro, parece evidente en Pablo, como cuando le leemos en 1 Corintios 6:9-11; o en otros textos como Romanos 6:3-7; Gálatas 3:24-27 y Tito 3:5-7, en donde ambos conceptos están muy presentes y ligados por la fe.

el principio del juicio escatológico ya ha ocurrido en Cristo, y Dios ha perdonado a su pueblo."[499]

Ahora bien, ¿hay en Pablo algún sentido en que la justificación sea también una cosa que atañe al futuro? Gálatas 5:5 así parece sugerirlo.

"Pues nosotros por el Espíritu aguardamos por fe la esperanza de la justicia"

Según lo que ya hemos dicho acerca de la esperanza de los creyentes, respecto de aquellas cosas que aún no suceden en su plenitud y que esperan a su consumación final, pero que, en alguna medida, ya forman también parte del disfrute presente de los creyentes —la tensión entre el «ya» y el «todavía no»—; podemos ver aquí cómo es que también la «justicia» (que no puede ser otra cosa que la propia justicia de la justificación)[500] tiene ese sentido que apunta hacia el futuro, como un don que pertenece al día final. Aquí la justicia espera su consumación en la manifestación del Señor, cuando todas las demás cosas sean también plenamente consumadas. Aquí, la *esperanza de la justicia* es una que se *espera* o *aguarda* con "ardiente expectación" —es el sentido que lleva el verbo [E. Trenchard]—, sentido que es rescatado muy bien por la NVI 1999, *"aguardamos con ansias* la justicia que es nuestra esperanza"; similar a Romanos 8:19, "porque el *anhelo ardiente* de la creación es el aguardar la manifestación de los hijos de Dios" (aquí el verbo *apokaradokía*).

En las palabras de L. Bonnet y A. Schroeder: «El apóstol dice aquí: *"esperamos la esperanza* de la justicia", es decir el pleno cumplimiento de esa esperanza. Ordinariamente representa esa justicia como una posesión *actual* del creyente. Son las dos fases de una misma verdad: por una parte, el creyente posee en este mundo el don de la justicia, con la paz y todos los bienes que de ella emanan (Rom. 5:1 y sig.); y por la otra, la plenitud de esta justicia y de sus frutos es aún objeto de su esperanza y anhelo.»[501] [Énfasis añadido]

---

[499] Ibíd., pp. 591-92.
[500] Según se deduce correctamente del versículo que antecede, y del contraste entre «ley» → «justificarse» (v. 4) y «fe» → «justicia» (v. 5).
[501] *Comentario del Nuevo Testamento*. Volumen III, pp. 450-451.

Esta vez estoy muy de acuerdo con Joachim Jeremias, cuando dice, acerca de esta tensión del «ya» y el «todavía no» de la justificación, que:

> "Como antedonación que es de la salvación final de Dios, la justificación apunta al futuro. Participa de la doble naturaleza de todos los dones de Dios: son posesiones presentes y, sin embargo, objetos de esperanza. La justificación es una firme posesión presente (Rom 5,1, etc.) y, sin embargo, se apoya al mismo tiempo en el futuro, como se recalca, por ejemplo, en Gál 5, 5 [...] Así, pues, la justificación es el comienzo de un movimiento hacia una meta, concretamente hacia la hora de la justificación definitiva, de la absolución del día del juicio, cuando se realice el don completo."[502]

Podemos decir entonces, a modo de conclusión a esta sección, que la justificación en Pablo, si bien se trata casi siempre de un veredicto que ya ha tenido lugar en la historia en el evento de Cristo —una declaración que nosotros recibimos aquí y ahora por la fe (ya estamos justificados, ya hemos sido perdonados, ya tenemos paz para con Dios y acceso a la gracia)—; es también un veredicto que apunta hacia el futuro, es la esperanza anhelante del creyente que espera la consumación final del día en que el Señor regrese en el poder de su vindicación y en la plenitud de su Reino.

LA JUSTIFICACIÓN Y LA SEGURIDAD DE SALVACIÓN

Todavía se debate, en el mundo evangélico de hoy, acerca de si es o no nuestra salvación un don seguro; inamovible e inarrebatable. Todavía hay los que piensan (y esto desde el creyente nuevo hasta destacados teólogos, en el seno de iglesias evangélicas de todo el mundo) que un creyente no tiene la salvación asegurada, sino sólo como una posesión presente que podría, ante la eventualidad del pecado sin arrepentimiento, perderse o serle quitada. No vamos a entrar a esta lamentable y agotadora discusión; no obstante, unas palabras me quedan por decir acerca de este asunto de la seguridad del creyente en relación con la justificación —y los tiempos de la justificación—, que es, en última instancia, lo que nos ocupa en este libro.

---

[502] Joachim Jeremias, *ABBA y El mensaje central del Nuevo Testamento*, p. 300.

SEGUNDA PARTE. LA DOCTRINA DE LA JUSTIFICACIÓN
CAPÍTULO SEXTO: LOS TIEMPOS DE LA JUSTIFICACIÓN

Ya hemos caminado sobre lo que Pablo dice en Romanos 5:9-10, pero aún queda algo por observar, y que atañe a la presente sección de este capítulo. Leemos nuevamente:

> *"Pues mucho más, estando ya justificados en su sangre, por él seremos salvos de la ira. Porque si siendo enemigos, fuimos reconciliados con Dios por la muerte de su Hijo, mucho más, estando reconciliados, seremos salvos por su vida."* (vv. 9-10)

Como ya expliqué más atrás, la justificación y la reconciliación representan para Pablo dos estados o aspectos simultáneos que resultan de la acción de Dios en el acontecimiento de Cristo. Para Pablo, la posesión —y posición— presente de estos estados de la gracia es lo que garantiza la salvación escatológica en el día de la ira del juicio final. Hay, pues, aquí una verdadera relación inquebrantable entre la condición presente de los creyentes delante de Dios y la condición postrera. Y Pablo va a expresar esta relación por medio de un razonamiento del tipo *a maiori ad minus* ("de mayor a menor")[503], que sería algo así como esto: Si Dios ha hecho ya *lo más* —que su Hijo muriera por nuestros pecados (v. 8), justificándonos así por su sangre (v. 9) y reconciliándonos con Él por su muerte (v. 10)— cuánto más entonces, estando ya justificados —habiendo sido pecadores— y reconciliados —habiendo sido enemigos—, podemos tener la certeza de que Él hará *lo menos* y nos concederá la salvación final. Si Dios ya ha hecho la parte "más difícil", con cuánta más razón podemos estar ciertos de que hará lo "más fácil": salvarnos del día de la ira, sobre la base de lo que ya ha hecho por nosotros en Cristo. Como también dirá Pablo más adelante: "El que no escatimó ni a su propio Hijo, sino que lo entregó por todos nosotros, ¿cómo no nos dará también con él todas las cosas?" (Ro 8:32).

Este argumento también se conoce como *a fortiori*[504], y quiere decir que si una cosa es verdadera, **cuánto más verdadera** será entonces la

---

[503] Una posible forma invertida del típico *qal-wachomer* rabínico (el razonamiento lógico que aquí conocemos como *A minori ad maius*, "de menos a mayor"), y que era empleado en la lectura de la Toráh. Véase una explicación de esto en Ulrich Wilckens, *La Carta a los Romanos*, Vol. I. p. 364; y también en Douglas J. Moo, *Comentario a la Epístola de Romanos*, p. 354. Otros comentaristas (p. ej. Otto Kuss) opinan que el razonamiento de Pablo es en realidad un argumento *A minori ad maius* antes que *A maiori ad minus*, aunque con el mismo resultado: la certeza de la salvación final.
[504] Véase p. ej. en los comentarios de William Hendriksen, John Stott, John Murray, entre otros.

otra; "si algo ha acontecido, **con cuánta más razón** ha de acontecer algo más" [John Stott]. Como dice Murray, "En el versículo 9, la premisa establecida es que ahora somos "justificados por su sangre [de Jesús]", y la inferencia de ello es que, con mayor certeza, seremos salvos de la ira por medio de Él. La premisa del versículo 10 es que fuimos reconciliados con Dios por medio de la muerte de Cristo cuando aún éramos enemigos; y la inferencia es que, con mayor certeza, seremos salvos por la vida de Cristo. Estos dos versículos son análogos en cuanto a su construcción y enuncian una misma verdad."[505] Dice también John Stott: "es esencial en la argumentación de Pablo que se destaque el costo de estas cosas. Fue ´por su sangre` (9a), derramada mediante el sacrificio de la muerte en la cruz, que nosotros hemos sido justificados, y fue **cuando éramos enemigos de Dios** (10a) que fuimos reconciliados con él. Aquí tenemos, por lo tanto, la lógica. Si Dios ya ha cumplido lo difícil, ¿podemos confiar en que hará lo comparativamente simple que consiste en completar la tarea? ¡Si Dios completó nuestra justificación al costo de la sangre de Cristo, ´con cuánta mayor razón` ha de salvar de su ira final a su pueblo justificado (9)! Además, si nos reconcilió consigo cuando éramos enemigos, ¡**con cuánta mayor razón** ha de completar nuestra salvación ahora que somos sus amigos reconciliados (10)! Estas son las bases sobre las que nos atrevemos a afirmar que ´seremos salvos`."[506]

Puede el lector atento notar, en estas afirmaciones de Pablo, una fuerte carga de la prueba a la doctrina de la seguridad eterna del creyente. Hay, en estos dos pasajes de Romanos, esa seguridad respecto de lo que Dios ya ha hecho en el creyente; una seguridad que hace que lo porvenir sea también una cosa garantizada por la participación presente en esta gracia de Dios, por la cual no sólo somos revestidos de aquello que nos permite estar ahora en una correcta relación de pacto con Él, sino que también somos preservados para el día de la consumación; cuando todo lo presente, todo lo que ahora es tan sólo una antedonación, sea completado y perfeccionado en el día del Señor. ¡Podemos tener la certeza de nuestra salvación escatológica, porque ya hemos sido justificados y reconciliados! Y así como todas las otras cosas que ya vimos más atrás —todas las bendiciones escatológicas en las cuales el creyente ya tiene participación—, testifican a favor de esta

---

[505] John Murray, *Romanos*, p. 195 (t.p.).
[506] John Stott, *El mensaje de Romanos*, p. 162.

Segunda Parte. La Doctrina de la Justificación
Capítulo Sexto: Los tiempos de la justificación

seguridad futura, así también la justificación en Cristo es nuestra gran garantía de que no vendremos a condenación.

Hay en los versículos 33 al 39 de Romanos 8, un conjunto de afirmaciones que nos hacen recordar lo que ya ha expresado Pablo en los versos 9 y 10 del cap. 5, acerca de la seguridad que tenemos en Dios, quien nos preserva y afirma, por su Hijo, para el día de la redención final. Como ya es costumbre en Pablo, abre esta cadena de afirmaciones mediante preguntas retóricas que él mismo se encargará de responder, pero son afirmaciones perfectamente entrelazadas —de causa y efecto— y que nos sirven como prueba adicional respecto de lo que significa, de cara al futuro, la acción de Dios en Cristo a nuestro favor. Pero antes de continuar, creo pertinente retroceder un poco, al principio de Romanos 8, para entender mejor cómo es que Pablo llega a este texto hímnico de los vv. 33 al 39.

Recordemos que el cap. 8 inicia con la conocida máxima: "Ahora, pues, ninguna condenación hay para los que están en Cristo Jesús" (v. 1). Esta es la afirmación con la que Pablo sale al paso de lo que dijo en el capítulo anterior (esp. los vv. 7-25, en donde el tema de fondo es la servidumbre de la carne al pecado), y constituye un fundamento firme para edificar lo que sigue de su exposición hasta los vv. 33-39. Los que están unidos a Cristo, reflexiona Pablo, pueden tener la plena seguridad de que no vendrán a condenación (*cf.* Jn 3:18; 5:24; Ro 5:18-19), pues que en Él "la ley del Espíritu de vida" le ha librado de "la ley del pecado y de la muerte" (v. 2). Ahora que tenemos el Espíritu Santo haciendo habitáculo en nosotros, continúa Pablo, ya no estamos bajo la servidumbre de la carne (los hábitos pecaminosos de nuestros miembros), sino bajo la influencia, control y perfecta guía del Espíritu (vv. 4-9); por quien además tenemos la plena seguridad de que seremos vivificados, así como Cristo fue levantado de los muertos por el Espíritu de Dios (vv. 10-11). Somos hijos de Dios por adopción, en función de este vínculo transformador con el Espíritu que mora en nuestros corazones, de manera que clamamos en oración: «¡*Abba*! ¡Padre!» (*cf.* Gál 4:6); teniendo siempre el testimonio Suyo de que somos hijos de Dios —Dios es nuestro Padre, seremos pues escuchados en nuestro gemir— (vv. 14-16). De esto se sigue la consecuencia lógica de que si somos hijos de Dios, también somos herederos suyos (*cf.* Gál 4:7); y no sólo eso, sino también coherederos con Cristo en razón de los padecimientos que resultan (en caso de que la situación así lo demande) de nuestra unión e identificación con Él, de manera que tengamos parte con Él en su gloria (v. 17).

Lo que sigue (vv. 18-30) es una extensión, a modo de explicación, de lo que acaba de decir Pablo hacia el final del versículo 17. No es un tema nuevo, ni tampoco un paréntesis a lo que ya ha dicho, sino más bien una elaboración de lo que significa estar en Cristo Jesús y de la seguridad respecto de la gloria escatológica que ello comporta (la «gloria» parece ser el tema dominante en esta sección). ¿Qué quiere decirse con que no hay condenación alguna para los que están en Cristo Jesús? Aunque los padecimientos del presente parecen constituir una suerte de contradicción respecto de lo que se supone debiera ser todo lo contrario —esto, en vista de la actual condición del creyente como hijo de Dios, como teniendo nueva vida por el Espíritu que mora en él—, Pablo nos muestra en qué consiste en verdad nuestro gozo; y cómo es que todo lo presente, todas las aflicciones a que se enfrenta el creyente —no sólo por causa de Cristo, sino también los males generales de la vida en este mundo (enfermedad, pobreza, muerte)—, no "son comparables con la gloria venidera que en nosotros ha de manifestarse" (v. 18); una condición futura respecto de la cual Pablo expresa plena seguridad ("tengo por cierto", "considero"), no en la forma de un mero auto convencimiento que ayude a aliviar el sufrimiento, sino sobre la base inconmovible de las operaciones de Dios, llevadas a cabo por su Espíritu en la vida de los creyentes, y por nuestra incorporación a la familia de Dios (somos hijos de Dios y herederos suyos).

Este futuro glorioso a que esperan los creyentes, tendrá también un fuerte impacto sobre el cosmos (lit. «la creación», Gr. *ktísis*) que aguarda su propia redención, anhelante al día de la manifestación de los hijos de Dios (v. 19). Pablo personifica a toda la creación (sub-humana) como gimiendo y sufriendo con dolores de parto (v. 22), esperando con ansias su propia liberación de la esclavitud de corrupción a la cual fue sujeta, no por su propia voluntad (*cf*. Gn 3:17-18), "sino por causa del que la sujetó en esperanza" (vv. 20-21). Pero este gemir es también compartido por nosotros los creyentes, como un gemir interno; por nosotros que aguardamos ansiosamente la adopción, la redención de nuestro cuerpo (v. 23). No es un gemido alimentado por la duda o la incertidumbre de la adopción y la redención final —Pablo no tiene duda alguna con respecto a esto—, sino un gemir que resulta de las aflicciones del tiempo presente, mientras aguardamos la esperanza de la glorificación en tanto estamos en este cuerpo que sufre en su carne la debilidad.

Cabe mencionar nuevamente la presencia de esta tensión del «ya» y el «todavía no», de la que ya hemos hablado largamente más atrás. Pablo parece decir que este gemir dentro de nosotros mismos guarda relación con la espera anhelosa de "la adopción, la redención de nuestro cuerpo", como si entonces aquello no hubiera sucedido en verdad —y no ha sucedido en verdad. Pero, como ya vimos un poco más atrás, no se puede negar que, con respecto al primer término, somos hijos de Dios ahora (vv. 14-17); es ahora que el Espíritu da testimonio a nuestro espíritu, de que somos hijos de Dios (v. 16). No obstante, hay ese sentido en el que la «adopción» también concierne al estado final de cada creyente, por lo tanto, aunque ya somos hijos de Dios en el presente, nuestra filiación no está completada aún; aunque la plenitud de la misma ya es una cosa garantizada y podemos tener la certeza de su consumación (v. 29, *cf.* 1Jn 3:2). Lo mismo debe decirse con respecto a nuestra «redención». Aunque ya hemos sido redimidos por la sangre del Señor —de nuestros pecados, de la ley, de Satanás y de la muerte—, aquí la redención y la adopción parecen ir entrelazadas, como significando en realidad una misma cosa (*cf.* con la lectura que hace la NVI 1999 de este mismo versículo). Esto quiere decir entonces que la adopción escatológica no es sino el mismo evento que el de la transformación de nuestros cuerpos en el día postrero, lo cual es otro modo de referirse a "la gloria venidera que en nosotros ha de manifestarse".

Tenemos, pues, la seguridad de que ello acontecerá ciertamente; de que no es una esperanza ciega y vacía a la cual nos aferramos sin una certidumbre fundamentada. Para Pablo, el hecho de tener —ahora ya— "las primicias del Espíritu" (v. 23), es garantía suficiente para la espera toda segura y confiada de aquellas operaciones escatológicas que hemos, los creyentes, de experimentar en el futuro. Esta es, por cierto que sí, la esperanza con que fuimos salvos; la esperanza que no se ve y que con paciencia aguardamos (vv. 24-25, ver comentario de esto más atrás).

Los versículos 26 y 27 añaden razón adicional a la esperanza de los creyentes, porque, aunque no digan algo más acerca de nuestra esperanza escatológica, han de servir de consuelo a los que esperan anhelantes el día de «la adopción y de la redención», en tanto tienen que soportar las aflicciones del tiempo presente. La intercesión eficaz del Espíritu Santo, que gime desde nuestro interior a Dios, saliendo al paso de nuestra flaqueza y "de nuestra incapacidad para conocer la voluntad de Dios" [Moo], es un real motivo de gozo en tanto esperamos en esperanza lo que no vemos, pero que atesoramos con firmeza. Este gemir del Espíritu por nosotros los santos, en ayuda de nuestra debilidad, tiene mucho sentido, más cuando estamos "aproblemados" o aquejados por los continuos padecimientos que resultan de la debilidad de nuestra carne y de las circunstancias vividas en un mundo corrompido que aguarda su liberación; cuando entender o saber cuál es la voluntad de Dios escapa de nuestra capacidad de discernir.

Vamos así llegando ya al versículo 33 y ss., pero aún quedan a Pablo unas importantes cosas más que decir. Los versículos 28 al 30 que siguen a esta alusión a los gemidos indecibles del Espíritu Santo, sientan, de hecho, la base más próxima para lo que seguirá desde el 32 en adelante. "Sabemos que a los que aman a Dios", dice Pablo, "todas las cosas les ayudan a bien" (v. 28). Todas ellas sirven a una causa mejor, incluso cuando, por su propia naturaleza y circunstancias, parezcan significar lo contrario. Dios, en su sabia providencia, ha dispuesto todas las cosas que suceden en esta vida, buenas y malas; pero sabemos que todas ellas cooperan para el bien de los que han sido llamados por Él según su propósito soberano. Estos «llamados» son aquellos a quienes Dios conoció desde la eternidad, no en un sentido meramente cognitivo (no que supo de nosotros y previó lo que haríamos), sino más bien relacional, como cuando dice de Israel: "Yo te conocí en el desierto, en tierra seca" (Oseas 13:5; *cf.* Amos 3:2, "A vosotros solamente *he conocido* de todas las familias de la tierra"). De ahí sigue toda una cadena fuertemente eslabonada —forjada por la gracia y la misericordia de Dios, en el ejercicio de su soberana voluntad— que inicia con el designio de la predestinación (v. 29) y termina con el de la glorificación (v. 30c). Esto da sentido a la afirmación con respecto a que todas las cosas ayudan a bien a los que aman a Dios, siendo el bien supremo precisamente aquel que se vincula con el propósito de su predeterminación: "para que fuesen hechos conformes a la imagen de su Hijo". ¡Qué propósito más sublime, que bien más supremo al que apuntan, en última instancia, todas las cosas! No que ese sea el bien al que apuntan todas las cosas en sí mismas, sino que este es el bien superior respecto del cual todo en realidad cobra su pleno sentido.

¿Qué diremos ante esto?, es la pregunta de Pablo en el versículo que sigue (v. 31a); que no espera tanto una respuesta de parte de sus lectores, como sí que ellos sean capaces de llevar lo anterior a su consecuencia más obvia. Se trata entonces de una reflexión retórica, casi hímnica, con la que Pablo parece ahora querer presentar sus conclusiones a todo lo que ha dicho en los versículos previos. ¿Qué podemos, pues, decir luego de estas cosas? La reflexión es conducida rápidamente a su conclusión más lógica: "Si Dios está de nuestra parte, ¿quién puede estar en contra nuestra? (v. 31b, NVI 1999). Si Dios está resuelto a llevarnos hasta la gloria, nada de lo que entonces se trame en nuestra contra tendrá éxito. Esto nos lleva a la siguiente otra reflexión de Pablo: "El que no escatimó ni a su propio Hijo, sino que lo entregó por todos nosotros, ¿cómo no nos dará también con él todas las cosas?" (v. 32) Si Dios dio incluso a su propio Hijo por todos nosotros, ¿cómo entonces no nos dará también con él todas las cosas que prometió? Nótese nuevamente aquí una reflexión del tipo *A maiori ad minus*, tal como vimos que sucede en los vv. 9 y 10 del cap. 5. El razonamiento sería, pues: Si Dios nos ha dado *lo más* preciado —su propio Hijo—, ¡con cuánta más razón podemos estar ciertos de que nos dará, junto con Él, lo que es comparativamente *menor*: todas las *demás* cosas! Lo que sigue es la continuación del más grandioso himno de nuestra victoria redentora; que sólo a una persona, en cuya mente sopló el Espíritu de Dios, pudo haberlo escrito:

"*¿Quién acusará a los escogidos de Dios? Dios es el que justifica. ¿Quién es el que condenará? Cristo es el que murió; más aun, el que también resucitó, el que además está a la diestra de Dios, el que también intercede por nosotros.*
¿Quién nos separará del amor de Cristo? ¿Tribulación, o angustia, o persecución, o hambre, o desnudez, o peligro, o espada? Como está escrito:
   Por causa de ti somos muertos todo el tiempo;
   Somos contados como ovejas de matadero.
Antes, en todas estas cosas somos más que vencedores por medio de aquel que nos amó.

> *Por lo cual estoy seguro de que ni la muerte, ni la vida, ni ángeles, ni principados, ni potestades, ni lo presente, ni lo por venir, ni lo alto, ni lo profundo, ni ninguna otra cosa creada nos podrá separar del amor de Dios, que es en Cristo Jesús Señor nuestro."* (vv. 33-39)

La primera parte de este himno sublime (vv. 33-34, aunque bien pudiéramos decir que comienza en el v. 31) trata con nuestra seguridad respecto del juicio escatológico. Dios es el que justifica, y Dios nos ha justificado ya (v. 30, *cf.* 5:1, 9). Por lo tanto, no hay quien pueda acusar —esto es, presentar litigio legal en contra— a los escogidos de Dios (los *conocidos*; los *predestinados*), pues que ante su tribunal soberano Él ya nos ha declarado justos en Cristo —y ninguna condenación hay para los que están en Cristo Jesús (8:1). A las preguntas de Pablo —¿Quién acusará? ¿Quién es el que condenará?— bastaría tan sólo responder con un simple: "nadie", pero Pablo considera que la respuesta a estas preguntas es más precisa aún si incorpora a este "nadie" implícito, la afirmación respecto de lo que; primero, corresponde al veredicto de Dios —Dios es el que justifica—; segundo, lo que Cristo ha en verdad alcanzado para nosotros con su muerte al sufrir Él nuestra condenación, y lo que hace ahora a la diestra de Dios Padre al manifestar, con sumo derecho, su voluntad con respecto a aquellos por quienes ha dado eficazmente la vida. Si el Hijo de Dios es el que intercede por nosotros —porque nuestra salvación sea cumplida según el propósito de su muerte (es la intercesión implícita en el contexto)—, se sigue que su intercesión es aceptada por el Padre; de manera que no sólo por su muerte [la de Jesús] es que tenemos ya la entrada a la gracia del perdón divino, sino también por su existencia resucitada y por su sacerdotal intercesión por los que son el especial tesoro de su pacto.

La segunda parte de lo que aquí entendemos como un himno (vv. 35-39), se centra en el enorme amor de Cristo, el cual es más fuerte que todo obstáculo, condición y/o dificultad que se nos pueda en la vida presentar; es el amor de Cristo que, como dice también Pablo en otro lugar, "excede a todo conocimiento" (Efesios 3:19). No es que nosotros sujetemos este amor con tanta fuerza que este no se separará de nosotros; ni tampoco es que nosotros amemos a Cristo de una manera tan intensa que nada hará que le dejemos de amar. Pablo no está usando aquí un genitivo objetivo (nuestro amor a Cristo), sino que un genitivo subjetivo: Cristo nos ama; y nos ama de tal modo que nada nos podrá separar de su amor. Antes bien, en todas las cosas que nos puedan sobrevenir (vv. 35-36), en Jesús —lit. "a través de Él"— somos más que vencedores. Podemos afirmar, con toda seguridad, que la victoria del Señor sobre todos los males de este mundo —incluida la muerte— es también nuestra victoria, por cuanto estamos unidos a Él, teniendo en nosotros lo que es suyo, lo que Él ha conquistado para nosotros. Tal es nuestra posición firme en esta gracia concedida; tal la persuasión a la que Pablo ha sido llevado[507], que puede finalizar todo este magnífico himno, entregado por completo a la convicción de "que ni la muerte, ni la vida, ni ángeles, ni principados, ni potestades, ni lo presente, ni lo por venir, ni lo alto, ni lo profundo, ni ninguna otra cosa creada nos podrá separar del amor de Dios, que es en Cristo Jesús Señor nuestro." (vv. 38-39).

Nos interesa —para efectos de nuestra presente discusión— particularmente la primera parte de este himno (vv. 33-34), dada su estrecha conexión con 5:9. Tanto en un lugar como en el otro, Pablo ha afirmado nuestra seguridad de que no seremos condenados en el día del juicio escatológico de Dios. El apóstol fundamenta esta convicción en la acción de Dios en Cristo; más específicamente en el acontecimiento de la justificación, como un veredicto ya pronunciado sobre los que están en Cristo por la fe. ¿Quién acusará a los escogidos de Dios? ¿Quién es el que condenará?, son dos preguntas con un claro énfasis judicial (forense), que ya han sido, en cierto modo, respondidas en 5:9: "Pues mucho más, estando ya justificados [8:33] en su sangre [8:34], por él seremos salvos de la ira". Esta última expresión —"por él seremos salvos de la ira"—, como ya hemos visto, apunta hacia el futuro; expresa la certeza de lo que ya tenemos asegurado en el futuro en virtud de lo que poseemos en el presente: justificación y reconciliación (5:10).

Podríamos seguir escribiendo extensamente toda una apología a la doctrina bíblica de la seguridad eterna de los creyentes, haciendo teología y exégesis a partir de otros textos claves que nos ayuden a reforzar esta convicción. Pero, como ya he adelantado al inicio de esta sección —y también al inicio de esta Segunda Parte—, lo que nos ocupa en este libro es la doctrina de la justificación y sus variadas aristas en el

---

[507] Nótese el uso de la voz pasiva en el texto griego, "he sido persuadido" (como en la BTX3); y no la voz activa, "estoy persuadido" (como en la RV60 y otra traducciones).

desarrollo de una teología más o menos exhaustiva, por lo que nuestra exposición acerca este asunto —de esta última sección— estuvo limitada a sólo lo que la doctrina de la justificación nos puede decir. No obstante aquello, lo que nos dice es de por sí suficiente como para extraer algunas conclusiones generales:

No puede haber lugar para la duda en cuanto a cuál es nuestra posición en Cristo, y cuáles las bendiciones presentes y escatológicas que ello comporta.

Existen, teológicamente hablando, diversas maneras de hablar acerca de esta posición en la que hemos sido colocados los creyentes; sin embargo, nos hemos enfocado aquí principalmente en lo que podríamos denominar: «una posición legal», esto es, nuestro estado judicial con respecto al juicio escatológico de Dios que ya ha sido pronunciado sobre nosotros. De esto se sigue que si ya ha sido pronunciado, no seremos entonces condenados; se sigue que nuestra posición en Cristo es firme y segura, como una gran casa edificada sobre la roca.

Cualquier intento por querer negar la doctrina de la eterna seguridad del creyente, constituye una verdadera perversión a uno de los puntos centrales de la doctrina de la justificación: la tensión del «ya» y el «todavía no»; que, como ya vimos, penetra en todos los aspectos que definen a la doctrina más general de la salvación (de la que la justificación forma parte). No se puede sostener la idea de que la salvación del creyente no sea una posesión segura y firme; y, al mismo tiempo, abrazar la doctrina de la justificación por la fe, tal como la enseñó el apóstol Pablo (los textos que analizamos). Ninguna persona que en verdad entienda las reales implicaciones escatológicas de toda esta doctrina puede, en consecuencia con ello, negar que los verdaderos creyentes tengan su salvación escatológica garantizada.

Ahora bien, ¿quiere eso decir que cualquier persona que diga creer en Jesús, tiene entonces su salvación asegurada? Nuestra respuesta es que: si en verdad hemos creído en Jesús; **si en verdad le amamos de todo nuestro corazón**, esforzándonos cada día por serle agradables, podemos entonces tener la plena seguridad de que no vendremos a condenación; de que, como dijo el Señor, hemos pasado de muerte a vida. Como en la Confesión de fe de Westminster, creo también que "quienes verdaderamente creen en el Señor Jesús y le aman con sinceridad, procurando caminar en buena conciencia delante de Él, en esta vida pueden estar ciertamente seguros que están en el estado de gracia, y pueden regocijarse en la esperanza de la gloria de Dios, esperanza que nunca los avergonzará" (Cap XVIII, I.). Tal es la seguridad de los santos; de los que caminan por sendas de justicia, no por ser ellos justos en sí mismos y por sí mismos, sino porque han sido incorporados a Cristo; en quien caminan y por quien viven, dando fruto de verdadero arrepentimiento; siendo testimonios vivos de que Dios no ha mentido al declararlos justos, como una antedonación del veredicto final, que es para la gloria de su nombre y como prueba de la abundancia de su magnífica gracia.

"En mí mismo, fuera de Cristo, soy un pecador. En Cristo, fuera de mí mismo, soy un hombre justo."
—Martín Lutero—

BIBLIOGRAFÍA DE CITAS

A continuación, el listado de toda la bibliografía consultada y citada para la presente obra. No se mencionarán los libros que, aunque fueron consultados, no fueron citados.
En orden alfabético, por autor:

- Alberigo, Giuseppe (ed.). *Historia de los Concilios Ecuménicos*. Salamanca: Sígueme, 1993.
- Alonso, Horacio A. *La Doctrina Bíblica sobre la Cruz de Cristo*. Barcelona: CLIE, 1990.
- Barclay, William. *Palabras Griegas del Nuevo Testamento. Su uso y significado*. El Paso, Texas: Mundo Hispano, 1977.
  _____ *Comentario al Nuevo Testamento*. Obra Completa, 17 Tomos en 1. Barcelona: CLIE, 2006.
- Barth, Karl. *Bosquejo de Dogmática*. Buenos Aires: La Aurora, 1954.
  _____ *Carta a los Romanos*. Madrid: B.A.C, 2002.
- Becker, Jürgen. *Pablo, el apóstol de los paganos*. 2ª edición. Salamanca: Sígueme, 2007.
- Berkhof, Louis. *Teología sistemática*. Grand Rapids, Michigan: Libros Desafío, 2009.
- Boice, James Montgomery. *Los Fundamentos de la Fe Cristiana*. Miami: Unilit, 1996.
- Bonhoeffer, Dietrich. *El Precio de la Gracia. El seguimiento*. 6ª edición. Salamanca: Sígueme, 2004.
- Bonnet, Luis; Schroeder, Alfredo. *Comentario del Nuevo Testamento*. Volumen III, Epístolas de Pablo. El Paso, Texas: CBP, 1970.
- Bornkamm, Günther. *Pablo de Tarso*. Salamanca: Sígueme, 1978.
- Brown, Raymond E., SS; Fitzmyer, Joseph A., Sj; Murphy, Roland E, O. CARM. *Comentario Bíblico «San Jerónimo»*. Tomo IV. Madrid: Ediciones Cristiandad, 1972.
- Brown, Raymond E., SS. *El Evangelio según Juan I – XII*. Madrid: Ediciones Cristiandad, 1999.
- Bruce, F. F.; Marshalll, I. H.; et al., *Nuevo Diccionario Bíblico Certeza*. Segunda Edición Ampliada. Buenos Aires: Certeza Unida, 2003.

- Bruce, F. F. *Un Comentario de la Epístola a los Gálatas*. Colección Teológica Contemporánea. Barcelona: CLIE, 2004.
- Buchanan, James. *The Doctrine of Justification: An Outline of its History in the Church and of its Exposition from Scripture*. Edinburgh: T&T Clark, 1867.
- Bultmann, Rudolf. *Teología del Nuevo Testamento*. Salamanca: Sígueme, 1981.
- Buswell, J. Oliver Jr. *Teología Sistemática. Tomo III, Jesucristo y el plan de salvación*. 5ta edición. Miami, Florida: LOGOI, 2005.
- Calçada, S. Leticia; et al. *Diccionario Bíblico Ilustrado Holman*. Nashville, Tennessee: B&H Español, 2008.
- Calvino, Juan. *Institución de la Religión Cristiana*. 6ª Edición inalterada. Rijswijk: FELiRe, 2006.

  _____ *Comentario a la Epístola a los Romanos*. Grand Rapids, Michigan: Libros Desafío, 2005.
- Carson, D. A.; Moo, Douglas J. *Una Introducción al Nuevo Testamento*. Colección Teológica Contemporánea. Barcelona: CLIE, 2008.
- Carson, D. A.; Keller, Timothy (eds.). *La Centralidad del Evangelio*. Miami, Florida: Patmos, 2014.
- Carballosa, Evis L. *Romanos. Una orientación expositiva y práctica*. Grand Rapids, Michigan: Portavoz, 1994.
- Cate, Robert L. *Teología del Antiguo Testamento. Raíces para la fe neotestamentaria*. El Paso, Texas: CBP, 2003.
- Cevallos, Juan Carlos; Zorzoli, Rubén O. (eds.). *Comentario Bíblico Mundo Hispano*. Tomo 19 – Romanos. 3ª edición. El Paso, Texas: Mundo Hispano, 2015.

  _____ Tomo 23 – Hebreos, Santiago, 1 y 2 Pedro, Judas. El Paso, Texas: Mundo Hispano, 2005.
- Cranfield, C. E. B. *Comentário de Romanos – Versículo por Versículo*. Sao Paulo: Vida Nova, 2005.
- Deiros, Pablo Alberto. *Santiago y Judas. Comentario Bíblico hispanoamericano*. Miami, Florida: Caribe, 1992.
- Dezinger, Enrique. *El Magisterio de la Iglesia*. Barcelona: Herder, 1958.
- Diez Macho, Alejandro; y colaboradores. *Apócrifos del Antiguo Testamento*. Tomo II. Madrid: Ediciones Cristiandad, 1983.
- Dockery, David S. (ed.). *Comentario Bíblico Conciso Holman*. Nashville, Tennessee: B&H Español, 2005.
- Douma, Jochem. *Los Diez Mandamientos. Manual para la vida* cristiana. Grand Rapids, Michigan: Libros Desafío, 2000.
- Erickson, Millard. *Teología sistemática*. 2ª edición. Colección Teológica Contemporánea. Barcelona: CLIE, 2008.

- Fee, Gordon D. *Comentario de la Epístola a los Filipenses*. Colección Teológica Contemporánea. Barcelona: CLIE, 2006.
  _____ *Pablo, el Espíritu y el Pueblo de Dios*. Miami, Florida: Vida, 2007.
- Ferguson, Sinclair B.; Wright, David F.; Packer. James I. (eds.). *Nuevo Diccionario de Teología*. El Paso, Texas: CBP, 1992.
- Fesko, J.V. *¿Qué significa la Justificación por la Sola Fe?* Faro de Gracia: Bogotá, 2015.
- Fitzmyer, Joseph A. *Teología de San Pablo: Síntesis y Perspectivas*. 2ª edición. Madrid: Ediciones Cristiandad, 2008.
- González, Justo L. *Historia del Cristianismo* – Obra Completa. Miami: Unilit, 2009.
- Grinder, J. Kenneth. *Teología Wesleyana de Santidad (A Wesleyan-Holiness Theology)*. Missouri: CNP, 1994.
- Grudem, Wayne. *Teología Sistemática*. Miami, Florida: Vida, 2007.
- Hanna, Roberto. *Ayuda Gramatical para el Estudio del Nuevo Testamento Griego*. El Paso, Texas: Mundo Hispano, 1993.
- Harrison, Everett F (ed.). *Comentario Bíblico Moody - Nuevo Testamento*. Grand Rapids, Michigan: Portavoz, 1965, 1971.
- Hendriksen, William. *Comentario al Nuevo Testamento: Gálatas*. Grand Rapids, Michigan: Libros Desafío, 2005.
  _____ *Comentario al Nuevo Testamento: Romanos*. Grand Rapids, Michigan: Libros Desafío, 2009.
- Hodge, Charles. *Teología Sistemática*. Barcelona: CLIE, 2010.
- Hoekema, Anthony A. *La Biblia y el Futuro*. Grand Rapids, Michigan: Libros Desafío, 2008.
- Jamieson, Robert; Fausset, A.R.; Brown, David. *Comentario Exegético y Explicativo de la Biblia*. Volumen II. Decimoséptima edición. El Paso, Texas: CBP, 2002.
- Jeremias, Joachim. *ABBA y El mensaje central del Nuevo Testamento*. Salamanca: Sígueme, 2005.
- Johnson, Alan F. *Romanos: La Carta de la Libertad*. Grand Rapids, Michigan: Portavoz, 1999.
- Jüngel, Eberhard. *El Evangelio de la Justificación del impío*. Salamanca: Sígueme, 2004.
- Käsemann, Ernst. *Ensayos Exegéticos*. Salamanca: Sígueme, 1978.
- Kittel, Gerhard; Friedrich, Gerhard (eds.). *Compendio del Diccionario Teológico del Nuevo Testamento*. Grand Rapids, Michigan: Libros Desafío, 2003.
- Küng, Hans. *El Cristianismo. Esencia e historia*. 4ta edición. Madrid: Trota, 2006.

- Kuss, Otto. *Die Briefe an die Röme, Korinther und Galater*. Versión castellana de Claudio Gancho. *Carta a los Romanos, A los Corintios, A los Gálatas*. Barcelona: Herder, 1976.
- Lacueva, Francisco. *Doctrinas de la Gracia*. Curso de Formación Teológica Evangélica. Barcelona: CLIE, 1975.
- Ladd, George E. *Teología del Nuevo Testamento*. Colección Teológica Contemporánea. Barcelona: CLIE, 2002.
- Lasor, William S.; Hubbard, David A.; Bush, Frederic W. *Panorama del Antiguo Testamento: Mensaje, forma y trasfondo del Antiguo Testamento*. Grand Rapids, Michigan: Libros Desafío, 2004.
- Leiter, Charles. *Justificación y Regeneración*. Hannibal, Missouri: Grand Ministries Press, 2009.
- Lutero, Martín. *Comentarios de Martín Lutero. Carta del apóstol Pablo a los Romanos*. Volumen I. Barcelona: CLIE, 1998.

  _____ *Comentario de Martín Lutero sobre la Epístola a los Gálatas (1535/2011)*. EE.UU: Palilibrio, 2011.

  _____ *Comentarios de Martín Lutero. Gálatas*. Volumen I. Barcelona: CLIE, 1998.

  _____ *Third Disputation De iustijcatione, thesis 27*. 1536.

  _____ *Römerbriefvorlesung*. Vol. 56 de la edición Weimar, Filadelfia, 1961.
- MacArthur, John. *Comentario MacArthur del Nuevo Testamento - Romanos*. Grand Rapids, Michigan: Portavoz, 2010.
- MacDonald, William. *Comentario Bíblico*. Obra Completa, 2 Tomos en 1. Barcelona: CLIE, 2004.
- Mears, Henrietta C. *Lo que nos dice la Biblia*. Miami, Florida: Vida, 1979.
- Moo, Douglas J. *Comentario a la Epístola de Romanos*. Barcelona: CLIE, 2014.

  _____ *Comentario de la epístola de Santiago*. Miami, Florida: Vida, 2009.
- Morris, Leon. *El Evangelio según Juan*. Vol 1. Barcelona: CLIE, 2005.
- Moule, H. C. G. *Exposición de la epístola de san Pablo a los* Romanos. Barcelona: CLIE, 1987.
- Murray, John. *La Redención – Consumada y Aplicada*. Grand Rapids, Michigan: Libros Desafío, 2007.

  _____ *Romanos*. Sao Paulo: Fiel, 2003.
- Newell, William R. *Romanos, versículo por versículo*. Grand Rapids, Michigan: Portavoz, 1949.
- Nygren, Anders. *La Epístola a los Romanos*. Saint Louis, Missouri: Concordia, 2010.
- Ott, Ludwig. *Manual de Teología Dogmática*. Volumen 29. Barcelona: Herder, 1986.

- Packer, James I. *Teología Concisa, Una guía a las creencias del cristianismo histórico*. Miami, Florida: Unilit, 1998.
- Pearlman, Myer. *Teología Bíblica y Sistemática*. Miami, Florida: Vida, 1992.
- Pérez Millos, Samuel. *Comentario Exegético al Texto Griego del Nuevo Testamento. Mateo*. Barcelona: CLIE, 2009.
  _____ *Comentario Exegético al Texto Griego del Nuevo Testamento. Efesios*. Barcelona: CLIE, 2010.
  _____ *Comentario Exegético al Texto Griego del Nuevo Testamento. Romanos*. Barcelona: CLIE, 2011.
- Pink, Arthur W. *La Doctrina De La Justificación*.
  _____ *La Soberanía de Dios*.
- Piper, John. *Dios es el Evangelio*. Grand Rapids, Michigan: Portavoz, 2007.
- *Portavoz de la Gracia 187s - La Justificación*. Chapel Library, 2013.
- Rad, Gerhard von. *Teología del Antiguo Testamento. Volumen I: Las tradiciones históricas de Israel*. 9ª edición. Salamanca: Sígueme, 2009.
- Ridderbos, Herman. *El pensamiento del apóstol Pablo*. Grand Rapids, Michigan: Libros Desafío, 2000.
- Robertson, A. T. *Comentario al Texto Griego del Nuevo Testamento*. Obra Completa, 6 Tomos en 1. Barcelona: CLIE, 2003.
- Ryrie, Charles. *Teología Básica*. Miami, Florida: Unilit, 1993.
  _____ *Teología bíblica del Nuevo Testamento*. Grand Rapids, Michigan: Portavoz, 1999.
- Sproul, R. C. *Escogidos por Dios*. 2ª Edición. Faro de Gracia: Bogotá, 2009.
  _____ *Faith Alone: The Evangelical Doctrine of Justification*. Grand Rapids, Michigan: BBH, 1999.
- Stedman, Ray C.; Denney, James D., *Aventurándonos en el conocimiento de la* Biblia. Curitiba/PR, Brasil: Publicaciones RBC, 2009.
- Stott, John. *La Cruz de Cristo*. Buenos Aires: Certeza Unida, 1996.
  _____ *El mensaje de Romanos*. Buenos Aires: Certeza Unida, 2007.
  _____ *El mensaje de Efesios*. 2ª edición. Buenos Aires: Certeza Unida, 2006.
- Thielman, Frank. *Teología del nuevo Testamento*. Miami, Florida: Vida, 2006.
- Turrado, Lorenzo. *Biblia Comentada Profesores de Salamanca*. Tomo VI. Adaptación para Software E-Sword 2010.
- Trenchard, Ernesto; y colaboradores. *Comentario Expositivo del Nuevo Testamento*. Barcelona: CLIE, 2013.
- Trenchard, Ernesto. *Estudio de Doctrina Bíblica*. Grand Rapids, Michigan: Portavoz, 1976.
- Waldron, Samuel E. *Exposición de la Confesión Bautista de fe de 1689*. Publicaciones Aquila: North Bergen, NJ., 2016.

BIBLIOGRAFÍA DE CITAS

- Wallace, Daniel B. *Gramática Griega: Sintaxis del Nuevo Testamento*. Miami, Florida: Vida, 2011.
- Watson, Thomas. *Tratado de Teología*. Edimburgo, Reino Unido; Carliste, EE.UU.: El estandarte de la verdad, 2013.
- Wenham, G. L.; Motyer J. A.; Carson, D. A.; France, R.T. *Nuevo Comentario Bíblico Siglo XXI*. El Paso, Texas: Mundo Hispano, 1993.
- Wilckens, Ulrich. *La Carta a los Romanos* (Vol. I. Rom 1-5). Salamanca: Sígueme, 1989.
- Wright, N. T. *El Verdadero Pensamiento de Pablo. Ensayo sobre la teología paulina*. Colección Teológica Contemporánea. Barcelona: CLIE, 2002.
  _____ *La resurrección del Hijo de Dios*. Navarra: Verbo Divino, 2008.

Páginas WEB

- *Declaración Conjunta Sobre la Doctrina de la Justificación* [en línea]. Roma, Ciudad Vaticano. [Consulta: 15 de Mayo de 2015]. Disponible en: http://www.vatican.va/roman_curia/pontifical_councils/chrstuni/documents/rc_pc_chrstuni_doc_31101999_cath-luth-joint-declaration_sp.html
- González, Antonio. *La fe de Cristo*, Revista latinoamericana de teología 28 (1993) [en línea]. [Consulta: 08 de Mayo de 2016]. Disponible en: www.praxeologia.org/fecristo97.html
- Hoeksema, Herman. *Todo el que quiera*, [en línea] [Mayo de 2013]. Disponible en la Web: http://www.prca.org/whosoever_will/capitulo10.html
- Wright, N. T. *El estado de la Justificación* [en línea]. 2005. [Consulta: 05 de Junio de 2015]. Disponible en: http://www.thepaulpage.com/files/Justificacion.pdf.
- _____ *Curso sobre Romanos, Sesión Final: "Implicaciones"* [en línea]. 2010. [Consulta: 26 de Diciembre de 2015]. Disponible en: https://lecturanarrativadelabiblia.files.wordpress.com/2013/03/curso-sobre-romanos.pdf

www.ingramcontent.com/pod-product-compliance
Lightning Source LLC
Chambersburg PA
CBHW022104150426
43195CB00008B/259